21世纪高职高专精品教材·经贸类通用系列

金融基础

主　编　高建侠
副主编　陈　冬
参　编　王思佳

中国人民大学出版社
·北京·

前言

PREFACE

近年来，中国金融市场发生了巨大变化，金融作为“现代经济的核心”，在经济发展中发挥着重要作用。随着中国经济体制、教育体制改革的不断深化，高等职业学校教学方式的改革已成为教育教学改革的重要课题，基于这一认识，为了在这方面做点力所能及的工作，在中国人民大学出版社的推动和策划下，我们组织编写了《金融基础》一书。

“金融基础”是高等职业学校金融、经济和管理专业的一门主干专业课程。其任务是使学生掌握必需的金融知识，为从事金融类工作奠定知识基础，形成认识、理解、分析一些金融实际问题的能力，培养学生的职业素养，提高学生的综合素质，使其将来在从事金融工作时增强适应职业变化的能力和继续学习的能力。

本书主要介绍现代金融界与人们现实生活关系密切的相关知识，包括货币与货币制度、信用与信用工具、金融机构、金融市场、货币供求、货币政策、保险、国际金融等。在编写时不仅注重基本理论的阐述，更注重介绍金融业务及其操作，融理论与实务为一体。

在编写教材的过程中，我们力争使本书体现以下特点：（1）结构清晰且逻辑性强；（2）内容丰富且贴近实际；（3）体现金融领域最新的研究成果；（4）理论联系实际，力求具有可操作性。为此我们在书中设置了学习目标、案例导入、知识链接、案例分析、即问即答、活动设计、本章小结、本章自测多个栏目。本书既适合作为高职院校的教学用书，也可作为财经或金融爱好者的学习参考书。

本书由陕西财经职业技术学院高建侠主编，负责编写大纲及总纂定稿。全书共分十一章，其中第一章、第三章、第五章、第六章、第八章、第九章、第十章由高建侠编写；第七章和第十一章由陕西财经职业技术学院陈冬编写；第二章、第四章由海南师范大学王思佳编写。

本书在编写过程中，参阅了有关专家学者的文献资料以及大量的网络资源，由于篇幅所限，没能一一列举。作者在这里一并表示衷心的感谢。

虽然我们尽了最大的努力来编写这本教材，但由于水平所限，书中错误在所难免，敬请读者批评指正。

高建侠

2012 年 6 月

目录
CONTENTS

第一章

货币与货币制度

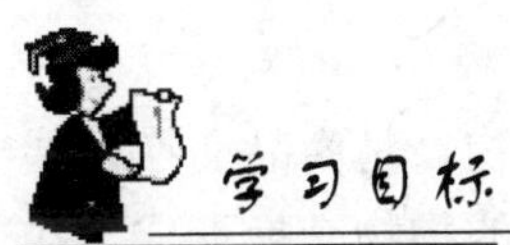

通过本章的学习，了解货币的产生和演进；理解货币的职能、货币的本质；掌握货币制度的内容、类型及我国的货币制度；了解国际货币体系；能运用基本原理分析货币与货币制度问题。

电子货币

电子货币通常在专用网络上传输，通过 POS、ATM 机器进行处理。近年来，随着 Internet 商业化的发展，网上金融服务已经开始在世界范围内开展。网上金融服务包括了人们的各种需要内容，如网上消费、家庭银行、个人理财、网上投资交易、网上保险等。这些金融服务的特点是通过电子货币进行及时电子支付与结算。电子货币的种类和形式又有了进一步的发展。

电子货币系统包括电子支票系统、信用卡系统、电子现金系统。

1. 电子支票系统

电子支票系统通过自动化银行系统剔除纸质支票，进行资金传输，例如：通过银行专用网络系统进行一定范围内普通费用的支付；通过跨省市的电子汇兑与清算，实现全国范围的资金传输；世界各地银行之间的资金传输。采用电子支票方式进行付款可以脱离现金和纸张。

2. 信用卡系统

信用卡是目前应用最为广泛的电子货币，它要求在线连接使用。信用卡、银行卡支付是金融服务的常见方式，可在商场、饭店及其他场所中使用。银行发行最多的是信用卡，它可采用联网设备在线刷卡记账、POS 机结账、ATM 机提取现金等方式进行支付。电子商务中更先进的方式是在 Internet 环境下通过 SET 协议进行网络直接支付，具体方式是用户在网上发送信用卡卡号和密码，加密发送到银行进行支付。当然，支付过程中要对用户、商家及付款要求的合法性进行验证。

3. 电子现金系统

电子现金是一种数字化形式的现金货币，其发行方式包括存储性的预付卡和纯电子系统性形式的用户号码数据文件等形式。电子现金的主要好处就是它可以提高效率，方便用户。电子现金支付具有特殊性，目前已经有 Digicash、Netcash、Modex 三种系统开始使用。

第一节　货币的产生与演进

一、货币的产生

货币的根源在于商品本身。货币是商品生产和商品交换的必然产物，是商品交换发展的客观需要。在货币出现之前，即在最初的商品交换中人们采用直接的物物交换形式，在商品数量品种有限的情况下，这种方式尚可适应交换的需要，但随着社会生产力的发展和社会的大分工，商品的种类日渐丰富，物物交换已无法适应商品交换的需要，必然过渡到买卖双方先将各自商品与一种双方都愿意接受的中间商品（等价物）相交换，然后再用这种中间商品（等价物）与自己所需要的商品进行最终交换，这样，直接交换形式就变换为间接交换形式。这种大家都愿意接受的中间商品就是“媒介物”，它起到沟通买卖双方的作用。这种“媒介物”就是充当一般等价物的特殊商品。人类历史上，兽皮、贝壳、玉石、金、银等都扮演过这种角色，后来由于金银具有体积小、价值大、不易变质、质地均匀、易分割、易保存、易携带等优点，才被人们逐渐固定下来，最终形成了货币。因此马克思说：“金银天然不是货币，但货币天然是金银。”

二、货币的演进

（一）实物货币

实物货币也称商品货币。在人类历史上，布匹、牛羊、贝壳等都充当过货币。我国就有关于贝壳作为货币的记载和考古发现。

知识链接

世界珍奇货币

芝麻币：这是尼泊尔 1940 年发行的一种轻型硬币，每枚只重 0.008 克～0.014 克。不可思议的是，这种小小的硬币在购买零星物品时，还常常分割为两份或者四份。

牙币：美拉尼亚群岛的居民，长期使用狗牙和猪牙做的货币，有了牙币就可以买回自己需要的物品，娶回妻子，一家人一年有百来个狗牙就够开支了。

盐币：公元 6 世纪时，摩尔的人曾经用盐作交易的凭证，1 克盐换 1 克黄金，以后随着工业的发展、盐的开采量的增加，盐币逐步退出历史舞台。至今中非的一些地方还保持着使用盐币的习惯。

贝壳币：非洲民族和居住在太平洋上一些岛屿的人们，仍用贝壳做货币，当地的贝壳币叫“加里乌”，600 个加里乌可买回一整匹棉布。

珠币：马来西亚的沙捞越地区，从公元前 9 世纪就用玻璃珠子当货币，其价值很高，不到万不得已的情况，不会轻易出手。

骨币：印度尼西亚北部，用母牛头盖骨作货币，母牛头盖骨的大小决定货币价值的大小。

（二）金属货币

金属货币尤其是金银作为货币几乎是世界各国共同的历史。金属货币按形成过程可分为称量货币和铸造货币。称量货币是指天然形态的贵金属条块，交易中需要称量。而铸造货币是具有一定形状、成色、重量铸造而成的金属货币。

（三）代用货币

代用货币是金属货币的代表物，它通常是指政府或银行发行的代表金属货币流通的纸币。纸币虽然在市场上流通，为交换媒介，但背后有充足的金银货币或等值的金银条块做准备。纸币持有人可随时将纸币兑换为金银货币或金银条块。因此，这个阶段的纸币是可兑换纸币。

（四）信用货币

信用货币是代用货币进一步发展的结果，而且是目前世界上几乎所有国家都采用的货币形式。狭义的信用货币包括不兑换的纸币、存款货币等；广义的信用货币还包括政府发行流通的期票、商业信用凭证等。从历史观点看，信用货币是金属货币制度崩溃的直接后果，信用货币不但本身价值低于其货币价值，而且也和代用货币不同，它不再代表任何贵重金属，不能与金属货币兑换，它的流通完全依靠发行者的信用和权威。

（五）电子货币

电子货币是以金融电子化网络为基础，以商用电子化机具和各类交易卡为媒介，以电子计算机技术和通信技术为手段，以电子数据（二进制数据）形式存储在银行的计算机系统中，并通过计算机网络系统以电子信息传递形式实现流通和支付功能的货币。电子货币具有以下特点：

（1）以电子计算机技术为依托，进行储存、支付和流通；

（2）可广泛应用于生产、交换、分配和消费领域；

（3）融储蓄、信贷和非现金结算等多种功能为一体；

（4）电子货币具有使用简便、安全、迅速、可靠的特征；

（5）现阶段电子货币的使用通常以银行卡（磁卡、智能卡）为媒体。

案例分析

战俘营里的“货币”

第二次世界大战期间，在纳粹的战俘集中营中流通着一种特殊的商品货币：香烟。当时国际红十字会设法向战俘营提供了各种人道主义物品，如食物、衣服、香烟等。由于数量有限，这些物品只能根据某种平均主义的原则在战俘之间进行分配，而无法顾及每个战俘的特定偏好。但是人与人之间的偏好显然是有所不同的，有人喜欢巧克力，有人喜欢奶酪，还有人则可能更想得到一包香烟。因此这种分配显然是缺乏效率的，战俘们有进行交换的需要。但是即便在战俘营这样一个狭小的范围内，物物交换也显得非常不方便，因为这要求交易双方恰巧都想要对方的东西，也就是所谓的需求的双重巧合。为了使交换能够更加顺利地进行，需要有一种充当交易媒介的商品。那么，在战俘营中，究竟哪一种物品适合做交易媒介呢？许多战俘营都不约而同地选择香烟来扮演这一角色。战俘们用香烟来进行计价和交易，如一根香肠值 10 根香烟，一件衬衣值 80 根香烟，替别人洗一件衣服可以换得 2 根香烟。有了这样一种记账单位和交易媒介之后，战俘之间的交换就方便多了。

分析题：为何香烟能够成为战俘营中的“货币”？

第二节　货币的职能及层次划分

一、货币的职能

（一）价值尺度

价值尺度是指货币用来衡量和计算商品价值量的职能。货币之所以能够用来衡量一切商品的价值，是因为它本身有价值，如果本身没有价值，就无法衡量商品的价值。货币作为价值尺度不过是商品价值量的外在表现。货币充当价值尺度可以是观念上的，也就是说要衡量某一商品价值的大小，并不需要把现实的货币摆在那里比较，只要写出或说出值多少货币就可以了。

商品价值的货币表现就是价格。但是，货币要计量和比较各种商品的价值，它本身必须以固定的计量单位作为标准，如以黄金作为货币，就需要把黄金划作两、钱、分等计量单位。这种统一规定的用以衡量货币本身的计量单位，就叫价格标准。价格标准最初与货币金属重量的名称相一致，如中国的两、英国的镑等。随着货币的发展，价格标准逐渐与重量单位脱节。价值尺度与价格标准相互依存，价值尺度依赖价格标准发挥职能，价格标准是货币发挥价值尺度的技术规定。

（二）流通手段

货币作为流通手段，也就是货币充当商品交换的媒介。我们平常从商品买卖过程中所看到的货币的作用，就属于这一种，所以这种职能又叫做购买手段。不言自明，作为流通手段的货币，不能是观念上的货币，而必须是实在的货币。在货币执行流通手段这一作用的情况下，商品与商品不再是互相直接交换，而是以货币为媒介来进行交换。商品所有者先把自己的商品换成货币，然后再用货币去交换其他的商品。这种由货币作媒介的商品交换，叫做商品流通。由物物交换过渡到商品流通，意味着商品经济的内在矛盾有了进一步的发展。因为，在这种条件下卖与买被分成了两个独立的过程，如果出卖了商品的人不立刻去买，就会使另一些人的商品卖不出去。也就是说，货币作为流通手段的职能，就已经包含了经济危机形式上的可能性。

作为流通手段的货币，起初是贵金属条、块，之后发展成铸币，最后出现了纸币。纸币是从货币作为流通手段的职能中产生的。

（三）贮藏手段

贮藏手段即货币可以作为财富的一般代表被人们储存起来。作为贮藏手段的货币，既不能像充当价值尺度时那样只是想象的货币，也不能像充当流通手段时那样用货币符号来代替，它必须既是实在的货币，又是足值的货币。因此，只有金银铸币或者金银条块等才能执行贮藏手段的职能。

最初人们贮藏货币用于代替商品贮藏，后来，随着商品经济的发展，贮藏货币成为顺利进行再生产的必要条件。在足值的金属货币流通条件下，货币作为贮藏手段，具有自发调节货币流通的作用。因此，不会发生通货膨胀现象。信用货币可以被"贮藏"，但这种暂存在居民手中的货币不是贮藏货币，常见的说法是用于保存价值。它仍然计算在市场货币流通量之中，这样，信用货币也就不能自发调节流通中的货币量。

（四）支付手段

货币作为价值的独立形态进行单方面转移时，执行支付手段职能。如货币用于清偿债务，支付税金、租金、工资等所执行的职能，即为支付手段职能。货币支付手段的发挥一方面促进了商品交换的进一步发展，另一方面又蕴含着复杂的债权债务危机。在货币作为支付手段的情况下，由于很多商品生产者互相欠债，他们之间便结成了一个债务锁链，例如，甲欠乙的钱，乙欠丙的钱，丙又欠了丁的钱……如果其中某一个商品生产者因为生产和销售的困难而不能按期支付欠款，就会引起一系列的连锁反应，造成全线崩溃的局面。在货币执行支付手段的职能中直接产生了信用货币——纸币、支票、汇票等。因此，货币作为支付手段，使经济危机形式上的可能性有了进一步的发展。

（五）世界货币

当货币超越国界，在世界市场上发挥一般等价物作用时须执行世界货币的职能。金银货币本身的内在价值使其长时间充当世界货币。世界货币职能表现在以下三个方面：第一，作为国际上一般的支付手段，用以平衡国际收支差额；第二，作为国际上一般的购买手段，用以购买外国商品；第三，作为国际上财富转移的一种手段，如战争赔偿、输出货币资本等。一般来讲，信用货币不能充当世界货币，但随着国际金融的发展，一些经济实力强大国家的纸币也充当硬通货，如美元、英镑、日元等。随着网络的全球化，在不久的将来，国际支付有可能转变为电子信息储存，即由电子货币进行。但无论如何，有着真实内在价值的黄金依然是国际上最后结算和支付的手段。

货币的五大职能具有内在的联系，每一种职能都是货币作为一般等价物的本质的反映。其中价值尺度和流通手段是两个基本职能，其他职能是在这两个职能的基础上产生的。所有商品首先要借助于货币的价值尺度来表现其价格，然后才能通过流通手段实现商品价值。正因为货币具有流通手段职能，随时可购买商品，货币才能作为价值独立存在，可用于各种支付，所以人们才贮藏货币，货币才能执行贮藏手段的职能。支付手段职能是以贮藏手段职能存在为前提的。世界货币职能则是其他各个职能在国际市场上的延伸和发展。从历史和逻辑上讲，货币的各个职能是按顺序随着商品流通及其内在矛盾的发展而逐渐形成的，从而反映了商品生产和商品流通的历史发展进程。

知识链接

经济货币化对一国经济发展的作用与影响

经济货币化对一国经济发展的作用与影响包括：(1) 可以摆脱自金本位时代以来以黄金作为交易媒介的弊端，即携带不方便、交易不方便。(2) 经济货币化还有一个好处就是比较容易体现各个国家货币的贬损程度，可以反映汇率。因为固定汇率在现在这个时代只有少数几个金融行业超级发达的国家才能做到。(3) 经济货币化对国家控制金融经济政策有帮助，可以不断发行新币销毁旧币，而且可以有效地发挥货币政策的功效，如增发新币，可以部分刺激国民经济。

二、当代货币层次的划分

由于货币形式转化为现实购买力的能力不同，从而对商品流通和经济活动的影响有一定差别。因此，有必要对这些货币形式进行科学的分类，即划分货币的层次，以便中央银行分层次区别对待，提高宏观调控的科学性和针对性。国际通行的做法是以流动性作为划分货币层次的标准。

(一) 美国现行的货币层次

美国现行的货币层次为：

M_1＝现金＋活期存款＋其他支票存款＋旅行支票

M_2＝M_1＋由商业银行发行的隔夜回购协议（RP）＋隔夜欧洲美元存款＋货币市场互助基金（MMMF）＋在所有存款机构的储蓄和货币市场存款账户（MMDA）＋在所有存款机构的小额定期存款

M_3＝M_2＋在所有存款机构的大额定期存款＋定期回购协议和定期欧洲美元＋货币市场互助基金（机构）

M_4＝M_3＋短期财政部证券＋商业票据＋储蓄债券＋银行承兑票据

其中：

(1)“现金”是指流通于财政部、联邦储备银行和横跨州内机构以外的硬币和纸币。

(2)“活期存款”是指在银行的无息支票账户。

(3)“其他支票存款”包括如下形式的计息支票账户：可转让提款单账户（NOW）；超级可转让提款单账户（super-NOW）；自动转账服务账户（ATS）；信用协会股金提款账户（credit share drafts）。

(4) MMDA是存款机构的计息账户，每月开出的支票数额有限制。

(5)“在所有存款机构的小额定期存款”是指发行的定期存款面额在100 000美元以下的存款。

(6)“在所有存款机构的大额定期存款”是指发行的定期存款面额在100 000美元以上

的存款。

(二) 日本现行的货币层次

日本现行的货币层次为：

M_1＝现金＋活期存款

M_2＋CD＝M_1＋准货币＋可转让存单

M_3＋CD＝M_2＋CD＋邮政、农协、渔协、信用合作和劳动金库的存款以及货币信托和贷方信托存款

此外，还有“广义流动性”，等于 M_3＋CD＋回购协议债券、金融债券、国家债券、投资信托和外国债券。

其中：“现金”指银行券发行额和辅币之和减去金融机构库存现金后的余额；“活期存款”包括企业支票活期存款、活期储蓄存款、通知即付存款、特别存款和纳税准备金存款；“准货币”指活期存款以外的一切公私存款；“CD”指可转让大额定期存单。

(三) 我国现行的货币层次

我国现行的货币层次为：

M_0＝流通中的现金

M_1＝M_0＋单位活期存款＋个人持有的信用卡存款

M_2＝M_1＋居民储蓄存款＋单位定期存款＋其他存款

M_3＝M_2＋金融债券＋大额可转让定期存单

第三节 货币制度

一、货币制度的内容

货币制度亦称币制，是国家以法律形式规定的货币流通的结构和组织形式。货币制度最早是伴随着国家统一铸币而产生的，在前资本主义时期，最初的铸币有各种各样的形状，并且由于自然经济和政治上的分割，造成铸币权分散，铸币成色和重量不统一，极大地阻碍了商品交换的进一步发展。同时，统治阶级利用铸币的铸造发行权，有意识地不断减轻铸币重量，降低成色，由于铸币流通的分散性和变质性，前资本主义社会货币流通极为混乱。因此将货币流通纳入一定的组织形式之中，使之有章可循、有法可依，是社会经济发展的客观需要。资产阶级取得政权后，先后颁布并实施了许多币制方面的法令和规定，逐步建立起统一的货币制度。

货币制度的内容包括：货币金属；货币单位；通货的铸造、发行与流通程序；金准备制度等。

(一) 货币金属

货币金属亦称币材，是规定用什么金属来做货币材料。它是建立货币制度的基础。选择币材受客观经济发展的制约。历史上，一般先是由白银逐步过渡到金银并用，最后由黄金独占。什么样的币材决定什么样的货币制度，如金本位制、银本位制等。现代各国都是信用货币，选择币材的技术意义已超出经济意义，如纸币的防伪等。

（二）货币单位

货币单位是指法定货币的单位名称及含有的金属重量。例如：美国的货币单位为“美元”，根据 1934 年 1 月法令的规定，1 美元含纯金 13.714 格令（合 0.888 671 克）；我国北洋政府在 1914 年颁布的《国币条例》中规定，货币单位为“圆”，每圆含纯银 0.648 两（合 23.977 克）。

（三）通货的铸造、发行与流通程序

通货是指流通中的货币，包括金属货币、纸币、银行券、信用货币以及可用于流通转让的支付凭证。金属货币分为主币和辅币。

主币即本位货币，是按国家规定的货币单位、币材铸造的货币。本位货币是一个国家货币制度规定的标准货币。在支付上，本位货币具有无限法偿的能力，即在商品劳务的交易支付中和在债务的清偿上，债权人不得拒绝接受。主币是一个国家的基本通货。主币具有两个特征：第一，主币必须是足值货币，可自由铸造；第二，主币具有无限清偿力，即无限支付能力，每次支付金额不论多大，任何人都不得拒绝接受。

辅币是主币以下的小额通货，供日常零星交易与找零之用，它通过法律形式建立起固定的兑换比例。如美国的辅币为分，1 美元等于 100 美分。

（四）金准备制度

金准备制度就是黄金储备制度，是货币制度的一项重要内容，也是一国货币稳定的基础。大多数国家的金准备都集中由中央银行或国库负责管理。在可兑换银行券流通的条件下，金准备作为可供兑换的储备，起到稳定银行券价值的作用。在目前不兑换的信用货币制度下，金准备只作为国际支付的准备金。但一些国家为了稳定币值，仍保留有货币发行准备制度，如瑞士规定中央银行发行的钞票至少要有 40%的黄金准备，其余可用短期国债、外汇、国库券等补充。

二、货币制度的演变

（一）银本位制

银本位制是以白银为本位货币的一种货币制度，它是实行最早的金属货币制度。在银本位制下，以白银作为本位货币币材。银币是无限清偿货币，其名义价值与实际含有的白银价值是一致的。银本位制分为银两本位制和银币本位制。大多数国家实行银币本位制。如中国清政府于宣统二年（1910 年）颁布的《币制则例》宣布实行银本位制，但实质是银圆和银两混用。直到 1933 年国民党政府“废两改元”，才实行了银圆流通。银本位制从 16 世纪到 19 世纪盛行了三百多年，但随着时间的推移，银本位制逐渐显现出许多缺陷，因此，19 世纪末各国先后放弃了银本位制。

（二）金银复本位制

金银复本位制是指以金和银同时作为币材的货币制度。在这种制度下，金、银两种铸币都是本位货币，均可自由铸造，两种货币可以自由兑换，并且两种货币都是无限清偿货币。

金银复本位制按金、银两种金属的不同关系，又可分为平行本位制、双本位制和跛行本位制。

1. 平行本位制

平行本位制是金、银两种货币均各按其所含金属的实际价值任意流通的货币制度。国家对金、银两种货币之间的兑换比例不加固定，而由市场自行确定金币与银币的比价。但由于市场机制形成的金银比价因各种原因而变动频繁，造成交易的混乱，使得这种平行本位制极不稳定。

2. 双本位制

双本位制是金、银两种货币按法定比例流通的货币制度，国家按照市场上的金银比价为金币和银币确定固定的兑换比率。双本位制确定金银货币固定的兑换比率，本意是为了克服平行本位制下金银货币比例的频繁波动的缺陷。但事与愿违，这样反倒形成了国家官方金银比价与市场金银比价平行存在的局面，而官方比价由于不能快速调整，因此，当金币和银币的实际价值与名义价值相背离时，使实际价值高于名义价值的货币（即良币）被收藏，退出流通，实际价值低于名义价值的货币（即劣币）则充斥市场。因此，某一时期，市场上实际只有一种货币在流通，很难有两种货币同时并行流通，结果必然走向金本位制。

3. 跛行本位制

跛行本位制是指国家规定金币可自由铸造而银币不允许自由铸造，并且金币与银币可以固定的比例兑换的货币制度。实际上，银币已经降到了金币的附属地位，因为银币的价值通过固定的比例与金币挂钩，而金币是可以自由铸造的，其价值与本身的金属价值是一致的，因此，从严格意义上看，跛行本位制只是由金银复本位制向金本位制过渡的一种中间形式而已。

知识链接

复本位制下存在一种货币排挤另一种货币的现象。即两种名义价值相同而实际价值不同的本位币同时充当交换媒介时，实际价值较高的货币（良币）会被熔化、收藏而退出流通市场，实际价值较低的货币（劣币）则会充斥市场。它由16世纪英国财政学家T.格雷欣在向女王提出的改铸货币建议中首先提出，故又称“格雷欣法则”。

劣币驱逐良币规律是这样表现的：当金银市场比价与法定比价发生偏差时，法定价值过低的金属铸币就会退出流通市场，而法定价值过高的货币则会充斥市场。如金银货币的法定比价为1∶15，而市场金银商品比价为1∶16，这时把金币熔化成金块按市价换成白银，把白银铸成银币再按法定比价换回金币，如此循环一周就可获得1份白银的收益，不断循环反复的结果是金币不断地退出流通市场，而银币则充斥市场，反之亦同。因此，尽管法律上规定两种铸币可按法定比价流通，但实际上只有一种铸币在市场上流通，金贱则金充斥市场，银贱则银充斥市场。

（三）金本位制

金本位制是以黄金作为本位货币的货币制度。其主要形式可分为三种：金币本位制、金块本位制和金汇兑本位制。

1. 金币本位制

金币本位制是指以黄金为货币金属的一种典型的金本位制。其主要特点有：金铸币为本位币，可自由铸造和熔化；流通中的辅币和价值符号可以自由兑换金币；黄金在国际上可自由输出输入。

2. 金块本位制

金块本位制是指没有金币的铸造和流通，而由中央银行发行以金块为准备的纸币流通的货币制度。它与金币本位制的区别是：金块本位制以纸币或银行券作为流通货币，不再铸造、流通金币，但纸币和银行券仍是金单位，规定含金量；黄金由政府保存，人们可持一定数额的纸币兑换金块，例如英国规定每次兑换的起点金额为纯金 400 盎司（约合 1 700 英镑）。

3. 金汇兑本位制

金汇兑本位制是指以银行券作为流通货币，通过外汇间接兑换黄金的货币制度。其主要特点与金块本位制大体相同。但人们持有的其他货币在国内不能兑换黄金，而只能兑换与黄金有联系的外币。这种制度的实质是把本国的黄金存于国外的银行，换取国外的货币。用国外的货币作为本国的纸币的发行准备金。国内居民可以购买外汇，并在理论上可以把外汇拿到国外去换取黄金。这种制度也被称为“虚金本位制”。

金本位制盛行于 19 世纪末和 20 世纪初。1929—1933 年世界经济大危机彻底动摇了金本位制的基础，使金币的自由铸造、自由流通、自由兑换、自由输出输入遭到削弱甚至丧失。自此金本位制全面瓦解，继之而起的则是纸币制度。

（四）纸币制度

纸币制度是指以不兑换黄金的纸币或银行券为本位币的货币制度。它的主要特点有：纸币的发行不受黄金储备的限制，其发行量完全取决于实现货币政策的需要；纸币的价值决定于它的购买力，纸币的购买力与发行量成反比，与商品供应量成正比；纸币的流通完全决定于纸币发行者的信用；政府通过法律手段保证纸币具有一定的强制接受性。

纵观货币制度的发展历史，我们可以清楚地看到：货币制度是对货币运动的约束和规范，其中心是稳定币值，促进商品经济的发展。

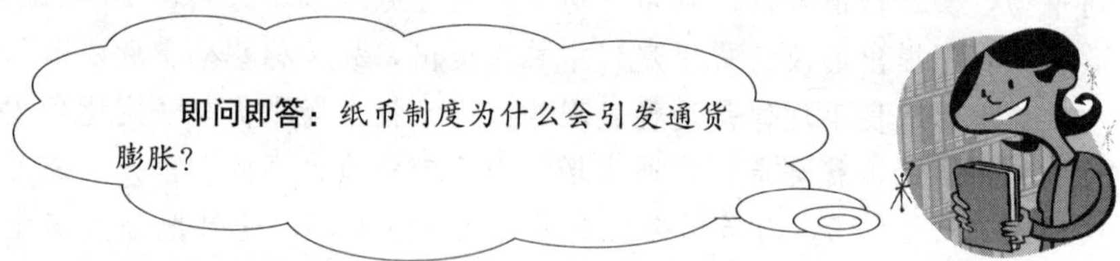

三、我国的货币制度

（一）我国货币制度的基本内容

1. 人民币是我国的法定货币

人民币单位是“元”，元是本位币，辅币的名称是“角”和“分”。人民币的票券、铸币的种类由国务院统一规定。

2. 人民币是我国唯一合法的通货

我国规定在国内严禁一切外国货币流通，金银也不准计价流通、不准买卖，禁止人民币输出国境。人民币由中国人民银行发行，严禁伪造、变造人民币，一切企事业单位、机关、团体所使用的内部核算凭证，必须报经上级机关批准，并一律不准模仿人民币的图案样式。任何单位和个人不得印制、发售代币票券，以代替人民币在市场中的流通。

应注意，在我国香港特别行政区内，港币是法定流通货币。

3. 人民币的发行坚持经济发行和集中统一原则

经济发行是指根据经济增长和商品流通的合理需要，按照货币流通规律的要求，通过银行信贷收支发行货币。集中统一是指我国的货币发行权集中于中国人民银行。除中国人民银行外，任何单位、部门、个人、地区都无权发行地区性货币、变相货币或货币代用品，无权动用国家发行基金以及突破货币发行计划。这样才能保证货币的正常流通和币值稳定。

4. 黄金、外汇储备是用作国际支付的准备金

黄金储备是指一国货币当局为应付国际收支上的需要所持有的黄金总额，不包括工业用黄金和民间持有的黄金。外汇储备是指一国政府所持有的国际储备资产中的外汇部分，即以外币表示的债权。中国人民银行是管理、经营国家黄金、外汇储备的唯一机关。黄金、外汇储备不仅用于国际结算，同时也关系到人民币的发行、流通及在国际上的信誉。

（二）人民币的发行程序

我国人民币发行的程序是：中国人民银行对商业银行提供货币即再贷款；商业银行凭借中国人民银行提供的基础货币，对企业发放贷款。接受贷款的企业再将贷款存入银行，即转变为存款。企业在符合现金管理规定的范围内，可以从其存款户内提取一定现金。因此，从整个货币供应来讲，是先有贷款，后有存款和现金。企业通过生产经营活动，获得收入，用以归还贷款。贷款的归还，也就是货币的回笼。货币从发放到回笼，就完成了一次周转。

（三）人民币的性质

人民币是一般等价物，具有核算社会劳动和与一切商品直接交换的特征；人民币是价值符号，本身没有价值，只能表现和衡量商品价值，是一种直接的价值符号；人民币是一种债务货币，是通过银行信贷程序发行的一种信用货币，是由现金和银行存款构成的，而现金和存款都是银行的负债；人民币具有强制性，国家通过法律手段对人民币的发行和流通作了严格的规定。

知识链接

货币制度的缺陷导致金融危机不断爆发

1. 20世纪以来，世界经济、金融危机不断

自20世纪20年代末30年代初金融危机之后，又先后爆发过英镑危机、美元危机、布雷顿森林体系崩溃、欧洲货币体系危机、南美金融危机、东南亚危机、俄罗斯危机等。1997年爆发的东南亚金融危机对世界经济的影响更加巨大。20世纪80年代以来世界各国爆发的经济、金融危机，究其根源是世界经济、金融一体化与国际货币多元化的矛盾，具体表现形式为市场均衡的背离。金融市场的无套利均衡保证市场经济的资源配置优化。由于国际货币多元化使这种均衡遭到破坏，在金融市场上各种货币汇率的变动不定，以及由汇率变动带来各种金融产品价格的频繁变动，使金融市场上存在着许多投机套利机会，并且投资基金等国际金融力量蓄意攻击可人为创造投机机会，导致市场无法逼近均衡并导致背离，使金融市场优化资源配置的功能遭到破坏，造成资源配置劣化，虚假经济和经济泡沫出现。在超单个国家经济实力的“金融霸权”的攻击下，经济、金融危机不可避免。

综观历史，全球性的金融危机已发生过多次，比较历次危机后不难发现，任何国际性的货币金融危机都是由于一国货币对外大幅度贬值，导致国家实体经济的破坏和世界经济秩序的混乱，进而导致国际性金融危机。所以，我们认为国际性货币危机的根源在于世界货币的不统一。

2. 货币制度的缺陷导致国际储备供求矛盾加剧

国际货币制度决定国际储备体系，国际储备制度是国际货币制度的内容之一。在现行国际多元货币体系下，一国的储备资产由货币性黄金、外汇储备、特别提款权和在国际货币基金组织（International Monetary Fund，IMF）的储备头寸所组成，其中特别提款权、储备头寸是IMF根据各国份额予以分配的，一国无法主动增加其持有额。另外，一国持有的黄金量也是相对固定的。因此外汇是一国增加国际储备的主要手段。从根本上看，外汇收入的来源是国际收支盈余，其中经常账户盈余是更为可靠、稳定的来源，而来自资本账户盈余的新增外汇储备则具有借入储备的性质。这样在国际收支差额与外汇储备的关系上，一些国家通过国际收支长期盈余缓解了外汇储备的需求，却出现了外汇储备的积累，而赤字国一方面增加了对国际储备的需求，另一方面却出现了外汇储备的下降。国际收支差额对外汇储备供给和需求两方面的反悖制约是现行国际货币制度弊端在国际储备体制中的反映，是今后国际货币体制改革的一个重大问题。

第四节　国际货币体系

一、国际货币体系概述

（一）国际货币体系的概念

国际货币体系（International Monetary System，IMS）又称国际货币制度，是指各国政府为适应国际贸易和国际支付的需要，使本国货币在国际范围内发挥世界货币职能，各国政府都共同遵守的有关政策规定和制度安排。国际货币体系一般包括三方面内容：（1）国际储备资产的确定；（2）汇率制度的确定；（3）国际收支的调节。从历史上看，国际货币体系大体上经历了国际金本位制、布雷顿森林体系和牙买加货币体系三个阶段。

（二）国际货币体系的目标与作用

1. 国际货币体系的目标

国际货币体系的目标是保障国际贸易、世界经济的稳定和有序发展，促进各国资源的充分利用。

2. 国际货币体系的作用

国际货币体系的作用，体现在以下几个方面：

（1）确定国际货币的供应和管理原则。

在采用黄金作为国际货币的情况下，国际货币的供应主要来源于黄金的生产国，而国际货币的供应受到黄金产量和货币流通规律的约束，不可能无限制地增长。在铸币流通的情况下，货币发行数量不受黄金产量的限制，很容易发生纸币发行过度的情况，但也可能发生发行不足的情况。尤其当采用主权国家发行的不能兑现的纸币作为国际货币时，如何对国际货币的供应加强管理，防止由于发行过度导致世界性的通货膨胀，或由于发行不足导致世界性的通货紧缩，是国际货币制度中要解决的重要问题。

(2) 建立国际收支调节机制。

在国际金本位制时期，国际收支调节机制是“物价—铸币流动”机制，即通过物价的变动和铸币的流动来调节国际收支的不平衡。在布雷顿森林体系下，由于汇率基本固定，因此国际收支的调节主要通过“支出转移”和“支出减少”机制进行；而在当前的浮动汇率制下，国际收支调节则主要通过汇率机制来进行，即通过汇率变动来影响生产、流通和消费，从而达到国际收支的平衡。

(3) 通过多边支付制度，促进世界经济的一体化。

在国际货币事务的管理中，协调各国的政策行动，可以避免各国单方面为本国利益而限制国际支付情况的发生。这在客观上使国际贸易和国际投资能在世界范围内顺利地发展，防止个别国家采取单方面限制措施。这是有利于世界经济发展的。

(4) 促进各国经济政策的协调和参与国际事务的决策和管理。

国际货币体系的共同准则，实际上就是要求各国国内的经济政策服从共同规则，一切造成国内供求严重失调从而导致外部经济失调，并且不利于多数他国的宏观经济政策，都会受到其他成员国的强烈指责，促使各国更多地在国内外经济政策上互相谅解和协调。

国际货币体系的建立，使各国有了共同遵守的准则和惯例，通过国际金融机构，各国也获得了发表关于国际货币问题主张的权利。这样便在一定程度上使各国获得了参与国际货币事务决策和管理的机会。

(三) 国际货币体系的演变

国际货币体系经历了不同的演变阶段：

第一阶段是国际金本位制时期。这一时期大体上是从第一次世界大战以前，英国实行金本位制开始，在此之后，世界范围内自发形成了典型的国际金本位制，在两次世界大战之间演化为非典型的金本位制——金块本位制和金汇兑本位制。在20世纪20年代末30年代初的世界经济大危机中，国际金本位制终于彻底崩溃。

第二阶段是布雷顿森林体系时期。这一时期大体上从第二次世界大战后开始，到20世纪70年代结束。布雷顿森林体系是在《布雷顿森林协定》的基础上建立的国际汇兑本位制，它在国际货币体系发展史上占有重要地位。二战后世界经济的重建，实际上是以布雷顿森林体系的建立为开端的。

第三阶段是牙买加货币体系时期。1973年以后，《牙买加协定》及《国际货币基金协定第二次修正案》确认了多元化的国际货币体系。这一时期从1976年1月国际货币基金组织临时委员会的《牙买加协定》正式订立开始至今，国际上也有人把这一阶段称为“无体系时代”。

二、国际金本位制

(一) 国际金本位制的演变

金本位制是以一定量黄金为本位货币，并建立流通中各种货币与黄金间固定兑换关系的货币制度。英国是最早实行金本位制的国家，到第一次世界大战前为止，主要的西方贸易国普遍实行了金本位制。

(二) 国际金本位制的类型

根据货币与黄金的联系程度，金本位制主要有三种类型：金币本位制、金块本位制、金汇兑本位制。相关内容在第三节已阐述，此处不再赘述。

（三）国际金本位制的影响

从金币本位制到金块本位制，再到金汇兑本位制，我们可以看出：第一，货币和黄金的联系越来越薄弱。从可以无限制地自由兑换到有限兑换，再到不能直接兑换，削弱了货币制度的稳定性，货币发行量随时可能超过流通中所需的货币量。金汇兑本位制的稳定性最差，一旦实行金币（块）本位制国家的货币不稳定，实行金汇兑本位制国家的货币币值必然因维持固定汇率而发生波动。反之，若实行金汇兑本位制国家以外汇大量兑换黄金，也必然危及实行金币（块）本位制国家币值的稳定。第二，实行金块本位制，金币不再流通，货币的可兑换性受到限制，可以节约国内经济交易中所需的黄金。实行金汇兑本位制则因大量持有外汇而不仅可以节约国内经济交易所需的黄金，还可以节约国际经济交易中所需的黄金。第三，各国实行的货币制度和国际货币制度之间具有密不可分的联系。世界各国可以同时实行金币本位制或金块本位制，但不能同时实行金汇兑本位制，必须至少有一国实行金币本位制或金块本位制。通常所说的国际金本位制是指在世界主要国家均实行金币本位制情况下的国际货币制度。

（四）国际金本位制的崩溃

在1929—1933年世界经济大危机的风暴中，西方国家受到了灾难性、毁灭性的打击，国际社会对英镑失去信心，迫使英国放弃金块本位制；美国先后出现了证券危机和信用危机，大批银行倒闭，大量黄金外流，迫使美国放弃金币本位制，以美元纸币流通；随后，法、比、意、捷、瑞士等国组成的黄金集团也不得不放弃金汇兑本位制，致使国际金本位制彻底瓦解。国际金本位制崩溃的主要原因是维持金本位制的三个必要条件遭到破坏。

1. 自由铸造和自由流通遭到破坏

由于资本主义国家加紧对黄金的掠夺，以增加本国的经济实力，所以，在20世纪20年代末30年代初世界经济危机爆发前，约占世界铸币黄金总量2/3的黄金集中于英、美、德、法等少数几个国家手里，其他国家货币流通的黄金基础已不存在，使自由铸造和自由流通完全遭到了破坏。

2. 自由兑换的条件已不具备

若黄金被剥夺作为流通手段的职能，就无法发挥其自动调节货币流通的作用，不能防止通货膨胀和货币贬值。银行券不能稳定地代表其规定的含金量，自然也就不具备自由兑换的条件。

3. 自由输出输入的条件不复存在

在资本主义经济和政治发展不平衡的情况下，产生国际收支逆差的国家流失的巨额黄金往往无法弥补。为了防止黄金外流，各国纷纷采取限制黄金输出的措施。于是，黄金自由输出输入的条件已不复存在。从1816年英国第一个实行金本位制算起，一直到1936年荷兰、瑞士、意大利等最后一批国家放弃金本位制为止，金本位制维持了整整一个多世纪。国际金本位制正式宣告全面瓦解后，国际货币制度进入了一个新的曲折的历史时期。

三、布雷顿森林体系

（一）布雷顿森林体系建立的历史背景

国际金本位制瓦解后，国际货币体系进入了无体系状态。西方国家普遍实行纸币流通制度，各自为政，组建了以英镑为中心货币的英镑集团和以法国法郎为中心货币的法郎集团。这些货币集团内部的外汇支付与资金流动完全自由，但对集团外的收付与结算则实行严格管制。集团之间壁垒森严，限制重重，外汇战、贸易战、货币战接连不断，阻碍了国际贸易的发展和金融货币的开展。尤其是随之而来的第二次世界大战使资本主义国家之间的实力对比产生巨大变化，造成参战国国际收支恶化，汇率极端不稳定。例如，英国在第二次世界大战期间受到了巨大的创伤，经济遭到严重破坏。1945 年，英国工业生产缩减，民用消费品生产仅达到 1939 年水平的一半，出口额还不到战前水平的 1/3，国外资产损失达 40 亿美元以上，对外债务则高达 120 亿美元，黄金储备降至 100 万美元。又如，第二次世界大战结束时，美国的工业制成品占世界制成品的一半，对外贸易占世界贸易总额的 1/3 以上；国外投资急剧增长，美国已成为世界最大的债权国；黄金储备从 1938 年的 145.1 亿美元增加到 1945 年的 200.8 亿美元，约占世界黄金储备的 59%。这为建立美元的霸权地位创造了必要的条件。事实上，早在 20 世纪 40 年代初，美国就积极策划取代英国而建立一个以美元为支柱的国际货币体系，改变 30 年代世界货币金融关系的混乱局面。在这种情况下，英美两国政府从本国各自的利益出发分别提出了重建国际货币制度的方案，开始进行统一、稳定的战后国际货币体系的谋划，并于 1943 年 3 月和 4 月分别发表了各自的方案，即英国的“凯恩斯计划”和美国的“怀特计划”。

1. 凯恩斯计划

1943 年 3 月，英国著名经济学家（英国财政部顾问）凯恩斯提出“国际清算同盟方案”，简称“凯恩斯计划”（Keynes Plan）。这一计划的要点是：

(1) 设立一个世界性的中央银行，将其称为国际清算同盟，由国际清算同盟发行一种以一定量黄金表示的国际货币——班柯（Bancor）作为清算单位，“班柯”与黄金之间保持固定的比价。“班柯”等同于黄金，各国可以黄金换取“班柯”，但不得以“班柯”换取黄金。

(2) 各国货币按一定的比价与“班柯”建立固定汇率，可适当调整，但不能单方面进行竞争性贬值。各成员国货币与“班柯”挂钩，允许成员国调整汇率；同时，各成员国在国际清算联盟中开设往来账户，用“班柯”清算，顺差时将盈余存入账户，逆差时按规定的份额透支或提存。

(3) 各国中央银行在国际清算同盟中开立往来账户，各国间发生的债权债务都通过该账户之间的转账进行清算。国际收支顺差国将盈余存入账户，而国际收支逆差国则可以按照规定的份额中请透支或提存。

总之，英国提出的“凯恩斯计划”是从英国负有巨额外债、国际收支发生严重危机及黄金外汇储备陷于枯竭的不利情况出发，从英国的利益出发，强调透支原则和双方共负国际收支失衡调节责任，其目的是建立一个国际多边清算体系，与美国分享国际金融领域的领导权。

2. 怀特计划

“怀特计划”是美国财政部长助理、经济学家怀特（H. P. White）提出的国际稳定基金方案。对应于英国的方案，美国为了确立其在第二次世界大战后国际金融领域的统治地位，从其作为国际上最大债权国、国际收支具有大量顺差及拥有巨额黄金外汇储备等有利条件出发，于 1943 年 4 月提出了“国际稳定基金方案”。这一方案是由怀特提出的，因此简称为“怀特计划”（White Plan）。这一计划的要点是：

（1）采取存款原则，提议设立一个国际货币稳定基金的常设机构，基金总额为50亿美元，由各成员国用黄金、本国货币和政府债券缴纳，认缴份额取决于各国的黄金外汇储备、国民收入和国际收支差额变化等因素，根据各国缴纳份额的多少决定各国的投票权。

（2）基金组织创设一种名为“尤尼他”（Unita）的国际货币作为计算单位，其含金量为137.14格令，相当于10美元。“尤尼他”可以兑换黄金，也可以在各成员国之间相互转移，各国要规定本国货币与“尤尼他”之间的法定平价，以达到稳定汇率，并向成员国提供短期信贷解决国际收支逆差的目的。平价确定后，未经基金组织同意，不得随意调整。

（3）基金组织通过提供短期信贷帮助成员国解决国际收支不平衡，稳定汇率，维持国际货币秩序。

（4）各成员国在基金组织的发言权和投票权同其缴纳的份额成正比。

可见，美国企图通过“怀特计划”来控制“国际货币稳定基金组织”，通过该基金迫使其他成员国的货币盯住美元，进而剥夺其他国家货币本位的自主权，消除其他国家的外汇管制，为美国的对外扩张与建立美元霸权扫清道路。很明显，“怀特计划”符合美国的利益。

（二）布雷顿森林体系的内容

布雷顿森林体系是一种典型的通过国际合作建立的而不是自发形成的国际货币体系。其主要内容包括下述几个方面。

1. 建立一个永久性的国际金融机构——国际货币基金组织

国际货币基金组织是第二次世界大战后国际货币制度的核心，它的各项规定构成国际金融领域的基本秩序。成员国进行监督、磋商和融通资金，在一定程度上维持着国际金融形势的稳定。

2. 规定以美元作为最主要国际储备，实行美元—黄金本位制

美元—黄金本位制是将美元直接与黄金挂钩，规定一个黄金官价。在布雷顿森林体系中，黄金是基础，而美元则是最主要的储备资产。黄金起着两方面的重要作用：一方面，它是官方储备资产的重要构成部分，并且是国际收支结算的最后工具；另一方面，各国货币的价格以美元或黄金来表示，而美元的价格也以黄金来表示，因此美元直接与黄金挂钩，取得了等同黄金的资格。

3. 实行可调整的固定汇率制度（盯住汇率），各成员国货币与美元挂钩

国际货币基金组织规定各成员国货币与美元的汇率如发生波动，范围不得超过平价上下各1%，超过时，除美国外，各成员国中央银行有义务维持本国货币同美元汇率的稳定。在这一体系中，美元自然起着突出的重要作用。因为这时美元与黄金挂钩，各国官方可按1盎司35美元的平价向美国兑换黄金，其他国家的货币则与美元挂钩。各种可兑换货币要先兑换成美元，然后才能换成黄金。在这个意义上，布雷顿森林体系实际上是国际金汇兑本位制，也被有些经济学家称为“黄金—美元本位制”，以区别于20世纪20年代末30年代初的“金汇兑本位制”。

4. 调节国际收支

在布雷顿森林体系下，当一国发生短期的国际收支失衡，国际货币基金组织将向国际收支逆差国提供短期资金融通，以协助其解决国际收支困难。《国际货币基金协定》（以下

简称《协定》）第 3 条规定成员国份额的 25%以黄金或外汇缴纳，其余部分（份额的 75%）以本国货币缴纳。成员国在需要贷款时，可用本国货币向国际货币基金组织按规定程序购买一定数额的外汇，将来在规定的期限内，以用黄金或外汇购回本币的方式偿还借用的外汇资金。但是，国际货币基金组织提供的信贷规模有限，而且取决于成员国缴纳的份额，缴纳的份额越多，借款能力越强。由于第二次世界大战结束时，大部分国家的国际储备有限，所以国际货币基金组织基本上是被美国所控制。事实上，在布雷顿森林体系运行的 20 多年期间，全球范围的国际收支问题始终没有得到解决。此外，《协定》还规定了“稀缺货币条款”（Scarce Currency Clause），其目的是使国际收支顺差国主动承担调整国际收支的责任。

5. 取消外汇管制

《协定》第 8 条规定，成员国不得限制经常项目的支付，不得采取歧视性的货币措施，要在兑换性的基础上实行多边支付。但有三种情况可以例外：

（1）国际货币基金组织允许对资本移动实施外汇管制。

（2）《协定》第 14 条规定，允许成员国采取过渡性安排，推迟履行货币可兑换性的义务。

（3）成员国有权对“稀缺货币”采取临时性兑换限制，可限制进口该国的商品和劳务，从而迫使“稀缺货币”发行国采取调节国际收支的措施。但是这一条款并未真正得到实施。

（三）布雷顿森林体系的作用

布雷顿森林体系的建立和运转，一方面确立了美元的中心地位，实现了美国夺取金融霸权的宿愿，为美国的侵略扩张创造了有利条件；另一方面基于当时货币金融领域的实际状况，避免了重蹈以往货币制度的覆辙，对第二次世界大战后国际贸易经济的发展起到了积极的作用。

1. 解决了国际清偿能力短缺问题

布雷顿森林体系把等同黄金地位的美元作为各国主要储备货币，弥补了当时国际清偿能力的不足，促进国际贸易的顺利发展。

2. 稳定了国际货币金融关系

“双挂钩”和固定汇率制这两大支柱的确立，在一定程度上消除了外汇市场的动荡，保持了汇率的相对稳定，为国际贸易和国际投资创造了一个比较稳定的环境。

3. 促进了国际货币合作，有助于国际经济的稳定和增长

布雷顿森林体系本身就是各成员国协商和合作的成果。它通过对成员国提供的各种类型的短期和中期贷款，暂时缓和了成员国国际收支逆差所带来的困境。通过规定一整套具有约束力的行为准则，把成员国置于一种统一严整而又彼此协调的金融环境之中，可以说是创国际货币合作之先河，为随之而来的国际经济合作打下了良好的基础。

总的来说，布雷顿森林体系的建立，是符合当时世界经济形势的。第二次世界大战结束后，各国须建立和恢复一个多边支付体系和多边贸易体系以促进贸易的发展和各国经济的恢复和发展。当时，只有美元才有能力在全球范围向这样一种多边体系提供所需要的多边支付手段和清算手段。因此，布雷顿森林体系促进了战后经济的恢复和发展，促进了国际贸易的发展和多边支付体系、多边贸易体系的建立和发展。美元等同黄金，作为黄金的补充，源源不断地流向世界，一定程度上弥补了当时普遍存在的国际清偿能力和支付手段的不足，因而，也有利于外汇管制的放松和贸易的自由化，并对国际资本流动和 20 世纪

60年代的国际金融一体化起到了积极的推动作用。

（四）布雷顿森林体系的缺陷及崩溃

1. 布雷顿森林体系的缺陷

（1）布雷顿森林体系的根本缺陷是“特里芬两难”。布雷顿森林体系是建立在黄金—美元本位制基础之上的，美元既是一国的货币，又是世界的货币。作为一国的货币，美元的发行必须受制于美国的货币政策和黄金储备；作为世界的货币，美元的供应又必须满足世界经济和国际贸易增长的需要。由于规定了“双挂钩”制度，而黄金产量和美国黄金储备的增长跟不上世界经济和国际贸易的发展，于是美元便陷入了一种进退两难的状况，为促进世界经济的增长和国际贸易的发展，世界各国需要有充足的美元，但这会导致美国的国际收支逆差，巨额的国际收支逆差又会影响各国对美元的信心。美元的这种两难境地是1960年由美国经济学家特里芬在其著作《黄金与美元危机》中首先提出的，故又被称为“特里芬两难”。“特里芬两难”指出了布雷顿森林体系的内在不稳定性及危机发生的必然性。随着流出美国的美元日益增加，美元同黄金的可兑换性（按固定价格）必将日益受到人们的怀疑，美元的可兑换性信誉必然受到日益严重的削弱。

（2）国际收支调节机制的调节效率不高。所谓调节效率，是指调节成本要较低，调节成本的分配要较均匀，调节要有利于经济的稳定与发展。在布雷顿森林体系的固定汇率制下，虽说汇率是可以调整的，但因固定汇率的多边性而增加了调整平价的困难，并且汇价的波动只允许在平价上下各1%的幅度内，从而使汇率显得过于刚性。当一国发生国际收支逆差时，往往不得不采用紧缩国内财政货币政策来进行调节，这样就使得各国特别看重国际储备的增长，以避免不必要的调节成本发生；而当一国发生国际收支盈余时，又倾向于积累储备以防今后不测；另外，在美国与其他国家之间，美国可不必采取国际收支逆差的调节措施，只需通过输出美元便可弥补其国际收支逆差。在其他国家相互之间，由于盈余国可以积累美元储备并用它向美国换取黄金，因此，国际收支调节的负担基本上都落在逆差国身上。从总需求与总收入的关系看，盈余是需求相对小于收入而导致的，逆差是需求相对大于收入而造成的。单方面地要求逆差国进行调节，就要求压缩逆差国的需求，因而，布雷顿森林体系下的国际货币制度对各国经济具有某种紧缩性倾向，这种倾向是不利于世界经济发展的。

（3）储备货币的供应缺乏有效的调节机制。从世界经济和国际贸易发展的角度看，储备货币供应不能太少，供应太少将限制国际贸易和世界经济的发展；从物价和货币稳定的角度看，储备货币的供应又不能太多，供应太多会引起世界性通货膨胀和货币混乱。在浮动汇率和多种储备货币体系下，一种储备货币的过多供应，会导致该种储备货币汇率下浮，需求下降，由此可以调节该种储备货币的供应。在布雷顿森林体系的固定汇率制度下，世界其他国家为减少调节成本而倾向于不断积累美元，而美国又可以不断地输出美元。对美元供应的唯一限制在于用美元兑换美国的黄金储备。于是，当美元供应相对不足时，各国拼命积累美元，诱发美元不断输出；当美元供应相对过多时，各国又抛售美元换取美国的黄金储备，从而直接威胁到布雷顿森林体系的存在。

2. 布雷顿森林体系的崩溃

众所周知，布雷顿森林体系之所以能正常运作，完全取决于三个基本条件的满足：第一，美国国际收支保持顺差，美元汇价稳定；第二，美国黄金储备充足，美国履行其美元兑黄金的有限兑换义务；第三，黄金价格维持在35美元上下1盎司的官价水平。一旦这三个条件无法满足，则布雷顿森林体系必然处于危机之中。

自20世纪50年代中后期美元逐渐开始过剩以来，借助于美国援助欧洲的马歇尔计划、驻外军费开支、侵越战争及推行低利率政策等，导致大量美元资本外流。到1960年，美国对外短期债务已超过了它的黄金储备额，美元信用基础发生动摇。黄金市场达1盎司41.5美元，伦敦金融市场出现了抛售美元、抢购黄金的风潮，由此爆发了第一次美元危机，作为关键货币的美元从此处于岌岌可危的境地，因而各国及国际货币基金组织先后采取了许多措施进行补救。这些措施包括：

(1) 黄金总库。美国和西欧7国拿出价值2.7亿美元的黄金组成"黄金总库"(gold pool)，以平抑国际市场的金价涨势和维持美元的中心地位，总库所需黄金美国承担50%，德国承担11%，英国、法国、意大利各承担9.3%，瑞士、荷兰、比利时各承担3.7%。但因美元信用日趋下跌，金价只涨不跌，"黄金总库"如杯水车薪，无以应付抢购黄金风潮，于1968年3月被迫解散。

(2)《借款总安排》。美国等10个工业国签订《借款总安排》，筹集60亿美元（其中美国出20亿美元，英国、德国各出10亿美元，法国和意大利各出5.5亿美元，日本出2.5亿美元，荷兰和加拿大各出2亿美元，比利时出1.5亿美元，瑞典出1亿美元)，借款给面临国际收支危机的国际货币基金组织成员国，但实际上是美国借用其他9国货币，以缓和美元危机和维持国际货币体系正常运转。《借款总安排》于1962年10月生效。

(3)《货币互换协定》。美国先后同14个工业国签订《货币互换协定》，以优惠汇率相互提供货币，以稳定外汇市场，该协定虽然提高了兑付能力，但仍然难以遏制美元汇价下跌趋势。

(4) 实行黄金双价制。美国不再以官价向黄金市场提供黄金，任凭黄金市场金价自由涨落，但各国政府仍可按黄金官价向美国兑换，二价背离，美元实际上已经贬值，加速了黄金—美元本位制的瓦解。

(5) 创立"特别提款权"。"特别提款权"是国际货币基金组织分配给成员国的一种特别使用资金的权利，创立时与美元等值，但不能兑换黄金（1974年改用16种货币加权平均定值，后又改用5种货币即美元、马克、英镑、日元和法国法郎的加权平均定值)，俗称"纸黄金"，可作为国际储备，也能用于成员国之间的国际结算。美国分到的"特别提款权"最多，增强了其应付国际收支逆差的能力和减少了黄金储备的流失。

上述措施虽在一定程度上能发挥减缓美元危机的作用，但鉴于美国国际收支逆差，美国经济实力的进一步衰退这一根本性问题无法解决，这些措施对于风雨飘摇中的美元地位来说毕竟无济于事。特别是进入1971年，美国黄金储备减至102亿美元，而对外短期负债却高达510亿美元。于是西欧连续爆发美元危机，大量抛售美元，迫使美国政府于同年8月15日宣布实行"新经济政策"，正式停止履行外国政府或中央银行可以用美元向美国兑换黄金的义务，并对进口商品征收10%的附加税。这无疑意味着美元与黄金脱钩，布雷顿森林体系的一大支柱已完全倒塌。

(6)《史密森协定》。面对上述状况，许多西方国家纷纷放弃盯住美元的固定汇率制，整个国际金融货币市场一片混乱。于是"十国集团"于1971年12月在美国华盛顿的"史密森学会"大厦召开了财政部部长和中央银行行长会议，签署了《史密森协定》。该协定规定：美元对黄金贬值 7.89%，黄金官价由每盎司 35 美元提高到 38 美元，美国取消 10%的进口附加税，但保持美元与黄金的不兑换性；美元对一些国家货币贬值（或升值），即日元升值 7.66%，德国马克和瑞士法郎各升值 4.6%，比利时法郎和荷兰盾升值 2.76%，里拉、瑞典克朗等贬值，英镑、法国法郎不变。总体而言，对美元汇率的波动幅度由过去不超过金平价±1%，变为±2.25%。

很明显，《史密森协定》允许美元公开贬值和美元停止兑换黄金，其目的仍是想稳定以美元为中心的布雷顿森林体系。但事与愿违，1973 年 2 月，美元危机再次爆发，黄金市价一度涨到每盎司 96 美元。西欧和日本外汇市场被迫停业 17 天，西方各国相继实行浮动汇率制，《史密森协定》随之失效，布雷顿森林体系的另一支柱（盯住美元的可调整的固定汇率制）亦随之倒塌，至此，布雷顿森林体系彻底崩溃。

四、牙买加货币体系

（一）牙买加货币体系的形成

1973 年布雷顿森林体系瓦解后，国际货币金融局势一直动荡不安，国际货币制度改革刻不容缓。世界各国都希望建立一种新的国际货币制度，以结束这种混乱局面。国际货币基金组织在 1972 年就成立了由 20 个国家组成的国际货币体系改革及有关问题专案委员会，简称“二十国委员会”。1974 年 7 月，该组织根据“二十国委员会”的建议，设立了“国际货币制度临时委员会”（以下简称“临时委员会”），负责研究有关国际货币制度改革问题，并向国际货币基金组织理事会提供意见。“临时委员会”由 20 国财长、中央银行行长组成。经过反复研讨磋商，1976 年 1 月 8 日，在牙买加召开的会议上达成了综合性协议，即《牙买加协定》。同年 4 月，国际货币基金组织理事会通过《国际货币基金协定第二次修正案》，从 1978 年 4 月 1 日起正式生效。国际上把签订《牙买加协定》后的国际货币体系称为“牙买加货币体系”，从此国际货币体系进入了一个崭新的阶段。

（二）牙买加货币体系的主要内容

1. 浮动汇率的合法化

《牙买加协定》正式承认浮动汇率制度的合法性，成员国可以根据本国情况自由选择汇率制度。国际货币基金组织承认固定汇率制度和浮动汇率制度暂时并存。但成员国的汇率政策须受国际货币基金组织监督，以防止各国采取损人利己的贬值政策；实行浮动汇率制的成员国，还应根据经济条件，逐步恢复固定汇率制。

2. 提高特别提款权的国际储备地位

《牙买加协定》规定，特别提款权可以作为各国货币定值的标准，可以供参加这种账户的国家用来清偿对国际货币基金组织的债务，也可以用特别提款权进行借贷。

3. 扩大对发展中国家的资金融通

国际货币基金组织出售了其成员国所缴纳的 1/6 的黄金作为“信托基金”，对最不发达国家以优惠条件提供援助，帮助它们改善国际收支状况。同时，国际货币基金组织扩大信用贷款总额，由占成员国份额的 100%增加到 145%，并放宽“出口波动补偿贷款”，所占份额由 50%提高到 75%。放松贷款的条件，延长偿还的期限，资助持续发生国际收支逆差的国家。

4. 黄金非货币化

《牙买加协定》规定：（1）废除黄金官价，各成员国中央银行之间不再按官价买卖黄金，允许黄金价格随市场供求变化自由浮动；(2) 各成员国之间以及各成员国与国际货币基金组织之间取消以黄金清算债权债务的义务，各成员国原来须以黄金缴纳的份额部分改用外汇缴纳；(3) 对各成员国原缴纳的黄金进行处理，其中 1/6 按市价出售，另外 1/6 由各成员国购回，余下部分由成员国 85%的多数票决定是按市价出售还是由各成员国购回。

5. 增加成员国在国际货币基金组织中的基金份额

为了提高国际货币基金组织对成员国的融资能力，《牙买加协定》将成员国在该组织中的基金份额由原来的 292 亿特别提款权单位（约 340 亿美元）增加到 390 亿特别提款权单位（约 450 亿美元），比原来增加了 33.6%。各成员国应交份额所占比重也有所改变：除发展中国家保持不变外，主要西方国家除原联邦德国、日本外，份额均有所降低。石油输出国组织的份额提高了 1 倍（由 5%增为 10%）。增加基金份额，目的是提高国际货币基金组织的清偿能力。

（三）牙买加货币体系的作用

牙买加货币体系形成之后，对维持国际经济运转和推动世界经济发展具有积极的作用。

1. 打破了布雷顿森林体系的僵化局面

实行浮动汇率制，可以使一国的宏观经济政策更具有独立性和有效性。当一国国际收支出现问题时，可以由汇率变动来自动调节，不必实行紧缩或扩张的宏观经济政策来维持汇率，从而能够保持国内经济政策的连续性，使宏观经济政策的力度和范围得到保障，市场效率更高。

2. 实行了国际储备多元化，缓和了“特里芬两难”

美元已经不是唯一的国际储备货币和国际清算及支付手段。即使美元贬值，也不会从根本上影响到其他国家货币的稳定。由于美元早已与黄金脱钩，即使发生美元可能贬值的征兆，各国也不可能用自己的美元储备向美国挤兑黄金，这就基本上摆脱了基准通货国家与依附国家相互牵连的弊端。

3. 用综合机制共同调节国际收支

牙买加货币体系对国际收支的调节，采取多种调节机制相互补充的办法，除了依靠国际货币基金组织和汇率变动外，还通过利率机制及国际金融市场的媒介作用、国际商业银行的活动、有关国家外汇储备的变动以及债权债务、投资等因素来调节国际收支，在一定程度上缓解了布雷顿森林货币体系调节机制失灵的困难，从而对世界经济的运转和发展起到了一定的积极作用。

即问即答：历史上国际货币体系几经演变，为什么随着国际经济的发展，以前的国际货币体系就需要变革呢？国际货币体系的这种变革更有利于哪些国家呢？

五、国际货币体系改革

（一）国际货币体系改革中的分歧

国际货币体系，亦称国际货币制度，是调节各国货币关系的一整套国际性制度安排和组织形式的总称。当今世界各国对外经济交往和国际金融领域中的一切活动都离不开国际货币体系。一个健全的国际货币体系，有助于维护国际货币运行的正常秩序，促进国际贸易和国际资本流动的健康发展。国际货币体系改革关系到世界各国的切身利益。在当今这样一种相互依存又彼此离散的世界经济关系背景下，确定一套能最大限度协调不同国家利益的国际安排，无疑是一项复杂、艰巨的系统工程。经过长达20年的争论，各国在国际货币合作的一些问题上已取得了共识，也进行了一些渐进式的改革。但是，由于国家或集团之间特殊利益的不同，在有关国际货币体系改革的主要问题上，至今还存在着严重的分歧，主要表现在美国、日本和西欧及发展中国家各自的不同立场和态度上。

1. 美国的基本立场和态度

布雷顿森林体系瓦解后，美元的霸权地位虽已大大削弱，但美元至今仍是国际货币体系的基础货币，美国也仍在相当程度上保留着对国际货币基金组织和其他国际金融机构的控制权。对国际货币体系改革，美国的基本态度是从维护其在国际货币体系的特权利益出发，强调国际收支调节的对称性，即赤字国和盈余国应"对称"地承担调节国际收支的责任，并且应有严格的国际监督，对不愿实行调节的盈余国家实行惩罚。英国认为，布雷顿森林体系垮台的原因主要是在这方面缺乏严格的约束机制。对于其他国家认为美元作为"关键货币"享有"巨大的特权"的看法，美国则强调它实际上为此付出了巨大的代价：为此美国不能自主选择国际收支调节手段，而所能选择的那些调节政策使得其牺牲了内部经济增长，导致失业率上升。

美国反对强制性的资产结算，因为这要求美国用美元以外的其他储备资产来结算其国际收支赤字，也反对任何试图取消美元储备货币地位的计划。在外汇干预方面，美国赞同欧盟那样的多种通货干预体系，主张各国平等承担义务。

在汇率制度问题上，美国主张实行浮动汇率，这与其上述对待国际收支调节的态度是一致的。理由有三条：一是浮动汇率会给各国宏观经济政策的决策者在管理经济方面较大的自主权；二是浮动汇率会消除布雷顿森林体系汇率安排的不对称性；三是浮动汇率能很快消除"根本性不均衡"。

在南北关系问题上，美国反对将特别提款权的分配与发展援助问题建立任何形式的联系，首先认为创设特别提款权的主要目标是满足全球国际清偿能力的需要，如再增加一个"联系"目标，有使两个目标发生冲突的可能性。其次，"联系"会使世界清偿能力过多，导致通货膨胀。此外，即使"联系"能够通过，发达国家用于援助的资金也会随之减少，欠发达国家事实上也不能得到什么好处。

2. 西欧国家和日本的看法

西欧国家和日本在国际货币体系改革的不少问题上持相同看法。它们强烈希望取消美元在国际货币体系中的"过分特权"，赞成恢复货币的可兑换性和实行国际收支不平衡的资产结算，最终取消所有储备资产而由特别提款权代替。它们对美元大量过剩和国际清偿能力的创造和控制问题表示十分关注。

对于汇率制度问题，西欧和日本都倾向于以固定的可调整的汇率制为基础，而美国则主张汇率可任意浮动。它们强烈要求美国采取有效的政策削减赤字，强调以需求管理而不是汇率管理来调节国际收支。

西欧国家和日本也主张改革中必须考虑发展中国家的利益，除德国外，一般比较赞成发展中国家提出的储备资产的创造应同发展援助相联系的建议。此外，欧盟国家还提出改革后的国际货币体系不应妨碍欧盟达成经济和货币的目标。

3. 发展中国家的改革态度

自牙买加货币体系建立以来，发展中国家提出了一系列改革现行国际货币体系的建议。其中影响较大的有：1979 年由 40 国集团起草并由 77 国集团批准的《国际货币改革行动计划大纲》(通称“蓝皮书”计划)；1980 年在坦桑尼亚首都阿鲁沙举行的“关于国际货币体系和国际经济新秩序的南北会议”上提出的《阿鲁沙建议》；1985 年 24 国集团向国际货币基金理事会临时委员会提交的报告《国际货币制度的作用与改革》。这些建议有代表性地反映了发展中国家对国际货币体系改革的一般立场和观点，其内容如下：

(1) 加强国际货币基金组织的作用和权威。这必须同国际货币基金组织的公正性和广泛的代表性相联系。发展中国家认为，国际货币基金组织应当在汇率监督、援助、国际清偿力的供应等方面发挥更多的作用，但是目前国际货币基金组织受少数大国支配，较少考虑发展中国家的利益。因此，发展中国家要求改变国际货币基金组织的份额分配和投票权分配，扩大发展中国家的份额比例和投票权比例，使发展中国家能有效地参与国际货币体系改革和国际货币基金组织的日常活动。

(2) 建立比较稳定的有一定灵活性的汇率制度。即建立一个弹性的、波动幅度较小的汇率制度，以恢复世界经济秩序的稳定。发展中国家因其经济基础薄弱、进出口商品结构单一、地区依附性强而承受汇率波动的能力较小，所以稳定的汇率符合发展中国家的利益。

(3) 国际收支调节机制要公平、对称。发展中国家提出国际收支调节不但应是有效的、对称的，而且应该是公平的，有助于使发达国家和发展中国家一起公平地承担国际收支调节的责任。发展中国家反对由逆差国单方面地承担调节责任，而认为顺差国也应公平地承担调节责任。发展中国家认为其长期的国际收支逆差是过去长期殖民统治的结果，因此，发达国家和国际货币基金组织应当从根本上帮助发展中国家提高收入能力，开发发达国家的市场，增加对发展中国家的援助，把特别提款权分配与发展援助相联系。

(4) 在储备资产的创造和管理问题上。发展中国家提出新国际货币体系必须提供一种使国际清偿能力通过国际集体行动来创设的机制，以适合世界贸易扩张的需要和发展中国家的特殊要求。

(5) 在国际货币领域南北关系方面。发展中国家要求新的国际货币体系应考虑在特别提款权的创造与发展援助之间建立联系，以加速向发展中国家实际资源的转移。即扩大特别提款权的分配和基金的份额，重新安排和减免发展中国家的债务。

(6) 对国际货币事务的管理。发展中国家要求新的国际货币体系实行民主化和普遍化管理原则，能适应不同发展模式和不同社会经济制度的需要；对国际货币基金组织进行改革，增加发展中国家投票权。

(7) 削弱美元的作用，逐步加强和扩大特别提款权的作用。其主要目的是使今后国际清偿力的增长能逐步摆脱一国的影响，这有利于建立公正合理的国际经济新秩序。

从上述美国、西欧和日本及发展中国家三方的立场和态度可以看出，国际货币体系改革中的矛盾既发生在发达国家之间，也发生在发达国家与发展中国家之间。发展中国家的国际货币体系改革要求主要集中在扩大特别提款权作用、扩大援助、扩大发展中国家在货币改革中的作用以及要求发达国家在国际收支调节方面承担更大的责任这四点上。这些要求同美国的利益有着直接的冲突。由于美国在世界经济中的特殊地位以及在国际货币基金组织中拥有否决权，所以发展中国家要实现自己的改革目标，还需要做出艰巨的努力。

案例分析

随着金融全球化的深入，国际货币体系对于各国的金融运转越发显得至关重要。近年来，美国次贷危机的爆发及蔓延、美元持续贬值以及一些国家资本市场的暴跌造成了国际金融领域的动荡不安，这一切使得对国际货币体系改革的探讨具有了新的现实意义。

分析题：探讨各国降低使用美元货币和保有美元等价资产风险的对策。

（二）国际货币体系改革的前景

今后国际货币体系改革将如何进展？综合国际货币制度发展的历史经验和现实状况，可确定改革的基本方向是在与国际货币有关的下述关键性问题上取得突破。

1. 国际货币本位问题

国际货币体系改革要取得根本性进展，首要问题就是确定国际基础货币或本位货币，使国际货币体系建立在相对统一和稳定的基础之上。已经提出的国际货币本位方案大致有几种：国际金本位制、国际金汇兑本位制、美元本位制、特别提款权本位制、多种货币本位制。

黄金充当本位货币能够提供稳定和自动调节的机制。它似乎是实体与形式相统一的最理想的世界货币，但在黄金生产根本无法满足日益增长的国际经济发展需要的当代，恢复金本位制不具现实可能性。

为补充黄金的不足，金本位制、金汇兑本位制都与一种中心货币相联系，黄金与中心货币相结合，形成一种世界货币实体与形式辩证统一的关系，能保证国际货币体系的稳定和发展。但是以一国货币（一般为经济实力最强大国家的货币）作为中心货币，一旦中心货币国经济实力衰退，中心货币地位动摇，黄金与中心货币的辩证统一关系即宣告破裂，国际货币体系也就无法维持。历史上以英镑、美元为中心的国际金本位制就是这样先后瓦解的，重建国际金汇兑本位制仍然会遇到“特里芬两难”，国际货币体系改革不能重蹈布雷顿森林体系的覆辙。

至于美元本位制除了同样会陷入类似“特里芬两难”境地，也将使国际货币体系的安危与美国一国政治、经济实力和政策的变化相联系。这不仅影响国际货币体系的稳定，也是广大发展中国家、发达国家所极力反对的。何况，目前美国的经济实力相对减弱，美元也不足以承担国际货币本位的角色。同样，当今世界上也没有哪个国家的货币可以单独承担这个角色。

以特别提款权为基础的国际货币体系是相对有新意的改革思路。特别提款权采取货币一揽子定值，它所代表的价值是相对稳定的，以它作为国际货币体系的基础，似乎可避免陷入上述以一个主权国家货币充当这一角色的困境。为此，国际货币基金组织积极推进特别提款权成为未来货币体系的主要国际储备资产和各国货币定值标准，并逐步扩大其使用范围。但是，特别提款权目前仅是靠协议形成的含有储备资产作用的记账单位，而不是一种通货。要使特别提款权成为国际货币体系的基础，首先，要使它成为具备物质基础或价值保证的货币；其次，必须使它具有经济政治实力的后盾；再次，要使它成为主要国际储备资产，还必须解决有关特别提款权清算、交易、计值方面复杂的技术问题。总之，虽然已经提出了一些方案设想，但要成为现实则困难还很多。

以多种货币为基础的国际货币体系是对以一国货币为基础的国际货币体系的改革。在当前多极化的国际货币关系下，让多种货币取代一国货币（美元）共同成为国际货币体系的基础，由于强币、弱币会相互抵消一部分汇率波动的影响，国际货币体系的动荡会相对缓和。从当前国际货币体系的发展看，强币多元化的趋势已较明显。但如前所述，这种多元化的货币体系中任何一“极”的动荡都可能影响国际货币关系的稳定，当然如果更多的国家货币进入储备体系，成为基础货币，则每一“极”的动荡对整个国际货币体系的影响势必弱化。然而这样一种以多国货币为基础的国际货币体系管理起来更加复杂，更加仰赖世界各国在平等互利基础上的国际合作，如果缺乏强有力的国际监管机制和合作精神，这样的国际货币关系很可能趋向无序化。

从上述分析中可以看出，最理想和最彻底的国际货币体系改革应该是建立超国家的世界性中央银行和真正的国际性货币。但在当前各主权国家利益存在对立的现实条件下，这一设想缺乏现实可行性。

2. 汇率制度问题

汇率制度也是国际货币体系改革的关键问题。如本书前述，许多国家对以浮动汇率制为主的国际安排现状很不满意，却又暂无良策可替代。《牙买加协定》和《国际货币基金协定第二次修正案》承认了浮动汇率制的合法化，同时又规定在条件具备时实行“稳定但可调整的平价制度”，即固定汇率制。

建立稳定的、可调整的汇率制应是国际货币体系改革的基本方向，因为无论从历史角度看，还是从现实角度看，汇率稳定都是世界经济稳定和贸易发展的必要前提。问题是相对稳定的汇率制度的建立和运行需要一些基本条件：一是要求国际经济情况相对稳定；二是要求国际金融市场波动幅度大致正常；三是要求主要国际货币国家经济政策大致协调；四是各主要国家相互配合，随时联合干预外汇市场。布雷顿森林体系瓦解后，由于国际经济环境和外汇市场的动荡和变化，一直不具备恢复固定汇率的条件，美国等主要西方国家也出于各自不同的利益而奉行有不同注重点的经济政策，在外汇市场汇率急剧动荡时（主要是美元汇率暴跌），它们有时也能采取行动联合干预市场，但是由于这种协调行动往往与本国利益相抵触，若要求各国为维持相对稳定的汇率而长期协调它们的政策，目前来说难度是相当大的。由此看来，国际货币体系改革在汇率制度方面虽已有确定的方向，但在近期内，除局部可能改善外，很难有重大突破。

综上所述，今后国际货币体系改革要取得任何实质性进展，都必须依靠世界各国（无论是发达国家还是发展中国家）在这一领域的国际合作，只有从不同国家相互利益差别中谋求协调，才有可能达成较为理想，同时又是现实可行的国际货币安排。显然，国际货币体系改革是一项长期的、复杂的、艰难的系统工程。

（三）现行国际货币体系的改革方向

近年来，国际社会对于如何改革现行国际货币体系提出了下述措施。

1. 改良现有的国际金融机构

例如，加强IMF贷款的份额，完善对全球资本流动的监测和预警系统方面的功能，并减少受美国及其他西方发达国家的干预；提高世界银行在稳定国际金融体制中的作用；发挥区域性国际金融机构如亚洲开发银行的作用，加强对遭受危机袭击的国家实施资金援助；以国际清算银行为中心，建立国际金融风险预警系统，提高国际金融预防风险的能力，为IMF或其他国际金融机构提供基础性材料，向有关成员国发出金融风险的预警信息。

2. 创立新的国际金融机构

例如，建立一个诸如世界金融组织（WFO）的机构，制定新的规则和宗旨，提高发展中国家在国际金融中的地位和作用，使发展中国家与发达国家平等参与国际资本流动和国际金融运行规则的制定，规范国际金融市场行为。

3. 建立和加强国际金融监管制度

公开披露有关信息，提高信息透明度，加强对银行的跨境监管，解决许多国家由于银行管理不善，引发金融过度风险；或由于银行财务状况信息不透明，延误发现和解决风险的时机；或由于监督机构不独立，使制定的监督制度不能实施。1999年初，由7个发达国家与15个新兴国家组成的盟国金融小组商讨制定“财政透明度行为准则”、“公布数据的特殊标准”和“公司管理行为准则”等，这是一个很好的创意，有利于建立一套金融危机的预警系统并实行金融监管，可通过制定措施或者增加交易成本的办法限制国际资本的流动。

但是，这些措施都难以从根本上改变现行国际货币体系下汇率的不稳定和国际支付体系的脆弱性。如何解决“不可调和的三角”，从而在全球金融自由化和国际资本大量流动的现实下，兼顾货币政策的独立性和汇率的稳定，仍然需要经济学家的继续努力。但欧洲货币联盟的顺利运行无疑启示我们，现行“无体系”的国际货币体系可能以货币联盟的方式向新固定汇率制回归，其基本架构是建立欧洲、北美洲和亚洲三大货币合作区。

活动设计

货币制度

1. 活动提示

利用网络和图书馆，查阅我国自封建社会至今有关货币与货币制度的资料。

2. 活动要求

写一篇关于我国货币制度的分析报告。

3. 活动场所

图书馆或多媒体教室。

本章小结

货币的根源在于商品本身，是商品生产和商品交换的必然产物，是商品交换发展的客观需要。货币的演进经历了实物货币、金属货币、代用货币、信用货币、电子货币阶段。货币具有价值尺度、流通手段、贮藏手段、支付手段和世界货币职能。当代货币层次的划分是以流动性作为标准的。

货币制度是国家以法律形式规定的货币流通的结构和组织形式。货币制度的内容包括：货币金属；货币单位；通货的铸造、发行与流通程序；金准备制度等。货币制度的发展先后有银本位制、金银复本位制、金本位制和纸币制度四大类型。我国货币制度的基本内容包括：人民币是我国的法定货币；人民币是我国唯一合法的通货；人民币的发行坚持经济发行和集中统一原则；黄金、外汇储备是用作国际支付的准备金。

国际货币体系是指各国政府为适应国际贸易和国际支付的需要，使本国货币在国际范围内发挥世界货币职能，各国政府都共同遵守的有关政策规定和制度安排。

本章自测

一、单项选择题

1. 被称为资本主义世界的第二个"黄金时代"的国际货币体系是（　　）。

A. 国际金本位制　　B. 布雷顿森林体系
C. 牙买加货币体系　　D. 以上三个选项都不是

2. 在布雷顿森林体系下，第一次大规模的美元危机是（　　）年爆发的。

A. 1960　　B. 1961　　C. 1962　　D. 1963

3. 在国际金本位制初期，各国最重要的储备资产是（　　）。

A. 黄金储备　　B. 外汇储备
C. 在基金组织的储备头寸　　D. 特别提款权

4. 在布雷顿森林体系下，唯一的储备货币是（　　）。

A. 美元　　B. 英镑　　C. 法国法郎　　D. 德国马克

5. 在特别提款权中占权数最大的货币是（　　）。

A. 美元　　B. 欧元　　C. 日元　　D. 英镑

二、多项选择题

1. 货币的演进经历了（　　）。

A. 实物货币　　B. 金属货币　　C. 代用货币　　D. 信用货币

2. 我国现行的货币层次是（　　）。

A. M_0　　B. M_1　　C. M_2　　D. M_3

3. 牙买加货币体系的主要内容有（　　）。

A. 浮动汇率的合法化　　B. 提高特别提款权的国际储备地位
C. 扩大对发展中国家的资金融通　　D. 黄金非货币化

4. 信用货币包括（　　）。

A. 实物货币　　B. 金属货币　　C. 纸币　　D. 银行券

5. 货币发挥支付手段的职能表现在（　　）。

A. 税款缴纳　　B. 贷款发放　　C. 工资发放　　D. 赔款支付

6. 贵金属不能自由输出输入存在于（　　）条件下。

A. 银本位制　　B. 金银复本位制

C. 金币本位制　　D. 金汇兑本位制

E. 金块本位制

7. 金铸币作为流通中主币的情况存在于（　　）条件下。

A. 金块本位制　　B. 金银复本位制

C. 金币本位制　　D. 金汇兑本位制

8. 在不兑现信用货币制度下，主币具有的性质包括（　　）。

A. 国家流通中的基本通货　　B. 国家法定价格标准

C. 面值为货币单位的等份　　D. 发行权集中于中央银行或指定发行银行

E. 足值货币

9. 人民币货币制度的主要内容是（　　）。

A. 人民币是我国的法定货币　　B. 人民币是我国唯一合法的通货

C. 发行权集中于中央银行　　D. 发行有保证

E. 实行有管理的货币制度

10. 在金属货币制度下，辅币具有的性质包括（　　）。

A. 足值货币　　B. 不足值货币　　C. 无限法偿　　D. 有限法偿

三、判断题

1. 布雷顿森林协定包括《国际货币基金协定》和《国际复兴开发银行协定》。（　　）

2. “特里芬两难”是导致布雷顿森林体系崩溃的根本原因。（　　）

3. 牙买加货币体系是以美元为中心的多元化国际储备体系。（　　）

4. 在金属货币制度下，本位币可以自由铸造与自由熔化。（　　）

5. 金本位制崩溃的直接原因是经济危机。（　　）

6. 狭义的信用货币主要指银行支付委托书、信用证、纸币、发货票等。（　　）

7. 信用货币是在信用关系发展的基础上产生的，是代替金属铸币的货币符号。（　　）

8. 货币作为流通手段必须是足值的货币。（　　）

9. 在金币本位制条件下，流通中的货币都是金铸币。（　　）

10. “格雷欣法则”是在金银复本位制中的平行本位制条件下出现的现象。（　　）

11. 在不兑现的信用货币制度条件下，信用货币具有无限法偿的能力。（　　）

12. 外汇在各种货币制度下都可以作为货币发行的准备。（　　）

13. 在金币本位制、金汇兑本位制和金块本位制条件下，金铸币都是流通中的货币。（　　）

14. 只要是国家铸造的货币都具有无限法偿的能力。（　　）

15. 在金币本位制、金汇兑本位制和金块本位制下，金币可以自由铸造，辅币限制铸造。（　　）

四、名词解释题

货币　　货币制度　　金本位制　　纸币制度　　国际货币体系　　国际金本位制　　布雷顿森林体系　　牙买加货币体系

五、问答题

1. 简述我国货币制度的内容。
2. 简述货币的职能。
3. 简述货币层次的划分。
4. 国际货币体系的主要内容是什么?
5. 国际金本位制的优缺点有哪些?
6. “特里芬两难”为何构成布雷顿森林体系的致命缺陷?

第二章
信用与信用工具

通过本章的学习，理解信用及信用的基本特征；了解现代经济中有哪些主要的信用形式，各种信用形式的特点、作用；熟悉主要的信用工具；掌握利息与利率的概念及基本计算、利率的种类；了解影响利率变化的因素、利率的作用；能够运用基本知识进行利息计算、预测市场利率的变化趋势，从而为融资和投资提供决策的依据。

信用卡理财小窍门

信用卡作为一种便捷的支付工具，已经为越来越多的人所接受和喜爱。其实，信用卡不仅可以作为支付工具，而且可以作为理财工具，充分发挥理财的功能。

其一，信用卡和其他银行卡一样，免去了我们携带大量现金的烦恼。与此同时，消费积分可以兑换各种精美礼品，从而淘到信用卡理财的“第一桶金”。另外，还可以通过银行每月的账单，了解自己的消费习惯和消费结构，慢慢地就会做到心中有数，控制自己的消费。

其二，一般来说，信用卡都具有50～56天的最长免息期。合理利用这一点，可以让银行的钱为我们生钱。比如说，日常的消费尽量使用信用卡支付，而手头的现金可以购买一些低风险、流动性强的产品，如货币基金等，获得的收益高于活期利息的几倍，这是信用卡带给我们的“第二桶金”。

其三，信用卡相当于给了我们一笔紧急应变的资金。在日常生活中，难免会发生一些突发事件，在需要资金应付这些突发事件时，信用卡提供给我们一条解决途径。信用卡具备透支功能，按日计付透支利息，但因借款时间短，对持卡人造成的经济负担不大。

其四，建立良好的个人信用。随着我国个人征信系统的日益完善，信用状况对个人在金融机构借贷结果的影响越来越大。使用信用卡，养成良好的消费习惯，形成良好的还款记录，利于金融机构评估个人的信用等级。

我们要怎样使用信用卡来进行理财呢？交通银行理财顾问介绍了以下几点：一是按时还款——不但能减免利息，还能形成良好的信用记录；二是信用卡主要用于消费，少取现；三是持有 2～3 张不同银行、不同账单日的信用卡，尽量享受最长的免息期和不同的优惠商户服务及优惠活动。

资料来源：http://www.jrj.com.cn。

第一节　信用概述

一、信用的含义

信用作为一种经济活动，是指货币或财物的所有者，将货币或财物贷放出去，然后按照事先约定的期限收回并附带一定利息的借贷行为。

具体来说，要正确理解经济范畴中信用的概念，需要把握下述几点。

（一）信用是以偿还本息为条件的借贷行为

信用是以收回本金为条件的付出，或以偿还本金为义务的取得；是以取得利息为条件的贷出，或以支付利息为前提的借入。现实生活中，有时也有无利息的借贷行为，例如，亲戚朋友之间的互助性借贷，往往不支付利息，但这属于一般中的特殊情况。

（二）信用是价值运动的一种特殊形式

价值运动的一般形式是通过商品买卖来实现的。在商品买卖过程中，一手交钱，一手交货，双方是等价的交换。即卖者让渡具有一定使用价值商品的所有权和使用权，取得价值相等的货币的所有权和使用权；而买者则让渡货币的所有权和使用权，取得商品的所有权和使用权。买卖结束后，买卖双方便没有任何联系。在信用活动中，商品或货币不是被卖出，而是被贷出，贷出者所让渡的是商品或货币一定时期的使用权，但并没有改变其所有权。这意味着只有贷出者到期收回全部商品或货币，并获得一定利息作为让渡使用权的报酬之后，信用关系才结束。因此，在信用活动中，等价交换的只是商品或货币的使用权，是价值单方面的转移，是价值运动的特殊形式。

（三）信用关系是债权债务关系

信用是一种借贷行为，有借方和贷方两个关系人，贷方为授信者，即债权人；借方为受信者，即债务人。信用关系是债权债务关系，信用行为就是放债和承债行为。在信用行为中，商品货币的所有者因让渡商品或货币的使用权而成为债权人，商品或货币的需要者成为债务人。信用关系或债权债务关系是一种最普遍的经济关系，存在于经济社会活动的各个部门。

二、信用的特征

从信用概念的分析中可以看出，信用具有下述基本特征。

（一）暂时性

信用体现的是人们之间的债权债务关系，债权人将商品或货币让渡给债务人使用是有一定期限的。因此，信用关系中商品或货币的所有权与使用权的分离是暂时性的。

（二）偿还性

信用关系中商品或货币使用权的暂时让渡是以偿还为先决条件的，债权人贷出商品或货币，要求债务人在信用关系结束时以一定的方式偿还。这是信用的基本要求。

（三）收益性

信用关系是建立在有偿的基础上的，债权人在让渡商品或货币的使用权时，必然要求到期归还时获得一定的增值额。

（四）风险性

在信用关系中，债权人将商品或货币的使用权让渡给债务人时，仅仅从债务人那里获得相应的债务凭证，但让渡出使用权的商品或货币到期能否收回并获得利息，在很大程度上取决于债务人的信誉和能力、社会法律制度的完善程度以及社会道德规范等。因此，信用行为具有一定的风险。

三、信用的功能

信用在社会再生产过程中属于分配环节，其职能主要体现在下述几个方面。

（一）社会资金再分配功能

作为处于分配环节的一个范畴，信用一方面把社会各方面闲散的货币资金集中起来，另一方面通过贷放和投资把这些资金分配出去，供应给国民经济各部门、各企业，以满足经济建设的需要。信用对社会资金的再分配，实际上是在企业初次分配和财政再分配的基础上进行的。信用的分配职能具体表现在：(1) 通过信用方式分配国家的一部分生产资金；(2) 调节生产经营企业之间的临时资金余缺；(3) 通过信用活动将部分消费基金转化为生产建设资金，从而改变国民收入中积累与消费的结构；(4) 通过利息的收支分配社会总产品。

（二）节约流通费用功能

信用产生后，大大节约了各种流通费用，减少了流通中的货币需要量。这是因为：(1) 利用各种信用工具代替现金，节省了与现金流通有关的费用；(2) 在发达的信用制度下，资金集中于银行和其他金融机构，可以减少整个社会的现金保管、现金出纳以及簿记录入等流通费用；(3) 信用能加速商品价值的实现，有助于减少商品储存以及与此相关的商品保管费用的支出。此外，各种债权债务关系可以利用非现金结算方式来处理，这不仅节省了流通费用，还可以缩短流通时间，增加资金在生产领域发挥作用的时间，有利于扩大生产和增加利润。

（三）提供和创造信用流通工具功能

信用关系发生时要出具一定的证明，而这些证明经过一定的处理即可流通，这些能流通的信用证明主要是信用流通工具，如汇票、支票、本票等。在各种信用活动中，以银行信用提供的信用流通工具最多，使用最广泛。从大类上看，银行信用为商品流通提供两种类型的流通工具：一种是现金；另一种是表现为各银行存款的非现金货币。这些货币都是由银行信用提供的，都是一种信用货币，反映一种信用关系。现金表现为中央银行（代表国家）对现金持有者的负债，银行存款货币则表现为银行对各存款者的负债。可见，经济周转中的货币都是由信用提供创造的，其他分配形式都不具备这种功能。

（四）反映和调节国民经济功能

信用活动，特别是银行信用活动，同国民经济各部门、各单位有着非常密切的联系。无论是一个企业的生产经营活动还是一个部门的经济状况，都在银行得到准确、及时的反映。这一点通过两个途径来实现：一是各企业、各部门都在银行开设各种账户，其经营活动、资金变化在银行都有记载；二是各企业、各部门都定期向银行提供全套会计报表，通过这些报表银行可以准确地分析一个企业的情况、一个部门的变化，并能推测出整个国民经济的动态。

此外，信用作为一个经济杠杆，还能对国民经济的运行进行积极的调节。信用对国民经济的调节主要有两层含义：一是信用自发地调节国民经济。当经济处于繁荣阶段时，过旺的资金需求将促使市场利率上升，从而自动抑制信用规模，抑制过热的投资和需求。当经济处于萧条阶段时，过多的资金供给又会使市场利率下跌，从而自动刺激信用扩张，使经济复苏。二是人们可自觉地利用信用调节国民经济。一国政府可以通过制定各种信贷政策、金融法规，使用各种信用杠杆对国民经济的总量和结构进行调整。例如，通过信用活动调整产业结构，对国民经济发展中的瓶颈部门、短线行业和紧俏商品多提供资金，对长线部门、衰退行业和滞销产品则减少资金提供，迫使其压缩生产或转产。

第二节 信用形式

一、商业信用

（一）商业信用的概念

商业信用是指企业之间相互提供的、与商品交易直接相联系的信用。商业信用的具体形式包括商品赊销、分期付款、预付货款、委托代销等。由于这种信用与商品流通紧密结合在一起，故称为商业信用。商业信用最典型的形式是商品赊销。

商业信用产生的基本原因是：在商品经济条件下，由于生产者之间的生产时间和流通时间经常不一致，使商品运动和货币运动在时间上和空间上相脱节。即在社会再生产过程中，一些企业生产出商品等待销售，而需要购买商品的企业又暂时没有资金，因为这些企业只有在售出自己的产品后才能获得足够的资金。商业信用通过赊销商品，以延期付款的方式解决了买卖双方暂时的矛盾。这样，既使卖方顺利地实现了商品价值，又满足了买方补充资金的需要，从而加速了商品价值实现的过程，缩短了生产和流通时间，促进了社会再生产的顺利进行。

（二）商业信用的特点

商业信用的特点包括下述几方面。

1. 商业信用是借贷行为与商业交易相联系、商品买卖行为与货币借贷相结合的经济行为

商业信用实际上同时包含着两种经济行为，即买卖与借贷。商业信用所提供的不是暂时闲置的货币资本，而是处于再生产过程中的商品资本，是产业资本的一部分。卖者把商品赊销给买者，商品买卖完成，商品的所有权发生了转移，由卖者转移到买者手中，但由于商品的货款没有立即支付，提供商业信用的卖者变成了债权人，而买者变成了债务人，买卖双方形成了债权债务关系，买卖行为同借贷行为相结合。

2. 商业信用是企业之间发生的最简单的直接信用形式

商业信用是企业之间以商品形态提供的信用，其借贷双方或债权人与债务人是商品的生产者或经营者，它们之间所发生的借贷关系是一种最简单的直接信用形式。

3. 商业信用状况与经济景气状况一致

在经济繁荣时期，企业生产规模扩大，商品增加，从而以信用形式出售的商品就增多，对商业信用的需求也增加了；相反，在经济危机或萧条时期，企业的生产规模缩减，市场上的商品滞销，需求不足，这时企业对商业信用的需求也就减少了。这是因为企业以

信用形式购入的商品是用于生产的继续进行。

（三）商业信用的优点及局限性

1. 商业信用的优点

由于商业信用具有上述特点，因而其优点在于方便和及时。商业信用的提供，既解决了资金融通的困难，也解决了商品买卖的矛盾，从而缩短了融资时间和交易时间。同时，商业信用直接为商品流通服务，以商业信用作为优惠的销售条件，是商品销售的一个有力竞争手段。而且卖方企业提供商业信用后，由于证明这种信用关系的商业票据在一定条件下可以流通转让，特别是持票人必要时可向金融机构以贴现方式融入资金，因而，无论是有闲置资金的卖方企业还是无闲置资金的卖方企业，都愿意运用商业信用来推销商品。正因为如此，一般在商业信用能解决贷款融资的情况下，买方企业无须求助于银行信用。商业信用是西方国家信用制度的基础和基本形式之一。

2. 商业信用的局限性

商业信用虽有其优点，但由于其本身具有的特征又决定了它的存在和发展具有局限性。

（1）规模和数量上的局限性。商业信用是企业间买卖商品时发生的信用，是以商品交易为基础的。因此，信用的规模受商品交易量的限制，生产企业不可能超出自己所拥有的商品量向对方提供商业信用。商业信用无法满足由于经济高速发展所产生的巨额资金需求。

（2）授信方向上的局限性。因为商业信用的需求者也就是商品的购买者，所以这就决定了企业只能和与自己的经济业务有联系的企业发生信用关系，通常只能由卖方提供给买方，而且只能用于限定的商品交易。例如，纺织业只能按下列方向提供信用：棉花商→纺织厂→织布厂→印染厂→服装厂……，而不能反方向大量而经常地提供商业信用。

（3）信用能力上的局限性。商业信用的借贷行为之所以能成立，不仅是因为买卖关系的成立，更重要的是出售商品的人比较确切了解需求者的支付能力。也只有商品出售者相信购买者到期后能如数偿付货款，这种信用关系才能成立。因此，在相互不了解信用能力的企业之间就不容易发生商业信用。

（4）信用期限的局限性。企业在向对方提供商业信用时，一般受企业生产周转时间的限制，期限较短。所以商业信用只能解决短期资金融通的需求。

（5）管理上的局限性。商业信用是企业之间自愿发生的，有其盲目、自发、无序的一面。对商业信用如果不正确地加以引导和管理，其中也潜伏着危机，容易掩盖企业经营管理中的问题，可能引起虚假的繁荣，可能引发信用规模膨胀，造成微观或宏观效益低下。加强对商业信用的管理，需要银行信用来支持，国家可以通过信贷政策合理控制和引导商业信用。

商业信用的局限性，使它难以满足资本主义经济发展的需要，因此，在商业信用的基础上，为适应商品经济发展的需要，出现了银行信用并迅速地发展起来，银行信用成为一种主要的信用形式。

二、银行信用

（一）银行信用的概念

银行信用是指以银行为中介、用货币形式提供给企业或个人的信用。银行在整个社会范围内筹集资金和分配资金，它拥有的信贷资金数量大、信誉高，可以满足生产和流通企业的任何资金需求，因此随着资本主义经济的发展，银行信用在资本主义信用体系中逐渐成为占主导地位的信用形式。

（二）银行信用的特点

与商业信用相比较，银行信用具有下述特点。

1. 银行信用是以货币形式提供的

银行通过吸收存款的方式不但可以把企业暂时闲置的资金集中起来，而且可以把社会各阶层的货币收入与储存集中起来，因此，银行信用集中与分配的资本不仅仅局限于企业的现有资本，而是超出了这个范围，这就克服了商业信用在信用规模上的局限性。同时，由于银行信用是以货币形式提供的，而货币是一般等价物，所以，银行信用可以通过贷款方式提供给任何一个有需要的部门和企业，这就克服了商业信用在授信方向上的局限性。

2. 银行信用是一种中介信用

银行信用活动的主体是银行和其他金融机构，但它们在信用活动中仅充当信用中介。一方面，银行向商品生产者提供的货币资本绝大部分并非银行所有，而是通过吸收存款、储蓄或借贷方式从其他社会各部门、各阶层取得的；另一方面，银行作为闲置货币资本的集中者但并非最终使用者，它必须通过贷款或投资将货币运用到社会再生产需要的地方。从这个意义上说，银行只是货币资本所有者和使用者的一个中介，起联系、沟通或桥梁的作用。

正是由于银行信用具有以上的特点，使得它在现代经济生活中成为主要的信用形式。在我国，资金融通的基本形式就是银行信用，其他信用形式所占的比重较小。在一些西方发达国家中，银行信用也是一种主导信用形式。

知识链接

银行信用与商业信用的关系

在市场经济中，商业信用的发展日益依赖于银行信用。假如没有银行信用存在，一个企业是否提供商业信用，必然要考虑在没有货款收入的情况下自己的营业能否继续周转；有了银行信用，则会考虑在赊销产品后，货款未到期偿付就需要资金时，向银行融通资金。这样，银行便可以通过其业务活动，把商业信用纳入银行信用轨道，主要是利用票据贴现来引导和控制商业信用。

三、国家信用

（一）国家信用的概念及主要形式

国家信用又称政府信用，是指国家及其附属机构作为债务人或债权人，依据信用原则向社会公众和国外政府举债，或向债务国放债的一种信用形式，是以国家（政府）为主体的借贷活动。国家负债的目的一般是用于弥补财政赤字或获得国家重点建设所需要的资金，因此，国家信用又是一种由信用分配转化为财政分配的特殊形式。

国家信用的主要工具就是国家债券，其主要形式有：（1）发行公债，包括期限为5年的中期公债和15年的长期公债，其目的是用于弥补财政赤字和支持国家重点建设。

(2) 发行国库券，这是政府为解决短期的预算支出而发行的期限在 1 年以内的债券。(3) 发行国际债券和政府向外借款。发行公债和国库券是国家向内借款，而发行国际债券是国家对外借款。发行国际债券包括委托国外金融机构发行和直接发行两种。政府向外借款包括向国外政府借款、向国际金融机构借款、向国外商业银行借款等形式。

（二）国家信用的特点

国家信用是现代信用体系中一种重要的信用形式。它具有以下特点：(1) 国家信用的主体是政府。政府以债务人的身份出现，债权人是国内外经济实体和居民、国外政府及国际金融机构等。(2) 国家信用的债务凭证风险小、流动性大、收益低。(3) 国家信用的利息支出来自于国家税收，由纳税人承担。

（三）国家信用与银行信用的关系

国家信用与银行信用既有联系又有区别，不能互相代替。国家信用与银行信用具有相同的资金来源，即都是通过信用形式集中社会闲散资金。但在社会闲散资金总量一定的条件下，可能在数量上有此增彼减的关系。也就是说，国家信用不应当过于膨胀，因为：社会应债能力有限；债务依存度过高，会影响国家财政的健康运行；日后还本付息压力太大。

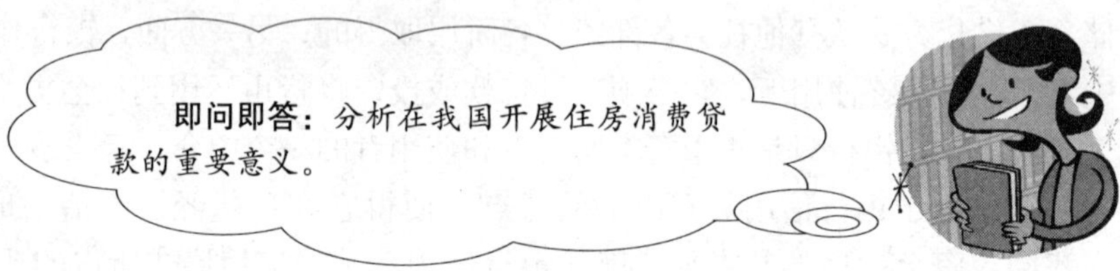

四、消费信用

（一）消费信用的含义

消费信用是指企业、银行和其他金融机构向消费者个人提供的、用于生活消费目的的信用。消费信用与商业信用和银行信用并无本质区别，只是授信对象和授信目的有所不同。从授信对象来看，消费信用的债务人是消费者，即消费生活资料的个人和家庭。从授信目的来看，消费信用是为了满足和扩大消费者消费生活资料的需求。

（二）消费信用的主要方式

1. 分期付款

分期付款是指销售单位提供给消费者的一种信用，多用于购买耐用消费品。这种消费信用的借贷双方要签订书面合同，该合同载明合同期限、利息、每次付款金额及其他费用等内容。消费者在购买耐用消费品时，按规定比例支付一部分货款，称第一次付现额（或首付额），然后按合同规定分期等额支付其余货款和利息。在货款付清之前，消费品的所有权仍属于卖方。

2. 消费贷款

消费贷款是指银行和其他金融机构直接以货币形式向消费者提供的以消费为目的的贷款。按贷款方式的不同，消费贷款可分为信用贷款和抵押贷款。抵押贷款中最常见的是住宅抵押贷款，贷款额往往占抵押物价值的 70%左右，期限以中长期为主。

3. 信用卡

信用卡是由发卡机构和零售商联合起来对消费者提供的一种延期付款的消费信用。信用卡是由银行或其他专门机构提供给消费者的赊购凭证，它规定有一定的使用限额和期限，持卡人可凭卡在任何接受信用卡支付的单位购买商品或支付劳动服务费等。

美国信用卡的使用最为普遍。早在20世纪80年代初，就有70%的家庭使用信用卡，平均每个成年人有各种信用卡6张左右。我国的信用卡业务是在改革开放以后得到推广的。个人申领信用卡，必须在发卡机构开立存款账户，银行按照规定的活期存款利率支付利息。持卡人应在存款账户中保持足够的余额以备支付，如有急需，可以善意透支，由银行提供信贷服务，透支金额必须在一个月内偿还。

五、国际信用

国际信用是指国与国之间的企业、经济组织、金融机构及国际经济组织相互提供的与国际贸易密切联系的信用形式。国际信用体现了国际上的相互借贷关系，是债权债务关系的国际化。在国际信用中，授信国往往通过借贷资本的输出来带动本国商品的出口，以获得利润；而受信国往往通过利用国际信用，购买发展所需的设备、技术和商品，达到促进本国经济发展的目的。

国际信用的主要形式有：国际商业信用、国际银行信用、国际政府贷款、国际金融机构贷款和国际租赁等。

案例分析

关于国家助学贷款发展问题的思考

国家助学贷款是以帮助学校中经济确实有困难的学生支付在校期间的学费和日常生活费为目的，运用金融手段支持教育，资助经济困难学生完成学业的重要形式。工行、农行、建行、中行及其下属各基层分行，具体办理审核、发放、回收等工作。高等院校中经济困难的全日制本科、专科学生和研究生，可向上述银行申请国家助学贷款，不用提供担保，一人每年贷款金额不超过6 000元。其利率按同期贷款利率执行，财政部门贴息50%。学生所借贷款本息必须在毕业后四年内还清。1999年，国家助学贷款制度先在北京、上海等八个城市进行了试点，自2000年起，在全国范围内全面推行。

从教育部获得的数据表明，到2006年3月底，全国已经获得贷款的学生数量为85.5万人，已经发放的贷款金额为69.5亿元，实际获批的人数和金额都没有超过申请总量的50%。据报道，不少高校毕业生此项贷款的违约率超过了20%，有的高校甚至达到30%～40%。一般来说，只有当违约率不超过4%，银行才能不赔本。因此，部分高校的助学贷款已经暂停。没有停办这项业务的一些商业银行也明确表示，这项贷款风险大、成本高，准备大规模收缩。据粗略统计，列入银行黑名单的高校有100多所，约占全国高校总数的10%。

分析题：1. 结合你所在学校及所在地区的情况，做一个调查，你认为你所在的学校及地区的商业银行是否愿意发放国家助学贷款？

2. 作为大学生，你如何看待助学贷款的违约问题？应如何解决这一问题？（联系国家颁布的助学贷款规定思考。）

3. 根据你所学的知识，预测今后我国助学贷款的前景。

第三节 信用工具

一、信用工具的概念和特点

(一) 信用工具的概念

信用关系的确立需要采取一定的形式，例如，以口头协定的方式，或用记账的方式，这两种方式虽然简单易行，但都不具有法律效力，在发生争议时，不能作为法律依据，难以确保债权人的利益，约束债务人履约。特别是在现代信用经济中，上述两种形式的信用都无法在市场上转让。如果借助于金融工具来确立信用关系，上述问题就能迎刃而解了。所谓信用工具，也叫金融工具，就是以书面形式发行和流通、借以保证债权债务双方权利和义务、具有法律效力的凭证。任何金融工具都具有双重性质：对出售者和发行者而言，它是一种债务；对购买者和持有人而言，它是一种债权或一种金融资产。

(二) 信用工具的特点

随着货币信用经济的发展，金融工具的数量和种类也越来越多，每种信用工具有各自的特点，但从整体上看，金融工具一般具有下述共同的特征。

1. 偿还性

偿还性是指信用工具的发行者或债务人必须按期归还全部本金和利息。信用工具一般都会注明到期日，如果债务人没有按期归还，并且也没有得到债权人的展期同意，债务人就是违约。就偿还期而言，对持有人来说，从持有日到到期日的时间更有实际意义。例如，2000 年发行的、到 2010 年到期的公司债券，偿还期是 10 年，但如果是 2005 年购买的，那么对购买者来说，偿还期只有 5 年。

偿还期限的长短对债权人和债务人有着不同的意义。从债权人来看，选择偿还期限的长短取决于他对现在消费与未来消费的估计及对现在收益与未来收益的预期；从债务人来看，他通常希望偿还期限长些，这样方便债务人安排时间偿还债务。

2. 收益性

收益性是指信用工具能定期或不定期为持有人带来收益，这是信用的目的。信用工具的收益有三种：一种为固定收益，是投资者按事先规定好的利息率获得的收益，如债券和存单到期时，投资者即可领取约定的利息。固定收益在一定程度上就是名义收益，是信用工具票面收益与本金的比例。另一种是即期收益，又叫当期收益，就是按市场价格出售时所获得的收益，如股票买卖价格之差即为一种即期收益。还有一种是实际收益，是指将名义收益或当期收益和本金损益共同计算在内的真实收益。在现实生活中，实际收益并不真实存在，而必须通过再计算。投资者所能接触到的是固定收益和当期收益。

3. 风险性

风险性是指信用工具投入的本金和利息收入遭到损失的可能性。持有人为了获得收益提供信用，同时他必须承担风险. 风险是相对于安全而言的，所以风险性从另一个角度讲就是安全性。任何信用工具都有风险，只不过程度不同而已。信用工具的风险主要有违约风险、市场风险、政治风险及流动性风险。违约风险一般称为信用风险，是指发行者不按合同履约或是因公司破产等因素造成信用凭证持有者遭受损失的可能性。市场风险是指由于市场各种经济因素发生变化，例如市场利率变动、汇率变动、物价波动等各种情况造成信用凭证价格下跌，遭受损失的可能性。政治风险是指由于政策变化、战争、社会环境变化等各种政治情况直接或间接引起的信用凭证遭受损失的可能性。

4. 流动性

流动性是指金融资产可以迅速变现而不致遭受损失的能力。信用工具可以买卖和交易，可以换得货币，此即为具有变现力或流动性。在短期内，在不遭受损失的情况下，能够迅速出售并换回货币，称为流动性强，反之则称为流动性差。一般情况下，信用工具具有如下两个特征就可能具有较高的流动性：一是发行信用工具的债务人的信誉度高；二是债务的偿还期短，受市场利率的影响较小。信用工具的流动性与其偿还期成反比，与债务人的信誉度成正比。

二、信用工具的种类

随着信用在现代经济生活中的不断深化和扩展，信用工具的种类越来越多，从不同的角度可以进行不同的划分。

（一）按信用工具的流动性划分

按信用工具的流动性划分，可分为具有完全流动性的信用工具和具有有限流动性的信用工具。

具有完全流动性的信用工具主要是中央银行发行的货币和商业银行的活期存款，这类信用工具是中央银行和商业银行的负债，已被本国公众所普遍接受；具有有限流动性的信用工具主要包括银行和企业的各种可转让的有价证券等，这些信用工具都有不同程度的流动性，其接受程度要受到信用工具的性质、付款人的信用能力等因素的限制。

（二）按信用工具的发行者划分

按信用工具的发行者划分，可分为直接信用工具和间接信用工具。

直接信用工具是指非金融机构发行的商业票据、股票、公司债券、国库券、公债券等，这些信用工具是用来在金融市场上直接进行借贷和交易的。间接信用工具是指金融机构所发行的银行券、存单、各种借据和银行票据等，这些信用工具是由融资单位通过银行和其他金融机构融资而产生的。

（三）按信用工具的偿还期限划分

按偿还期限划分，可分为长期信用工具、短期信用工具和不定期信用工具。

长期与短期的划分没有一个绝对的标准，一般以一年为界，一年以上的为长期，一年以下的则为短期。短期信用工具主要是指国库券、各种商业票据，包括汇票、本票、支票等，由于其偿还期短，流动性强，随时可以变现，因此短期信用工具近似于货币，西方国家一般把短期信用工具称为“准货币”。长期信用工具通常是指有价证券，主要有债券和股票。不定期信用工具是指银行券和多数的民间借贷凭证。

（四）按信用形式划分

按信用形式划分，可分为商业信用工具、银行信用工具、国家信用工具和证券投资信用工具。

商业信用工具，如各种商业票据等；银行信用工具，如银行券和银行票据等；国家信用工具，如国库券等各种政府债券；证券投资信用工具，如债券、股票等。

三、主要的信用工具

（一）本票

本票是由出票人签发的按指定时间向持票人无条件支付一定金额的票据，即是债务人向债权人开出的保证按指定时间无条件付款的书面承诺。持票人可以用背书的方式使本票流通转让。根据出票人的不同，本票可以分为商业本票和银行本票。商业本票一般由规模大、信誉好的企业为了筹集短期资金而发行，主要用途是为了代替现金。根据付款期限的不同，本票又可分为即期本票和远期本票。即期本票是见票即付款的本票；远期本票是必须到约定日期才可以付款的本票，所以远期本票又称为期票。

（二）汇票

汇票是出票人签发的、要求付款人按指定日期向收款人（持票人）无条件支付一定金额的票据。汇票与本票的区别在于：汇票涉及出票人、付款人和收款人三方当事人；而本票只涉及出票人及收款人，出票人即付款人。根据出票人的类型，汇票可以分为商业汇票和银行汇票。商业汇票是商业贸易活动中的债权人（工商企业、发货人）向债务人（收货人）或其委托银行签发的汇票。一般来说，出票人在签发汇票的同时，还附上货运清单，因此这类汇票也可称为跟单汇票。银行汇票是一个银行向另一个银行签发的汇票，即一个银行将签发的汇票交汇款人寄给收款人后，由收款人向另一个银行收款。一般情况下，银行汇款不附任何货运清单，因此也称为光票。

根据付款期限的不同，汇票可以分为即期汇票和定期汇票。即期汇票是见票即付款的汇票。这种汇票大多没有利息，因此又称为无息汇票。定期汇票是注明付款期限，到到期日付款人才予以付款的汇票。这种汇票一般是有利息的，因此又称为有息汇票。商业定期汇票必须经过债务人承兑（即承认到期兑付），有效承兑后的商业定期汇票称为商业承兑汇票。银行定期汇票经过付款银行承兑后，就成为银行承兑汇票，并可以转让流通。

（三）支票

支票是银行存款户对银行签发的、授权银行对某人或其指定人或持票人即期支付一定金额的无条件书面支付命令。简言之，支票就是以银行为付款人的即期汇票。支票也涉及出票人、付款人和收款人三方，并且支票经背书后才可以自由流通。支票和汇票主要有两点不同：一是支票出票人仅限于银行存款户，付款人也只限于银行，而汇票则没有这样的限制；二是支票是见票即付的即期票据，不存在承兑问题，而汇票则不是这样。

（四）信用卡

信用卡是银行或专营机构利用计算机网络对具有一定信用的客户签发的代替现金和支票使用的信用凭证。持卡人可凭卡经签字在指定的商店、宾馆等商户购物或享受服务，商店或宾馆则凭持卡人签字的单据与发卡银行进行收款结账。信用卡一般可以进行小额度透支。信用卡的主要优点是节约现金使用、便利大额零售买卖。信用卡的种类主要有下述三种。

1. 旅行娱乐卡

旅行娱乐卡是公司发给高薪职员使用的，主要用于旅行及商业购物的信用卡。这种卡不规定每月支付金额，不提供长期信贷，发卡公司在向个人发卡之前要对其信誉进行调查，通常按年向持卡者收取手续费。一般持有这种卡的人能显示自己较高的社会地位。

2. 银行信用卡

银行信用卡是银行或银行信用卡公司为客户提供消费信用而发行的在指定地点支取现金、购买商品、享受服务的信用凭证。银行是发卡人，它与特约商户（指定的商店、宾馆、娱乐场所等）约定，由特约商户接受持卡人凭卡购物，然后，凭持卡人签字的账单向银行收取货款，银行定期汇总向客户收款。持卡人除了可在特约商户购买商品、就餐、娱乐、住宿外，还可以从发卡银行的分支机构或自动柜员机（ATM）取现或透支小额现金。发卡银行通常为持卡者规定一个透支限额，以展期信贷形式向持卡者提供延期支付的便利。发卡银行一般不向持卡者收取手续费，其发行和管理信用卡的费用支出，主要来源于向零售商店收取的回扣以及在展期信贷中收取的利息。

3. 零售商店及非银行机构发行的信用卡

零售商店及非银行机构发行的信用卡是由零售百货公司、石油公司、电信公司等企业发行，持卡人可以在指定的商店购物或在加油站加油等，定期结算。这种信用卡的流通范围受到很大限制，发展范围较窄。

由于信用卡使用方便，并能扩大银行信贷及商业购销和服务业务，所以为消费者、银行和商户等所接受。最近二三十年来，信用卡在经济发达国家和地区普遍流行，美国已成为世界上使用信用卡最多的国家。目前，由于发卡公司具有广泛的国际业务联系，信用卡正向着国际化、安全化、多用途方向发展，并有取代旅行支票的趋势。

我国近几年来，各商业银行分别发行了牡丹卡、龙卡、金穗卡、长城卡、太平洋卡等信用卡。用卡客户增长势头很快，预计我国将成为世界上使用信用卡最多的国家。

知识链接

您了解银行卡吗?

银行卡是指由商业银行（含邮政金融机构）向社会发行的具有消费信用、转账结算、存取现金等全部或部分功能的信用支付工具。银行卡包括信用卡和借记卡。

1952 年，美国加利福尼亚州富兰克林国民银行发行了第一张银行信用卡，标志着银行卡的产生。目前，银行卡上一般都会标明 VISA 或 MasterCard 的字样，其实这是两个最大的国际信用卡组织。现在，很多银行都不再建立自己的银行卡体系，而是成为它们的会员银行。维萨（VISA）、万事达（MasterCard）等国际组织的产生，把银行卡提升到了一个全新的阶段，使银行卡真正成为现今意义上在全球广泛领域通用的，具有安全、方便、快捷等特点的电子货币支付工具。

信用卡是银行签发给那些资信状况良好的人士，用于在指定的商家购物和消费，或在指定银行机构存取现金的特制卡片，是一种特殊的信用凭证。信用卡按是否向发卡银行交存备用金，分为贷记卡和准贷记卡两类。贷记卡是指发卡银行给予持卡人一定的信用额度，持卡人可在信用额度内先消费、后还款的信用卡。准贷记卡是指持卡人须先按发卡银行要求交存一定金额的备用金，当备用金账户余额不足支付时，可在发卡银行规定的信用额度内透支的信用卡。

借记卡是指先存款后消费（或取现）、没有透支功能的银行卡。借记卡按功能不同分为转账卡（含储蓄卡）、专用卡、储值卡。转账卡是实时扣账的借记卡，具有转账结算、存取现金和消费功能。专用卡是具有专门用途，在特定区域使用的借记卡，具有转账结算、存取现金和消费功能。储值卡是发卡银行根据持卡人要求，将其资金转至卡内储存，交易时直接从卡内扣款的预付钱包式借记卡。

资料来源：《金融时报》，2003-05-13。

（五）信用证

信用证是银行应申请人（买方、付款人）的要求，向受益人（卖方、收款人）开立的一种保证付款的凭证。买方在请求银行向卖方开出的信用证上注明支付货款的条件，如货物规格、数量等，卖方按条件发货后，把有关发货凭证交银行审查，当凭证符合信用证所列条件时，卖方即可取得货款。这种方式在国际贸易中使用非常广泛。

（六）大额可转让定期存单

大额可转让定期存单（Negotiable Certificate of Deposit，CD）是银行发行的，记载一定存款金额、期限、利率，可以转让流通的定期存款凭证。实际上，大额可转让定期存单是一种银行定期存款单，但它与一般的定期存款又有区别。其特点是：(1) 存单期限固定。大部分存单的期限在1年期以内，一般可分为30天、90天、180天、1年等。(2) 存单金额固定且面额大。在美国，存单通常以10万美元为最小票面金额。(3) 存单未到期以前不能提前兑现，但可以转让流通。(4) 存单可获得接近金融市场利率的利息收入，一般略高于国库券利率。

存单这种信用工具自1961年由美国花旗银行创立以来，已得到很大的发展，存单市场已成为大银行进行流动性调整和筹集额外资金以满足贷款需求的手段。

即问即答：1. 开展大额可转让定期存单业务的重要意义有哪些？2. 20世纪80年代中期，我国银行业曾推出大额可转让定期存单业务，后来没有继续开展下去，请分析原因。3. 我国的CD和国际金融市场上的CD相比，存在哪些差异？

（七）债券

债券是用来表明债权债务关系，证明债权人有按约定的条件取得利息和收回本金权利的债权资本证券。

债券的分类方法很多，根据债券发行主体的不同，可分为政府债券、公司债券和金融债券。这里仅介绍前两种。

1. 政府债券

政府债券是由中央政府、地方政府或政府担保的公共事业部门发行的债券。政府债券有短期、中期和长期之分，分别为1年以内、1～10年及10年以上。政府发行的短期债券即国库券，其流动性强，因而可称为“有利息的钞票”。国库券一般是不记名的债券。票面一般只是本金金额，不写明利息。出售时按面额打折发行，其折扣金额，按发行时国库券利息率计算，到期时政府按票面足额还本。例如，国库券的面额为10 000美元，6个月到期，如按九七折发行，那么，购买这张国库券只需付 9 700 美元，持有者可收益 300 美元，实际是按年利率 6.168%获取利息。中长期政府债券有票面金额和固定利率，一般采取剪息票的方式定期付息或到期一次还本付息。

2. 公司债券

公司债券是公司作为独立的经济法人为筹资而发行的债务凭证。这种债务凭证发行的目的是向公众筹措款项，而筹措方式是以借贷的方式，它必须明确承诺在到期日支付的约定金额，以及利息的支付方式。公司债券反映的是公司的负债关系，作为债务人，它必须按时还本付息，不得拖延。

公司债券的分类很多，较为重要的有：

（1）根据公司债券的发行是否有抵押品，可分为担保公司债券和无担保公司债券。担保公司债券在发行时，发行者必须提供抵押财产交付中介机构管理，当公司债券到期不能还本时，通过处理抵押财产来偿还。无担保公司债券仅凭企业的信用而发行，为了保障持券人的利益，在发行此种债券时，往往对发行者规定了一些限制条件。比如，对发行新债券数量上的限制，对支付股息红利上的限制。

（2）根据公司债券是否可转换，可分为可转换公司债券和不可转换公司债券。可转换公司债券是指投资者可以根据自己的意愿在一定的时期内按规定的价格和条件，将该债券转换成发行公司的其他证券。可转换公司债券多转换成公司股票，这种转换可使投资者收益提高，也可使公司债务下降，而资本额随之增加。

（3）根据公司债券是否可提前偿还，可分为可提前偿还公司债券和不可提前偿还公司债券。公司债券发行一段时间后，发行公司在债券到期前，按约定价格收回，这种公司债券称为可提前偿还公司债券，公司债券偿还的主动权掌握在发行公司手中，而并非在持有人手中。当利率下降时，公司便可发行利率较低的公司债券，而收回旧公司债券，改善财务结构，提高信用。不可提前偿还公司债券只能到期还本付息。

（八）股票

股票是由股份有限公司发行的，用以证明投资者的股东身份，并据以获得股息的凭证。股票是一种资本所有权证券，它是现代企业制度和信用制度发展的结果。在现代企业制度运行中，股份公司发行着两种主要类型的股票，即普通股票和优先股票。

1. 普通股票

普通股票是代表股东享有平等权利，并且随发行公司经营利润的多少分得相应股息的股票。普通股票是股份公司发行的标准股票，投资于这种股票的股东享有的权利主要包括下述几方面：

（1）对公司的经营参与权。对公司的经营参与权主要通过参加股东大会来行使。普通股东在股东大会上行使选举权、被选举权、发言权、表决权等，通过行使这些权利间接参与公司的经营。

（2）公司盈余和财产分配权。公司盈余和财产分配权的行使是有先决条件的，要求分配的公司利润只能是支付雇员的工资、借贷款项、税款、公司债券持有者的债息、法定公积金、优先股股息后的净利润。即使是净利润，一般也要保留一部分用于增加公司资本投入，或维持未来股息分配的稳定。

（3）优先认股权。优先认股权是指股份公司为增加资本而决定发行新股时，现有的普通股东有权按当时的持股比例和低于市场价格优先认购，以便保持其在股份公司中的权益比例的权利。

2. 优先股票

优先股票是指优先于普通股股东分配公司利益和剩余财产的股票。优先股票与普通股票相比有两个方面的基本优先权：一是优先股票在发行时就约定了固定的股息，该股息不受公司经营状况和盈利水平的影响；二是优先股票有剩余资产优先分配权，即当公司破产或解散清算时，优先股股东先于普通股股东分配公司的剩余资产。但是在一般情况下，优先股持有人不能参与公司的经营管理，他们没有普通股持有人那样的投票权。同时，由于其股息是固定的，所以，当企业生产景气时，一般不能像普通股股东那样获得高额利润。

介绍了一些短期和长期金融工具后，我们来说明一下有价证券的概念。广义的有价证券泛指证明债权与债务关系可以流通和转让的书面凭证，包括汇票、本票、支票、提单、存单、股票、债券等。狭义的有价证券是指具有一定的票面价值，能够给持有人带来收入的一种资本所有权与债权证书，包括债券和股票。

第四节　利息与利息率

一、利息与利息率的含义

（一）利息的含义和来源

利息是借款人运用借入资金所付出的代价，也是资金的所有者因让渡货币的使用权而从借款人处获得的超出本金部分的一种报酬。

为什么债务人要支付利息给债权人呢？这涉及一个重要的问题，即利息是从哪里来的？它的本质是什么？马克思是这样说的：一旦一个人有一笔闲置的资金将其贷出去，经过一段约定的时间后，借者归还时，不仅归还本金，还支付了一笔额外的货币——利息。表面上看利息是由货币生出来的，货币具有自行增值的能力。但问题的本质并非如此。他认为，借款人借入的货币必须作为资本使用，资本与劳动结合不仅能够创造出价值，还会创造出剩余价值。剩余价值必须一分为二，一部分作为企业的收入，另一部分作为利息还给贷款人，所以利息直接来源于剩余价值（利润），它是由劳动者创造的。利息只能是利润的一部分而不能是全部，因为如果利息是利润的全部，就没有人去借款，如果利息为零或为负数，就不会有人把货币资金借贷出去。由此可见，钱并非能生钱，利息不能被自行创造出来，利息来源于剩余价值的一部分。

（二）利息率的含义

利息率即利率，是指借贷期内利息额与本金的比率。可以表示为：

利率＝利息额/本金×100％

利率的表示方法有：年利率、月利率、日利率。年利率是以年为单位计算利息，一般以本金的百分之几表示，如年息 2.25％，即本金 100 元，每年利息 2.25 元；月利率是以月为单位计算利息，一般以本金的千分之几表示，如月息 3‰，即本金 1 000 元，每月利息 3 元；日利率是以日为单位计算利息，一般以本金的万分之几表示，如日息 2‱，即本金 10 000 元，每日利息 2 元。它们之间的换算关系为：

年利率＝月利率×12

月利率＝日利率×30

在我国，无论是年利率、月利率，还是日利率，习惯上都用“厘”作单位，如年息2.25厘是指2.25%，月息3厘是指3‰，日息2厘是指2‱。

二、利息的计算方法

（一）单利计算法

单利计算法是指在计算利息时，不论期限长短，仅按本金计算利息，所生成的利息均不加入本金重复计算利息。单利的计算公式为：

$$I=P\times i\times t$$

$$S=P+P\times i\times t$$

式中：P 表示本金；i 表示利率；I 表示利息额；S 表示本金与利息之和；t 表示借贷期限。例如，期限为5年，年利率为6%的100 000元存款，利息总额为100 000×6%×5＝30 000（元），本利和为100 000＋100 000×6%×5＝130 000（元）。

（二）复利计算法

复利计算法是指在计算利息时，每经过一个计息期，要将所生利息加入本金再计算利息，逐期滚算，俗称“利滚利”。这里所说的计息期，是指相邻两次计息的时间间隔，如年、月、日等。其计算公式为：

$$S=P\times(1+I)^t$$

$$I=S-P$$

若将上述实例按复利计算，则：

$$S=100\,000\times(1+6\%)^5=133\,822.56(\text{元})$$

$$I=133\,822.56-100\,000=33\,822.56(\text{元})$$

在我国，根据现行利率政策，活期存款每年结息一次，结息日为每年6月30日，利息并入本金计息，因此活期存款计息带有一定的复利性质。其余各类存款均按单利计息。我国各项贷款均按单利按季结息，每季度20日为结息日；但若结息日不能支付利息，欠息部分要并入本金计收复利。

用单利计算法计算利息，手续简便，易于计算借款成本，有利于减轻借款人的负担。用复利计算利息，有利于增强人们对资金的时间价值观念，促进企业加速资金周转，提高资金的使用效率。

三、利率的种类

（一）按照利率的表示方法分类

按照利率的表示方法可划分为年利率、月利率与日利率。

根据计算利息的不同期限单位，利率有不同的表示方法。年利率是以年为单位计算利息；月利率是以月为单位计算利息；日利率，习惯称为“拆息”，是以日为单位计算利息。通常，年利率按本金的百分之几表示；月利率按本金的千分之几表示；日利率按本金的万分之几表示。

（二）按照利率的决定方式分类

按照利率的决定方式可划分为官定利率、公定利率和市场利率。

官定利率又称为“法定利率”，是一国货币管理部门或中央银行所规定的利率。由非政府金融行业自律性组织确定的利率称为公定利率。公定利率通常是银行公会确定的各会员银行必须执行的存贷款利率。官定利率和公定利率在一定程度上反映了非市场的强制力量对利率形成的干预，代表着政府的货币政策意志。

市场利率是按照市场规律而自由变动的利率，即由借贷资本的供求关系直接决定并由借贷双方自由议定的利率，包括借贷双方直接融资时商定的利率、金融市场上买卖有价证券的利率。市场利率是资金供求状况的标志，资金供大于求时，利率下降，反之上升，其变动频繁且敏感。

在现代经济生活中，利率是对经济进行间接控制的重要杠杆。为了使利率水平的波动体现政府的政策意图，各国几乎都形成了官定利率、公定利率和市场利率并存的局面。一方面，市场利率的变化能灵敏地反映出借贷资本的供求状况，是制定官定利率、公定利率的重要依据；另一方面，市场利率又会随公定利率、官定利率的变化而变化。当然，官定利率、公定利率的制定也要考虑其他各种因素，特别是要反映政策意图，对市场利率有很强的导向作用，其升降直接影响借贷双方对市场利率变化的预期，进而影响信贷供给的松紧程度，并使市场利率随之升降。但三者在量上和运动方向上并不完全一致，有时甚至会朝着相反的方向发展。

（三）按照借贷期内利率是否浮动分类

按照借贷期内利率是否浮动可划分为固定利率与浮动利率。

固定利率是指在整个借贷期限内，利息按借贷双方事先约定的利率计算，而不随市场上货币资金供求状况变化。实行固定利率，对于借贷双方准确计算成本与收益十分方便，是通常采用的方式。固定利率适用于借贷期较短或市场利率变化不大的情况，但当借贷期限较长、市场利率波动较大时，则不宜采用固定利率。因为固定利率只要由双方协定，就不能单方面变更。在此期间，通货膨胀的作用和市场上借贷资本供求状况的变化，会使借贷双方都可能承担利率波动的风险。因此，在借贷期限较长、市场利率波动频繁的时期，借贷双方往往倾向于采用浮动利率。

浮动利率是指在借贷期限内，随市场利率的变化情况而定期调整利率，多用于较长期的借贷及国际金融市场。浮动利率能够灵活反映市场上资金的供求状况，更好地发挥利率的调节作用。同时，由于浮动利率可以随时予以调整，有利于减少利率波动所造成的风险，从而克服了固定利率的缺陷。但由于浮动利率随市场利率的变化情况而定期调整，使借贷成本的计算和考核相对复杂，且可能加重借款人的负担。

（四）按照利率的作用分类

按照利率的作用不同可划分为基准利率和差别利率。

基准利率是指在利率体系中处于核心或基础地位的利率，它的变动会引起其他利率的相应变动，并且会引导利率体系的变化趋势。在西方国家，基准利率通常是中央银行再贴现率，但是也有学者认为基准利率应该是银行间同业拆借利率。

差别利率是指银行等金融机构对不同部门、不同期限、不同种类、不同用途和不同信用能力的客户的存、贷款制定不同的利率。差别利率对于提高信贷资金配置效率、调节信贷市场供求起着重要作用。

（五）按照信用行为的期限长短分类

按照信用行为的期限长短可分为长期利率和短期利率。

一般来说，一年以下的信用行为称为短期信用，相应的利率即为短期利率；一年以上的信用称为长期信用，相应的利率即为长期利率。短期利率与长期利率之中又各有不同期限之分。总的来说，长期利率一般高于短期利率。但在不同种类的信用行为之间，由于有种种不同的信用条件，对利率水平的高低不能简单地进行比较。

（六）按照利率的真实水平分类

按照利率的真实水平可划分为名义利率与实际利率。

在借贷过程中，贷款人不仅要承担债务人到期无法归还本金的信用风险，而且还要承担货币贬值的通货膨胀的风险。实际利率与名义利率的划分，正是从这个角度出发的。实际利率是指在物价不变从而货币购买力不变条件下的利率；名义利率则是指包含了通货膨胀因素的利率。

实际利率对经济有实质性的影响，但通常在经济管理中能够操作的只是名义利率。划分名义利率与实际利率的意义在于：这种划分为分析通货膨胀下的利率变动及其影响提供了依据与工具，便利了利率杠杆操作。根据名义利率与实际利率的比较，实际利率呈现三种情况：当名义利率高于通货膨胀率时，实际利率为正利率；当名义利率等于通货膨胀率时，实际利率为零；当名义利率低于通货膨胀率时，实际利率为负利率。在不同的实际利率情况下，借贷双方和企业会有不同的经济行为。一般而言，正利率与零利率、负利率对经济的调节作用是互逆的，只有正利率才符合价值规律的要求。

除了以上介绍的划分种类外，利率还可以按照不同的标准划分为许多种类。例如，按照借贷主体的不同，可以划分为中央银行利率、商业银行利率、非银行利率；按照利率是否具备优惠性质，可以划分为一般利率与优惠利率。由于划分标准本身可以是交叉的，故一种利率可以同时具备几种性质。各类利率之间和各类利率内部都有一定的联系，并相互制约，共同构成一个有机整体，即利率体系。利率体系是一国一定时期内各利率的总和。若无特别指出，通常所说的利率指的应是一个利率体系。

四、影响利率变化的因素

一个国家利率水平的高低要受特定社会经济条件的制约，是由许多因素综合决定的。决定和影响利率的主要因素有下述几种。

（一）平均利润率

社会主义市场经济中，利息仍作为平均利润的一部分，因而利率也是由平均利润率决定的。按照马克思的利息理论，社会平均利润率是社会总利润与社会总资本的比率。它是由相当长的时期内各部门利润变动趋势决定的。

（二）资金的供求状况

如前所述，利率取决于平均利润。但在平均利润既定时，利率的变动则取决于平均利润分割为利息与企业利润的比例，而这个比例是由借贷资本的供求双方通过竞争确定的。在借贷市场上，资金供求双方构成两种对立的力量，其对立的原因在于利率的高低直接影响着各自在平均利润分割中的份额。因此，无论是资金供给方还是资金需求方，都希望利率的确定对自己有利。双方围绕利率的高低形成对立，竞争的结果形成利率。一般来讲，当借贷资本供不应求时，借贷双方的竞争结果将促进利率上升；相反，当借贷资本供大于求时，竞争的结果必然导致利率下降。

（三）风险因素

风险因素对于利率的变动也有较大的影响。一般而言，风险性越大，利率越高，因为借款人要承担较高的风险，就必须获得较高的收益作为补偿。风险因素具体又可细分为通货膨胀风险、违约风险、流动性风险、偿还期限风险和政策性风险。这里介绍其中几种。

1. 通货膨胀风险

商品经济中，价格对社会经济生活的影响渗透到各个方面。因为人们的生产和生活都离不开货币，而价格只不过是表现在商品上的观念货币，当价格总水平上涨时，人们持有的货币贬值；当价格总水平下跌时，人们持有的货币升值。由于价格具有刚性，变动的趋势一般是上涨，因而怎样使自己持有的货币不贬值，或遭受贬值后如何取得补偿，是经济生活中人们普遍关心的问题，这种关心使得从事货币资金经营的银行必须使吸收存款的名义利率适应物价上涨的幅度，否则难以获得投资收益。所以，名义利率水平与物价水平具有同步发展的趋势，物价变动的幅度制约着名义利率水平的高低。

2. 违约风险

在借贷行为中，由于道德风险和逆向选择的存在，会发生债务人由于种种原因的违约行为，这就造成了违约风险。因此金融机构在设定利率的高低时，会考虑债务人的信誉、经营状况、采用何种担保方式等来确定利率的高低。所以在一个信用体系完善、相应法规齐备的社会里，由于违约风险降低，利率水平整体就会低于那些没有建立诚信体系、居民道德素质较差、不讲信用的社会。

3. 流动性风险

流动性与利率呈反比的关系。若一个社会所拥有的金融资产流动性较高，则整体的利率就会低一些。因为金融资产的变现能力越弱，债权人越要求得到较高的补偿；反之，就可给予较低的补偿。

4. 政策性风险

除了上述风险因素引起利率的变动之外，一国的货币政策、财政政策、汇率政策等经济政策的实施也会引起利率的变化。

（四）利率的管理体制

在一国经济非常时期或在经济不发达国家，利率管制也是直接影响利率水平的重要因素。利率管制是指由政府有关部门直接制定利率或利率变动的界限。由于利率管制具有高度行政干预和法律约束力，排斥各类经济因素对利率的直接影响，因此尽管许多发达的市场经济国家也实行利率管制，但是范围有限，且一旦非常时期结束即解除管制。相比之下，发展中国家由于经济贫困、资金严重匮乏，多实行利率管制以促进经济发展，防止过高利率给经济带来不良的影响。同时，在一定的时期内实行利率管制，也有利于抑制较严重的通货膨胀，配合全面的经济控制。

（五）国际经济因素

在金融全球化的大背景下，一国与其他国家的经济联系日趋密切。在这种情况下，利率也不可避免地受国际经济因素的影响，具体表现在下述几个方面。

1. 国际上资金流动的影响

资金流出，会减少一国的资金供给量。如果要制约货币资金的大量流出，就必须提高利率。但利率的提高会导致投资减少、利润降低，当利息在利润中的分割比例不变时，利率水平又会相应降低。这说明一国利率水平的高低要受资金流入流出的影响。

2. 国际商品竞争的影响

国际竞争需要物美价廉、储量充足的商品去占领市场，这需要占用大量的货币资金。在货币资金供给不变的条件下，增加对货币资金的需求，会导致利率水平的提高。但支付的利息一般要计入成本，利息支付多，成本高，价格相应上涨，这样又不利于竞争。从这方面讲，国际竞争又抑制着利率水平的提高。

3. 国家外汇储备数量及利用外资政策的影响

如果外汇储备少，需大量引进外资，一般就要适当提高利率；相反，如果外汇储备多或不需要大量引进外资，一般就不必提高利率。

4. 国际利率水平

在资本可以自由流动的情况下，如果国内利率高于国际利率水平，那么资本将大量涌入，导致国内金融市场上资金供大于求，国内利率会下降；如果国内利率低于国际利率水平，则资本将流出，国内资金供不应求，国内利率将上升。

五、利率的作用

（一）利率对宏观经济活动的调节作用

利率是一个重要的经济杠杆，对经济有着极其重要的调节作用。但在不同的国家、不同的时期以及不同的利率管理体制下，利率功能发挥程度也不一样。一般来说，利率既有对宏观经济活动的调节功能，又有对微观经济活动的调节功能。利率对宏观经济活动的调节作用主要是通过下述途径实现的。

1. 集聚社会闲散资金

资金是经济发展的“第一推动力和持续推动力”。据美国经济学家爱德华·丹尼森在《1929—1982年美国经济增长趋势》一书中介绍，1973年到1982年美国实际国民收入增长的来源有44.5%来自“资本”，有27.1%来自“科技进步”，有28.4%来自“其他因素”。据我国学者李毅、钱学义在《中国生产率分析前沿》一书中介绍：在1978年到1995年我国经济增长各要素中，“资本投入贡献率”为49.65%，“生产率提高贡献率”为36.23%，“劳动投入贡献率”为14.12%。很明显，资本对两国经济增长有着最为重要的作用。

聚集和积累资金是利率最主要的功能。正是因为利率的存在及作用的发挥，才使分散在社会各阶层的货币收入和再生产过程中暂时闲置的货币资金得以集中起来，转化为信贷资金，通过信贷资金的分配，满足生产发展的资金需要，促进经济快速发展。

2. 优化生产结构

利率作为资金的价格，会自发地引导资金流向利润较高的部门，实现社会资源的优化配置。同时，国家还可以自觉地运用差别利率政策，对国家急需发展的农业、能源、交通运输等行业以及有关的企业和产品，适当降低贷款利率，大力支持它们的发展；对需要限制的某些加工行业以及有关的企业和产品，适当提高贷款利率，限制其发展，从而优化产业结构，实现经济结构合理化。

3. 平衡国际收支

当国际收支不平衡时，可以通过利率杠杆来调节。如当国际收支逆差比较严重时，可以将本国的利率调到高于其他国家的程度，这样一方面可以阻止本国资金流向利率高的国家，另一方面也可以吸引外资流入本国。但是，当国际收支逆差发生在国内经济衰退时期，则不宜采取调节利率水平的做法，而只能通过调节利率结构来平衡国际收支。

（二）利率对微观经济活动的调节作用

1. 利率对企业经济活动的影响

（1）利率影响企业的投资决策。在其他条件不变的情况下，如果降低利率，则可以减少企业生产成本中的利息支出，从而增加企业盈利，使得企业更加有利可图，于是刺激企业扩大投资、扩大生产。反之，如果提高利率，则会使企业减少投资，压缩生产规模。

（2）利率能够促进企业加强经济核算。在现代市场经济中，企业一般都是负债经营，经常需要借入资金。对借款人而言，利息是借入资金所付出的代价，借入资金越多、借款利率越高，借款人的利息负担就越重。企业为了减轻利息负担，必须加强经济核算，节约使用资金，加速资金周转，提高经营管理水平和资金使用效率。

2. 利率对个人与家庭经济活动的调节作用

（1）调节储蓄与消费的比例。人们获得的收入，通常不能全部用于当前的消费，为了应付未来的一些支出，必须将一部分收入储蓄起来。利率能够调节储蓄与消费的比例，如果利率水平提高，会增强人们的储蓄热情，增加储蓄的份额，而相应减少当前消费的份额。反之，如果利率水平过低，则会挫伤人们储蓄的积极性。

（2）调节金融资产组合。对于个人和家庭来说，用于消费后的节余收入，既可以存入银行，也可以用来购买国债、企业债、基金和股票等金融证券。利率可以影响人们对金融资产的选择。一般而言，当利率水平下降时，证券价格趋于上升，持有证券给人们带来更多的收益，所以人们会减少银行存款的持有，而增加债券与股票的数量。当然，在进行金融资产的选择时，不但要考虑收益性，还要考虑安全性。但是收益性往往是人们进行选择时所着重考虑的因素，所以，利率对家庭金融资产组合选择的调节作用较大。

知识链接

利率市场化改革的必要性和意义

利率市场化改革的必要性和意义包括以下几方面：

一是有利于促进金融机构经营机制的根本性转变。利率市场化可使商业银行真正成为自主经营、自负盈亏、自我约束、自我发展的法人实体和市场竞争主体。

二是利率市场化改革是与国际接轨的必然要求。我国加入 WTO 后，随着国内金融市场的对外开放和外资银行的大举进入，国外银行的现代化管理水平和资金技术实力必然会给我国银行业带来严峻的挑战和巨大的冲击。在这种背景下，为了尽快实现国内金融业的转轨，使国内市场与国际市场有效对接，客观上要求我们积极主动地加快利率市场化进程。

三是有利于促进金融创新。一方面，利率市场化赋予银行金融产品定价权，客观上为商业银行开展金融创新提供了可能；另一方面，利率市场化使商业银行面临的竞争压力加大，这在客观上又对金融创新产生了强大的动力。商业银行只有通过持续有效的金融创新，才能规避利率风险，为资产增值、保值提供机会。

四是有利于改善中小企业信贷服务。近年来的统计数据表明，中国每年需解决大量人口的新增就业问题，解决新增就业的最主要贡献来自于城镇中小企业。利率市场化的过程，也是中小企业信贷服务不断改善的过程。进一步推进利率市场化改革，将会促进金融市场主体的发育和充分竞争，有助于进一步改善中小企业融资。

活动设计

个人支票

1. 活动提示

到本市一家购物中心随访100名消费者，调查在消费者进行购物消费活动时，愿意使用哪种信用支付工具。

2. 活动要求

（1）列出调查表，进行统计。

（2）分析个人支票的使用情况。

（3）什么是个人支票？对比个人支票与现金、信用卡在支付方面的优缺点。

（4）结合实际，进一步分析是什么原因阻碍了个人支票在居民消费中的使用。（可联系央行政策、商行态度、社会原因等分析。）

（5）今后个人支票在我国的使用有着怎样的前景？能否把在电影中常见的个人使用支票的镜头变为我们现实的生活？

3. 活动场所

某购物中心。

本章小结

信用是商品经济中的一种借贷行为，具有偿还性，是价值运动的特殊形式。

在现代信用形式中，商业信用和银行信用是最基本和最重要的两种信用形式，它们相辅相成，密不可分。国家信用的重要性在于这种信用形式已经成为国家调控经济的一种重要手段。消费信用与商业信用和银行信用并无本质的区别，只是授信对象和授信目的有所不同。国际信用是国际经济联系的一个重要方面，在世界经济一体化的趋势下，将起着越来越重要的作用。

利息是借贷关系中由借入方支付给贷出方贷出资金的报酬。利率是一定时期内利息额与贷出金额之间的比率。根据不同的标准，利率可以分为很多类。不同的划分标准反映着利率的不同方面，在金融体系中也起着不同的作用。利息的计算方法有两种：单利法和复利法。复利法是更精确的一种计算方法，因为它更好地反映了资金的时间价值。影响利率的因素很多，主要有平均利润率、资金的供求情况、风险因素、利率的管理体制、国际经济因素等。

本章自测

一、单项选择题

1. 信用的最基本特征是（　　）。

A. 借贷行为　　B. 偿还性
C. 付息性　　D. 价值的单方面让渡

2. 在我国，企业与企业之间普遍存在着“三角债”现象，从本质上讲与之相关的是（　　）。

A. 商业信用　　B. 银行信用　　C. 国家信用　　D. 消费信用

3. 1年以内的短期政府债券称为（　　）。

A. 货币债券　　B. 公债券
C. 政府货币债券　　D. 国库券

4. 按一定期限（如1年），将所生利息加入本金重复计算利息的方法是（　　）。

A. 单利计息　　B. 复利计息　　C. 固定利率　　D. 浮动利率

5. 政府信用的主要形式是（　　）。

A. 发行政府债券　　B. 向商业银行短期借款
C. 向商业银行长期借款　　D. 自愿捐助

6. 在物价上涨的条件下，名义利率不变，实际利率会（　　）。

A. 上涨　　B. 下降　　C. 持平　　D. 随物价变动

7. 某公司获得银行贷款100万元，年利率为6%，期限3年，按年计息，单利计算，那么到期后应偿付银行的本息为（　　）。

A. 19.1万元　　B. 119.1万元　　C. 18万元　　D. 118万元

8. 在物价下跌的条件下，要保持实际利率不变，应把名义利率（　　）。

A. 保持不变　　B. 与实际利率对应
C. 调高　　D. 调低

9. 以下属于信用活动的是（　　）。

A. 财政拨款　　B. 商品买卖　　C. 救济　　D. 赊销

二、多项选择题

1. 信用的形式有（　　）。

A. 商业信用　　B. 银行信用　　C. 国家信用　　D. 消费信用

2. 商业信用的局限性有（　　）。

A. 规模和数量上的局限性　　B. 授信方向上的局限性
C. 信用能力上的局限性　　D. 信用期限和管理上的局限性

3. 信用工具的特点包括（　　）。

A. 偿还性　　B. 收益性　　C. 风险性　　D. 流动性

4. 下列属于长期信用工具的有（　　）。

A. 同业拆借市场工具　　B. 商业票据
C. 公司债券　　D. 股票

5. 利率的表示方法有（　　）。
A. 年利率　　　　B. 月利率　　　　C. 日利率　　　　D. 基准利率
6. 按照借贷期内利率是否浮动分类，利率可划分为（　　）。
A. 浮动利率　　　B. 月利率　　　　C. 固定利率　　　D. 基准利率
7. 以下属于消费信用的是（　　）。
A. 出口信贷
B. 国际金融租赁
C. 企业向消费者以延期付款的方式销售商品
D. 银行提供的助学贷款
E. 银行向消费者提供的住房贷款
8. 我国消费信用的主要形式有（　　）。
A. 分期付款　　　B. 消费贷款　　　C. 个人信用　　　D. 民间信用
E. 商业信用

三、判断题

1. 企业之间在买卖商品时，以货币形态提供的信用是商业信用。（　　）
2. 由于银行信用克服了商业信用的局限性，它将最终取代商业信用。（　　）
3. 消费信用既可以采取商品形态，又可以采取货币形态。（　　）
4. 我国银行信用资金运用的最基本形式是购买债券。（　　）
5. 信用是一种借贷活动，在社会大分工的基础上产生。（　　）
6. 商业信用是现代信用活动中最主要的信用形式。（　　）
7. 经济泡沫主要表现在虚拟资产上，如股票。一般实物资产不会出现泡沫。（　　）
8. 信用中介机构是指为资金借贷和融通直接提供服务的机构，通常简称为金融机构。（　　）
9. 银行信用是以货币形态提供的信用，与商品买卖活动规模密切相关。（　　）
10. 在现代经济中，政府信用的作用日益增强，这主要是由弥补政府开支的需要而造成的。（　　）
11. 消费信用对于扩大有效需求、促进商品销售是一种有效的手段，其规模越大越好。（　　）
12. 当代经济为信用经济，因此，信用给我们的生活只会带来有利的促进作用。（　　）
13. 消费信用是经济增长的润滑剂。（　　）
14. 以复利计息，由于其考虑了资金的时间价值因素，因此，这种计息方法对借贷者不利。（　　）
15. 官定利率和市场利率有密切关系，官定利率的变化代表了国家货币政策的倾向，对市场利率有重要影响。（　　）
16. 基准利率是一个国家的核心利率。（　　）
17. 利率变动的趋势并不受经济周期的循环影响，完全取决于政府的调控。（　　）

四、名词解释题

信用　　商业信用　　银行信用　　消费信用　　国际信用　　利息　　利率　　基准利率　　实际利率　　债券　　股票　　汇票　　本票　　支票

五、问答题

1. 如何理解信用的含义？
2. 信用的基本特征是什么？
3. 银行信用是如何克服商业信用的局限性的？
4. 要充分发挥利率作用，所必须具备的条件是什么？

第三章
金融机构体系

通过本章的学习，了解金融机构的分类和金融机构的功能；理解金融机构体系的一般构成；掌握西方国家金融机构体系；了解我国香港、澳门和台湾地区的金融机构体系；重点掌握中国大陆现行的金融机构体系；熟悉重要的国际金融机构；能够运用金融机构的基本知识对西方和中国的金融机构进行分类；能够深入分析金融机构的功能。

美国房地产金融机构

美国的房地产金融机构主要有三类：

第一，政府专业信贷机构。政府专业信贷机构是指美国政府为干预和参与房地产融资活动而设立的永久性的信贷机构，并兼有一些管理职能，主要有两大机构：(1) 住宅及城市开发部，它不直接放款，而是通过双层抵押机制为住房储蓄贷款协会等机构提供代理融资服务。(2) 联邦住宅贷款银行系统。联邦住宅贷款银行理事会代表该系统的12家区域性银行在金融市场上发行债券及进行票据筹资，为所属的成员机构提供初级市场，使其在信用紧缩时不发生资金周转上的困难，同时，允许系统内的储蓄贷款协会向该系统贴现，当存款余额下降时，可向该系统借贷，当存款余额上升时，即偿还该系统的贷款。

第二，商业银行。美国的银行法对商业银行从事房地产抵押贷款的限制逐渐放宽。为此，商业银行开始经营房地产抵押贷款业务。目前，美国商业银行的房地产抵押贷款几乎占全部金融系统银行贷款的1/3。

第三，非商业银行的储蓄信贷机构。该机构主要吸收长期性储蓄存款，其资金大部分投放在较长期的房地产抵押贷款上，是美国房地产融资体系的基础。由于它们的特殊地位，其放款活动的任何变化都会影响整个住宅建筑的速度。非商业银行的储蓄信贷机构有储蓄贷款协会、互助储蓄银行和人寿保险公司三种形式。

资料来源：http://nanchong.house.sina.com.cn，2010-05-13。

第一节　金融机构概述

金融机构体系是指金融机构的组成及其相互联系的统一整体。在市场经济条件下，各国金融机构体系大多数是以中央银行为核心来进行组织管理的，因而形成了以中央银行为核心、商业银行为主体、各类银行和非银行金融机构并存的金融机构体系。

一、金融机构的含义

金融机构是指以货币资金为经营对象，从事货币信用、资金融通、金融交易以及相关业务的组织机构。金融市场上的各种金融活动都要借助于一定的金融机构来完成，金融机构是金融市场上不可缺少的中介主体。现代金融机构种类繁多，各种金融机构组成的相互联系、分工协作的统一体便构成了金融机构体系。一国社会经济条件对该国金融机构体系的构成具有制约作用，各国经济发展状况不同，因此，形成了不同的金融机构体系。

二、金融机构的分类

（一）按照金融机构的管理地位不同分类

按照金融机构的管理地位不同，可划分为金融监管机构与接受监管的金融企业。

中央银行、证监会等就是代表国家行使金融监管权力的机构，其他的所有银行、证券公司和保险公司等金融企业都必须接受其监督和管理。

（二）按照是否能够接受公众存款分类

按照是否能够接受公众存款，可划分为存款性金融机构与非存款性金融机构。

存款性金融机构主要通过存款形式向公众举债而获得其资金来源，如商业银行、储蓄贷款协会、合作储蓄银行和信用合作社等；非存款性金融机构则不得吸收公众的储蓄存款。

（三）按照资金来源的性质分类

按照资金来源的性质不同，可划分为契约型金融机构与投资型金融机构。

契约型金融机构主要通过长期协议获得资金，并把它们主要投向资本市场，即投向长期的股票和债务工具，例如保险公司、个人养老保险基金和政府退休基金等。投资型金融机构则包括投资银行、共同基金、金融公司、货币市场共同基金等金融机构，其主要特点是通过发行基金股份、商业票据或从银行借款获得资金，然后把这些资金主要投资于资本市场或货币市场的各种股票和债务工具，或对个人和小企业进行小额贷款。

（四）按照是否担负国家政策性融资任务分类

按照是否担负国家政策性融资任务，可划分为政策性金融机构和非政策性金融机构。

政策性金融机构是指由政府投资创办、按照政府意图与计划从事金融活动的机构；非政策性金融机构则不承担国家的政策性融资任务。

（五）按照活动的领域分类

按照活动的领域不同，可划分为直接金融机构和间接金融机构。

直接金融机构活跃于证券市场，为筹资者和投资者牵线搭桥，是提供策划、咨询、经纪、登记、保管、清算、资信评级等一系列相关配套服务的中介机构，如证券公司。间接金融机构活跃于间接金融领域，它一方面以债务人的身份从资金盈余者处筹集资金，另一方面又以债权人的身份向资金短缺者提供资金，商业银行是最典型的间接金融机构。

此外，按照是否属于银行系统，可划分为银行金融机构和非银行金融机构；按照出资的国别属性，又可划分为内资金融机构、外资金融机构和合资金融机构；按照所属的国家不同，还可划分为本国金融机构、外国金融机构和国际金融机构等。

三、金融机构的功能

金融机构的功能可以概括为六项：信用中介；支付中介；降低交易成本；提供金融服务便利并创造金融资产；改善信息不对称并控制风险；调节经济。

（一）信用中介

信用中介是金融机构最基本、最能反映其经营活动特征的职能。这一职能的实质是通过金融机构的负债业务，把社会上的各种闲散货币集中起来，再通过资产业务，把它投向经济各部门；金融机构作为货币资本的贷出者与借入者的中介人或代表，来实现资本的融通，并从吸收资金的成本与发放贷款利息收入、投资收益的差额中获取利润。金融机构通过信用中介的职能实现资本盈余和短缺之间的融通，并不改变货币资本的所有权，改变的只是货币资本的使用权。几乎所有的金融活动都是以金融中介机构为中心展开的，因此，信用中介功能在经济活动中占据着十分重要的地位，与经济运行密切相关，直接影响经济活动的绩效。

（二）支付中介

金融机构通过存款在账户上的转移，代理客户支付；在存款的基础上，为客户兑付现款等，成为工商业团体和个人的货币保管者、出纳者和支付代理人。存款性金融机构还可通过开立支票和活期账户，提供交易媒介、支付凭证和结算账户。这样，以金融机构为中心，形成了经济社会无始无终的支付链条和债权债务关系。支付中介功能的发挥，大大减少了现金的使用，节约了社会流通费用，加速了结算过程和货币资金周转，促进了经济发展。

随着经济的发展和社会需求的变化，金融机构体系通过创造汇票、本票、支票、信用卡等多种支付结算工具，通过建立清算机构、电子支付系统等组织形式，拓宽了支付结算的渠道，增强了现代金融体系的支付结算功能与效率。

（三）降低交易成本

交易成本是金融交易双方，特别是资金盈余者在提供资金时首先要考虑的问题。资金盈余单位向资金短缺单位融资，不管是采用贷款形式还是购买证券的形式，都要了解资金短缺单位相关信息，信息的收集、调查要花费大量的信息成本。若双方采用贷款形式建立融资关系后，还必须谈判、签约，签约后，还要监督其执行，由此产生的成本称为合约成本。如果这些工作都由单个资金盈余单位和资金短缺单位分别来做，成本是极其高的。金融中介机构则可帮助它们降低交易成本。因为：第一，金融中介机构具有规模经济的优势，即金融中介机构把许多投资者的资金聚合起来，当交易规模扩大时，会使单位资金的交易成本下降。另外，当金融中介机构把聚合起来的高额资金投资于股票和债券时，可实现投资多样化处理，从而降低投资风险。对小额储蓄者和借款者来说，通过银行等金融中介机构间接融资可以保证较低的风险和可靠的收益。第二，金融中介机构具有专业技术优势。金融中介机构具有一批经济、金融、会计、审计、法律方面的专家，他们精通国家的经济政策、企业财务、融资技巧和计算机技术，他们能够以极低的成本向资金盈余者和资金短缺者提供多种便利的服务，从而降低了企业的合约成本。

（四）提供金融服务便利并创造金融资产

金融机构及其遍布全国的分支机构利用各自的优势，通过提供大量的具有特定的内涵与特性的金融工具、金融服务、交易方式或融资技术等成果，从数量和质量两个方面能够同时提高需求者的满足程度，为经济社会提供各种金融便利和服务，为人们生活中的各种不确定性风险提供保险和保障，增加金融商品和服务的效用，提高金融运作的效率，有利于提升人们经济生活的质量并增加社会总福利。金融机构还能够帮助顾客创造金融资产，提供各种金融工具以满足顾客不同的风险规避和投资获利的需求。可以通过金融工程等理念，设计出新的金融产品，并把这些金融产品出售给其他市场参与者。

（五）改善信息不对称并控制风险

由于金融体系在国民经济中的特殊地位，以及分支机构遍布城乡各个角落的优势，能够及时收集并获取比较真实、完整的信息，以便选择合适的借款者及其投资项目，避免或减少由于信息不对称产生的投资风险和道德风险。金融机构体系凭借在信息处理和监督方面的优势通过给客户开立账户，了解客户的个性化信息，掌握客户资金运转动态，对客户的信用状况做出较准确的判断，以便做出投资的决策。因此，金融机构体系在改善信息不对称中的筛选与监督作用是其重要功能之一。金融机构都是市场专家，一方面其获取信息具有优势，另一方面利用信息生产在技术上具有专业性的特点，金融中介可以专业地分析信息的真伪，降低获取报酬风险。

（六）调节经济

金融机构调节经济的功能主要通过以下三个方面来实现：一是通过反映经济的状况。金融机构的各种资产负债业务反映了经济运行的货币资金供求状况，尤其是信贷状况反映了企业资金周转状况及其质量，也反映了企业经营管理和经济效益的状况。二是在宏观调控方面，政府实施货币政策和财政政策主要依靠金融机构。中央银行利用各种货币政策工具实行扩张或紧缩的货币政策，是通过金融机构间接实现控制信用或调节货币流通量的目的。如紧缩的货币政策，若中央银行提高法定存款准备金率或再贴现率，商业银行及其他金融机构也会提高各种贷款利率，市场利率也相应提高。另外，商业银行的派生作用会使货币流通量成倍地紧缩。三是金融机构可实现经济结构的调节。在经济结构方面，人们对金融工具的选择，实际是对投融资方向的选择，由此对运用资金的部门加以划分。这种选择的结果，必然产生优胜劣汰的效应，从而达到调节经济结构的目的。

第二节　西方国家金融机构体系

金融机构可分为监管型、存款型、投资型、契约型、政策性及其他类型的金融机构，下面按此分类方法对西方国家的金融机构体系加以概述。

一、监管型金融机构

不同的国家对监管型金融机构的设置不同，相差悬殊。从全球来看，各国的监管机构设置可分为两类：一是单一的全能型监管机构，即监管职能以中央银行为重心，其他部门和机构参与分工的监管体制下的机构设置；二是多重监管机构，即在中央银行之外同时设立几个部门分别对银行、证券、保险等金融机构进行监管。从现实来看，无论是哪一类机构设置都不同程度地存在着一些问题，因此，现在还没有一个“最理想的模式”可在全球应用。

目前，各国的金融管理性机构的主要构成有四类：一是负责管理存款货币并监管银行业的中央银行或金融管理局；二是按分业设立的监管机构，如银监会、证监会、保监会；三是金融同业自律组织，如行业协会；四是社会性公律组织，如会计师事务所、评估机构等。其中，中央银行或金融管理局通常在一个国家或地区的金融监管组织机构中居于核心地位。

知识链接

英国金融监管概况

英格兰银行（Bank of England）为历史最悠久的中央银行。根据英格兰银行法，其经营目标为：维护金融体系健全发展，提升金融服务有效性，维持币值稳定。就首要目标而言，最终为强化保障存款户与投资者权益，这与金融机构业务经营良莠密切相关。依据1987年英格兰银行法规定，金融监管业务系由英格兰银行辖下之银行监管局掌管。随着金融市场的进步与发展，银行与金融中介机构的传统分界线日趋模糊。因此，英国前首相布莱尔于1997年5月20日宣布，英国金融监管体系改制，将资金供需与支付清算系统中居枢纽地位的银行体系，以及隶属证券投资委员会的各类金融机构，整合成为单一的监管机构，即金融服务总署（Financial Services Authority，FSA）。

FSA有下列9个业务监管机构：建筑融资互助社委员会、互助社委员会、贸易与工业部保险业委员会、投资管理监管组织、个人投资局（主管零售投资业务）、互助社设立登记局（主管信用机构监管）、证券期货管理局（主管证券及衍生性信用商品业务）、证券投资委员会（主管投资业务，包括票据清算与交换）及英格兰银行监管局（主管银行监管，包括批发货币市场）。法律赋予FSA的权力如下：（1）对银行、建筑互助社、投资公司、保险公司与互助社进行授权与审慎监管；（2）对金融市场与清算支付系统进行监管；（3）解决影响公司企业、市场及清算支付系统的问题，在某些特殊状况下，如英格兰银行未能贯彻其利率政策，且影响危及经济体系稳定性时，FSA将与英格兰银行协商合作。

二、存款型金融机构

存款型金融机构（depository institution）是从个人和机构接受存款并发放贷款的金融中介机构。它以经营存贷款业务为主，并为客户提供多种金融服务。西方存款型金融机构主要有商业银行、储蓄银行和信用合作社等。

（一）商业银行

商业银行（commercial bank）主要通过发行支票存款、储蓄存款和定期存款来筹措资金用于发放工商业贷款、消费贷款和抵押贷款，购买政府债券，提供广泛的金融服务，如通过办理转账结算来实现国民经济中绝大部分货币周转，还能创造存款货币。商业银行在整个金融中介机构体系中，以其机构数量多、业务渗透面广和资产比重大等特点，无论在哪个国家它始终居于其他金融机构不能代替的重要地位。有关商业银行的内容将在第五章中详细阐述。

（二）储蓄银行

储蓄银行（savings bank）是指办理居民储蓄并以储蓄存款为主要资金来源的银行。与我国几乎所有的金融机构均经营储蓄业务的情况有所不同，在西方不少国家，储蓄银行是专门建立的、独立的金融机构。为了保护小额储蓄者的利益和保证储蓄银行所集聚的大量资金的合理投向，各国对储蓄银行大多有专门的管理法令。

储蓄银行的具体名称，各国有所差异，有的甚至不以银行相称，而以储蓄贷款协会、信贷协会等名称出现，不少国家的邮政系统也办理储蓄业务，有的国家为了推动住宅建设还发展了建房储蓄银行。这些银行既有私营的，也有公营的，有的国家大部分储蓄银行都是公营的。它们不论名称如何，其功能基本相同。

储蓄银行所吸收的储蓄存款余额比较稳定，因此主要用于长期投资，如发放不动产抵押贷款，投资于政府公债、公司股票及债券，对市政机构发放贷款等，有些国家还明文规定储蓄银行的资金必须投资于政府公债的比例。储蓄银行的业务活动也受到约束，如不得经营支票存款，不得经营一般工商企业贷款，但近年来有所突破，储蓄银行的业务范围随着金融管制的放松有不断扩大的趋势。

美国的储蓄银行主要有储蓄贷款协会、互助储蓄银行两种形式。储蓄贷款协会（savings and loan association）的主要资金来源是储蓄存款（通常称为股份）、定期存款和支票存款。其主要资金运用是发放抵押贷款。互助储蓄银行（mutual savings bank）和储蓄贷款协会十分相似，也是靠接受存款来筹措资金。1980 年以前，它的业务也仅限于抵押贷款，并在 20 世纪 60 年代和 70 年代初面临和储蓄贷款协会一样的困境。1980 年放松管制之后，互助储蓄银行也获得了发行支票存款及发放其他贷款的权利。但是它在组织结构方面与储蓄贷款协会有重要的不同，互助储蓄银行是合作性质的存款机构，存款人就是股东，拥有银行净资产中的份额。

（三）信用合作社

信用合作社又称信用社，是西方国家中普遍存在的一种互助合作性金融组织，有农民的信用合作社，城市手工业者或某一行业等特定范围成员的信用合作社。这类信用机构一般规模不大，它们的资金来源于合作社成员缴纳的股金和吸收的存款，社员存款称为股份，支付给社员的收益一般不以利息而以股利的方式支付。过去信用社的资金运用主要是向其成员提供小额的消费贷款。信用社是在早期工业社会一个更广泛的合作运动基础上产生的，当今信用社一般仍坚持自助、互助的组织形式和“一人一票”的规则。由于没有人拥有剩余索取权，信用社的基本行为目标不是利润最大化，而是使其社员和社会经济利益最大化。相应的，信用社行为的理论研究也侧重于社员资格研究为主。1980 年放松管制后，信用社也能发行支票存款，一些资金充裕的信用社已增加了家庭住房抵押贷款、信用卡贷款，有的信用社还为社员的生产设备更新改造提供中、长期贷款。

三、投资型金融机构

投资型金融机构是在直接金融领域内为投资活动提供中介服务或直接参与投资活动的金融机构。投资型金融机构名称各异，但服务方式或经营的内容都以证券投资活动为核心，主要包括投资银行、金融公司、共同基金和货币市场共同基金等。这里介绍其中几种。

（一）投资银行

1. 投资银行的定义

投资银行（investment bank）是最典型的投资型金融机构。投资银行的定义是根据投资银行的业务范围确定的。美国著名金融专家罗伯特·库恩给出了四个层次的不同定义：(1) 最广泛的投资银行，即从事华尔街金融业务的机构。业务范围不仅包括证券投资领域（证券的国际承销和分支机构的零售营销），还包括房地产、保险等其他金融服务。(2) 较广义的投资银行，从事部分或全部资本市场业务的金融机构。业务范围包括证券承销、公司理财、企业并购、基金管理、风险投资等，但不包括向客户零售证券、消费者房地产经纪业务、抵押银行业务、保险产品经销业务等。(3) 较狭义的投资银行，只从事部分资本市场业务的金融机构。业务范围主要包括证券承销和企业并购，不包括基金管理和风险投资等内容。(4) 最狭义的投资银行，只从事证券承销和交易活动的金融机构。业务范围限于在一级市场上承销证券和在二级市场上交易证券。罗伯特·库恩根据美国投资银行业的发展情况，认为上述第二种定义为投资银行的最佳定义。下面就按第二种定义标准所涉及的业务范围介绍投资银行的主要业务。

2. 投资银行的主要业务

投资银行的主要业务包括证券承销、证券交易、证券私募、证券化、公司并购、项目融资、基金管理、风险资本投资、衍生金融工具的创造与交易、咨询服务等。这里介绍其中几种。

(1) 证券承销。证券承销是投资银行最基本的传统业务。它是指在公募条件下投资银行以承销商的身份依照协议包销或分销发行人的股票、债券等有价证券的业务活动。投资银行承销的证券范围很广，它不仅承销本国中央政府及地方政府等政府部门发行的债券、各种企业发行的债券和股票、外国政府与外国公司发行的证券，还承销国际金融机构如世界银行、亚洲开发银行等发行的证券。

(2) 证券交易。证券交易是指投资银行在证券交易市场上作为经纪商从事代理证券买卖业务，以获得佣金收入，以及作为自营商，运用自有资本自行买卖证券，从中赚取买卖差价的经营活动。在二级市场中，投资银行扮演着交易商、经纪商和做市商的三重角色。同时，为了保持和提高投资收益，投资银行还在市场上进行无风险套利和风险套利。

(3) 公司并购。公司并购是指投资银行在公司收购兼并活动中，作为中介或代理人为客户公司提供决策和财务服务，或作为产权投资商直接投资于并购公司产权，获得产权交易差价的业务活动。在现代经济中，以公司或企业为买卖对象，实现资产结构或产业结构的优化重组，已成为公司经营和发展过程中一种普遍的战略追求，在这种被称为资本经营的现代经营方式中，投资银行以其在资本市场上的特殊地位和融资优势，发挥着主导作用。

(4) 项目融资。项目融资是指投资银行在项目融资过程中所提供的各种服务性业务。项目融资是一种以项目未来的现金流量和项目本身的资产价值为偿还债务的担保条件，以银行贷款为主要资金来源，以项目发起人无追索权或只有有限追索权为特征的特殊融资方式。与传统企业筹资方式的最大不同在于，项目融资中归还贷款的资金来自项目本身的收益和资产价值，而不是项目发起人与项目无关的其他资产，项目发起人的责任仅限于其在项目中的投资额。因此，提供项目融资的债权人更多关心的是项目的收益和风险，而不是项目发起人的资信能力、信用评级、经营状况和财务状况。项目融资有多种形式，如银行贷款、产品支持、融资租赁、BOT 融资和项目债券融资等。

(5) 证券化。从形式上可分为融资证券化和资产证券化两种。融资证券化是指资金短缺者通过发行证券的方式而不是采取向金融机构借款的方式筹措资金，即西方国家出现的所谓“脱媒”(disintermediation) 倾向。融资证券化极大地削弱了商业银行作为存贷中介的作用，迫使商业银行转向证券市场发展投资银行业务。资产证券化 (asset securitization) 是指把缺乏流动性的、能够产生可预见稳定现金流的资产，通过分离其风险和收益转换成在金融市场上可以出售证券的行为。这些缺乏流动性的资产主要指消费贷款，如房屋抵押贷款、汽车贷款和信用卡应收款等。

(6) 风险资本投资。风险资本投资又称创业投资，通常是指由职业金融家投入新兴的、迅速发展的、有巨大竞争力企业中的一种权益资本。风险投资的全过程表现为：投资者对新成立的具有快速成长潜力的高科技企业提供股权投资和资产经营服务，对企业进行培育，到企业发育成长到一定成熟阶段后，再通过上市、兼并和其他股权转让方式撤出资金，以获得高额资本利得收益。投资银行的风险资本投资业务是指投资银行为风险资本投资者在募集资金、新兴公司上市、投资变现等诸方面以获取佣金的方式提供代理和财务技术服务，或自己发起并运作、管理风险投资基金，以获取风险回报的业务。一般来说，新兴公司尤其是高科技企业从事新产品、新材料的开发与研制具有很大的市场潜力，只要研制的新产品符合市场需要，往往可获得丰厚的利润。但是在新产品的研究、开发和推向市场的过程中也充满着极大的不确定性，破产、倒闭的风险很大，一般很难获得商业银行贷款。

此外，投资银行的地位接近于金融界的神经中枢，为了在代客户买卖证券的过程中获得更多的收益和避免风险的需要，投资银行总是金融界的创新者，大量衍生金融工具的创造和交易大都是由投资银行进行的。而许多投资银行拥有实力雄厚的研究部门，聚集着一批精通金融理论和金融工程理论及经济计量方法的专家，也为金融产品的创新提供了可能。

案例分析

美国独立投行模式的破灭

美国投资银行主要有两类：一是独立发展模式，如美林、高盛、雷曼兄弟等。此模式下，投资银行同商业银行保持着相当距离，前者是一个真正的市场主体，不受后者支配。二是金融控股公司关系型（或全能型）发展模式，如花旗集团环球金融、摩根大通、美国银行。此模式下，投资银行和商业银行同属于某一金融控股公司，二者是一种兄弟式的合作伙伴关系，虽然保持着一定距离，但业务上的相互支持较前者紧密了许多。

2008 年，众多大型金融机构在美国“百年一遇”的金融危机中倒下。2008 年 3 月，美国原 5 大投行中，贝尔斯登被摩根大通收购；9 月 14 日，雷曼兄弟宣布申请破产；美林证券也同意以约 440 亿美元的价格出售给美国银行；9 月 21 日，美国联邦储备委员会宣布批准美国第一大投行高盛和第二大投行摩根士丹利实施业务转型，转为银行控股公司，未来这些投资银行将在银行控股公司（或全能银行）旗下经营。至此，占美国投资银行市场份额60%的前5大独立投资银行在这次危机中被全能银行收购或转型为银行控股公司。

资料来源：吴佳丽、贾龙兴：《美国独立投行模式破灭的原因及其警示》，载《特区经济》，2009（10）。

分析题：美国前5大独立投行的破灭给我国证券业的发展带来哪些启示？

（二）金融公司

金融公司（finance company）是指通过出售商业票据、发行股票或债券，以及向商业银行借款等方式来筹集资金，并用于向购买汽车、家具等耐用消费品的消费者或小型企业发放贷款的金融机构。金融公司可分为三种类型，即销售型金融公司、消费者金融公司和商业金融公司。

（1）销售型金融公司是由一些大型零售商或制造商建立的，其目的是以提供消费信贷的方式来促进企业产品销售的公司。例如，福特汽车信贷公司是福特汽车公司为了促进汽车销售而建立的。

（2）消费者金融公司专门发放小额消费贷款，由于贷款规模小，平均的管理成本高，这些贷款的利率较商业银行贷款利率高。其主要作用在于为那些在别的渠道很难获得贷款的消费者提供资金，从而使他们免受高利贷之苦。它可以是一家独立的公司，也可以是银行的附属机构。

（3）商业金融公司主要是向企业发放以应收账款、存款和设备为担保的抵押贷款。但有一种称作保付代理行的商业金融公司却不这样，它们专门以买断企业应收账款的形式来为企业提供资金。由于是买断而不是抵押，所以当这些账款到期无法收回时，保付代理行必须自行承担损失，而无权向出售这些应收账款的企业进行追索。显然，这种业务有很高的风险，因此利润也较高。

（三）共同基金

共同基金（mutual fund）也叫投资基金，是一种以追求投资收益回报为目标，以利益共享、风险共担为原则，由发起人以发行基金单位方式将众多投资者的资金汇集起来，由基金托管人托管，基金管理人以组合投资方式将资金运用于各种金融资产投资的投资组织形式或集合投资制度。其具体组织形态有两种：公司型基金和契约型基金两种。公司型基金是基金本身为一家股份有限公司，它发行自身的股份，投资者通过购买基金股份成为基金的股东，并凭借股份取得股息和红利，基金公司的内部治理结构与一般股份公司相同。契约型基金也称信托基金，它由委托者、受托者和受益者三方订立信托投资契约而组织起来。基金本身并不是一个法人，所以它不向投资者发行股份，而只能发行受益凭证。美国的共同基金绝大多数是公司型的，所以通常又被称为投资公司。

四、契约型金融机构

契约型金融机构是以契约方式定期定量地从契约人手中收取现金，然后按契约规定向契约人履行赔付或资金返还义务的金融机构。这类机构主要有保险公司、养老基金和退休基金等。

（一）保险公司

保险公司（insurance company）是经营保险业务的经济组织。它是以吸收保险费的形式建立起保险基金，用于补偿投保人在保险责任范围内发生的经济损失的具有法人资格的企业。西方国家的保险业十分发达，各类保险公司是各国最重要的非银行类金融机构。在西方国家，几乎是无人不保险、无物不保险、无事不保险。为此，西方各国按照保险种类分别设有多种多样的保险公司，如财产保险公司、人寿保险公司、意外灾害保险公司、信贷保险公司、存款保险公司、再保险公司等。其中，人寿保险公司以同时兼有保险和储蓄双重性质的特殊优势，在保险业发展中居于领先地位。

保险公司的组织形式一般有：(1) 国有保险公司，即由国家投资经营，主要办理国家强制保险和某些特种保险业务的机构。(2) 私人保险公司，即由私人投资经营，多以股份制形式存在，它是市场经济国家最重要的保险组织形式。(3) 个人保险，是以个人名义承揽保险业务的保险组织形式。目前只有英国等少数国家允许这种形式存在。(4) 合作保险，是由需要保险的人或单位采取合作组织形式（如通过摊收保费或预收保费方式）建立保险基金，用于合作组织成员即保单持有人对保险保障的要求。(5) 公私合营保险公司，即国家和私人共同投资经营的保险公司。(6) 自保险公司，是由一些大企业或托拉斯企业成立的专为本系统内部提供保险服务的机构，其目的在于节省保费，减轻赋税负担。

保险公司的主要类型有两种：人寿保险公司及财产和意外灾害保险公司。在绝大多数国家里，人寿保险公司都是储蓄机构。人寿保险公司有两种不同的组织形式：一种是股份公司型，其股份为全体股东所有；另一种是基金型，其所有者为各投保人。在美国虽然有90%以上的人寿保险公司都是股份公司型的，但是一些最大的人寿保险公司则是基金型的。由于从总体上看，人口死亡率比较稳定，人寿保险公司能够相当准确地计算出其未来的保险金支付额，因此，人寿保险公司主要投资于收益较高的公司股票、债券、抵押贷款等长期性金融工具。财产和意外灾害保险主要是对火灾、盗窃、车祸和自然灾害等各种事件造成的财产损失进行保险。由于它们的保险赔偿额不像人寿保险公司那样可以准确地加以预期，所以，它们更多的是投资于中央政府债券和市政债券，以保持必要的资产流动性。

（二）养老基金和退休基金

养老基金（pension fund）或退休基金是以年金形式向参加基金计划的职工提供养老金或退休金的金融组织形式。按基金的设立者不同，可分为私人养老基金、公共养老基金两种形式。私人养老基金通常是由企业为其雇员设立的，养老基金预付款由雇员和雇主共同分摊，同时政府还给予某些税收上的优惠。私人养老基金可以由商业银行信托部、人寿保险公司和专门的养老基金经理来管理，往往大量投资于公司股票。公共养老基金则包括各级政府为其雇员所设立的养老基金和社会保障系统。在美国，联邦政府和地方政府也像私营企业一样为雇员设立养老基金。这些养老基金在管理上和私人养老基金并没有太大的不同，只是在资金投向上受到一定限制，不像私人养老基金那样大量投资于股票。社会保障系统（social security system）是一种依照联邦法案成立和管理的社会保障性质的基金。其资金来源主要是雇主和雇员所缴纳的社会保障税。社会保障系统的主要任务是向年老、伤残、疾病、失业人员及死亡者家属提供必要的援助。和私人养老基金不同的是，社会保障系统的资金援助是根据需要发放的，而不是根据个人所缴纳的预付款发放，因此具有再分配的性质。

按基金受益人与基金创办者（典型的是非金融公司）之间的风险分摊不同，养老基金有定额到人提款制和按组定额提款制两种。在定额到人提款制中，基金创办者承诺支付给基金成员的养老金数量等于最终薪金的预定百分比（例如，每工作一年，按最终工资的1%收取收益）。因此，基金成员在资本市场上按长期回报率将工资交换成养老金，而基金成员的雇主则承担补充基金使其保持统计平衡的义务。按组定额提款制不具有上述风险分摊特点，在按组定额提款制筹款基金计划中，每个雇员有一个账户。由雇主，通常也可以由雇员定期向账户存入资金，出资数量是固定的，例如，年薪的15%，雇主和雇员存入的资金是免税的，退休时雇员的收益取决于退休账户上的基金的积累价值。受益额随市场回报率的变动而变动，雇员必须对出资水平和投资于按组定额提款制账户的方式做出选择，并且承担所有投资风险。

五、政策性金融机构

政策性金融机构是指由政府和政府机构发起、出资创立、参股或保证的，不以利润最大化为经营目的，在特定的业务领域内从事政策性融资活动，以贯彻和配合政府的社会经济政策或意图的金融机构。政策性金融机构以其特殊的融资机制，将有限的政府和社会资金引导到重点部门、行业和企业，弥补了单一政府导向的财政资金不足和单一市场导向的商业性金融不足。

（一）政策性金融机构的法律地位和基本特征

1. 政策性金融机构的法律地位

政策性金融机构一般不直接吸收活期存款，不具备存款创造功能，其业务活动特点决定了政策性金融机构不在普通银行法约束的范围之列，一般通过专门的法律来规范其业务行为，确定其任务、宗旨、名称、资金来源、业务活动及与各方面的关系等，为政策性金融机构开展活动提供法律保障。由于政策性金融机构业务种类繁杂、机构特点各异，不宜笼统地由一部法律来约束和规范。如日本等国对每个政策性金融机构都制定有专门的法律进行约束和规范；也有的国家对同一类机构（如开发银行）制定专门的法律（开发银行法）进行规范和约束。对政策性金融机构的监管，也应由中央银行和政府有关部门（如财政部组织的专门委员会）进行联合监管。

2. 政策性金融机构的基本特征

（1）组织方式上的政府控制性。从组织形态上看，世界各国的政策性金融机构基本上均处于政府的控制之下。因为：第一，多数政策性金融机构都是由政府直接出资创立的，完全归政府所有；第二，虽然一些政策性金融机构并不完全由政府设立，但也往往由政府参股或保证，并在实质上为政府所控制。

（2）行为目标的非营利性。政策性金融机构是贯彻政府政策的工具，一般被要求从事若干具有较高金融和商业风险的融资活动，如承担资产结构不符合正常商业性标准和现金流转不符合商业银行正常支付条件的项目等。这决定了政策性金融机构不以盈利作为其最终行为的目标。但实际上，许多政策性金融机构在经营过程中并非不讲求效益，也并非没有盈利，只是在满足政府政策要求和获取自身盈利的选择上，首先应选择前者。

（3）融资准则的非商业性。这是由政策性金融机构的行为目标决定的。具体表现在：

第一，它主要或全部提供廉价资金，有些资金的贷款利率甚至低于筹资成本，若融资项目不能按期偿付本息，由此发生的亏损则由政府补贴，以避免受利润诱惑和干扰。第二，不介入商业性金融机构能够从事的项目，主要承担商业性金融机构不愿涉足的项目的资金融通。第三，对其他金融机构所从事的符合政策目标的金融活动给予偿付保证、利息补贴或再融资。由于政策性金融机构的资金来源除国家拨款外，主要通过发行债券、借款和吸收长期存款获得，具有高成本负债的性质，因此，其融资也明显不同于财政，基本运作方式是信贷，通常情况下要保证资金的安全运营和金融机构的自我发展能力。

（4）业务领域的专业性。政策性金融机构在政府政策导向的支配下不与商业银行进行市场竞争，它的服务领域或服务对象一般都不适合商业性金融机构，而适合那些受国家经济和社会发展优先保护，需要以巨额、长期和低息贷款支持的项目或企业。

（5）信用创造的差异性。政策性金融机构一般不办理活期存款业务，其负债是银行体系已经创造出来的货币，故不实行存款准备金制度，其资产一般为专款专用，因此通常不具有派生存款和增加货币供给的功能。

（二）政策性金融机构的主要类型

在各国的金融制度中，政策性金融机构可以按不同的标准进行划分。如按经济活动范围不同可划分为国际政策性金融机构（如国际复兴开发银行、国际开发协会、亚洲开发银行等）和国内政策性金融机构。国内政策性金融机构又可分为全国性政策性金融机构和地方性政策性金融机构。按业务领域划分，有农业、中小企业、进出口、住宅业、基础产业、经济开发领域的政策性银行等。一般而言，政策性金融机构主要有开发银行、农业政策性银行、进出口政策性银行。

1. 开发银行

开发银行是指那些专门为经济开发提供长期投资或贷款的金融机构。如日本的开发银行、德国的复兴信贷银行、美国的复兴金融公司、印度的工业开发银行、国际复兴开发银行、亚洲开发银行等。

开发银行资金来源的渠道有：（1）政府资金。包括政府提供全部资本金和部分营运资金。（2）发行债券。开发银行发行的债券一般由政府担保，被视为“政府债券”，风险很小，有很大的吸引力，成为开发银行的主要筹资手段和资金来源。（3）吸收存款。主要靠吸收定期存款和储蓄存款，发放大额可转让定期存单。但广泛吸收存款的开发银行并不多。（4）借入资金。开发银行可以从政府得到官方资助，还可以从中央银行、其他金融机构、契约储蓄机构借入资金。借用政府资金的条件极为优惠，成本低、数额大，是开发银行降低经营成本、保持充足资金量、承担发放优惠贷款和投资造成利差“损失”的重要保证。（5）借入外资。开发银行通过借入一定比例的外资，引进技术设备，建设重要项目，发放贷款和投资，支持经济发展。

开发银行的资金运用主要有：（1）贷款。开发银行的主要业务是对开发项目提供贷款，其特点是中长期性和资本性。其条件是符合政府政策，尤其是产业政策意图。开发银行贷款除直接发放外，还采取联合贷款的方式，满足大型建设项目的资金需求。（2）投资。这里的投资是指开发银行的直接投资，即参与某一项目的筹建并持有一定量的股权资本。开发银行的投资活动要遵循投资面宽、风险较小、投资比例适当、持有股份比例适当的原则。（3）债务担保。开发银行从事担保的目的在于使项目（企业）能够得到更广泛的融资渠道，从而获得更多的开发资金。

2. 农业政策性银行

农业政策性银行是为贯彻、配合政府农业政策，为农业提供低利率、中长期优惠贷款，以促进和保护农业生产与经营的政策性金融机构。如美国农民审计局、英国农业信贷公司、法国农业信贷银行、日本农林渔业金融公库、印度国家农业及农村开发银行、亚洲太平洋地区农业信贷协会等。

农业政策性银行的资金来源多样化，主要包括借入政府资金、发行债券、借入其他金融机构资金、吸收存款和国外借款等。其资金运用主要有：（1）贷款。贷款是农业政策性银行的主要资金运用形式。其贷款方向几乎涵盖农业生产方面的一切资金需要，从土地购买到农业机械设备、化肥、种子、农药的购买及建造建筑物。有些国家对农业政策性银行的某些贷款还给予利息补贴、税收优惠等。（2）担保。主要是农业政策性银行以自身的实力弥补农业生产经营者担保力不足的弱点，目的在于扩大农业融资规模。（3）发放补贴。通过向农业生产销售和农产品出口等项目提供政策性补贴，以降低农业生产者的经营成本，提高农业产业竞争力。

3. 进出口政策性银行

进出口政策性银行是一国为促进出口贸易，促进国际收支平衡以带动经济增长的重要金融机构。如美国的进出口银行、加拿大的进出口发展公司、英国出口信贷担保局、新加坡出口信贷保险公司等。进出口政策性银行一般承担商业性金融机构和普通出口商不愿或无力承担的高风险贷款，弥补商业性金融机构提供进出口信贷上的不足，改善本国出口融资条件，增强本国商品的出口竞争力。

进出口政策性银行的资金来源有政府拨入资金、借入资金、发行债券和其他渠道等。其资金运用主要是通过提供优惠出口信贷来增强本国企业的出口竞争力，并且为私人金融机构提供出口信贷保险，承保的范围主要是政治风险。同时，进出口政策性银行往往也是执行本国政府对外援助的一个金融机构。

第三节　中国金融机构体系

中国金融机构体系包括了中国大陆现行的金融机构体系、香港地区的金融机构体系、澳门地区的金融机构体系和台湾地区的金融机构体系。

一、中国大陆现行的金融机构体系

经过三十多年的改革开放，中国的金融机构体系基本形成了以中央银行为核心，以商业银行和政策性银行为主体，多种金融机构并存，分业经营、相互协作的格局。

（一）中国人民银行

中国人民银行作为中央银行，是在国务院领导下制定和实施货币政策，对金融业实施监督管理的国家机关。它随着改革开放的进程而不断改革、发展，形成现在的格局。

中国人民银行总行设在北京，并在全国设有众多的分支机构。1997 年以前按照中央、省（市）、地（市）、县（市）四级分别设置总分支行，省市及以下分支行的管理实行条块结合，地方政府干预较多。1997 年下半年，中央银行体制进行重大改革，撤销省级分行、设置大区分行，实行总行、大区分行、中心支行和县市支行四级管理体制。中国人民银行现有总行1个，大区分行9个，2个营业管理部（北京、重庆），326个中心支行，1 827个县（市）支行。

中国人民银行分支机构的主要职责是按照总行的授权，负责本辖区的金融监管，不负责为地方经济发展筹集资金。在总行和分支机构之间，银行业务和人事干部实行垂直领导、统一管理，地方政府需保证和监督央行贯彻执行国家的方针政策，但不能干预。

（二）商业银行

1. 国有控股商业银行

在我国金融体系中处于主体地位的国有控股商业银行包括：中国工商银行、中国农业银行、中国银行和中国建设银行。它们的前身是政策性银行组建前的国家四大专业银行。国有控股商业银行的主体地位是在其作为专业银行时期就奠定了。按照我国《商业银行法》的规定，国有控股商业银行的业务经营范围包括：（1）吸收公众存款；（2）发放短期、中期、长期贷款；（3）办理国内外结算和票据贴现；（4）发行金融债券及买卖政府债券；（5）代理发行、代理兑付、承销政府债券；（6）买卖、代理买卖外汇；（7）提供信用证服务及担保；（8）代理收付款项及代理保险业务；（9）提供保管箱服务；（10）经中国人民银行批准的其他业务。

2. 其他商业银行

1986年，国家决定重新组建股份制商业银行——交通银行的前后，陆续建立了一批商业银行：中信实业银行、中国光大银行、华夏银行、中国投资银行、中国民生银行、广东发展银行、深圳发展银行（2012年8月1日更名为平安银行）、招商银行、福建兴业银行、上海浦东发展银行、海南发展银行（已于1998年关闭）、烟台住房储蓄银行、蚌埠住房储蓄银行。

这些商业银行在筹建之初，绝大多数是由中央政府、地方政府、国有企业集团公司、集团或合作组织等出资创建，已经先后实行了股份制改造。交通银行筹建开始时，就明确规定为股份制银行：原定国家股份占50%；公开招股占50%，由地方政府、企业单位和个人认购，个人股在资本总额中不超过10%，但个人股一直未募集。

深圳发展银行是我国银行业中第一家股票上市公司。在该行的股权结构中，国有股比例不到50%，私人股份占较大的比重。继深圳发展银行之后，上海浦东发展银行、中国民生银行和招商银行等也先后上市。中国民生银行是我国第一家民营银行，其股份构成主要来自民营企业、集体企业和乡镇企业，服务对象也以民营企业为主。与国有独资商业银行相比，这些新兴的商业银行的显著特点在于产权清晰，尽管有些银行的股东中有政府（其投资以财政资金为代表），但政府只是股东之一，这使得银行在经营中必须首先考虑自身的利益和经营风险。它们得不到政府补贴，但同时也不承担国家的政策性业务。这些银行大都建立了一套具有高水平的商业经营制度和较为严密的内部管理制度。尽管它们在资产规模、机构数量和人员总数方面还不能同国有独资商业银行相比，但其资本、资产及利润的增长速度已高于国有独资商业银行，呈现出较强的经营活动能力和良好的经营效率，已成为中国银行体系和国民经济发展的一支生力军。

加入WTO后，随着我国金融业对外开放的扩大，我国已开启了允许外国资本参股国内银行的大门，如光大银行资产中有3%是亚洲开发银行入股的，上海银行的股本中也有国际金融公司投入的股份。

1998年，从北京开始，陆续出现了以城市命名的商业银行。它们是由各城市原来的城市合作银行更名而成，而原城市合作银行则是在原城市信用合作社的基础上，由城市企业、居民和地方财政投资入股组成的地方股份制商业银行。这些城市商业银行的主要功能是为本地区经济发展融通资金，重点是为城市中小企业提供金融服务。

案例分析

全国已组建村镇银行726家

2011年7月25日，银监会发文称将调整组建村镇银行的核准方式，由现行银监会负责指标管理、银监局确定主发起行和地点并具体实施准入的方式，调整为由银监会确定主发起行及设立数量和地点，由银监局具体实施准入的方式。

针对民间资本投资村镇银行的问题，银监会相关部门负责人表示，银监会将继续积极支持和鼓励主发起行与民间资本开展合作，共同发起设立村镇银行。此次政策调整完善的内容是村镇银行主发起行资质审查和挂钩政策，加强优质主发起行的遴选，更加有利于投资村镇银行的民间资本实现保值增值，将会进一步增强村镇银行对民间资本投资的吸引力。

银监会2012年2月20日公布的统计数据显示，2011年年末，全国已组建新型农村金融机构786家，其中村镇银行726家，贷款公司10家，农村资金互助社50家。

在已组建机构中，有473家设在中西部省份，占比60%。已开业机构各项贷款余额1 316亿元，80%以上用于“三农”和小企业，其中农户贷款余额435.5亿元，小企业贷款余额631.5亿元，中西部贷款农户数占到全部贷款农户数的70%以上。

资料来源：http://www.ce.cn/macro/more/201202/21/t20120221_23091600.shtml。

分析题：1. 目前我国农村金融服务存在哪些问题?
2. 村镇银行的建立对农村金融服务有哪些影响?

（三）政策性银行

1994年以前，我国没有专门的政策性金融机构，国家的政策性金融业务分别由四家国有专业银行承担。1994年，为了适应经济发展的需要，根据政策性金融与商业性金融相分离的原则，相继建立了国家开发银行、中国进出口银行和中国农业发展银行三家政策性银行。

1. 国家开发银行

国家开发银行于1994年3月成立，直属国务院领导，目前，在全国设有32家分行和4家代表处。国家开发银行的主要任务是：按照国家法律、法规和方针、政策，筹集和引导境内外资金，向国家基础设施、基础产业和支柱产业的大中型基本建设和技术改造等政策性项目及其配套工程发放贷款，从资金来源上对固定资产投资总量进行控制和调节，优化投资结构，提高投资效率。国家开发银行的业务范围主要包括：（1）管理和运用国家核拨的预算内经营性建设基金和贴息资金；（2）向国内金融机构发行金融债券，向社会发行财政担保建设债券；（3）办理有关外国政府和国际金融机构贷款的转贷，经国家批准在国外发行债券，根据国家利用外资计划筹措国际商业贷款等；(4) 向国家基础设施、基础产业和支柱产业的大中型基建和技改等政策性项目及其配套工程发放政策性贷款；(5) 办理建设项目贷款条件评审、咨询和担保等业务，为重点建设项目物色国内外合资伙伴，提供投资机会和投资信息。

2. 中国进出口银行

中国进出口银行成立于1994年，是直属国务院领导的、政府全资拥有的国家政策性银行，其国际信用评级与国家主权评级一致。中国进出口银行总部设在北京。目前，在国内设有10余家营业性分支机构和代表处；在境外设有东南非代表处、巴黎代表处和圣彼得堡代表处；与500多家银行建立了代理行关系。

中国进出口银行是我国外经贸支持体系的重要力量和金融体系的重要组成部分，是我国机电产品、成套设备和高新技术产品进出口和对外承包工程及各类境外投资的政策性融资主渠道，是外国政府贷款的主要转贷行和中国政府对外优惠贷款的承贷行，对促进我国开放型经济的发展发挥着越来越重要的作用。

中国进出口银行的主要任务是：执行国家产业政策和外贸政策，为扩大机电产品和成套设备等资本性货物的出口提供政策性金融支持。中国进出口银行经办的主要业务包括：(1) 办理与机电产品和成套设备有关的出口信贷业务（卖方信贷和买方信贷）；(2) 办理与机电产品和成套设备有关的政府贷款、混合贷款、出口信贷的转贷、国际银行间及银团贷款业务；(3) 办理短期、中长期出口信用保险，进出口保险，出口信贷担保，国际保理等业务；(4) 经国家批准，在境外发行金融债券；(5) 办理与本行承担的各类贷款、担保、对外经济技术合作等项目的评审，为境内外客户提供有关本行筹资、信贷、担保、保险、保理等业务的咨询服务。

3. 中国农业发展银行

中国农业发展银行成立于1994年4月，总行设在北京，国内设有2 276家分支机构。中国农业发展银行注册资本为200亿元人民币，由国家财政全额拨付。

中国农业发展银行实行独立核算，自主、保本经营，企业化管理的经营方针。中国农业发展银行的主要任务是：按照国家的法律、法规和方针、政策，以国家信用为基础，筹集农业政策性信贷资金，承担国家规定的农业政策性金融业务，代理财政支农资金的拨付，为农业和农村经济发展服务。中国农业发展银行的资金主要来源于中央银行的再贷款。中国农业发展银行的业务范围主要包括：(1) 办理粮、棉、油等主要农副产品的国家专项储备贷款；(2) 办理粮、棉、油等主要农副产品的收购、调拨、加工贷款；(3) 办理国务院确定的扶贫和农业综合开发贷款；(4) 办理国家确定的小型农、林、牧、水利基本建设和技术改造贷款；(5) 办理业务范围内开户企事业单位的存款和结算；(6) 发行金融债券；(7) 办理境外筹资。

以上三家政策性银行在从事业务活动中，均遵循不与商业性金融机构竞争、自主经营与保本微利的基本原则。对于贷款拨付等业务的具体经办，国家开发银行、中国进出口银行主要委托国有商业银行为其代理。

（四）其他非银行金融机构

我国其他非银行金融机构主要包括保险公司、证券公司、信托投资公司、财务公司、融资租赁公司、农村信用合作社、邮政储蓄机构及信达、东方、长城、华融四家国有金融资产管理公司等。

1. 保险公司

保险公司是以经营保险业务为主的经济组织。除了对于某个单位有分散风险、消减损失的职能外，保险公司在宏观上还有四大功能：（1）承担国家财政后备范围以外的损失补偿；（2）聚集资金，支持国民经济发展；（3）增强对人民生命财产的安全保障；（4）为社会再生产各个环节提供经济保障，防止因某个环节的突然断裂而破坏整个社会经济的平稳运行。

1949年10月20日，中国人民保险公司作为保险业的管理机构宣告成立。1958年以后，保险业陷入停顿状态。直到1980年，中国人民保险公司才恢复办理国内外保险业务，大力开展海外保险业务，自此中国的保险业才得以真正复苏，并进入快速发展阶段。目前，我国初步形成了以中资保险公司为主、中外保险公司并存、多家保险公司竞争的局面。

2. 证券公司

证券机构是指从事证券业务的机构，包括证券公司、证券交易所、证券登记结算公司、证券投资咨询公司、基金管理公司、证券评估公司等。证券投资咨询公司又称证券商，是经中国人民银行批准的非银行金融机构。主要业务包括：推销政府债券、企业债券和股票；代理买卖和自营买卖已上市的各类有价证券；代理证券还本付息和红利的支付；证券的代保管；接受委托，代发行证券本息和红利；接受委托办理证券的登记过户；办理证券抵押贷款；接受证券投资咨询；参与企业收购、兼并，充当企业财务顾问。截至2010年8月底，我国证券公司总数为106家，其中，像申银万国、国泰、华夏、海通、南方等证券公司，无论是在分支机构设置还是在业务所占比重等方面，均处于大证券公司前列。

证券交易所是不以盈利为目的的证券交易机构，我国目前经国务院批准设立的交易所有两家：上海证券交易所和深圳证券交易所。其职能是：提供证券交易场所和设施；制定证券交易所的业务规则；接受上市申请，安排证券上市；组织、监督证券交易；对会员和上市公司进行监管；设立证券登记结算公司；管理和公布市场信息及国务院证券委员会许可的其他职能。

3. 信托投资公司

信托投资公司是一种以受托人的身份代人理财的金融机构。大多数信托投资公司以经营资金和财产委托，代理资产保管、金融租赁、经济咨询、证券发行和投资为主要业务。金融信托机构可以吸收一年期以上的信托存款。1979年在改革开放之初，我国创办了第一家信托投资公司——中国国际信托投资公司，此后又陆续建立了一批全国性的信托投资公司，如中国光大国际信托投资公司、中国民族国际信托投资公司、中国信息信托投资公司等。

4. 财务公司

我国的财务公司是由企业集团内部各成员单位入股，向社会募集中长期资金，为企业技术进步服务的金融股份有限公司。它们通过存款、贷款、结算、票据贴现、融资租赁、投资、委托及代理发行有价证券等业务活动，支持与促进了企业集团特别是大型企业集团的改革和发展。

5. 金融租赁公司

租赁公司分为经营性租赁公司和融资性租赁公司。融资性租赁公司即金融租赁公司。金融租赁公司是所有权与使用权相分离的一种新的经济组织，具有融资、透支、促销和管理的功能。中国首家金融租赁公司——中国租赁有限公司于1981年成立。目前，金融租赁公司的主要业务包括：（1）用于生产、科、教、文、卫、旅游、交通运输设备等动产、不动产的租赁、转租赁、回租租赁业务；（2）前述租赁业务所涉及的标的物的购买业务；（3）出租物和抵偿租金产业的处理业务；（4）向金融机构借款及其他业务；（5）吸收特定项目下的信托存款；（6）租赁项目下的流动资金贷款业务；（7）外汇及其他业务。

6. 农村信用合作社

农村信用合作社是由农民和集体经济组织者自愿入股组成、由入股人民主管理、主要为入股人服务的、具有法人资格的金融机构。最高权力机构是社员代表大会，负责具体事务的管理和业务经营的执行机构是理事会。农村信用合作社的主要业务是办理个人储蓄；办理农户、个体户、农村合作经济组织的存、贷款；代理银行委托业务及办理批准的其他业务。主要资金来源是合作社成员缴纳的股金、留存的公积金和吸收的存款，贷款主要用于解决其成员的资金需求。

7. 邮政储蓄机构

早期的中国邮政储金汇业局是经国务院和中国人民银行批准的邮政储蓄机构，但由于历史原因于1950年予以撤销。1986年，经国务院批准，邮政部门恢复办理储蓄业务，并相应组建了邮政储蓄机构。

2006年12月31日，经国务院同意，中国银监会正式批准中国邮政储蓄银行（Postal Savings Bank of China）成立。2007年3月6日，经中国政府批准，中国邮政储蓄银行有限责任公司依法成立。2007年3月20日，中国邮政储蓄银行成立仪式在北京举行。邮政储蓄银行由中国邮政集团公司组建，邮政网络是邮政储蓄银行生存和发展的依托。邮政企业和邮政储蓄银行将实现网络资源共享、产品交叉销售和业务共同发展。

邮政储蓄注重开发多样化的金融产品，目前形成了以本外币储蓄存款为主体的负债业务；以国内、国际汇兑、转账业务、银行卡、代理保险及证券、代收代付等多种形式的中间业务；以及银行间债券市场业务、大额协议存款、银团贷款和以小额信贷为主渠道的资产业务。

8. 金融资产管理公司

我国的金融资产管理公司是专门收购、管理和处置国有商业银行不良资产的非银行金融机构。1999年，我国先后成立了四家金融资产管理公司（华融、长城、东方、信达），注册资本均为100亿元人民币，分别收购、管理和处置从中国工商银行、中国农业银行、中国银行和中国建设银行四大国有商业银行剥离出来的不良资产。其资金来源有两个：一是划转中国人民银行发放给商业银行的部分再贷款；二是向相应的银行发行金融债券。成立金融资产管理公司的目的有：改善四大国有商业银行的资产负债状况，深化改革，使其变成真正意义上的现代商业银行；实现不良资产价值回收的最大化；通过债转股等方式帮助国有大中型亏损企业摆脱困境。金融资产管理公司的经营范围包括：追偿债务；对所收购的不良贷款形成的资产进行租赁或者以其他形式转让、重组；债权转股权，并对企业实行阶段性持股；资产管理范围内的公司上市推荐及债券、股票的承销；财务及法律咨询，资产及项目评估。

（五）外资金融机构

改革开放以来，越来越多的外资银行开始进入中国市场，对我国金融体系的完善和金融市场的发展发挥了重要作用。在经济转轨过程中，外资金融机构在公司治理、风险控制、风险管理、信贷文化、决策程序、激励机制以及资产管理方面均具有一定的优势，外资银行发展空间巨大，特别是在促进金融市场发展和产品发展方面潜力很大。

我国从1979年开始批准外国银行——日本东京银行在北京设立代表处，截至2005年9月末，共有20个国家和地区的69家外资银行在中国设立了232家营业性机构。在华外资银行资产总额达6 600余亿元人民币，约占中国银行业金融机构资产总额的2%，外汇贷款占中国银行业金融机构外汇贷款总额的20%左右。它们遍布于上海、北京、广州、深圳、厦门等沿海城市和内陆主要中心城市，已渗透到金融业的各个行业。外资金融机构已成为中国金融体系的重要组成部分。

外资金融机构的形式包括：（1）总行在中国境内的外国资本的银行；（2）外国银行在中国境内的分行；（3）外国的金融机构同中国的金融机构在中国境内合资经营的银行；（4）总公司在中国境内的外国资本的财务公司；（5）外国的金融机构同中国的金融机构在中国境内合资经营的财务公司。

二、香港地区的金融机构体系

香港是以国际金融资本为主体，以银行业为中心，外汇、黄金、证券、期货、共同基金和保险金融市场高度发达的多元化的国际金融中心。银行业是香港金融业的主体。

（一）金融机构体系

1. 银行业

香港的银行业实行三级制，分别是持牌银行、有限制牌照银行及接受存款公司。根据《银行业条例》，这三类机构统称为认可机构。香港金融管理局是这三类认可机构的发牌机关。只有持牌银行才可从事全面的银行业务，特别是往来与储蓄账户业务，以及接受不限数额及存款期的存款。有限制牌照银行可接受50万元或以上的存款，存款期不限。接受存款公司大部分由持牌银行拥有或与持牌银行有联系。接受存款公司只可接受10万元或以上的存款，最初的存款期至少为三个月。此外，境外银行在香港设立代表处，这些代表处不得从事任何银行业务，主要职能只限于银行与香港客户之间的联系工作。

2. 证券业

香港的证券市场和期货市场分别由联合交易所和期货交易所经营，联合交易所和期货交易所都是香港交易所的全资附属公司。香港中央结算有限公司是香港交易所的全资附属公司，负责管理为联交所的证券交易而设的证券中央结算及交收系统。这个系统利用自动账面记录系统处理证券交收工作。除了经纪和托管商外，个人投资者也可使用中央结算及交收系统。

3. 保险业

香港是全球最开放的保险中心之一。截至2002年底，香港共有188名获授权保险人，其中94名在香港注册成立，其余94名在海外22个不同国家或在中国内地注册成立，其中以在美国注册成立的为数最多，其次是英国。截至2002年底，香港共有32 099名保险中介人，包括31 635名保险代理人及464名保险经纪人。

（二）金融监管体系

1. 香港金融管理局

香港金融管理局成立于1993年4月1日，由外汇基金管理局与银行业监理处合并而成，是负责香港的金融政策及银行、货币管理的法定机构，担当类似中央银行的角色。香港金融管理局负责维持港元联系汇率及确保整个银行体系的稳定，亦管理数以千亿计的香港外汇基金。香港金融管理局的关联机构包括香港按揭证券有限公司、香港印钞有限公司、香港金融研究中心、香港银行同业结算有限公司及外汇基金投资有限公司。而香港的货币发行则由指定的发钞银行负责，包括汇丰银行、渣打银行和中国银行。

2. 证券及期货事务监察委员会

证券及期货事务监察委员会（以下简称“香港证监会”）成立于1989年5月，是不隶属于政府架构兼享有自主权的法定组织，负责监管香港的证券及期货市场。香港证监会的管治团体有13名董事（其中6名为执行董事），全部由行政长官委任。香港政府并不参与证券及期货市场的日常监管。香港证监会的经费由市场承担。香港证监会向所属的咨询委员会征询对有关政策的意见。咨询委员会共有3名香港证监会执行董事及11名由行政长官委任的独立成员，独立成员代表不同的市场使用者，具有广泛代表性。2000年11月，香港证监会程序复检委员会成立，负责持续检查香港证监会在内部运作程序上是否公平及贯彻一致。复检委员会的成员由行政长官委任。

3. 保险业监督

保险业监理专员获行政长官委任为保险业监督。根据《保险公司条例》，保险业监督的主要职能是监管保险业，以促进保险业的整体稳定，并保护现有及潜在的保单持有人。根据《保险公司条例》，保险业监督可对保险人采取适当行动，以保障保单持有人的权益。这些行动包括限制保费收入、由保险业监督代为保管资产、由保险业监督委任的经理人接管保险人，或申请把保险人清盘。

另外，作为国际保险监督联会的会员，香港致力于遵行联会制定的监管原则及标准，以使香港的监管水平与国际看齐。为此已成立由业界代表组成的保险业咨询委员会。

三、澳门地区的金融机构体系

澳门地区的金融机构体系主要由银行和保险机构构成。澳门的首家银行成立于1902年，即葡资的大西洋银行。1970年8月，澳门颁布第一部银行法，标志着澳门银行制度正式建立，首次形成了由注册银行、注册银号和找换店构成的澳门银行业“三级制”银行体系，其注册资本要求分别为澳门币500万、200万和2万。1982年8月又出台了新的银行法，将银行的注册资本要求提高至3 000万澳门币，并赋予了银行更大的活动空间，使银行信用系统有了很大的发展和改善，银行资本实力迅速增强，形成了一个初步国际化的银行业体系。

1993年7月，澳门政府颁布了《澳门金融体系法律制度》，1994年澳门政府又陆续颁布了《保险法》、《金融投资机构监管法》等法律，进一步完善了澳门金融业监管制度，这有助于澳门保持金融活动自由、开放的特征和银行业的稳健经营。同时澳门银行业进一步向电子银行和家庭银行服务迈进，在业内竞争激烈、市场增长缓慢的新形势下，重新调整发展战略，优化组合，加强管理，银行业呈现出多元化、国际化、现代化的发展趋势。

澳门不实行外汇管制，资金进出自由，银行既可经营本币业务，又可经营外币业务，还可经营离岸业务。澳门的银行资本国际化程度较高，有14家银行的总行设在澳门以外，包括汇丰、中银等世界知名银行。澳门不设立中央银行，一直由澳门货币暨汇兑监理署代行中央银行职能，由大西洋银行行使澳门发钞代理职能及代行政府库房职能。1987年中资澳门南通银行更名为“中国银行澳门分行”，成为中国银行第9家海外分行。从1995年10月16日起，中国银行澳门分行加入发钞行列，与澳门大西洋银行各自发钞的额度均为50%，结束了自1906年以来澳门大西洋银行专业发钞的局面。

四、台湾地区的金融机构体系

经过几十年的改革与发展，台湾地区的金融体系与金融业结构已发生很大变化。目前台湾地区的金融体系包括银行、基层合作金融机构、保险公司、票券、证券金融公司、信托投资公司、投资信托公司及海外银行在台设立的分支机构几大类。

银行业是台湾金融体系的主体。到2003年6月，台湾有一般银行52家，外资银行在台分行36家。另外，还有中华邮政公司储汇处、“中央存款保险公司”、台湾证券交易所等金融机构。台湾还有庞大的基层金融体系。到2003年上半年，台湾有城市信用合作社37个，农会信用部253个，渔会信用部25个。

台湾证券业范围广泛，包括一般证券公司、票券金融公司、证券金融公司与信托投资公司等。台湾证券公司可分为证券经纪商、证券自营商、证券承销商、证券投资顾问与证券投资信托等不同类型。20世纪80年代中期以后，由于证券金融政策的开放，证券业获得快速发展，到1990年，证券公司增加到381家。然而，由于市场规模有限，竞争激烈，证券公司出现兼并或合并趋势，数量趋于减少，规模增大，目前有190家左右。

台湾票券金融公司是20世纪90年代后新兴的一种金融企业，主要从事各种证券的承销与交易，目前共有14家公司。到2001年，14家票券金融公司的资产总额达2 179亿元新台币，资产净值达1 271亿元新台币，票券承销额达7.8万亿元新台币，交易总额达6.2万亿元新台币。

台湾证券金融公司数量不多，目前只有4家，分别为复华证券金融公司、环华证券金融公司、富邦证券金融公司与安泰证券金融公司，主要从事融资融券业务。到2001年，4家证券金融公司资产总额为1 382亿元新台币，资产净值为428亿元新台币，融资余额为661亿元新台币，融券为2.5亿股。

台湾信托投资公司经过多年整合，目前只有3家，分别为中联信托投资公司、台湾土地开发信托投资公司与亚洲信托投资公司。到2001年，3家信托投资公司资产总额为2 218亿元新台币，资产净值为168亿元新台币，信托资金为1 577亿元新台币。

保险业是台湾另一大金融业。目前，台湾有人寿保险公司29家，资金运用总额为2.7万亿元新台币，知名寿险公司包括国泰人寿、南山人寿、新光人寿、安泰人寿等。台湾有产物保险公司24家，知名产物保险公司包括富邦产物、明台产物、新光产物、东泰产物等。

台湾投资信托业也是一项较新的金融业务，主要经营各种投资基金，业务发展较快。到2001年，台湾有41家投资信托公司，投资信托管理资产规模达1.8万亿元新台币。其中，投资台湾股票的开放式股票基金为2 262亿元新台币，投资海外股票的开放式股票基金为578亿元新台币，两者合计占总基金规模的16%；债券型基金规模达1.4万亿元新台币，占78%；债券股票平衡型基金占2.7%；国际型股票基金占3.3%。

台湾金融、证券业发展的一个主要特征是，除了公营与外资金融机构外，民营银行、保险、证券、投资信托等金融企业均属不同的企业集团所有或多个集团共同所有，从而形成一个庞大的利益群体与经济力量。

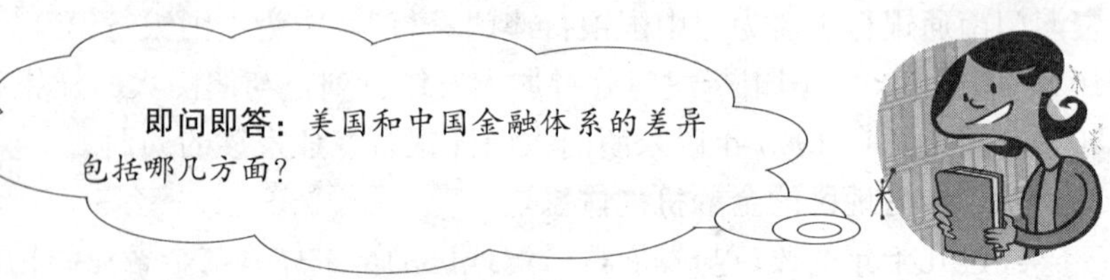

第四节　国际金融机构

国际金融机构泛指从事国际金融业务、协调国际金融关系、维护国际货币及信用体系正常运行的超国家金融机构。第二次世界大战后发展起来的国际金融机构大致可分为全球性国际金融机构和区域性国际金融机构两大类。

一、全球性国际金融机构

（一）国际货币基金组织

国际货币基金组织（IMF）是根据1944年联合国国际货币金融会议通过的《国际货币基金协定》于1945年12月成立的，1947年3月开始工作，同年11月15日成为联合国的一个专门机构。总部设在华盛顿，在巴黎和日内瓦设有代表处。

国际货币基金组织的宗旨是：（1）建立一个永久性的国际机构，促进国际货币合作；（2）促进国际贸易的扩大和平衡发展，并借此提高就业和实际收入水平，扩大成员国资源开发能力；（3）保持汇率稳定，在成员国之间维持有秩序的汇率安排，避免竞争性的货币贬值；（4）协助成员国建立针对经常项目的多边支付制度，消除妨碍国际贸易发展的外汇管制；（5）在有适当保证的条件下向成员国提供临时性资金，使之在无须采取有损于本国或世界经济繁荣的调节措施的情况下，纠正国际收支的不平衡；（6）缩短成员国国际收支失衡的时间并减轻其不平衡的程度。

国际货币基金组织是以成员国入股的方式组成的企业经营性质的金融机构。其最高权力机构是理事会，由所有成员国各派一名理事组成。理事通常由各成员国财政部长或中央银行行长担任。理事会主要决定重大问题，如接纳新成员国、决定基金份额、分配特别提款权、改革国际货币制度等。理事会下设执行董事会负责处理基金组织日常业务。国际货币基金组织的重大决策由成员国投票表决。根据平等原则，每个成员国有250票的基本投票权，此外，每认缴10万美元份额（1970年后以特别提款权为计算单位）便增加1票。在表决时，对一般重大问题采用简单多数通过原则，对特殊重大问题采用85%多数通过原则。这种权利分配方式与股份公司十分相似。

国际货币基金组织主要的日常业务活动是向出现国际收支逆差的成员国提供贷款。国际货币基金组织贷款的资金主要来自份额、借款和信托基金等方面。份额是成员国向基金组织认缴的资金，其数量由理事会决定；借款也是基金组织的重要资金来源，国际货币基金组织曾多次向官方机构和商业银行借款；信托基金是一项临时性的资金来源，设立于1976年，是由出售黄金所得利润转化形成的。此外，捐款和经营收入也构成国际货币基金组织的资金来源。

国际货币基金组织最初只发放普通贷款。此后，又增加了补偿与应急贷款、缓冲库存贷款和一些临时贷款。国际货币基金组织的贷款对象为成员国政府，采用提款的特殊形式，用途仅限于解决成员国中短期国际收支逆差或用于经常项目的国际支付。贷款额度与成员国认缴的份额挂钩。除了提供贷款之外，国际货币基金组织的主要活动还包括：通过发行特别提款权来调节国际储备资产的供应和分配；通过汇率监督促进汇率稳定；协调各国的国际收支调节活动；限制外汇管制，以促进自由多边贸易结算；促进国际货币制度改革；收集和交换货币金融情报。

中国是国际货币基金组织的创始国之一。新中国成立后，由于美国等少数国家的阻挠，直到1980年4月，国际货币基金组织才通过恢复我国合法席位的决定。我国从此参加了国际货币基金组织的工作。

（二）世界银行集团

世界银行及其附属机构，即国际开发协会和国际金融公司，称为世界银行集团，也是重要的全球性国际金融机构。

1. 世界银行

世界银行即国际复兴开发银行（IBRD），成立于1945年12月27日，1946年6月开始营业。凡参加世界银行的国家必须首先是国际货币基金组织的成员国。世界银行的宗旨是：（1）对用于生产目的的投资提供便利，以协助成员国的复兴与开发，并鼓励不发达国家生产与资源的开发；（2）通过担保或参与私人贷款和私人投资的方式，促进私人对外投资；（3）用鼓励国际投资和开发成员国生产资源的方法，促进国际贸易长期均衡发展，并维持国际收支平衡；（4）在提供贷款保证时，应与其他方面的国际贷款相配合。

世界银行也是按股份公司原则建立起来的企业性金融机构。其最高权力机构是理事会，负责处理日常业务的机构是执行董事会，执行董事会选举一人为行长。世界银行的资金来源主要有：成员国缴纳的股金；向国际金融市场借款，特别是发行中长期债券；债权转让；业务净收益。世界银行的贷款对象为成员国的政府或政府担保的公私机构，主要针对发展中国家。贷款条件比国际金融市场上的条件优惠，期限最长可达30年，采用浮动利率。贷款只能用于特定的工程项目，即项目贷款，在特殊情况下，也发放非项目贷款。

我国是世界银行创始成员国之一，但由于历史原因，直到1980年5月才恢复在世界银行的合法席位。我国与世界银行的业务较多。

2. 国际开发协会

国际开发协会（IDA）成立于1960年9月24日。国际开发协会是专门对较贫穷的发展中国家提供赠款和长期优惠贷款的国际金融机构。其组织机构与世界银行相似，和世界银行共用一套班子，其理事、执行董事、经理和工作人员都由世界银行相应人员兼任。它也是按股份公司方式组织起来的，投票权的分配与成员国认缴的股金挂钩。国际开发协会的宗旨是：通过向不发达国家提供条件优惠、期限较长、可部分使用当地货币偿还的贷款，以促进其经济发展和人们生活水平的提高。

国际开发协会的资金来源有：成员国认缴的股金，其中发达国家必须用可兑换货币认缴，发展中国家可以用本国货币认缴 90%；由成员国政府定期提供的援助性的补充资金；世界银行每年的赠款；国际开发协会的业务收入。国际开发协会的贷款方向偏重于农业、基础设施和人力资源开发。其贷款方向从总体上看与世界银行一致；其农业贷款比重超过世界银行，而工业贷款比重低于世界银行。接受贷款的条件以该协会规定的人均收入指标衡量，历年数字不尽相同。

3. 国际金融公司

国际金融公司（IFC）成立于 1956 年 7 月，是世界银行设立的专门对成员国私人企业提供贷款的国际金融机构。申请加入国际金融公司的国家必须是世界银行的成员国。国际金融公司的宗旨是：通过向成员国私人企业提供没有政府担保的风险资本，促进不发达国家私人企业的发展和资本市场的发育。国际金融公司的组织机构与世界银行相似，公司总经理由世界银行行长兼任，主要机构工作人员也由世界银行相应部门人员兼任；同时，它有自己的执行副总经理和办事机构。它同样按成员国入股方式组成。

国际金融公司的资金来源除了股金之外，还包括向世界银行的借款、公司积累的利润、成员国偿还的款项和转售债权的收入等。它的贷款方向偏重于钢铁、建材、纺织、采矿、化工、能源、旅游、非金融服务业等部门。它对贷款项目规定的标准是：有利于东道国经济发展；有盈利前景；能扩大私人产权和提高管理效率；该项目无法以合理的条件得到私人资金等。

4. 多边投资担保机构

多边投资担保机构是世界银行集团最新的成员，创建于 1988 年。该机构的任务是通过减少非商业投资障碍，鼓励股本投资和其他直接投资流入发展中国家。为执行上述使命，多边投资担保机构向投资者提供非商业风险的担保；为设计和执行与外国投资有关的政策、规划以及程序提出建议；就投资问题在国际商业界与有关国家政府之间发起对话。

多边投资担保机构对以下四类非商业性风险提供担保：（1）由于投资所在国政府对货币兑换和转移的限制而造成的转移风险；（2）由于投资所在国政府的法律或行政行动而造成投资者丧失其投资所有权、控制权的风险；（3）在投资者无法进入主管法庭，或这类法庭不合理的拖延或无法实施这一项已作出的对他有利的判决时，政府撤销与投资者签订的合同而造成的风险；（4）武装冲突和国内动乱造成的风险。

多边投资担保机构的政策与咨询服务的范围从研究和技术援助到与有关国家政府联合发起召开促进投资的会议。国际金融公司和多边投资担保机构合作开发这项服务，这种服务为发展中成员国制定投资法、政策和规划，提供咨询和技术援助。

二、区域性国际金融机构

作为全球性金融机构的重要补充，欧洲、亚洲、非洲和拉丁美洲等地区的区域性国际金融机构在地区经济发展中起着重要作用。

（一）国际清算银行

国际清算银行（BIS）是西方主要国家中央银行和美国银行团于 1930 年 5 月共同出资创办的国际金融机构。该银行最初是为了处理第一次世界大战后德国对协约国的赔款问题而设立的。之后，它主要办理各国之间的清算业务。其宗旨是增进成员国中央银行之间的合作，为政府间的国际金融业务提供便利，充当国际结算的代理人。

国际清算银行以股份公司方式建立，其最高权力机构是股东大会。其 85%的股权由成员国中央银行持有，其余15%为私人股权。私人持股者没有投票权。它的日常业务由董事会负责。国际清算银行主要与各国中央银行发生业务联系，同时也与一些大商业银行发生往来。

国际清算银行的主要业务活动有：接受各中央银行的存款并向中央银行发放贷款；代理中央银行买卖黄金、外汇和债券；办理国际结算；充当政府间贷款的执行人。它所办理的存款包括黄金存款，而且对这种存款付息。因此，有些国家的中央银行将部分黄金储备存入该行。

（二）亚洲开发银行

亚洲开发银行（ADB）是根据联合国亚洲及远东经济委员会1963年达成的协议，于1966年11月在东京成立，同年12月开始营业，总部设在菲律宾的马尼拉。其宗旨是：通过贷款、投资和技术援助，并与联合国有关机构进行合作，协调成员国在经济、贸易和发展方面的政策，促进亚太地区的经济发展。

亚洲开发银行是由亚太地区的国家及西方国家合办的政府间国际金融机构。其最高权力机构是理事会，下设董事会，执行理事会授予的权力，负责银行的经营管理。成员国的投票权由两部分组成：基本投票权占股权的20%，按成员国平均分配；比例投票权按每认购1万美元增加1票的方式分配。目前拥有最多投票权的国家是日本、美国和中国。

亚洲开发银行的资金分为普通资金和特别基金两部分。普通资金是亚洲开发银行从事“硬”贷款业务的资金，来源于成员国认缴的股金、国际金融市场筹资以及银行业务净收益。特别基金是亚洲开发银行从事“软”贷款业务的资金，来自实际认缴股金的10%和捐款。特别基金分为三种：亚洲开发基金用于向亚太地区不发达国家提供优惠贷款；技术援助特别基金用于人力资源开发及针对发展项目的咨询和技术服务；日本特别基金以赠款或股份投资方式进行技术援助或资助开发项目。

我国于1986年恢复在亚洲开发银行的合法席位。目前我国已成为亚洲开发银行的第三大股东，同亚洲开发银行的合作也日益频繁。尤其是近年来，从亚洲开发银行获得的贷款项目不断增加。

（三）非洲开发银行

非洲开发银行（AFDB）是在联合国非洲经济委员会帮助下，于1964年9月成立的面向非洲的政府间国际金融机构，1966年7月开始营业，行址设在科特迪瓦首都阿比让。其宗旨是为成员国经济和社会发展提供资金，协助非洲大陆制定发展的总体战略和各成员国的发展计划，以达到非洲经济一体化。按建行时的规定，参加该行的只能是非洲独立国家。随着形势的发展，在1979年5月的总裁理事会年会上决定，美、日、德、法等非地区性国家也可成为该行的成员国。

非洲开发银行的最高权力机构是理事会，下设董事会，负责银行全部业务。董事长兼任行长，负责日常业务工作。它有四个下设机构：（1）非洲开发基金。它向非洲最不发达国家提供无息贷款。（2）非洲投资和开发国际金融公司。它主要是动员国际私人资本对非洲进行生产性投资。（3）尼日利亚信托基金。它利用尼日利亚提供的资金对较贫穷的国家提供优惠贷款。（4）非洲再保险公司。它是一家政府间的保险公司，通过对保险单的再保险促进非洲保险事业的发展。非洲开发银行同非洲内外的国际组织建立了广泛的协作关系，以吸收区内外的资金。

（四）泛美开发银行

泛美开发银行（IDB）是根据美洲国家组织在华盛顿达成的协议于 1958 年 10 月成立的、面向美洲政府间的国际金融机构，总部设在华盛顿。其宗旨是动员美洲内外资金，为拉丁美洲成员国的经济和社会发展提供项目贷款和技术援助，以促进拉美地区经济的发展和泛美体制的实现。1976 年以后，陆续有 14 个欧洲国家和 2 个亚洲国家加入该行。该行的最高权力机构是董事会，由各成员国指派董事、副董事各 1 名组成，执行机构是理事会，理事会的工作须向董事会负责，另设行长、副行长各 1 人。其贷款分为四类：（1）普通贷款，以所借货币偿还；（2）特种业务基金，其利率较低，可部分用本国货币偿还；（3）社会进步信托基金，用于资助低收入地区住房建筑、乡村开发、高等教育等；（4）其他基金，这是发达国家转给泛美开发银行管理的款项，主要用于能源、工矿业和农渔业。

活动设计

1. 活动提示

调查所在地区的金融机构设置情况。

2. 活动要求

根据所学知识对金融机构进行分类，并分析哪些方面需要完善和改进。

3. 活动场所

金融企业、教室。

本章小结

金融机构的功能有信用中介、支付中介、降低交易成本、提供金融服务便利并创造金融资产、改善信息不对称并控制风险、调节经济六大功能。

按照不同的标准，金融机构可划分为不同的类型：金融监管机构与接受监管的金融企业；存款性金融机构与非存款性金融机构；契约型金融机构与投资型金融机构；政策性金融机构和非政策性金融机构；直接金融机构和间接金融机构；银行金融机构和非银行金融机构；内资金融机构、外资金融机构和合资金融机构；本国金融机构、外国金融机构和国际金融机构等。

金融机构的存在和发展对金融活动的巨大作用包括：节约交易成本；减少信息不对称造成的逆向选择和道德风险。

从监管型、存款型、投资型、契约型、政策性及其他类型的金融机构的角度，对西方国家的金融机构体系分别加以概述。

经过三十多年的改革开放，中国的金融机构体系基本形成了以中央银行为核心，以商业银行和政策性银行为主体，多种金融机构并存，分业经营、相互协作的格局。

国际金融机构分为全球性国际金融机构和区域性国际金融机构两大类。全球性国际金融机构主要有国际货币基金组织和世界银行集团。区域性国际金融机构主要有国际清算银行、亚洲开发银行、非洲开发银行、泛美开发银行。

本章自测

一、单项选择题

1. 金融机构最基本、最能反映其经营活动特征的职能是（　　）。

A. 支付中介　　B. 信用中介

C. 降低交易成本　　D. 调节经济

2. 按照是否担负国家政策性融资任务，金融机构可划分为（　　）。

A. 政策性金融机构和非政策性金融机构

B. 直接金融机构和间接金融机构

C. 契约型金融机构与投资型金融机构

D. 存款性金融机构与非存款性金融机构

3.（　　）是指办理居民储蓄并以储蓄存款为主要资金来源的银行。

A. 商业银行　　B. 储蓄银行　　C. 信用社　　D. 投资银行

4.（　　）主要通过发行支票存款、储蓄存款和定期存款来筹措资金用于发放工商企业贷款、消费贷款和抵押贷款，购买政府债券，提供广泛的金融服务。

A. 商业银行　　B. 储蓄银行　　C. 信用社　　D. 投资银行

5.（　　）是以年金形式向参加基金计划的职工提供养老金或退休金的金融组织。

A. 保险公司　　B. 储蓄银行

C. 共同基金　　D. 养老基金

6.（　　）是指由政府和政府机构发起、出资创立、参股或保证的，不以利润最大化为经营目的，在特定的业务领域内从事政策性融资活动，以贯彻和配合政府的社会经济政策或意图的金融机构。

A. 政策性金融机构　　B. 投资型金融机构

C. 契约型金融机构　　D. 监管型金融机构

7.（　　）作为中央银行，是在国务院领导下制定和实施货币政策，对金融业实施监督管理的国家机关。

A. 商业银行　　B. 中国人民银行

C. 中国进出口银行　　D. 中国农业发展银行

8. 1986年，国家决定重新组建股份制商业银行——（　　）的前后，陆续建立了一批商业银行。

A. 交通银行　　B. 中国人民银行

C. 中国进出口银行　　D. 中国农业发展银行

9.（　　）是我国银行业中第一家股票上市公司。

A. 中国建设银行　　B. 中国农业银行

C. 深圳发展银行　　D. 中国工商银行

10. 1949年10月20日，（　　）作为保险业的管理机构宣告成立。

A. 中国人民保险公司　　B. 太平洋保险股份有限公司

C. 中国大地保险股份有限公司　　D. 中华联合保险股份有限公司

11. 国际货币基金组织的总部设在（　　）。

A. 法兰克福　　B. 华盛顿　　C. 巴黎　　D. 伦敦

二、多项选择题

1. 按照金融机构的管理地位不同，可划分为（　　）。

A. 金融监管机构　　B. 接受监管的金融企业

C. 存款性金融机构　　D. 非存款性金融机构

2. 按照活动的领域不同，金融机构可划分为（　　）。

A. 直接金融机构　　B. 间接金融机构

C. 政策性金融机构　　D. 非政策性金融机构

3. 目前各国的金融管理性机构的主要构成有（　　）。

A. 负责管理存款货币并监管银行业的中央银行或金融管理局

B. 按分业设立的监管机构，如银监会、证监会、保监会

C. 金融同业自律组织，如行业协会

D. 社会性公律组织，如会计师事务所、评估机构

4. 投资型金融机构主要包括（　　）。

A. 投资银行　　B. 金融公司

C. 共同基金　　D. 货币市场共同基金

5. 契约型金融机构主要有（　　）。

A. 保险公司　　B. 养老基金　　C. 退休基金　　D. 商业银行

6. 美国的储蓄银行主要有（　　）两种形式。

A. 储蓄贷款协会　　B. 投资银行

C. 互助储蓄银行　　D. 金融公司

7. 在我国金融体系中处于主体地位的国有控股商业银行有（　　）。

A. 中国工商银行　　B. 中国农业银行

C. 中国银行　　D. 中国建设银行

8. 1994 年，为了适应经济发展的需要，根据政策性金融与商业性金融相分离的原则，相继建立了（　　）三家政策性银行。

A. 国家开发银行　　B. 中国进出口银行

C. 中国农业发展银行　　D. 中国建设银行

9. 下列选项中属于其他非银行金融机构的是（　　）。

A. 保险公司　　B. 证券公司

C. 信托投资公司　　D. 融资租赁公司

10. 我国境内外资金融机构的形式有（　　）。

A. 总行在中国境内的外国资本的银行

B. 外国银行在中国境内的分行

C. 外国的金融机构同中国的金融机构在中国境内合资经营的银行

D. 总公司在中国境内的外国资本的财务公司

三、判断题

1. 在我国金融体系中处于主体地位的是国有控股商业银行。（　　）

2. 投资银行是经营存款和贷款的银行。(　　)

3. 国际货币基金组织的最高权力机构是执行董事会。(　　)

4. 经纪类证券公司可以从事证券承销业务。(　　)

5. 招商银行是我国第一家完全由企业法人持股的股份制商业银行。(　　)

四、名词解释题

金融机构　　商业银行　　储蓄银行　　投资银行　　信用社　　风险资本　　金融公司　　共同基金　　保险公司　　政策性金融机构　　开发银行　　国际金融机构

五、问答题

1. 金融机构的主要功能是什么?

2. 简述西方国家金融机构体系的构成。

3. 政策性银行的法律地位和基本特征是什么?它与商业银行有何区别?

4. 简述我国的金融机构体系。

第四章 中央银行

通过本章的学习，了解中央银行产生和发展的过程；掌握中央银行的职能；熟悉中央银行制度的分类；掌握中央银行的三大业务；能够运用基本理论分析实际问题。

金融海啸与央行货币政策

在美国大规模金融救援方案通过之后，金融海啸不仅没有停止，全球股市下跌反而一浪高过一浪。全球金融市场进一步恶化，不仅给金融市场本身增加了更大的风险与危机，也给各国经济带来了巨大威胁和不确定性。

面对这些危机形势，先是澳大利亚率先下调基准利率1%，中国香港地区金融当局宣布，实际减息1%。尔后，世界各主要国家央行同时协调降息。美联储、欧洲央行及英国、加拿大、瑞典央行都宣布降息0.5%，它们的利率分别降至1.5%、3.5%、4.5%、2.5%、4.25%。中国人民银行决定，下调存款类金融机构人民币存款准备金率0.5%、下调各期限档次存贷款基准利率各0.27%。

可以说，这次世界几大央行协调一致，统一降息，是史无前例的事件。它包含了以下几个方面的意义：一是在全球金融市场恶化、风险不断增加的情况下，各国央行达成了基本共识。协调降息将对稳定全球金融起到一定的作用，这也是全球金融市场新秩序建立的开始。二是尽管这次降息的幅度不大，但由于各国央行在统一时间内行动，这说明了各国央行不仅有稳定全球金融的决心，也有稳定全球金融市场工具的能力。全球金融市场的恶化局面会在短期内有所改善。三是这次中国也参与了全球各国央行的统一行动，是中国金融体系真正面向世界的一个标志性事件。在这场重大的金融危机面前，以西方为代表的世界各主要经济体已经把中国视为其不可或缺的成员之一。中国央行能够在欧美金融市场面临巨大困难之际，与世界各国央行统一行动，将有利于未来我们与各国金融监管当局的进一步交往与协作，也是中国迈向金融大国的真正体现。

资料来源：http://xt.hnrtu.com/media_file/2009_12_28/20091228141445.doc。

第一节 中央银行概述

一、中央银行的产生与发展

中央银行是一国最高的货币金融管理机构，它担负着货币发行、金融体系管理、宏观经济调控的使命，是一国经济管理的重要组成部分。

（一）经济背景

中央银行产生于17世纪下半叶，形成于19世纪初，它产生的经济背景如下所述。

1. 商品经济的迅速发展

从17世纪下半叶开始到18世纪初，西方国家开始了工业革命，这使社会生产力得到了快速发展，工业生产能力的发展对社会经济关系的各方面都产生了深远的影响。商品经济的迅速扩大，带来了货币信用业务的巨大发展。从而在西方国家的许多地区，例如荷兰的阿姆斯特丹、英国的伦敦出现了大批的银行。

2. 银行信用的普遍化和集中化

资本主义产业革命促使生产力空前提高，生产力的提高又促使资本主义银行信用业蓬勃发展。主要表现为商业银行等金融机构的数量不断增加，银行业的经营规模也不断扩大。在早期，银行业的进入门槛较低，自由竞争带来的不断破产与合并，严重地威胁到社会经济的稳定性。此时要求建立专门的机构来对金融业的经营活动进行必要的控制，这就是中央银行产生的基础与条件。

（二）产生的必要性

资本主义商品经济的迅速发展，银行信用的普遍化和集中化，既为中央银行的产生奠定了经济基础，又为中央银行的产生提供了客观要求。

1. 政府控制货币财富的需要

资本主义商品经济的迅速发展，客观上要求建立相应的货币制度和信用制度。政府财政赤字及经费的筹措对货币资金的需求也越来越大，而筹资活动在缺乏银行机构支持的条件下，成本高、难度大，这势必要求政府建立直接控制的银行来为其服务。

2. 统一货币发行的需要

在银行业发展初期，几乎每家银行都有发行银行券的权力，但随着经济的发展、市场的扩大和银行机构的增多，银行券分散发行的弊病就越来越明显，客观上要求有一个资力雄厚并在全国范围内享有权威的银行来统一发行银行券。

3. 集中信用的需要

商业银行经常会发生营运资金不足、头寸调度不灵等问题，这就从客观上要求中央银行的产生，它既能集中众多银行的存款准备，又能不失时宜地为其他商业银行提供必要的周转资金，为银行充当最后的贷款人。

4. 建立票据清算中心的需要

随着银行业的不断发展，银行每天收受票据的数量增多，各家银行之间的债权债务关系日益复杂化，由各家银行自行轧差进行当日清算已发生困难。这种状况客观上要求产生中央银行，作为全国统一的、有权威的、公正的清算中心。

5. 统一金融管理的需要

银行业和金融市场的发展，需要政府出面进行必要的管理，这就要求产生隶属政府的中央银行这一专门机构来实施政府对银行业和金融市场的管理。

早期的中央银行多数是从商业银行演变而来，例如历史上最早形成的中央银行——英格兰银行便是如此。而只有建立于1914年的美国联邦储备系统，才是通过立法组建的第一个中央银行。

第一次世界大战以后，中央银行进入了一个快速发展的时期，从1921年到1942年，先后设立与改组的中央银行达到43家。此时各国中央银行的核心任务是稳定货币、控制通货膨胀。

第二次世界大战以后，中央银行国有化政策被各国普遍实行。随着凯恩斯主义理论的影响，各国的中央银行开始使用货币政策调控宏观经济。

知识链接

英格兰银行

英格兰银行是世界上最早形成的中央银行，为各国中央银行体制的鼻祖。1694年，该银行根据英王特许成立，股本120万镑，向社会募集。成立之初即取得不超过资本总额的钞票发行权，主要目的是为政府垫款。至1833年英格兰银行取得钞票无限法偿的资格。1844年，英国国会通过《银行特许条例》(即《比尔条例》)，规定英格兰银行分为发行部与银行部。发行部负责以1 400万镑的证券及营业上不必要的金属贮藏的总和发行等额的银行券，其他已取得发行权的银行的发行定额也规定下来。此后，英格兰银行逐渐垄断了全国的货币发行权，至1928年成为英国唯一的货币发行银行。

与此同时，英格兰银行凭其日益提高的地位承担商业银行间债权债务关系的划拨冲销、票据交换的最后清偿等业务，在经济繁荣之时接受商业银行的票据再贴现，而在经济危机的打击中则充当商业银行的“最后贷款人”，由此而取得了商业银行的信任，并最终确立了“银行的银行”的地位。随着伦敦成为世界金融中心，因应实际需要，英格兰银行形成了有伸缩性的再贴现政策和公开市场活动等调节措施，成为近代中央银行理论和业务的样板及基础。1933年7月，英格兰银行设立“外汇平准账户”代理国库。1946年之后，英格兰银行被收归国有，仍为中央银行，并隶属财政部，掌握国库、贴现公司、银行及其余的私人客户的账户，承担政府债务的管理工作，其主要任务仍然是按政府要求制定国家金融政策。英格兰银行总行设在伦敦，职能机构分政策和市场、金融结构和监督、业务和服务三个部分，设15个局(部)，同时英格兰银行还在伯明翰、布里斯托、利兹、利物浦、曼彻斯特、南安普顿、纽卡斯尔及伦敦法院区设有8个分行。

二、中央银行的性质与职能

(一) 中央银行的性质

中央银行的性质、职能与作用这三者之间是相互联系和相互制约的，要想确定中央银行的职能与作用，就必须明确它的性质。

中央银行的性质一般表述为：中央银行是国家赋予其制定和执行货币政策，对国民经济进行宏观调控和管理监督的特殊的金融机构。

中央银行是一个特殊的金融机构，其特殊性主要表现在下述几方面。

1. 地位的特殊性

中央银行是国家机构的重要组成部分，它是政府管理下的一个金融管理机构，通过自身的业务活动贯彻国家的宏观经济政策，代表国家对整个国民经济进行监督和管理。

2. 业务的特殊性

中央银行的业务活动不以盈利为目的，它的业务对象主要是政府、银行及其他金融机构，不与企业和个人直接发生业务联系。

3. 管理的特殊性

中央银行不同于一般的政府管理机构，而是以银行的身份进行管理。它主要是通过业务活动，例如法定存款准备金率、再贴现业务、公开市场业务等工具执行货币政策，达到管理的目的。

（二）中央银行的职能

1. 发行的银行

所谓发行的银行，是指中央银行垄断货币的发行权而成为全国唯一的货币发行机构。目前，世界上几乎所有国家的纸币都是由中央银行发行的。一般硬辅币的铸造、发行，有些国家由中央银行负责，有些国家由财政部负责，发行收入归国家财政所有。

中央银行掌握了货币的发行，有利于中央银行管理和调节货币流通，稳定货币，促进经济和金融的发展。调节和控制货币供应量是中央银行实施货币政策的重要手段。

2. 银行的银行

所谓银行的银行，是指中央银行的地位在商业银行和其他金融机构之上，它不与工商企业及私人发生业务关系，而只以商业银行和其他金融机构为工作对象，提供各种服务。这一职能具体体现在以下三个方面：

（1）保管存款准备金。按照法律规定，商业银行和其他金融机构吸收的存款都要按法定比例向中央银行交存准备金。目的在于：一方面保证存款机构的清偿能力，以备客户提现，从而保障存款人的资金安全；另一方面有利于中央银行调节信用规模和控制货币供应量。中央银行可以根据宏观调控的需要，通过调整存款准备金的上缴比率，进而控制全国的货币供应量和信用规模。这是现代中央银行制度中的一项极其重要的内容。

（2）最后贷款人。中央银行通过集中货币发行和保管存款准备金的方式，拥有了资金实力，当商业银行和其他金融机构发生资金短缺，而在同业中难以拆借融通时，可向中央银行申请贷款。这便是最后贷款人的功能。

商业银行和其他金融机构一般以票据再贴现、证券再抵押的方式向中央银行取得贷款。中央银行可以利用再贴现率的调整达到调控货币供应量的目的，加强对金融机构的监督和管理。这也是中央银行的一项极为重要的职能，也确立了中央银行在整个金融体系中的主导地位。

（3）组织全国的清算。由于商业银行和其他金融机构都在中央银行开立账户，并拥有存款，它们之间的资金往来或者应收应付的票据可以在中央银行主持的票据交换所内转账划拨，从而结清债权债务关系。中央银行作为全国的票据结算中心，一方面为商业银行和其他金融机构提供了服务，提高了清算效率，加速了资金周转；另一方面有利于中央银行及时全面地了解整个金融体系内的业务经营状况，进而有助于对其进行监督与管理。

3. 国家的银行

所谓国家的银行，是指中央银行代表国家执行金融政策，代为管理财政收支并为国家提供各种金融服务。这一职能主要体现在以下几个方面：

（1）代理国库。国家的财政收支一般不再另设机构，而是交由中央银行代理。政府的各项财政收支的办理都通过在中央银行开立的各种账户进行。代理国库业务具体如下：收受和保管国库存款，办理财政预算收支划拨与清算业务，代理收缴税款，国库出纳以及其他相关事宜。

（2）代理国家债券的发行。发行债券是政府弥补财政赤字的一种方法。中央银行通常代理国家发行债券以及债券到期时还本付息事宜。

（3）给国家提供信用支持。中央银行作为国家的银行，在国家财政出现短期收不抵支的情况时，负有解决政府临时资金需要的义务。给国家提供信用支持，方式主要有两种：一是直接向政府提供短期信贷资金，主要用以解决财政先支后收等暂时性的矛盾，一般不承担向财政提供长期信贷的责任，否则会影响货币的稳定。二是购买国家公债，中央银行可以在一级市场上购入政府债券，这样资金直接进入财政存款，也可以在二级市场上买进政府债券，这意味着资金间接流向财政。只要持有政府债券，就是向国家提供了信用支持。但对该种债券的购买也有一定的数量与时间的限制。

（4）管理黄金和外汇储备。一般一个国家都有一定数量的黄金和外汇储备。中央银行通过代国家保管和经营这些黄金和外汇储备，可以起到稳定币值和汇率，调节国际收支，达到国际收支平衡的作用。

（5）制定并监督执行有关金融管理法规。一般情况下，一国通过金融管理法规使商业银行等金融机构在经营管理和业务活动中有章可循、有法可依。中央银行根据国家的政策、法规，对商业银行等金融机构的设置、撤并等进行审查批准；对商业银行等金融机构的业务活动范围、清偿能力、资产负债结构和存款准备金的交存等情况进行检查和监督；对商业银行等金融机构的业务报表、报告进行稽核和分析。上述几方面的任务被称为金融行政管理。

除了以上五个方面以外，中央银行要代表政府参加各种国际金融组织，出席国际性会议，从事国际金融活动以及代表政府签订金融协议。因此，中央银行是一国处理对外金融关系的政府机构。

三、中央银行制度的类型

现在各国的中央银行，虽然在性质与职能方面基本一致，但因各国的社会制度、经济发展水平、金融业发展程度等因素的影响，致使各国的中央银行制度存在差异。总体来说，中央银行制度大致可归纳为四种类型：单一型、复合型、跨国型和准中央银行型。

（一）单一型

单一型的中央银行制度是指国家单独建立中央银行机构，由该机构统一行使中央银行的职能。具体有下述两种形式。

1. 一元式

一元式是在一个国家内只建立一家统一的中央银行，机构设置一般采取总分行制。即在全国只设一家中央银行，根据需要下设若干分支机构。这类中央银行的特点是权力集中，职能齐全。

目前世界上绝大部分国家都实行这种体制，我国也是如此。

2. 二元式

二元式是在一个国家内建立中央和地方两级中央银行机构，中央银行机构是最高权力机构，地方银行机构虽然要接受中央银行机构的监督管理，但其与中央银行机构并非总分行的关系，它们在各自的辖区内独立性很强。二元式是一种带有联邦式特点的中央银行制度。美国、德国是实行这种体制的典型国家，就美国来看，全国划分为 12 个联邦储备区，每一区设立一家联邦储备银行，由设在华盛顿的联邦储备委员会领导，形成美国的中央银行体系。联邦储备委员会是整个体系的最高决策机构，直接对美国国会负责。

（二）复合型

复合型的中央银行制度是指一个国家没有设置专门的中央银行，而是由一家大型银行既行使中央银行的职能，又经营一般商业银行的业务。这种体制的中央银行主要存在于苏联和东欧等国。我国在 1983 年以前一直实行这种中央银行制度。

（三）跨国型

跨国型的中央银行制度是指由参加某一货币联盟的所有成员国联合组成的中央银行制度。一些地域相邻的国家建立了货币联盟，并在联盟内成立成员国共同拥有的中央银行。它发行共同的货币并为成员国制定金融政策。例如，由贝宁、科特迪瓦、尼日尔、塞内加尔、多哥等国组成的西非货币联盟，由喀麦隆、刚果、加蓬等国组成的中非货币联盟，以及东加勒比海货币管理局等，都实行跨国中央银行体制。

欧盟成员国在 1969 年 12 月正式提出建立欧洲经济与货币联盟，以最终实现统一的欧洲货币，统一的中央银行，统一的货币金融政策。1995 年底正式命名欧洲货币为“欧元”(Euro)，1998 年 3 月宣布德、法等 11 国达到实施统一欧元所要求的标准，7 月成立欧洲中央银行，并于 1999 年 1 月 1 日起在 11 个首批成员国内正式启动统一的欧洲货币。2002 年 7 月 1 日，欧元成为唯一的法定货币，欧盟各国货币则停止使用。

（四）准中央银行型

准中央银行是指有些国家或地区只设置类似中央银行的机构，或由政府授权某个或几个商业银行综合行使中央银行的职能。新加坡、中国香港地区就是这种类型的典型代表。

新加坡设有货币委员会和金融管理局，前者主要负责发行货币，保管发行准备金和维护货币完整。后者负责执行除货币发行以外的中央银行的一切职能。中国香港地区设有金融管理局，它具有执行货币政策、金融监管和支付体系管理等职能，货币的发行主要由渣打银行、汇丰银行和中国银行来完成。

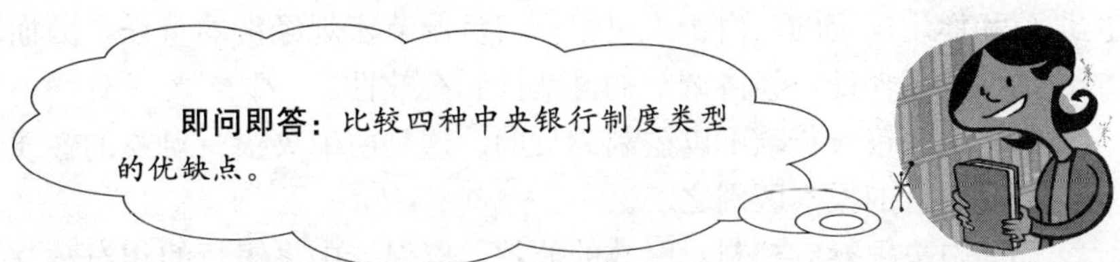

知识链接

欧洲中央银行

欧洲中央银行（European Central Bank，ECB）的前身是设在法兰克福的欧洲货币局。欧洲中央银行的职能是维护货币的稳定，管理主导利率、货币的储备和发行以及制定欧洲货币政策；其职责和结构以德国联邦银行为模式，独立于欧盟机构和各国政府之外。总部位于德国金融中心法兰克福，现任行长为德拉吉。

欧洲中央银行是世界上第一个管理超国家货币的中央银行。独立性是它的一个显著特点，它接受欧盟领导机构的指令，不受各国政府的监督。它是唯一有资格允许在欧盟内部发行欧元的机构，1999 年 1 月 1 日欧元正式启动后，11 个欧元国政府将失去制定货币政策的权力，而必须实行欧洲中央银行制定的货币政策。欧洲中央银行的组织机构主要包括执行董事会、欧洲央行委员会和扩大委员会。执行董事会由行长、副行长和 4 名董事组成，负责欧洲央行的日常工作；由执行董事会和 12 个欧元国的央行行长共同组成的欧洲央行委员会，是负责制定货币政策和保持欧元区内货币稳定的决定性机构；欧洲央行扩大委员会由央行行长、副行长及欧盟所有 15 国的央行行长组成，其任务是保持欧盟中欧元国家与非欧元国家的接触。欧洲央行委员会的决策采取简单多数表决制，每个委员只有一票。货币政策的权力虽然集中了，但是具体执行仍由各欧元国央行负责。各欧元国央行仍保留自己的外汇储备。欧洲央行只拥有 500 亿欧元的储备金，由各成员国央行根据本国在欧元区内的人口比例和国内生产总值的比例提供。

第二节　中央银行的主要业务

一、中央银行的资产业务

中央银行的资产业务是指中央银行运用其资金来源的业务活动，主要包括贷款和再贴现、证券买卖业务和金银外汇储备业务等。

（一）贷款业务

中央银行贷款业务是中央银行的重要资产业务之一，它充分体现了中央银行作为“最后贷款人”的职能。中央银行贷款业务的意义在通过向商业银行、国家财政以及其他金融机构发放应急贷款，更好地维护金融体系的稳定与安全、抑制通货膨胀、执行货币政策，进而促进经济的发展。中央银行贷款业务的特征包括下述几方面：

（1）中央银行贷款以短期贷款为主，一般不经营长期贷款业务。这是由中央银行自身的地位和作用决定的。由于中央银行肩负调节宏观经济的重任，因而其资产必然保持高度的流动性，以保证对经济调节的灵活性和有效性。

（2）中央银行贷款不以盈利为目的。这是由中央银行自身的性质决定的，也是中央银行与商业银行的根本区别之一。

（3）中央银行应控制对财政的放款，以保持中央银行的相对独立性。中央银行对财政的放款是政府弥补资金亏空的应急措施之一。但如果对这种放款不加限制，势必会从总量上削弱中央银行宏观金融调控制度的有效性，也会削弱其应有的独立性，成为财政用以弥补赤字的工具。因而各国中央银行对此都有明确规定。

(4) 中央银行一般不直接对工商企业和个人发放贷款。这是由中央银行的性质和职能决定的。中央银行如果直接办理对工商企业和个人的贷款业务，势必会与商业银行形成竞争，这样不仅不利于其发挥金融宏观调控的职能，而且在货币政策推行过程中，无法得到商业银行的配合，也不利于货币政策目标的实现。

(二) 再贴现业务

再贴现是指商业银行为弥补营运资金的不足，将其持有的通过贴现取得的商业票据提交中央银行，请求中央银行以一定的贴现率对商业票据进行二次买进的经济行为。再贴现政策是中央银行货币政策工具的“三大法宝”之一，是国家进行宏观经济调控的重要手段。中央银行通过调整再贴现率，提高或者降低再贴现额度，从而调节信用规模。因而，再贴现业务对中央银行有效实施宏观金融调控具有突出的意义。

再贴现业务与中央银行贷款业务是有区别的。

从广义上来讲，再贴现属于中央银行贷款的范畴。因为在这两种业务处理过程中，中央银行都是贷出资金，对商业银行融通资金。但二者之间还是存在一定的区别的，具体体现在两个方面：一是利息支付时间不同。再贴现是商业银行预先向中央银行支付利息，而贷款业务是在归还本金时支付利息。二是贷款的本质和范围不同。再贴现本质上是中央银行向商业银行发放的抵押贷款，而中央银行贷款的范畴比再贴现广泛得多，不仅包括抵押贷款，还包括信用贷款。

(三) 证券买卖业务

证券买卖业务也是中央银行的主要资产业务，特别是在证券市场较发达的国家更是如此。中央银行买卖证券一般都是通过公开市场业务进行的。其目的是维护金融市场的稳定，调节货币流通。在需要紧缩银根、减少货币供应量时，中央银行就在公开市场上卖出其持有的有价证券以回笼货币；而在需要扩张信用规模、增加货币供应量时，中央银行就在公开市场上买入有价证券，发放货币。

中央银行在公开市场上买卖的证券主要是政府债券、国库券以及其他市场流动性非常强的有价证券。由于各国的国情不尽相同，因此各国法律规定中央银行可以买卖的有价证券种类也不同。

美国联邦储备体系主要是通过短期国库券来进行公开市场业务的。因为在美国，国库券有很强的流动性，可以承担联邦储备体系进行的大量交易，而不至于引起价格过于波动，影响市场的稳定。

日本法律规定，日本银行可以从事商业票据、银行承兑票据和政府公债等有价证券的买卖。

德国联邦银行依法律规定可以对信用机构买卖国库券，可以在公开市场上买卖国库券、合格票据以及其他证券交易所挂牌交易的债券。

(四) 金银、外汇储备业务

中央银行保管金银外汇储备有着特殊的意义，主要表现在稳定币值、稳定汇价以及调节国际收支等方面。

金银、外汇作为国际储备各有利弊：金银作为国际储备，从安全性角度考虑无疑是实现保值的最好手段，但金银的灵活兑现性不强，保管成本也很高，因此，在各国的国际储备中金银所占比例呈逐年下降的趋势；外汇灵活且兑换性较强、保管成本低廉，但由于汇率处于不断变动之中，使得持有外汇面临贬值风险较大。因此，各国中央银行在保管金银、外汇储备过程中，必须从本国国际收支状况和经济政策出发，确定合理的金银、外汇储备比例和数量。

二、中央银行的负债业务

中央银行的负债是指社会集团和个人持有的对中央银行的债权。中央银行的负债业务主要包括资本业务、货币发行业务、存款业务等。

（一）资本业务

中央银行的资本业务实际上就是筹集、维持和补充自有资本的业务。中央银行为了保证正常的业务活动，一般会拥有一定数量的自有资本。中央银行自有资本的形成主要有三个途径：政府出资、地方政府或国有机构出资、私人银行或部门出资。

（二）货币发行业务

1. 货币发行的含义和意义

货币发行一般是指现金货币发行，通常有两重含义：一是指货币从中央银行发行库，通过各家银行业务库流向社会；二是指货币从中央银行流出的数量大于流入的数量。

货币发行是中央银行主要的负债业务，通过这项业务，中央银行既为经济发展提供了流通手段和支付手段，也相应筹集到了社会资金，满足中央银行履行其各项职能的需要。

2. 货币发行的原则

中央银行发行货币一般坚持以下三个原则：

（1）垄断发行原则。垄断发行原则是指货币发行权高度集中于中央银行，由中央银行集中统一发行货币。垄断发行有利于避免货币分散发行的诸种弊端，加强对货币流通的管理；有利于增强中央银行的实力，更好地制定和执行货币政策。

（2）信用保证原则。信用保证原则是指货币发行要有一定的发行准备制度，目的是要建立对货币发行的约束机制。

（3）弹性发行原则。弹性发行原则是指货币发行要具有一定的伸缩性和灵活性，以适应经济发展状况的变化。坚持弹性发行原则，既要充分满足经济发展对货币的要求，避免因通货不足而导致通货紧缩与经济衰退；也要严格控制货币发行数量，避免因通货过量供应造成通货膨胀与经济混乱。

3. 货币发行的渠道

中央银行的货币发行是通过再贴现、贷款、购买证券、购买金银和外汇等业务活动，将货币注入流通的，并通过同样的渠道反向组织货币的回笼，从而满足经济发展对货币流通手段和支付手段的需求。

（三）存款业务

中央银行存款业务是完全不同于商业银行和其他金融机构的存款业务的。中央银行的存款主要来自两个方面：一是来自金融机构；二是来自政府和公共部门。金融机构在中央银行的存款包括法定准备金存款和超额准备金存款，在现代存款准备制度下，中央银行集中商业银行和其他金融机构的存款准备金。此外，商业银行和其他金融机构通过中央银行办理它们之间的债务清算，所以为满足清算需要也必须把一定数量的存款存放在中央银行，这部分存款称为超额准备金存款。政府和公共部门在中央银行的存款也包括两部分：

一是财政金库存款；二是政府和公共部门经费存款。由于中央银行代理国家金库和财政收支，所以国库的资金以及财政资金在收支过程中形成的存款也属于中央银行存款。

三、中央银行的其他业务

中央银行的业务除资产业务和负债业务外，还有一种业务客观存在，它既不属于资产业务也不属于负债业务，而是代理、代办或者提供服务便利等，这类业务称为中央银行的其他业务。

（一）代理发行和兑付国债业务

国债是一国政府发行的有价证券的总称。国债的种类按期限划分，可分为短期国债和长期国债。短期国债是期限在一年以下（包括一年）的国债，主要是国库券。长期国债是期限在一年以上的国债，也叫公债。

国债的发行方式按是否有金融中介机构参与出售来划分，有直接发行与间接发行两种。

直接发行一般指作为发行体的财政部门直接将国债定向发行给特定的机构投资者的发行方式，也称定向私募发行。采取这种推销方式发行的国债数额一般不太大。实际上每次国债发行额都较大，如美国每周仅中长期国债就发行100亿美元，我国每次发行的国债至少也达上百亿元人民币，仅靠发行主体直接推销巨额国债有一定难度，因此使用该种发行方式较为少见。

间接发行是指财政部门委托中央银行、商业银行和其他金融机构代理发行国债的方式。在中央银行代理国家金库制度下，国债的发行和兑付业务一般由中央银行代理。间接发行又包括代销、承购包销、招标发行和拍卖发行四种方式。

我国国债的发行一般由中央银行（中国人民银行）采取承购包销的形式进行。具体操作程序为：国债的印制→国债的调拨→国债款项的上划→发行结束后的清理工作。

世界各国国债兑付的资金来源主要有经常性预算收入、预算盈余、举借新债、偿还基金以及增发纸币五种办法。我国现行国债兑付的资金来源是在经常性预算收入中安排当年应偿债务支出。

国债的偿还方法有：到期一次偿还法、提前偿还法、抽签分次偿还法、转期偿还法、市场购销法等。

（二）清算业务

清算业务是指中央银行为商业银行和其他金融机构办理资金划拨清算和资金转移的业务。清算业务是中央银行的传统业务，是中央银行对商业银行的主要服务性业务，是中央银行作为“银行的银行”的性质的具体体现。

中央银行办理资金清算业务，主持一国的资金清算事宜，具有极其重要的意义：(1) 有利于缩短资金在途时间，加速资金周转，提高资金效益，节约社会劳动；(2) 有利于提高银行工作效率，增强银行信誉；(3) 有利于中央银行正确制定和执行金融政策，有效地进行金融宏观调控。

案例分析

金融危机中的美联储资产负债表

在金融危机之中，美联储起到了中流砥柱的作用，直接或间接营救了 Bear Stearns、

Fannie Mae、Freddie Mac、AIG 等多家金融机构，向韩国、新加坡等多个国家的中央银行注入了美元流动性，拯救了商业票据和房地产抵押债券市场。

在一系列的救市举措之后，美联储自身的财务状况被打上了问号，有人提出怀疑：美联储拯救所有人，谁来拯救美联储？让我们来看看 2009 年 3 月 25 日公布的美联储资产负债表。

在雷曼兄弟破产引发连锁反应之前，美联储的总资产只有 9 000 亿美元，约合美国 GDP 的 6%；现在，美联储的总资产已经膨胀到 2.07 万亿美元，约合美国 GDP 的 15%。在席卷全球的“去杠杆化”浪潮中，美联储成为极少数逆势增加杠杆的机构之一。

从历史上看，美联储的主要资产是国债、回购和对银行的短期贷款，这些资产会产生一定的利息；主要负债则是联邦储备票据（美元）和银行的准备金账户，这些负债大多不必支付利息。所以，美联储每年都能产生一定的“利润”，其中大部分上缴美国政府，没有人会为美联储的财务状况担心。

然而现在情况发生了变化。美联储持有的美国国债虽然高达 4 747 亿美元，却只占总资产的五分之一；它持有的高风险资产则日益增加。在金融危机爆发之前，美联储不持有房地产抵押债券，但 2008 年“两房”出事之后，它被迫接过了大量由“两房”担保的债券，现在此类债券持有量已有 2 362 亿美元。

与此类似的是在雷曼兄弟破产之后，商业票据市场一度陷入冰冻状态，许多高质量的大公司无法进行短期融资，美联储被迫成立了“商业票据融资工具”，从市场上直接购买商业票据，现在该项资产总额为 2 413 亿美元。

最令人担心的还是“定期拍卖信贷工具”，这项资产从 2007 年 12 月开始存在，是美联储对银行等储蓄机构发放短期贷款的渠道，银行向美联储交付证券、商业贷款等作为抵押。如果没有这个短期贷款计划，许多美国金融机构可能早已破产；2008 年 9 月，高盛和摩根士丹利两个仅存的大型投资银行改制为商业银行，主要目的就是为了参与这个贷款计划。现在，美联储持有的“定期拍卖信贷工具”有关资产总额已经高达 4 686 亿美元，与美国国债持有量不相上下。

资料来源：http://forex.jrj.com.cn/2009/04/1210044098585.shtml。

分析题：1. 试对美联储的资产负债状况进行分析。

2. 美联储的资产负债表有什么样的潜在风险？

第三节 我国的中央银行

一、我国中央银行的产生与发展

中国人民银行是在 1948 年 12 月 1 日在原来的华北银行、北海银行和西北农民银行的基础上合并而成，最初在石家庄成立。1949 年 2 月，中国人民银行迁至北京，解放区的银行逐步改组合并成为中国人民银行的分行，总的来看，中国人民银行在成立至今的 60 多年的过程当中经历了不同的发展阶段。

（一）中国人民银行的创建与国家银行体系的建立（1948—1952 年）

1948 年 12 月 1 日，中国人民银行在河北省石家庄市宣布成立。华北人民政府当天发出布告，由中国人民银行发行的人民币在华北、华东、西北三区统一流通，所有公私款项收付及一切交易，均以人民币为本位货币。1949 年 2 月，中国人民银行由石家庄市迁至北京。1949 年 9 月，中国人民政治协商会议通过《中华人民共和国中央人民政府组织法》，把中国人民银行纳入政务院的直属单位系列，接受财政经济委员会指导，与财政部保持密切联系，赋予其国家银行职能，承担发行国家货币、经理国家金库、管理国家金融、稳定金融市场、支持经济恢复和国家重建的任务。

在国民经济恢复时期，中国人民银行在中央人民政府的统一领导下，着手建立统一的国家银行体系：一是建立独立统一的货币体系，使人民币成为境内流通的本位币，与各经济部门协同治理通货膨胀；二是迅速普建分支机构，形成国家银行体系，接管官僚资本银行，整顿私营金融业；三是实行金融管理，疏导游资，打击金银外币黑市，取消在华外商银行的特权，禁止外国货币流通，统一管理外汇；四是开展存款、放款、汇兑和外汇业务，促进城乡物资流通，为迎接经济建设做准备。到 1952 年国民经济恢复时期终结时，中国人民银行作为人民共和国的国家银行，建立了全国垂直领导的组织机构体系；统一了人民币发行，逐步收兑了解放区发行的货币，全部清除并限期兑换了国民党政府发行的货币，很快使人民币成为全国统一的货币；对各类金融机构实行了统一管理。中国人民银行充分运用货币发行和货币政策，实行现金管理，开展“收存款、建金库、灵活调拨”，运用折实储蓄和存放款利率等手段调控市场货币供求，扭转了新中国成立初期金融市场混乱的局面，制止了国民党政府遗留下来的长达二十年之久的恶性通货膨胀。同时，按照“公私兼顾、劳资两利、城乡互助、内外交流”的政策，配合工商业的调整，灵活调度资金，支持了国营经济的快速成长，适度地增加了对私营经济和个体经济的贷款；便利了城乡物资交流，为人民币币值的稳定和国民经济的恢复与发展做出了重大贡献。

（二）计划经济体制时期的国家银行（1953—1978 年）

在统一的计划经济体制下，自上而下的人民银行体制，成为国家吸收、动员、集中和分配信贷资金的基本手段。随着社会主义改造的加快，私营金融业纳入了公私合营银行轨道，形成了集中统一的金融体制，中国人民银行作为国家金融管理和货币发行的机构，既是管理金融的国家机关又是全面经营银行业务的国家银行。

与高度集中的银行体制相适应，从 1953 年开始我国建立了集中统一的综合信贷计划管理体制，即全国的信贷资金，不论是资金来源还是资金运用，都由中国人民银行总行统一掌控，将“统存统贷”的管理办法和银行信贷计划纳入国家经济计划，成为国家管理经济的重要手段。高度集中的国家银行体制，为大规模的经济建设提供全面的金融监督和服务。

中国人民银行担负着组织和调节货币流通的职能，统一经营各项信贷业务，在国家计划实施中具有综合反映和货币监督功能。银行对国有企业提供超定额流动资金贷款、季节性贷款和少量的大修理贷款，对城乡集体经济、个体经济和私营经济提供部分生产流动资金贷款，对农村中的贫困农民提供生产贷款、口粮贷款和其他生活贷款。这种长期资金归财政、短期资金归银行，无偿资金归财政、有偿资金归银行，定额资金归财政、超定额资金归银行的体制，一直延续到 1978 年，期间虽有几次变动，但基本格局变化不大。

（三）从国家银行过渡到中央银行体制（1979—1992 年）

1979 年 1 月，为了加强对农村经济的扶植，恢复了中国农业银行。同年 3 月，为了适应对外开放和国际金融业务发展的新形势，中国银行进行了体制改革，并成为国家指定的外汇专业银行；同时设立了国家外汇管理局。以后，又恢复了国内保险业务，重新建立中国人民保险公司；各地还相继组建了信托投资公司和城市信用合作社，出现了金融机构多元化和金融业务多样化的局面。

日益发展的经济和金融机构的增加，迫切需要加强金融业的统一管理和综合协调，由中国人民银行来专门承担中央银行职责，成为完善金融体制、更好发展金融业的紧迫议题。1982 年 7 月，国务院批转中国人民银行的报告，进一步强调“中国人民银行是我国的中央银行，是国务院领导下统一管理全国金融的国家机关”，以此为起点开始了组建专门的中央银行体制的准备工作。

1983 年 9 月 17 日，国务院作出决定，由中国人民银行专门行使中央银行的职能，并具体规定了人民银行的 10 项职责。从 1984 年 1 月 1 日起，中国人民银行开始专门行使中央银行的职能，集中力量研究和实施全国金融的宏观决策，加强信贷总量的控制和金融机构的资金调节，以保持货币稳定；同时新设中国工商银行，人民银行过去承担的工商信贷和储蓄业务由中国工商银行专业经营；人民银行分支行的业务实行垂直领导；设立中国人民银行理事会，作为协调决策机构；建立存款准备金制度和中央银行对专业银行的贷款制度，初步确定了中央银行制度的基本框架。

中国人民银行在专门行使中央银行职能的初期，随着全国经济体制改革的深化和经济的高速发展，为适应多种金融机构、多种融资渠道和多种信用工具不断涌现的需要，中国人民银行不断改革机制，搞活金融，发展金融市场，促进金融制度创新。中国人民银行努力探索和改进宏观调控的手段和方式，在改进计划调控手段的基础上，逐步运用利率、存款准备金率、中央银行贷款等手段来控制信贷和货币的供给，以求达到“宏观管住、微观搞活、稳中求活”的效果，在制止“信贷膨胀”、“经济过热”、促进经济结构调整的过程中，初步培育了运用货币政策调节经济的能力。

（四）逐步强化和完善现代中央银行制度（1993 年至今）

1993 年，按照国务院《关于金融体制改革的决定》，中国人民银行进一步强化金融调控、金融监管和金融服务职责，划转政策性业务和商业银行业务。

1995 年 3 月 18 日，全国人民代表大会通过《中华人民共和国中国人民银行法》，首次以国家立法形式确立了中国人民银行作为中央银行的地位，标志着中央银行体制走向了法制化、规范化的轨道，是中央银行制度建设的重要里程碑。

1998 年底，中国人民银行分行的设置由按行政区划改为按经济区划，即撤销了省级分行，改为跨省、区、市设置分行。新设立的 9 个分行是：天津分行（管辖天津、河北、山西、内蒙古），沈阳分行（管辖辽宁、吉林、黑龙江），上海分行（管辖上海、浙江、福建），南京分行（管辖江苏、安徽），济南分行（管辖山东、河南），武汉分行（管辖江西、湖南、湖北），广州分行（管辖广东、广西、海南），成都分行（管辖四川、贵州、云南、西藏），西安分行（管辖陕西、甘肃、青海、宁夏、新疆）。同时撤销北京分行和重庆分行，由总行营业管理部履行所在地中央银行职能，并在不设一级分行的省会（自治区、直辖市）城市设金融监管办事处。这一改革有利于增强中央银行金融宏观调控的能力和提高金融监管的效率。

2003 年，按照党的十六届二中全会审议通过的《关于深化行政管理体制和机构改革的意见》和第十届全国人民代表大会一次会议批准的国务院机构改革方案，将中国人民银行对银行、金融资产管理公司、信托投资公司及其他存款类金融机构的监管职能分离出来，并和中央金融工委的相关职能进行整合，成立中国银行业监督管理委员会。同年 9 月，中央机构编制委员会正式批准人民银行的“三定”调整意见。12 月 27 日，十届全国人民代表大会常务委员会第六次会议审议通过了《中华人民共和国中国人民银行法（修正案)》。

二、中国人民银行的职能

中国人民银行的主要职能有：起草有关法律和行政法规；完善有关金融机构运行规则；发布与履行职能有关的命令和规章；依法制定和执行货币政策；监督管理银行间同业拆借市场和银行间债券市场、外汇市场、黄金市场；防范和化解系统性金融风险，维护国家金融稳定；确定人民币汇率政策；维护合理的人民币汇率水平；实施外汇管理；持有、管理和经营国家外汇储备和黄金储备；发行人民币，管理人民币流通；经理国库；会同有关部门制定支付结算规则，维护支付、清算系统的正常运行；制定和组织实施金融业综合统计制度，负责数据汇总和宏观经济分析预测；组织协调国家反洗钱工作，指导、部署金融业反洗钱工作，承担反洗钱的资金监测职责；管理信贷征信业，推动建立社会信用体系；作为国家中央银行，从事有关国际金融活动；按照有关规定从事金融业务活动；承办国务院交办的其他事项。

三、中国人民银行的业务

中国人民银行作为我国的中央银行，它的业务是中国人民银行职能的具体化。中央银行业务一般由中央银行法确定，即称为中央银行的法定业务。根据《中华人民共和国中国人民银行法》（以下简称《中国人民银行法》）的规定，我国中央银行法定业务的具体范围包括下述几个方面。

（一）规定和集中存款准备金

所谓存款准备金，是指具有存款业务的金融机构为应付存款户提款而保留的库存现金和按规定存入中央银行的存款。将存款准备金集中于中央银行，最初始于 18 世纪的英国。以法律形式规定商业银行必须向中央银行缴存存款准备金，始于 1913 年《美国联邦储备法》。实行存款准备金制度，一方面是为了保护存款人的资金安全以及金融机构本身的安全；另一方面是有利于中央银行调节信用规模和控制货币供应量。《中国人民银行法》规定，中国人民银行为执行货币政策，可以要求金融机构按照规定的比率缴存存款准备金。

（二）确定中央银行基准利率

基准利率是指在多种利率并存的条件下起决定作用的利率。基准利率变动，其他利率也相应变动。基准利率在西方国家通常是中央银行的再贴现利率，在我国是人民银行对商业银行贷款的利率。中国人民银行根据执行货币政策的需要，可以确定中央银行基准利率。

（三）办理再贴现

中国人民银行可以根据需要，为金融机构开立账户，为已开立账户的金融机构办理再贴现。再贴现是指商业银行或其他金融机构将贴现所获得的未到期票据，向中央银行作的

票据转让，实际上就是商业银行与中央银行之间的票据买卖和资金让渡的活动。

（四）向商业银行提供贷款

中央银行不办理普通银行贷款业务，贷款对象必须是银行和其他金融机构，它不是为了追求盈利，而是为了调节金融，借以实现对金融活动的管理。《中国人民银行法》规定，为执行货币政策，中国人民银行可以向商业银行提供贷款，并且可以决定对商业银行贷款的数额、期限、利率和方式，但贷款的期限不得超过一年。中国人民银行不得向地方政府、各级政府部门提供贷款，不得向非银行金融机构以及其他单位和个人提供贷款，但国务院决定中国人民银行可以向特定的非银行金融机构提供贷款的除外。中国人民银行不得向任何单位和个人提供担保。

（五）在公开市场上买卖国债和其他政府债券及外汇

公开市场政策是中央银行拥有的一般性货币政策工具。所谓公开市场政策，是指中央银行在公开市场上买进或卖出有价证券的行为。公开市场有广义、狭义两种市场形式。广义公开市场是指中央银行除了在公开市场上买卖国债和其他政府债券外，还可以买卖地方政府债券、由政府担保的证券、银行承兑汇票等，以达到调节信用和控制货币供应量的目的。狭义公开市场是指仅允许中央银行在公开市场上买卖国债和其他政府债券。《中国人民银行法》规定，中国人民银行可以在公开市场上买卖国债和其他政府债券及外汇，可以代理国务院财政部门向各金融机构组织发行、兑付国债和其他政府债券，但不得对政府财政透支，不得直接认购、包销国债和其他政府债券。

（六）经理国库

国库就是国家金库，是负责办理国家预算资金的收入和支出的出纳机关。《中国人民银行法》和《中华人民共和国国家金库条例》都规定，中国人民银行依照法律、行政法规的规定经理国库。因此，经理国库是中国人民银行的一项重要职责。

（七）清算服务

所谓清算，是指避免现款支付的麻烦，而以转账方式了结债权债务关系。银行之间的债权债务关系需要通过一个中枢机构办理转账结算，这种中枢机构一般由中央银行兼任。《中国人民银行法》规定，中国人民银行应当组织或者协助组织金融机构相互之间的清算系统，协调金融机构相互之间的清算事项，提供清算服务。可见，清算是中央银行一项重要的法定业务。

知识链接

中国人民银行的证券买卖业务

中国人民银行从事证券买卖业务，有利于增加国债的流动性，促进国债二级市场的发展，同时使中国人民银行宏观金融调控的手段更加丰富、更加灵活，有利于各金融机构改善自身资产结构，增强流动性，提高资产质量。1994 年 4 月 1 日，中国人民银行开始在上海银行间外汇市场上通过买卖外汇进行公开市场业务操作；1995 年，中国人民银行开始通过融资券的买卖在本币市场上试行公开市场业务；直到 1996 年 4 月 9 日，才正式启动中央银行国债公开市场业务。目前，中国人民银行是通过银行同业拆借市场实施公开市场业务的，操作工具包括国债、中央银行融资券、政策性金融债券，交易主体是国债一级交易商，而不是个人和企事业单位。国债一级交易商由人民银行根据条件在参与国债交易的金融机构中选定。

但是，由于目前我国的金融市场发育还不健全，公开市场业务开展的时间比较短，因而我国中央银行的证券买卖业务仍然不很发达。

活动设计

中央银行比较

1. 活动资料

查阅中国人民银行、欧洲中央银行、美国联邦储备体系等相关资料。

2. 活动提示

将学生分为若干组进行讨论，最后各组选出代表上台发言。

3. 活动要求

从中国人民银行发展历程等方面与欧洲中央银行和美国联邦储备体系进行比较，说明中国人民银行有哪些方面优势，还有哪些方面有待改善。

4. 活动场所

图书馆、多媒体教室。

本章小结

资本主义商品经济的迅速发展，银行信用的普遍化和集中化，既为中央银行的产生奠定了经济基础，又为中央银行的产生提供了客观要求。

中央银行是国家赋予其制定和执行货币政策，对国民经济进行宏观调控和管理监督的特殊的金融机构。

中央银行是发行的银行、国家的银行、银行的银行。

现在各国的中央银行，虽然在性质与职能方面基本一致，但因各国的社会制度、经济发展水平、金融业发展程度等因素的影响，致使各国的中央银行制度存在差异。总体来说，中央银行制度大致可归纳为四种类型：单一型、复合型、跨国型和准中央银行型。

中央银行的业务主要包括资产业务、负债业务和其他业务三类。中央银行资产业务包括贷款业务、再贴现业务、证券买卖业务和金银、外汇储备业务等。中央银行的负债业务主要包括资本业务、货币发行业务、存款业务等。中央银行的其他业务主要包括代理发行和兑付国债业务、清算业务。中央银行的业务活动不以盈利为目的，而以稳定币值为己任。

本章自测

一、单项选择题

1. 中央银行的产生（　　）商业银行。

A. 早于　　B. 晚于　　C. 同时　　D. 无法比较

2. 最早全面发挥中央银行职能的是（　　）。

A. 瑞典银行　　B. 中国银行
C. 英格兰银行　　D. 法兰西银行

3. 下列不属于中央银行业务对象的是（　　）。

A. 城市商业银行　　B. 政府
C. 国有商业银行　　D. 国有大中型企业

4. 中央银行组织全国的清算职能属于中央银行的（　　）。

A. 资产业务　　B. 负债业务　　C. 中间业务　　D. 公开市场业务

5. 我国目前实行的中央银行制度属于（　　）。

A. 跨国型　　B. 复合型
C. 单一型　　D. 准中央银行型

6. 下列属于中央银行资产项目的是（　　）。

A. 流通中的货币　　B. 政府和公共机构存款
C. 商业银行等金融机构存款　　D. 政府债券

7. 在中国人民银行的资产负债表中，最主要的资产项目为（　　）。

A. 政府存款　　B. 国外资产
C. 对存款货币银行的债权　　D. 对政府的债权

8. 中央银行握有证券并进行买卖的目的不是（　　）。

A. 盈利　　B. 投放基础货币
C. 回笼基础货币　　D. 对货币供求进行调节

9. 在中央银行的初创时期，最早设立的中央银行是（　　）。

A. 英格兰银行　　B. 美国联邦储备体系
C. 瑞典里克斯银行　　D. 德意志联邦银行

二、多项选择题

1. 下列属于中央银行负债业务的是（　　）。

A. 资本业务　　B. 货币发行业务
C. 金融机构存款　　D. 财政性存款

2. 中央银行产生和发展的原因主要有（　　）。

A. 政府融资问题　　B. 银行券发行问题
C. 票据交换问题　　D. 最后贷款人问题

3. 中央银行的资本类型可分为（　　）。

A. 资本全部为国家所有　　B. 资本部分为国家所有
C. 资本全部为民间所有　　D. 无资本金的中央银行

4. 关于中央银行职能的概括，简明、形象、便于理解和记忆并已被大家普遍接受的概括是（　　）。

A. 发行的银行　　B. 银行的银行
C. 国家的银行　　D. 政府的银行

5. 中央银行作为银行的银行，具体表现为（　　）。

A. 集中存款准备金

B. 代理政府债券的发行
C. 充当商业银行等金融机构的“最后贷款人”
D. 组织、参与和管理全国的清算
E. 代理国库

6. 中央银行是国家的银行是指（　　）。
A. 中央银行根据法律授权制定和实施货币政策，对金融业实施监督管理，负有保持货币币值稳定和保障金融业稳健运行的责任
B. 中央银行代表国家参加国际金融组织，签订国际金融协定，参与国际金融事务与活动
C. 中央银行为政府代理国库，办理政府所需要的银行业务，提供各种金融服务
D. 组织、参与和管理全国的清算
E. 充当商业银行等金融机构的“最后贷款人”

7. 中央银行独立运作的模式主要有（　　）。
A. 中央银行隶属于议会
B. 中央银行隶属于财政部
C. 中央银行隶属于政府
D. 中央银行隶属于某一委员会
E. 中央银行隶属于某一商业银行

8. 按中央银行的业务活动是否与货币资金的运动相关，一般可分为（　　）两大类。
A. 银行性业务
B. 国家性业务
C. 负债性业务
D. 存款性业务
E. 管理性业务

9. 中央银行的负债业务主要有（　　）。
A. 货币发行业务
B. 代理国库业务
C. 再贴现和再贷款业务
D. 对政府的贷款
E. 存款业务

10. 中央银行的资产业务主要有（　　）。
A. 再贴现和再贷款业务
B. 对政府的贷款
C. 金银外汇储备业务
D. 证券买卖业务
E. 货币发行业务

三、判断题

1. 中央银行的贷款以盈利为目的。（　　）
2. 中央银行一般不直接对工商企业和个人发放贷款。（　　）
3. 监管商业银行的经营是中国人民银行的重要职责之一。（　　）
4. 当中央银行的资产负债表中资产增加时，其黄金与外汇储备有可能减少。（　　）
5. 在我国，中央银行主要靠再贷款业务向商业银行融通资金。（　　）
6. 按目前的发展状况，公开市场业务会逐渐成为我国中央银行的主要政策工具。（　　）
7. 中央银行集中与垄断货币发行权是其自身之所以成为中央银行最基本、最重要的标志，也是中央银行发挥其全部职能的基础。（　　）

四、名词解释题

中央银行　　最后贷款人　　再贴现

五、问答题

1. 中央银行的再贴现业务和中央银行贷款有什么不同？
2. 中央银行制度的类型有哪些？
3. 中央银行的职能有哪些？

第五章 商业银行

通过本章的学习，了解商业银行的起源和发展；理解商业银行的性质与职能；了解商业银行的组织形式；理解并掌握商业银行的负债业务、资产业务和中间业务；理解并掌握商业银行的经营原则；了解商业银行的资产负债管理理论的发展；能够灵活运用商业银行的资产业务、负债业务和中间业务；能够运用资产负债管理理论对商业银行进行管理。

日本大和银行事件

大和银行是日本名列第12位的大型国际性商业银行。1995年9月25日，该行纽约分行主管交易的执行副总裁井口俊英坦言自己在长达11年的时间中累计隐瞒了高达11亿美元的巨额亏损；随即，大和银行被迫对外宣布其亏损。井口俊英成为继巴林银行交易员里森之后又一个令国际银行界为之震惊的人物。

井口俊英1976年在大和银行纽约分行工作，三年后被提升为交易部主任，从此负责前台交易、后线结算和债券保管工作。如此三权集于一身，显然违背了资金交易中前台和后线相互分离、相互监督的风险管理原则，为井口俊英的违规交易提供了机会。自从1984年井口俊英在美国的政府债券市场上亏损20万美元后，他便开始利用职务之便篡改客户账目，把客户账上的债券出售，再造假账说明这些债券并未卖掉。年复一年，假账和亏损积聚迅速，然而日本大藏省、美国联邦储备银行及大和银行总行均未曾检查出问题，直到井口俊英自感难以为继才主动坦白。

大和银行事件实际上已宣告了自20世纪80年代以来日本向国际证券市场扩张的努力惨遭失败。日本在“泡沫经济”崩溃后，各大银行大面积亏损，纷纷为巨额呆账所困，为了摆脱危机，日本加快了金融改革步伐。1993年出台了日本金融制度改革法，银行与证券业混合经营已成定局。但是，国际证券经营的风险仍是日本银行业面临的长期挑战。

第一节 商业银行概述

银行的产生和发展，是与商品经济的发展紧密相连的。银行信用制度是在货币经营业的基础上产生，在与高利贷资本的斗争中发展起来的，并随着商品经济的发展不断完善。

一、早期银行的产生

在货币产生以后，随着商品交换的发展，出现了从事货币兑换、保管和汇兑业务的货币经营业，这就是银行的前身。在前资本主义时期，各个国家，甚至一国之内的不同地区，铸币的材料、重量、成色均不统一，这为贸易活动带来极大不便，铸币兑换已成为客观的必要。因而，逐渐从商人中分离出来一种专门从事铸币兑换业务的货币兑换商，这就是最早的货币经营业。

铸币兑换商起初只办理兑换铸币的技术性业务，并且收取一定的手续费。随着商品经济的进一步发展，兑换商不仅从事铸币兑换，而且为商人保管暂时不用的货币资产，进而接受他们的委托办理货币收付、汇兑和转账业务，这些都是由货币各种职能引起的技术性业务。由于货币经营业务的扩展，铸币兑换商手中经常聚集着大量的货币，他们利用这些货币资财进行放款业务。这样，货币经营业就发展成为既办理兑换，又经营存款、放款、汇兑等业务的银行业。

关于银行的起源，学者们有不同的意见。如果就货币兑换及实物借贷业务来说，公元前2000年左右，巴比伦已有这些经营业活动的记载。在古希腊和罗马时代，也有以收受存款、办理汇兑、兑换货币及放款为业的类似银行的组织。中世纪时期，城市手工业不断发展，商业日渐兴盛，欧洲的国际贸易以意大利为中心，当时的威尼斯和热那亚曾经是沟通欧亚贸易的枢纽，货币经营业较为发达，1157年成立了威尼斯银行。以后，国际贸易中心由意大利移至荷兰及北欧，为了适应贸易的需要，1609年荷兰成立阿姆斯特丹银行，1619年成立汉堡银行，1621年成立纽伦堡银行。这些银行起初只经营货币兑换、接受存款、转账结算等业务，后来也经营放款业务。但是，那时这些银行的放款业务仍带有高利贷性质，借款人主要是政府、领主以及一些小商品生产者，大多数工商业资本家难以得到信用的支持。

在英国，早期银行则是由金匠业发展而来的。17世纪中叶，伦敦不少金匠从事金银首饰的制作。随着商业的迅速发展，大量金银流入英国，为了安全起见，人们经常将金银铸币送金匠铺代为保管。当时金匠替人们鉴定金银货币，接受委托代为保管，并签发保管收据，收取保管费。随着英国资本主义经济发展的需要，金匠业也发生了重大的变化。

(1) 保管收据演变为支付工具，即银行券的前身。金匠铺签发给顾客的原只作为保管物品的凭证的保管收据，到期可据以提现。后来，由于交易频繁，提现支付的金额和次数大量增加，为方便支付，节约费用，人们就直接用保管收据——金匠券直接支付。金匠券便逐渐演变为银行券。可见，保管收据是银行券的原始形式。

(2) 保管业务的划款凭证演变为银行的支票。金匠在经营保管业务中，可以遵照顾客的书面指示，将其保管的金银货币移交给第三者。这种书面指令便是银行支票的前身。随着保管业务发展为存款业务，这种划款凭证便演变为银行支票。

(3) 十足准备金转变为部分准备金，保管业务发展为存款业务。起初金匠对收存的金银货币所开出的保管收据保100%的现金准备。后来发现，并不需要经常保持十足的现金准备，可将其中一部分用于放款，赚取利息。而且金匠签发的保管收据最终比原来存入金银货币高出数倍，于是十足的保证准备制度变为部分准备制度。为了争取更多的顾客，扩大放款的资金来源，他们不仅不收取保管费，反而付给交存金银货币的人一定的报酬，这就是利息，这就使原先的保管货币业务转变为吸收存款业务。

金匠业发生的上述一系列变化，实际上具有创造信用、增减货币量的功能，使这一行业逐渐发展为从事货币信用业务的银行业。

知识链接

最早的存款机构：寺院

中国最早的储蓄机构不是银行，而是寺院。寺院数目多，分散广，很有资财；又是供奉佛祖的地方，人们不敢偷寺院的东西。所以，存款在寺院，既稳妥又方便。早在魏晋南北朝时期，寺院就兼营存放款业务。

唐代出现了专门代为保管个人金钱财物的柜坊、寄附铺。人们可以直接把金银、粟帛、钱币寄存，也可以租用柜子来存放，柜坊又叫僦柜，“僦”即“租赁”之意。柜坊、寄附铺资金雄厚，有钱人大多愿意把钱寄存在那里。唐宪宗元和年间（公元 805—820 年），各地方镇寄存在京师店家的钱财，少的也不下 50 万贯。及至明清以后，专门或兼营公私存款的机构愈来愈多，如寄存钱财的寄铺，兼营存款业务的钱庄、票号、当铺等。

二、现代银行的产生

现代银行作为经营货币信用业务的资本主义企业，是随着资本主义生产方式的产生和发展而建立起来的。现代资本主义银行基本上是经过两个途径发展起来的：一是由早期的高利贷性质的银行演变的；二是根据资本主义经济的要求以股份制形式组织的。

早期银行和金匠业发放贷款利息很高，具有高利贷的性质，几乎吞没了资本家的全部利润，因而不能满足资本主义发展对信用的需要。17—18 世纪间，新兴的资产阶级进行了反高利贷的斗争，要求以法律形式限制放款的利息水平。但当信用业被高利贷者垄断时，任何降低利率的法令都不会产生实际效果，于是，他们根据资本主义经济的要求，以股份制形式建立起新的资本主义银行。这种股份制银行资本雄厚，规模大，利率低，逐渐发展成为资本主义银行的主要形式。1692—1694 年，英王威廉三世采纳苏格兰人皮特逊关于援助商人自行组织银行的计划，于 1694 年由组织银行者借给政府 120 万英镑，政府特许他们组织一家银行，并且特准发行 120 万镑银行券，这就是世界上第一家股份制银行——著名的英格兰银行。它的贴现率一开始就规定为 4.5%~6%，大大低于早期银行业的贷款利率。英格兰银行的建立，意味着适应资本主义生产方式的信用制度的确立，同时，标志着高利贷在信用领域里的垄断地位已动摇。

新兴资产阶级反对高利贷斗争的焦点是降低利率，而现代资本主义银行制度取得胜利的一个途径是打破高利贷资本对贵金属和金属货币的垄断，其方法有两个：一是通过存款把社会闲置的货币资本集中起来，再投放到货币市场上去；二是用信用货币代替金银货币的流通。马克思在分析英格兰银行时指出：“现代银行制度，一方面把一切闲置的货币准备金集中起来，并把它投入货币市场，从而剥夺了高利贷资本的垄断，另一方面又建立信用货币，从而限制了贵金属本身的垄断。”① 股份银行逐步取代原来旧式个别资本经营的银行，推动了资本主义经济的发展。

现代资本主义银行产生的另一途径是原来的旧式高利贷性质的银行适应新条件要求，进行必要的改组，使之成为适合资本主义发展需要的银行，这个转变过程是相当缓慢的。如在英国，先是从金匠业中独立出来的一些私人银行，专门为工商资本家充当信用中介，从 17 世纪开始到 18 世纪末才宣告完成。而且利率仍然很高，年息在 20%～30%，很难满足资本主义发展的要求。

现代银行与早期银行相比，具有三个主要特点：一是利息水平低。现代银行利率通常低于平均利率，突出其支持资本主义经济发展的性质。二是信用功能扩大。早期银行只是简单的信用中介，现代银行除了接受存款、发放贷款外，还发行银行券，代客办理信托、汇兑、信用证、购销有价证券等业务。三是具备信用创造功能。现代银行是信用媒介机构和信用创造机构的统一，其中“信用媒介”是早期银行已具备的功能，而“信用创造”则是现代银行具有的本质特征。所谓“信用创造”功能，是指现代银行所具有的创造存款货币，并用以扩大放款和投资的能力。通过这一功能直接影响社会货币的供应量，影响货币和投资的规模，从而影响币值的稳定。

三、商业银行的性质

资本主义商业银行是特殊的资本主义企业。因为银行的业务活动处在社会再生产过程之中，是实现资本循环周转的一个必要环节。在资本主义商品经济条件下，工农业生产部门创造的价值，必须通过流通部门来实现。流通领域在实现商品价值时，不仅要有商业从事商品购销活动，而且也要有银行从事货币收付、资金融通、转账结算等业务。这些从事价值创造的工业、农业和实现价值的商业银行都属于资本主义企业。

银行与资本主义工商企业的经营目标相同，都是为了追逐利润，都受剩余价值规律和利润平均化规模的支配。而利润的来源则是雇佣工人在生产过程中所创造的剩余价值。银行资本家通过贷出货币资本给职能资本家，间接地参与了对剩余价值的瓜分。

但是，银行作为资本主义企业，又不同于一般的资本主义工商企业，因为银行经营的对象不是普通商品，而是货币资本这个特殊商品。银行的活动处于货币信用领域，以信用方式与工商企业发生广泛的经济联系。银行通过信用方式聚集和分配货币资本，具有调节社会经济生活的特殊作用，这就决定了银行在资本主义经济中的特殊地位。

四、商业银行的组织形式

（一）单一银行制

单一银行制是指银行业务完全由一个银行机构（总行）经营，不设立任何分支机构的制度。目前仅美国银行业采用这一体制，各州银行法禁止或限制银行开设分支行。主要原因是美国各个州独立性很大，各州政府要保护其各自的利益。但是，随着经济的发展，地区经济联系的加强，以及金融竞争的加剧，美国银行业已一再冲破单一银行制的限制。因此，美国的单一银行制已开始发生变化。许多州对银行开设分支机构的限制已有所放宽。根据各州不同的法律规定，有的州并不限制银行设立分支机构，有的州限定商业银行的分支机构只能在某一特定区域开设，有的州则完全禁止。

① 《马克思恩格斯全集》，2 版，第 46 卷，682 页，北京，人民出版社，2003。

单一银行制在一定程度上限制了银行兼并和垄断，缓和了银行间的竞争和集中，有利于协调地方政府和银行的关系，使银行在业务上具有较大的灵活性和独立性。但它在限制竞争的同时，也限制了银行的业务创新和规模的扩大。

（二）分支行制

分支行制是指银行机构除总行外，还在其他地区设立分支机构，主要代表者为英国。英国只有10家商业银行，其中规模最大的只有4家，即巴克莱银行、米特兰银行、劳合银行、国民西敏士银行，共有分支机构1万余家，总存款额占银行体系的70%。分支行制的优点在于银行规模较大，分工较细，专业化水平高；分支行遍布各地，容易吸收存款；便于分支行之间的资金调度，减少现金准备；由于放款额分散于各分支行，可以分散风险。目前多数国家均采用这种制度。但分支行制会使银行业过分集中，不利于自由竞争。我国的商业银行业主要采取这种组织形式。

（三）银行控股公司制

银行控股公司制也称集团银行制，即由某一集团成立股权公司，再由该公司控制或收购两家以上银行的股票，大银行通过持股公司把许多小银行置于自己的控制之下。这一制度在美国最为流行。第二次世界大战后，美国商业银行为了冲破各种对设立分支行的种种限制，为了实行银行业务多样化，银行控股公司迅速大量发展起来。银行控股公司有两种形式：一种是单一银行控股公司。这种公司控制一家商业银行的股权，便于设立各种附属机构，开展多种非银行的金融业务，它多以大银行为主。另一种是多家银行控股公司。这种公司控制两家以上商业银行的股权，便于银行扩展和进行隐蔽的合并，它多以中小银行为主。

银行控股公司制有利于扩大资本总量，增强银行的实力，弥补了单一银行制的不足。但这种制度容易形成银行业的集中和垄断，不利于银行之间开展竞争。

（四）连锁银行制

连锁银行制是指由个人或集团控制两家以上商业银行的制度。它可以通过股票所有权、共同董事或法律所允许的其他方式实现。连锁银行制的成员银行都保持其独立性，连锁银行是在禁止实行分支行制银行和多家控股公司的美国各州发展起来的，经营活动大都在较小地区，其成员多是小银行。它们一般环绕在一家主要银行的周围。其中的主要银行确立银行业务模式，并以它为中心，形成集团内部的各种联合。

五、商业银行的职能

（一）信用中介

信用中介是商业银行最基本、最能反映其经营活动特征的职能。银行通过其负债业务，可动员和集中社会上的各种闲置资金，再通过资产业务把资金投放到国民经济的各个部门，即在借贷之间充当中间人的角色。银行经营利润的形成，即来自吸收资金所花费的成本与发放贷款所获得的利息收入、投资净收益及其他手续费支出和收入之间的差额。

具体而言，商业银行的信用中介职能反映在以下三个方面：(1) 变小额资本为大额资本；(2) 变闲置资本为职能资本；(3) 变短期资金为长期资金。商业银行将各种闲置资金投放到生产流通部门，成为生产流通部门的货币资本，扩大了社会资本的规模，促进了生产和流通的发展，实现了社会资本内涵的扩大与效率的提高。

（二）支付中介

支付中介职能是指商业银行在活期存款账户的基础上，为客户办理货币结算、货币收付、货币兑换和存款转移等业务活动。支付中介是商业银行的传统功能。从历史上看，货币支付和货币汇兑以货币的兑换收付、货币的保管为前提，而存贷款业务是上述业务的延伸与发展，因而，商业银行支付中介职能的产生要早于信用中介职能。但是，信用中介职能形成后，货币支付和货币汇兑要通过活期存款账户进行，因此，信用中介职能反而成为支付中介职能的前提与基础。借助支付中介职能，商业银行成了工商企业、政府、家庭和个人的货币保管人、出纳人和支付代理人，商业银行因此成为社会经济活动的出纳中心和支付中心。由于商业银行所提供的转账结算、支付汇兑等服务主要是面向其存贷款业务的扩大，因此促进了银行信用中介职能的更好发挥。

（三）信用创造

商业银行的信用创造职能，是在支付中介和信用中介职能的基础上产生的，是指商业银行通过吸收活期存款、发放贷款以及从事投资业务衍生出更多存款货币，从而扩大社会货币供给量。信用创造是商业银行的特殊职能，是在信用中介职能得以发挥的基础上派生出来的，商业银行以外的金融机构不具有这一职能。由于商业银行发挥信用创造职能会对整个社会的信贷规模及货币供给产生直接影响，因而商业银行成为货币管理当局监管的重点，商业银行的业务活动受到货币当局的极大关注。商业银行发挥信用创造职能的作用主要有：(1) 通过创造存款货币等流通工具和支付手段，既可以节约现金使用，减少社会流通费用，又能满足社会经济发展对流通手段和支付手段的需要；(2) 通过增加或减少存款货币等流通手段和支付手段的供应，可以调节社会货币流通规模，进而影响与调节国民经济活动。

但是，商业银行不可能无限制地进行信用创造，更不能凭空进行信用创造，它会受以下三个因素的制约：(1) 商业银行的信用创造，要以存款为基础；(2) 商业银行的信用创造，要受中央银行存款准备金率、自身现金准备率及贷款付现率的制约，并与上述比率成反比；(3) 商业银行的信用创造，要以有贷款需求为前提。

（四）金融服务

金融服务是指商业银行利用其在充当信用中介和支付中介过程中所获得的大量信息，借助电子计算机等先进手段和工具，为客户提供其他金融服务，这些服务主要有现金管理、财务咨询、代理融通、信托、租赁、计算机服务等。商业银行作为支付中介和信用中介，同国民经济的各个部门、各个单位以及个人发生多方面的联系，它同时接受宏观调控和市场调节，掌握了大量的宏观信息和市场信息，成为国家经济和金融的信息中心，能够为社会的各个方面提供各种金融服务。随着经济生活的日益现代化，银行服务已深入到百姓家庭的各个方面，如代理支付水电费和电话费、转账结算、为企业代发工资等，这些都给商业银行提供了广大的服务空间。在日益激烈的竞争压力下，各商业银行也在不断地开拓服务领域，推出新的服务项目，提高服务质量，促使商业银行向更高层次发展。

商业银行通过提供金融服务既提高了信息与信息技术的利用价值，加强了银行与社会的联系，同时也为银行增加了很多业务收入，提高了银行的盈利水平。而且，随着信息技术日新月异的发展，商业银行金融服务功能将发挥越来越大的作用，并对社会经济生活产生更加广泛而深远的影响。

在商业银行的上述四项职能中，最能表现商业银行特点的是中介职能，即信用中介职能和支付中介职能。

第二节　商业银行的业务

商业银行的业务种类很多，可以有各种不同的划分方法。按其业务性质划分，可以分为信用业务和非信用业务。信用业务包括“受信”和“授信”两个方面，前者为接受别人信用，吸收资金的业务，后者为授予别人信用，运用资金的业务。非信用业务，主要是其他服务性的业务。通常是按资金来源和运用来划分，将商业银行的业务分为负债业务、资产业务和中间业务三类，而有一些具体业务可能同时兼有其中两种业务的特性。

一、负债业务

商业银行的负债业务是指形成商业银行资金来源的业务，是商业银行资产业务的前提和条件。商业银行的负债业务主要包括资本金、存款负债和其他负债三部分。

（一）资本金

1. 商业银行资本金的概念

商业银行是经营货币信用业务的特殊企业，与其他企业一样，需要一定数量的资本金作为业务经营与管理的基础。国际上通常把银行资本金定义为：银行股东为赚取利润而投入银行的货币和保留在银行中的收益。商业银行资本金代表投资者对商业银行的所有权，是商业银行设立和开展业务的先决条件，是银行承担经营风险、使客户存款免受偶然损失的保障。

2. 商业银行资本金的构成

为了保证银行的安全和与国际银行业的公平竞争，1988年7月，巴塞尔委员会通过了《关于统一国际银行的资本计算和资本标准的协议》，简称《巴塞尔协议》。《巴塞尔协议》明确规定商业银行的资本分为核心资本和附属资本。

（1）核心资本。核心资本也叫一级资本，主要由永久性股东产权组成，具体包括股本和公开储备两种。

股本包括普通股和非累积优先股。普通股是银行股金资本的基本形式，它是一种主权。永久性非累积优先股具有债券和普通股的双重性质。一方面，它像债券一样，通常只支付优先股固定股息；另一方面，它像普通股一样，没有固定支付股息和到期偿还本金的义务。公开储备是指通过保留盈余或其他盈余的方式在资产负债表上反映的储备，如股票发行的溢价、未分配利润和公积金等。

（2）附属资本。附属资本也叫二级资本，是银行的债务资本，具体包括以下五项：

1）未公开储备。未公开储备又叫隐蔽储备。各国定义未公开储备的标准不同，《巴塞尔协议》中的标准是：在该项目中，只包括虽未公开，但已反映在损益账上并为银行监管机构所接受的储备。

2）重估储备。一些国家按本国的监管和会计条例允许对某些资产进行重估，以便反映它们的市值或使其相对于历史成本更接近其市值。

3）普通准备金。普通准备金是为防备未来可能出现的一切损失而设立的。因为它可被用来弥补未来的不可确定的任何损失，符合资本的基本特征，可被包括在附属资本中，但不包括那些为已确认的损失或为某项资产价值的明显下降而设立的准备金。

4）混合资本工具。混合资本工具是指一些既带有一定股本性质又有一定债务性质的资本工具。例如英国的永久性债务工具、美国的强制性可转换债务工具。

5）长期附属债务。长期附属债务是资本债券与信用债券的合称。

3. 商业银行资本充足度的测定

按照《巴塞尔协议》的规定，银行的资本充足率（银行的资本余额/加权风险资产余额）不低于8%，其中核心资本充足率（核心资本余额/加权风险资产余额）不低于4%，附属资本总额不得超过核心资本总额的100%。

案例分析

《巴塞尔协议Ⅲ》

《巴塞尔协议》是国际清算银行（BIS）的巴塞尔银行业条例和监督委员会的常设委员会——“巴塞尔委员会”于1988年7月在瑞士的巴塞尔通过的《关于统一国际银行的资本计算和资本标准的协议》的简称。该协议第一次建立了一套完整的国际通用的、以加权方式衡量表内与表外风险的资本充足率标准，有效地扼制了与债务危机有关的国际风险。最新通过的《巴塞尔协议Ⅲ》受到了2008年全球金融危机的直接催生，该协议规定，全球各商业银行5年内必须将一级资本充足率的下限从现行要求的4%上调至6%，过渡期限为2013年升至4.5%，2014年为5.5%，2015年达6%。同时，协议将普通股最低要求从2%提升至4.5%，过渡期限为2013年升至3.5%，2014年升至4%，2015年升至4.5%。截至2019年1月1日，全球各商业银行必须将资本留存缓冲提高到2.5%。

另外，协议维持目前资本充足率8%不变，但是对资本充足率加资本缓冲要求在2019年以前从现在的8%逐步升至10.5%；最低普通股比例加资本留存缓冲比例在2019年以前由目前的3.5%逐步升至7%。

《巴塞尔协议Ⅲ》对一级资本提出了新的限制性定义，即一级资本只包括普通股和永久优先股。会议还决定各家银行最迟在2017年底完全接受最新的针对一级资本的定义。

分析题：查阅《巴塞尔协议》有关资料，你认为一系列《巴塞尔协议》的签订对商业银行的经营管理具有哪些影响？对我国商业银行经营管理的影响是什么？

（二）存款负债

存款是商业银行动员外来资金的主要形式，也是银行营运资金的最主要来源，一般占商业银行资金来源的70%以上。商业银行为了迎合存款人的多种需要，开办了各种各具特色的存款种类，而且随着经济的发展和金融市场的变化，以及政府管制的放宽，存款种类不断创新。按不同的标准，可将存款分为不同种类。如按存款人的性质，可以分为个人存款、公司存款、政府存款和同业存款；按存储时间，可以分为短期存款和长期存款；按提取存款方式，可以分为活期存款、定期存款、储蓄存款和通知存款。下面就按提取存款方式的划分方法进行分述：

第一，活期存款是一种以支票作为支付转账凭证，可以随时存取的存款，又称为支票账户存款或往来账户存款。开立这类账户的客户，大都是工商企业和非营利性单位（包括个人），存款的目的是为了结算便利，一般不计付利息。由于竞争激化，美国近年来出现的“可转让支付命令账户”（NOW），实际上是一种计息的支票存款。

第二，定期存款是一种以存单为存取凭证，事先规定存款期限的存款。期限通常为3个月、6个月、1年，也有2年或2年以上的，存款人的存款目的主要在于取得较高的利息，所以，定期存款一般利息较高，原则上不能提前支取。从20世纪60年代开始，美国商业银行首创了可转让大额定期存单，不能兑现，但可以流通转让，具有较高的流动性，并且不受利率规定的限制。

第三，储蓄存款是一种以存折为存取凭证的存款。这种存款以鼓励居民个人节余积蓄货币为目的，银行给予一定的利息，不能使用支票，不能转账。这种存款没有一定期限，但很多国家规定存入后经一定期限（一般为30天）或在一定期限内提前通知银行，才能提取，但实际上很少照办。储蓄存款有活期和定期两种，活期储蓄存款凭存折存取，定期储蓄存款又可分零存整取、整存整取、整存零取、存本取息等几种形式。

第四，通知存款是存款人在存款时未约定期限，提取在银行的存款时，必须提前一定时间通知银行，以便银行提前准备资金，保证支付的存款。这项存款的利率一般高于活期存款而低于定期存款。

即问即答：“银行的存款越多实力越强，所以银行的首要任务是吸收存款。”你同意这种观点吗？请说出你的理由。

（三）其他负债

商业银行吸收外来资金，除存款以外，还有如下几种形式：通过发行金融债券，出售可转让的定期存单等金融资产，借入资金；向中央银行再贴现或再抵押借入资金；向同业借入资金，又称同业拆借，是资金不足的银行向超额储备的银行借入资金，这种借贷方式在美国称为“借入联邦基金”，同业拆借一般是短期的，如果需要，经双方同意可以续借；借入欧洲美元市场资金，一些大商业银行也可以在国际金融市场上借款，以扩大国内的放款和投资规模；占用资金，商业银行在办理一些中间业务过程中，可以占用一部分客户的资金，作为自己的资金来源，例如，通过办理代客买卖有价证券、代收款项、信用证、承兑票据等业务，占用客户的资金，通过同业间代理业务，占用同业和其他金融机构的资金。

二、资产业务

资产业务是商业银行运用资金的业务，是商业银行取得收入的主要途径。为了应付客户的提存，商业银行不能为盈利而将所吸收的资金全部投放出去，一般要保留一定比例的现金和其他准备，由此构成了银行资金运用的一个特殊项目。除此之外，银行资金运用主要是放款和投资，两者占存款比例一般在70%～75%之间。此外，还有金融租赁业务。

（一）现金资产

现金资产是指那些与现金等同，随时用于流动性支付的银行资产，现金资产具有高流动性和低盈利性的特征。因此，银行要在确保负债和资产安全性、流动性需要的前提下，尽量减少现金资产的占用量，以最大限度地降低机会成本。商业银行的现金资产主要有库存现金、在中央银行存款、存放同业款项和托收中现金。

1. 库存现金

库存现金一般是指商业银行为满足日常业务需要而保留在业务库中的纸币和硬币。在我国，由于居民储蓄存款基本都是现金收支，因此，我国商业银行的库存现金由业务库存现金和储蓄用金两部分组成。由于库存现金属于非盈利性资产，而且对其保管又需要支付一定的费用，因此，商业银行通常仅保持必要的适度数额。

2. 在中央银行存款

商业银行在中央银行的存款又叫准备金存款。各国货币当局一般均规定商业银行应在中央银行开设账户，作为银行准备金的基本账户。商业银行在中央银行的存款一般分为法定准备金存款和超额准备金存款两部分。

法定准备金存款是商业银行按照法定存款准备金率向中央银行缴纳的存款准备金。法定准备金存款具有强制性，商业银行必须按法律规定缴存，一般不得动用，并要根据存款额的增减定期调整。

超额准备金存款也叫一般性存款，是商业银行在中央银行的准备金存款账户中超出了法定准备金的那部分存款，是商业银行在日常业务活动中可以自由支配的支付准备金，主要用于转账结算、支付票据交换的差额、发放贷款和调剂库存现金的余缺。

3. 存放同业款项

存放同业款项是指金融机构因其相互之间代理业务而在其他银行和金融机构保留的存款。商业银行为了便于同业之间收付有关款项，往往在其他商业银行开立活期存款账户。由于存放同业款项属于活期存款性质，随时可以支用，所以可视为现金资产。

4. 托收中现金

托收中现金是指本行通过对方银行向外地付款单位或个人收取的票据款项。商业银行经营中每天都会收到开户人拿来的支票或现金，其中的支票有可能非本行付款，而需向付款行收取，这种需向别的银行收款的支票称为托收中现金。

（二）放款业务

1. 根据偿还期限不同划分

根据偿还期限不同，放款可分为活期放款、定期放款和透支。

（1）活期放款是放款期限不确定，银行可以随时收回或借款人可以随时偿还的放款。活期放款属于短期临时性贷款。

（2）定期放款是指具有确定还款期限的放款，又可分为短期放款、中期放款和长期放款。短期放款规定在1年之内归还，用于满足企业短期流动资金需求或季节性资金需要。中期放款一般期限为1年～5年，通常在放款期限内分期偿还本息。长期放款一般是指归还期在5年以上，主要是指银行发放的不动产抵押放款。

（3）透支是银行允许存款户在约定范围内，超过其存款余额开出支票予以兑现的一种放款形式，分为信用透支、抵押透支和同业透支三种。透支有随时偿还的义务，利息按天计算。

2. 根据放款的经济用途不同划分

根据放款的经济用途不同，放款可分为经营性放款、有价证券经纪人放款和消费性放款。

（1）经营性放款，是商业银行为满足工商企业经营活动过程中的正常资金需要而发放的放款，包括工商业放款、农业放款和不动产抵押放款等。

工商业放款是商业银行发放给工商企业的放款。它在银行放款总额中所占的比重最大，包括短期流动资金放款、长期流动资本放款和项目放款等。农业放款是银行对农场或农民个人发放的用于生产的放款。不动产抵押放款，是以建筑物和土地为抵押品的放款，主要用于建造和维修及购买房屋，此外，也可用于购买和开发农田或土地。在一些西方国家中，这种放款是商业区银行仅次于对工商业放款的一种放款业务。

（2）有价证券经纪人放款，是银行向专门从事证券交易的经纪人提供的放款，目的是满足证券交易过程中资金暂时短缺的需要。

（3）消费性放款，是贷放给个人用来购买消费品或支付劳务费用的放款。消费放款又可分为直接和间接两种形式。直接的形式是指直接贷给消费者货币，约期一次归还或分期偿还，也可通过信用卡业务，采取随借随还的循环形式。间接的形式是以资金融通给工商企业购买赊销合同，支持消费者以分期付款或推迟付款的形式购买消费品。

3. 根据信用担保形式不同划分

根据信用担保形式不同划分，放款可分为贴现放款（票据贴现）、抵押放款（有抵押品）、以股票或债券作担保的放款和信用放款。

（1）贴现放款。该放款业务包括票据贴现和票据质押放款。票据贴现是客户将未到期的票据提交银行，由银行扣除自贴现日起至到期前一日止的利息而取得现款。票据到期时，贴现银行按票面额向票据的债务人收回款项。银行办理票据贴现，需按一定的利率计算利息，即贴现率。票据质押放款是以各种票据为担保的放款，放款期限不得超过票据到期的期限。放款到期时，借款人应偿还放款、赎回票据；如不赎回，银行有权处理票据。银行为避免借款人不赎回票据而遭受损失，其放款额总是低于票据的面额，一般为票据面额的60%～80%。票据面额与放款额的差额通常成为垫头。

（2）抵押放款。这种放款是以各种商品和商品凭证作抵押的放款。放款不能按期归还时，银行可以出售抵押的商品以补偿放款的损失。银行放款时，垫头较大，商品估价大大低于市场价格，一般为商品市价的30%～50%，以防止商品跌价或销售发生困难而使银行遭受损失。

（3）以股票或债券作担保的放款。这种放款在确定数额时也有垫头。证券投机商有时将有价证券拿到银行取得质押放款，运用这笔放款再去购买有价证券，然后再质押再购买，这实际上为有价证券的投机提供了大量的货币资本。他们利用这些货币资本人为地增加对证券的需求，提高证券的行市，从中获取投机利润。

（4）信用放款。这种放款不需客户拿出任何有价物作保证，这就使客户获得了追加资本。银行只对它熟悉的借款人并确信其具有偿还能力，才提供信用放款。信用放款往往利率较高，并且附加一定的条件。例如，要求企业提供资产负债表，报告借款的使用情况，不得向其他银行借款等。这样银行可以通过这些措施加强对企业的监督和控制。

商业银行对放款审查采用“6C”原则

“6C”分析法是商业银行传统的信用风险度量方法，是指由有关专家根据借款人的品德（character）、能力（capacity）、资本（capital）、抵押品（collateral）、经营环境（condition）和连续性（continuity）六个因素评定其信用程度的方法。它涉及6个方面，这些方面的英文单词第一个字母都是“c”，因此，称为“6C”原则。(1) 品德，直接反映在回款速度和数额上，每一笔信用交易，都隐含了客户对公司的付款承诺，如果客户没有付款的诚意，则该应收账款的风险就大大增加了。因此，品德被认为是评估信用最重要的因素。(2) 能力，包括客户的经营能力、管理能力和偿债能力。能力越强，借款企业的应收账款风险就越低。(3) 资本，是指客户的财务实力和财务状况，表明客户可能偿还债务的背景。(4) 抵押品，是客户在拒付或无力支付时被用作抵押的资产。这对于不知底细或信用状况有争议的客户尤其重要。一旦收不到这些客户的款项，债权方就可以通过处理抵押品获得补偿。(5) 经营环境，主要是指客户运营的内部和外部环境，当这些环境发生变化时，客户的偿债能力是否会受到影响，如果影响很大，则客户的信用水平就将受到威胁。(6) 连续性，是指客户持续经营的可能性，这需要从客户内部的财务状况、产品更新换代，以及科学技术发展情况等进行综合评价。

4. 根据放款的风险程度不同划分

按照放款的风险程度不同，可将放款划分为正常放款、关注放款、次级放款、可疑放款和损失放款。

(1) 正常放款是借款人能够履行合同，没有足够理由怀疑放款本息不能按时足额偿还的放款。其特征是：借款人能正常还本付息，银行对借款人最终偿还放款本息有充分把握，各方面情况正常；不存在任何影响放款本息偿还的消极因素，没有任何理由怀疑放款会遭受损失，放款损失的概率为零。

(2) 关注放款是指尽管借款人目前有能力偿还放款本息，但存在一些可能对放款偿还产生不利影响的因素的放款。其特征是借款人偿还贷款本息没有问题，但是存在潜在的缺陷，继续存在下去将会影响贷款的偿还，放款损失的概率不会超过5%。

(3) 次级放款是指借款人的还款能力出现明显问题，完全依靠其正常营业收入无法足额偿还放款本息，即使执行担保，也可能会造成一定损失。其特征是放款的缺陷已经很明显，正常经营收入不足以保证还款，需要通过出售、变卖资产和对外融资，乃至执行担保来偿还，放款损失的概率在30%～50%之间。

(4) 可疑放款是指借款人无法足额偿还放款本息，即使执行担保，也肯定要造成较大损失。其特征是放款已经肯定要发生一定损失，只是因为存在借款人重组、兼并、合并、抵押物处理和未决诉讼等待定因素，损失金额还不能确定，放款损失的概率在50%～75%之间。

(5) 损失放款是指在采取所有可能的措施或一切必要的法律程序之后，本息仍无法收回，或只能收回极少部分的放款。其特征是放款大部分或部分发生损失，放款损失的概率在75%～100%之间。

上述前两类属正常放款，后三类合称不良放款。

（三）投资业务

投资是指银行用其资金购买有价证券的活动。银行购买公债、国库券以及股票等有价证券，其投资目的主要是：取得利润，分散风险，保持资产流动性以及作为控制其他企业或与其他企业保持密切关系的手段。银行从事证券投资活动，更多的是从保持资产流动性方面考虑，因而，银行投资的证券一般都是信誉高、容易转让的证券。当第一现金准备不足时，可以立即把这些有价证券出售变现，以应急需。当然，如果不需要动用，则可将这些有价证券用作获利手段。政府证券信誉较好，商业银行大都乐于投资，一般占证券投资的70%左右，特别是国库券，由于期限短（一般为3～6个月），很受欢迎。同时，商业银行还可投资于政府中长期债券、政府机构债券等。此外，一些财力雄厚、信誉较高的公司债券，也是商业银行的投资对象。一些国家还允许商业银行投资于一些质量较高的股票。《中华人民共和国商业银行法》规定："商业银行在中华人民共和国境内不得从事信托投资和证券经营业务，不得向非自用不动产投资或者向非银行金融机构和企业投资，但国家另有规定的除外。"

三、中间业务

中间业务是指银行不运用或较少运用自己的资金，以中间人的身份代替客户办理收付和其他委托事项，提供各类金融服务并收取手续费的业务。中间业务是银行在办理资产负债业务的过程中衍生出来的，作为一种资产负债之外的银行业务和占用资产较少的业务，它在银行的资产负债表上一般不能直接反映出来。

中间业务种类繁多，传统的中间业务包括汇兑结算、票据承兑、代理收付、代客理财、信托租赁以及国际业务中的信用证、代客买卖外汇等。近二三十年来，为适应国际国内金融市场的变化，商业银行的中间业务得到了较快的发展，新兴业务层出不穷。如随着电子计算机技术的发展，出现了信用卡业务、电子转账系统业务；由于世界贸易和资本借贷的发展，出现了担保承诺、代理融通、债务互换、信息咨询业务；为了回避金融监管和规避风险，出现了一大批新的金融衍生业务，亦称收费性业务及表外业务。这些新兴业务大多属于中间业务范畴。

（一）结算业务

结算是指商业银行通过提供结算工具，如本票、汇票、支票等，帮助收付双方完成货币收付、划账行为的业务。结算业务是由商业银行存款业务派生出来的一种业务。客户为了利用银行办理结算和取得贷款的便利，首先到银行开立活期存款账户，商业银行为了吸收更多的存款，提高资金运用能力，就尽可能地加强和完善结算等服务性金融业务，为客户提供优质迅捷的结算服务。同时，银行经营汇兑业务还可以占用客户一部分资金。客户把款项交给银行，银行再把款项汇给异地的收款人，这中间总会有一段时间间隔，在这段时间内银行就可以占用客户的资金。

我国现行的信用支付工具和结算方式主要有以下八种：银行汇票、商业汇票、银行本票、商业本票、汇兑、委托收款、异地托收承付和信用卡。目前，国内有一些商业银行利用计算机网络的优势采用电子汇兑系统结算，如中国工商银行利用其星罗棋布的计算机网络，开通了覆盖全国的电子汇兑系统，可以实现异地资金划拨 24 小时到位，大大加快了资金的周转，缩短了结算资金的在途时间。

（二）信用卡业务

信用卡是银行或公司签发的证明持有人信誉良好，可以在指定的商店或场所进行记账消费的一种信用凭证。银行信用卡是银行或银行信用卡公司为客户提供消费信用而发行的在指定地点支取现金、购买商品、支付劳务的信用凭证。信用卡业务是一项银行为客户提供支付和信用手段的新型业务，在推动银行大众化服务过程中起着非常重要的作用。

银行信用卡的功能是由发卡银行根据社会需要和内部经营能力所确定的。随着社会经济的发展，银行信用卡的功能也在不断完善和发展。其主要功能有下述几种。

1. 转账结算功能

持卡人在特约商户购物消费之后，无须以现金支付款项，只要递交信用卡进行转账结算即可。这是信用卡最主要的功能。

2. 汇兑功能

当信用卡持有者外出旅游、购物或出差，需要在外地支取现金时，可以持卡在当地的发卡银行的储蓄所办理存款手续，然后持卡在异地发卡银行的储蓄所取款。

3. 储蓄功能

持卡人可以在发行信用卡的银行所指定的储蓄所办理存款或支取现金业务，还可以在发卡银行所属的自动柜员机（ATM）上凭卡存取现金。

4. 消费贷款功能

持卡人在消费过程中的各种费用超过其信用卡存款账户余额时，在规定的限额范围内，发卡银行允许持卡人进行短期的透支。实质上这是发行信用卡的银行向顾客提供的消费贷款。

银行信用卡的四大功能，不仅仅方便了持卡人与特约商户的购销活动，而且减少了社会现金流通量，节约了社会劳动。

案例分析

利用邮寄信用卡时的漏洞进行犯罪

2003 年初，一市民向发卡行查询，称该行预先批核给他一张万事达卡，但等了数星期仍未收到信用卡。银行职员称卡已寄出，因他未收到，故将补发新卡给他。次月该客户收到了新卡，却因疏忽未向银行确认已收到卡片，也没有在签名条上签署名字，更没有使用该卡签账。可是月中却收到银行月结单，显示该卡发生金额为数千元的签账。

这位信用卡持卡人立即向银行查询，银行职员告知，根据计算机记录曾有人确认收卡。而卡户则表明并未确认收卡，信用卡背面也并未签名，更不可能签账购物。

分析题：指出银行在处理确认收卡的程序及保护客户资料方面存在的漏洞。信用卡存在哪些弊端？如何防范信用卡犯罪？

（三）代理业务

代理业务是商业银行接受单位或个人的委托，以代理人的身份代表委托人办理一些经双方议定的经济事项的业务。代理时，客户并没有转移财产的所有权，只是由银行运用其丰富的知识与技能以及良好的信誉、众多的结算网点，行使监督管理权，提供金融服务，而且银行并不使用自己的资产，不为客户垫款，不参与收益的分配，只收取代理手续费。在代理业务中，委托人与银行必须用契约方式规定双方的权利、义务，包括代理的范围、内容、期限、纠纷的处理，由此形成一定的法律关系。代理业务一般可以分为：(1) 代理收付款业务，是商业银行利用自身的结算便利，接受客户的委托，代为办理指定款项的收付业务。主要包括代发工资、代收业务、代理保险等业务。(2) 代理融通业务，是一种应收账款的综合管理业务，指的是由商业银行代客收取应收账款，并向客户提供资金融通的一种中间业务。通常商业银行自己留下 5%的应收款。(3) 其他代理业务，商业银行可根据客户的要求和本行自身具备的条件，办理各种各样的代理业务。如代理政策性银行的业务，代理承销与兑付债券业务，代理清欠业务，代理保管业务，代客户安排旅游、婚礼、子女教育等业务。

（四）信托业务

信托业务是银行受客户的委托，代为管理、营运、处理有关钱财的业务。这种业务按对象可划分为个人信托和社团、企业信托两个方面。对个人的信托业务包括代管财产、办理遗产转让、保管有价证券和贵重物品、代办人寿保险等。目前因旅游业发达，银行的信托业务还为委托人设计旅游路线，另外还代拟家庭预算、代办个人纳税等。对社团、企业的信托业务包括：代办投资，代办公司企业的筹资事宜，如股票、公司债券等的注册、发行及股息红利分发、还本等，代办合并或接管其他企业，代管雇员福利账户和退休养老金的发放、业务咨询，代理政府办理国库券、公债券的发行、推销以及还本付息等。银行经营信托业务一般只收取有关的手续费，至于在营运中获得的收入则归委托人所有。银行开展这项业务时，可把占用的一部分信托资金用于投资。

（五）租赁业务

租赁业务是银行通过所属的专业机构将大型设备出租给企业使用的业务。银行以资金购买机器、船舶、飞机等昂贵的设备，出租给企业，收取租金，目前购买对象甚至扩大到成套工厂。这种业务通常由银行所控制的专业机构——租赁公司来经营。各国对租赁概念的定义及立法都不一样，租赁种类很多，但大致可以分为金融租赁和经营租赁两大类。

金融租赁的租期与设备的使用年限相同，在租期内不允许单方面撤销租约。出租人只负责付出资金购买，所有关于设备的安装、保管、维修、保险和财产税等，均由承租人负责，租期满后可以退回或续租，或按市价卖给承租人，银行经营的租赁大都是金融租赁。

经营租赁一般由出租人购置设备，由承租人选租，通常适用于一些需要专门技术保养、更新较快的设备，以及一些通用设备。出租人要负责维修保养，而且租期较短，承租人可以中途解约，随时改租设备。这种租赁又称服务性租赁、操作性租赁，银行一般很少经营。

在上述两种基本租赁形式的基础上，通过灵活变通，出现了很多租赁种类。例如，金融租赁就有直接租赁、杠杆租赁、转租赁和维修租赁等形式。

（六）表外业务

表外业务是指那些不会引起资产负债表内业务发生变化，却可以为商业银行带来收入的业务活动。表外业务虽不构成资产负债总额，但在一定条件下有可能转化为表内业务。表外业务也可能带来风险或损失，因此列入表外业务的项目也称为或有负债和或有资产。表外业务主要有下述几种。

1. 提供担保和类似的或有负债

商业银行为债务人提供担保，如果债务人不能及时付款，由担保人承担责任。这种业务主要有票据承兑、备用信用证、贷款担保等。

2. 提供承诺

承诺是在未来特定时期内，向客户提供按事先约定的条件发放一定数额贷款的承诺。它主要有回购协议、贷款承诺、票据发行便利等。客户要求银行承诺主要是作为一种后备保证，从而提高自身的资信度。就银行而言，承诺不一定履行，但凭借信誉就可获得可观的收益。

3. 金融衍生产品交易

金融衍生产品是指以股票、债券或货币等资产为基础派生出来的金融工具。它主要有货币互换、货币期货、货币期权、利率互换、利率期权、股票指数期货和期权等。商业银行经营此项业务主要是为自身资产规避风险，但也能进行盈利性投资。

案例分析

我国商业银行中间业务经营现状

随着利率市场化进程不断加快，中间业务创新已成为商业银行重要的发展战略。作为国内商业银行重要的新利润增长点，中间业务创新也越来越被国内银行业所重视，它不仅有助于提高我国商业银行的盈利能力，优化资源配置，还有助于分散经营风险，提高市场竞争力。

统计显示，2010 年上市银行中间业务收入增长了 45%。从数据上看，2010 年年报显示，工商银行全年净手续费及佣金收入在营业收入中占比达 19.13%，处于全行业领先地位。招商银行的手续费和中间业务净收入在营业收入中占比为 15.87%，处于中小银行领先水平。而我国银行业的中间业务收入在营业收入中占比平均在 10%左右，相对于国外发达国家 40%以上的数字来讲，差距仍然比较大。

分析题：对当前我国主要商业银行中间业务经营现状与问题进行深入剖析，并借鉴西方商业银行中间业务的发展经验，提出促进我国商业银行中间业务创新发展的有效途径和方法。

第三节　商业银行的管理

一、商业银行经营原则

根据商业银行长期经营管理的经验总结，世界上大多数国家的银行家普遍认为，商业银行的经营管理必须遵循安全性、流动性、盈利性三项原则。

（一）安全性

安全性是指商业银行应努力避免各种不确定因素对自身的影响，保证商业银行的稳健经营和发展。商业银行之所以必须坚持安全性原则，是因为商业银行经营的特殊性。

1. 商业银行自有资本较少，经受不起较大的损失

商业银行是以货币为经营对象的信用中介机构，不直接从事物质产品和劳务的生产流通活动，不可能直接获得产业利润。银行的贷款和投资所取得的利息收入只是产业利润的一部分，如果商业银行不利用较多的负债来支持其资金运用，银行的资金利润率就会大大低于工商企业利润率。同时作为一个专门从事信用活动的中介机构，商业银行比一般企业更容易取得社会信用，接受更多的负债。因此，在商业银行的经营中就有可能保持比一般企业更高的资本杠杆率，由此使得商业银行承受风险的能力要比一般企业小得多。可见，为了保证银行的正常经营，对资金业务的安全性给予充分的关注是极其必要的。

2. 由于商业银行经营条件的特殊性，尤其需要强调它的安全性

一方面，商业银行以货币为经营对象，它们以负债的形式把居民手中的剩余货币集中起来，再分散投放出去，从中赚取利润。对于商业银行来说，对居民的负债是有硬性约束的，既有利息支出方面的约束，也有到期还本的约束。如果商业银行不能保证安全性经营，到期按时收回本息的可靠性非常低，则商业银行对居民负债的按期清偿也就没有了保证，这会大大损害商业银行的对外信誉，将失去接受更多负债的可能性；更为严重的情况是，若居民大量挤提存款，可能导致商业银行倒闭。另一方面，在现代信用经济条件下，商业银行是参与货币创造过程的一个非常重要的媒介部门，如果由于商业银行失去安全性而导致整个银行体系混乱，则会损伤整个宏观经济的正常运转。

3. 商业银行在经营过程中会面临各种风险，要保证商业银行的安全性经营就必须控制风险

（1）国家风险。国家风险是指由于债务国政治动乱或经济衰退而导致债务人无法清偿债务，使债权人蒙受损失的可能性。

（2）信用风险。信用风险是指借贷双方产生借贷行为后，借款方不能按时归还贷款方本息而使贷款方遭受损失的可能性。信用风险的存在非常广泛，商业银行的所有业务都有可能面临信用风险，其中信贷业务的信用风险最大。近年来，世界性的银行呆账、坏账问题就反映出信用风险对商业银行影响的严重性。

（3）利率风险。金融市场上利率的变动使经济主体在筹集或运用资金时可能遭受到的损失就是利率风险。利率风险主要表现为经济主体在筹集或运用资金时选择的时机或方式不当，从而不得不付出比一般水平更高的利息或收到比一般水平更低的收益。

（4）汇率风险。由于汇率的变动而使经济主体所持有的资产和负债的实际价值发生变动可能带来的损失就是汇率风险。对于既有本币资产又有外币资产的商业银行来说，汇率风险是无处不在的。

（5）流动性风险。这是传统商业银行的主要风险之一，是指商业能够掌握的可用于即时支付的流动性资产不足以满足支付需要，从而使其丧失清偿能力的可能性。虽然流动性风险是商业银行破产倒闭的直接原因，但实际情况往往是由于其他种类风险长期隐藏、积累，最后以流动性风险的形式爆发出来，因此流动性风险的防范必须与其他风险的控制结合起来。

(6) 经营风险。经营风险是指商业银行在日常经营中由各种自然灾害、意外事故等引起的风险。

(7) 竞争风险。竞争风险是金融业激烈的同业竞争造成商业银行客户流失、资产质量下降、银行利差缩小，从而增大银行经营的总风险。

商业银行的经营特点决定了商业银行保持经营安全的重要性。

案例分析

金融国际化带来的风险

随着国际游资在我国金融市场投资（投机）活动的增加，给我国商业银行带来很多的风险。一方面，游资的投机性以及现实中投机者难以掌握足够的信息使投资者更易受心理因素影响，从而具有明显的“羊群效应”(bandwagon effect)。随着金融一体化进程的加快，一国发生金融危机，投资者预期相似国家的经济也会出现类似问题，就可能迅速抽回资金，从而加剧金融恐慌的蔓延。例如，墨西哥金融危机爆发后，拉美国家及其他新兴市场立刻受到国际游资逃离的冲击，严重危及该地区的经济安全。同时，国际投机资本在发动货币攻击时，也常常故意利用这种心理，借以制造恐慌气氛。一旦成功，则极易导致大量资本外逃而使银行出现“挤兑”现象，使商业银行的流动性风险迅速增加。如 1998 年 8 月，国际投机资本对香港金融市场的冲击中，有人就曾利用香港自由的新闻制度，大肆宣传人民币将贬值 10%，借以形成市场恐慌心理，便于发动攻击。另一方面，国际游资所推动的衍生金融产品日益发展。国际货币基金组织发布的《全球金融稳定性报告》曾将新兴市场的金融衍生品交易置于全球视角下进行分析，认为金融衍生品提供了规避外汇、利率、市场和违约风险的功能，使资本流动、资产组合的选择余地更为宽广。同时指出金融衍生品的杠杆性对个体交易者而言有较大风险，金融衍生市场对于金融危机有一定的放大作用。

分析题：结合资料分析金融国际化后我国商业银行面临哪些风险。如何规避所面临的风险？

(二) 流动性

流动性是指商业银行随时应付客户提存与满足必要的贷款支付的能力，包括资产的流动性与负债的流动性两重含义。资产的流动性是指银行的资产在不发生价值损失条件下迅速变现的能力。衡量银行资产流动性的标准有两个：一是资产变现的成本，某项资产变现的成本越低，则该项资产的流动性就越强；二是资产变现的速度，某项资产变现的速度越快，则该项资产的流动性就越强。负债的流动性是指银行以适当的价格取得可用资金的能力。衡量银行负债流动性的标准也有两个：获得可用资金的价格，取得的可用资金价格越低，则该项负债的流动性越强；获得可用资金的时效，取得可用资金越及时，则该项负债的流动性就越强。

商业银行是典型的负债经营，资金来源的主体部分是客户的存款和借入款。存款是以能够按时提取和随时对客户开出支票为前提的，借入款是要按期归还或随时兑付的。资金来源具有流动性这一属性，决定了资金在运用方面即资产必须保持相应的流动性。

资金运用的不确定性也需要资产保持流动性。商业银行所发生的贷款和投资，会形成一定的占用余额，这个余额在不同的时点上是不同的。一方面，贷款逐步收回，投资到期收回；另一方面，在不同的时点上又会产生各种各样的贷款需求和投资需求，也就是说，商业银行要有一定的资金来源应付贷款发放和必要的投资。贷款和投资所形成的资金的收和付，在数量上不一定相等，在时间上也不一定对应，即带有某种不确定性，这就决定了商业银行资产也应具有一定程度的流动性，以应付商业银行业务经营的需要。

商业银行资产的流动性各不相同，因而必须分层次搭配资产，形成多层次的流动性储备，以满足资产流动性的需求。流动资产是商业银行资产中最具有流动性的资产，它包括现金资产、存放中央银行的准备金存款和存放同业的款项，一般称为第一准备；在短期内可以变现的国家债券，其流动性较好，一般称为第二准备；长期贷款、不动产抵押贷款和长期债券需要较长时间收回资金，其流动性最差。如何合理分配商业银行的资产结构，保持流动性、安全性和盈利性的和谐统一，是现代银行理论研究的重要内容之一。

即问即答：假如你是A商业银行的经理，为满足流动性需要，设计以下1～7项资产的选择顺序；如果你的目标是提高你的经营业绩，你又如何选择这些资产形式呢？说明一下理由。(1) 库存现金；(2) 国债；(3) 国库券；(4) 央行短期票据；(5) 央行长期票据；(6) 5年到期的贷款；(7) 1年到期的贷款。

（三）盈利性

商业银行的经营动机是为了获取利润。利润体现了商业银行的经营管理水平。商业银行在竞争中必须不断改善经营管理，采取各种措施以获取更多的利润。这些措施主要是：合理调度头寸，把银行的现金准备压缩到最低限度；大量吸收存款，开辟资金来源，把这些资金用于能够获取较多的贷款和证券投资上，并尽可能避免呆账的损失；加强经济核算，采用先进技术设备，提高劳动效率，降低费用开支，不断增加业务效益。

银行业务经营的三项原则既有联系又有矛盾。它们联系密切，其中安全性是前提，只有保证了资金安全无损，业务才能正常运转；流动性是条件，只有保证了资金的正常流动，才能确立商业银行信用中介的地位，银行各项业务活动才能顺利进行；盈利性是目的，银行经营强调安全性和流动性，其目的就是获取利润。三者的矛盾表现为：盈利性和安全性呈反方向变化，盈利水平高的资产，风险大、安全性低；而较安全的资产，盈利水平较低。盈利性与流动性也呈反方向变化，盈利性高的资产流动性差，而流动性强的资产盈利水平则较低。安全性与流动性之间呈同方向变化，流动性强的资产安全性高，而流动性差的资产安全性也较低。因此，银行要满足盈利性、安全性、流动性三方面的要求，就要在经营管理中统筹兼顾，协调安排，实现三者之间的最佳组合。

二、商业银行资产负债管理理论

（一）资产管理理论

资产管理理论是以商业银行资产的流动性为重点的传统管理理论。在20世纪60年代以前，人们认为商业银行的负债主要取决于客户的存款意愿，银行只能被动地接受负债；银行的利润主要来源于资产业务，而资产的主动权却掌握在银行手中。因此，商业银行经营管理的重点应是资产业务，保持资产的流动性，达到盈利性、安全性、流动性的统一。资产管理理论产生于商业银行经营的初级阶段，是在经历了商业贷款理论、资产转移理论、预期收入理论和超货币供给理论几个不同发展阶段逐渐形成的。

1. 商业贷款理论

商业贷款理论也称真实票据理论。这一理论是在18世纪英国银行管理经验的基础上发展起来的。其主要内容为：银行的贷款应以真实的有商品买卖内容的票据为担保发放，这样银行在借款人出售商品取得货款后就能按期收回贷款。一般认为这一做法最符合银行资产流动性原则的要求，最具有自偿性。所谓自偿性，就是借款人在购买货物或生产产品时所获得的贷款可以用生产出来的商品或商品销售收入来偿还。根据这一理论要求，商业银行只能发放与生产商品有联系的短期流动贷款，一般不能发放购买证券、不动产、消费品或长期农业贷款。对确有稳妥的长期资产来源的借款人才能发放有针对性的长期贷款。

商业贷款理论的出现是与当时社会经济尚不发达，商品交易限于现款交易，银行存款以短期为主，经济社会对贷款的需要仅限于短期的现实相适应的。但是借款人的商品卖不出去，或应收账款收不回来，或发生其他意外事故，贷款到期不能偿还的情况还是会发生的，这时自偿性就不能实现。而且在经济不断增长、公众手中流动资产剧增、信用普遍发展的情况下，银行所收存款不但数额庞大，其中定期存款所占比重也不断升高，这时银行贷款如仅限于自偿性的短期贷款，资金周转势必不畅，不但影响经济社会对中、长期贷款的需要，也会影响银行的盈利水平。所以当今的西方学者和银行家已不再接受或不完全接受商业贷款理论。

2. 资产转移理论

资产转移理论是20世纪初在美国银行界流行的理论。该理论认为，随着银行业向综合化发展，市场越来越发达，银行为了应付提存所需保持的流动性，可以将一部分资金投资于具备转让条件的证券上，作为第二准备金。这种证券只要信誉高、期限短、易于出售，银行就可以保持其资产的流动性。如目前美国财政部发行的短期国库券就符合这种要求。这一理论的采用，银行除继续发放短期贷款外，还可以投资于短期的证券，使业务范围得到了扩大。另外，活期存款和短期存款总会有一部分长期沉淀，银行也可以用以发放长期贷款，资产与负债的期限没有必要严格对称。这种理论也有一定的缺陷：当各家银行竞相抛售证券的时候，有价证券将供大于求，持有证券的银行转让时将会受到损失，因而很难达到保持资产流动性的预期目标。资产与负债期限的不对称性也必须有一定的界限，在实际工作中这一界限往往很难准确确定。

3. 预期收入理论

预期收入理论是在第二次世界大战后美国学者普鲁克诺于1949年在《定期存款及银行流动性理论》一书中提出的，它是在商业贷款理论和资产转移理论的基础上发展起来的，但又与这两种理论不同。该理论认为：只要资金需要者经营活动正常，其未来经营收入和现金流量可以预先估算出来，并以此为基础制定出分期还款计划，银行就可以相应筹措资金发放中长期贷款。这样，无论贷款期限长短，只要借款人具有可靠的预期收入，资产的流动性就可得到保证。这种理论强调的是借款人是否确有用于还款的预期收入，而不是贷款能否自偿，担保品能否及时变现。

基于这一理论，银行在一定的条件下，可以发放中长期设备贷款、个人消费贷款、房屋抵押贷款、设备租赁贷款等，这使银行贷款结构发生了变化，成为支持经济增长的重要因素。这种理论的主要缺陷在于银行把资产经营建立在对借款人未来收入的预测上，而这种预测不可能完全准确。而且借款人的经营情况可能发生变化，到时不一定具备清偿能力，这就增加了银行的风险，从而损害了银行资产的流动性。

4. 超货币供给理论

超货币供给理论产生于20世纪60年代末。该理论认为：随着货币形式的多样化，不仅商业银行能够利用贷款方式提供货币，而且其他许许多多的非银行金融机构也可以提供货币，使银行面临很大的社会竞争压力。因此，银行资产管理应该改变陈旧的观念，不仅单纯提供货币，而且还应该提供各方面的服务。根据这种理论，银行为发放贷款和购买证券提供货币的同时，还应积极开展投资咨询、项目评估、市场调查、委托代理等多种服务，使银行资产管理更加深化。这种理论的缺陷是，银行在广泛拓展业务之后，增加了经营的风险，如果处理不当容易遭受损失。

以上理论基本适应各阶段经济发展情况，有利于商业银行防止、减少贷款的盲目性，增强资产的安全性和流动性，有力地推动了商业银行资产业务的发展，因而在商业银行长期盛行。但是这些理论的缺陷是：随着经济的迅速发展，难以满足当时社会经济对资金的需求。

（二）负债管理理论

负债管理理论是以负债为经营重点来保证银行资产的流动性和盈利性的经营管理理论。其理论的核心是主张以借入资金的办法来保持银行资产的流动性，从而增加资产业务，增加银行收益。

进入20世纪60年代以后，各国经济出现了迅速发展的局面。这一情况迫切需要银行提供更多的资金。因而促使银行不断寻求新的资金来源，以满足客户借款的需要。此外，银行业竞争的加剧，存款利率的最高限制的实施，都迫使商业银行必须开拓新的负债业务，不断增加资金来源。除传统的存款业务以外，商业银行还积极向中央银行借款，发展同业拆借，向欧洲货币市场借款，发行大额可转让定期存单，签订“再回购协议”借款等。

负债管理理论的缺陷是：提高了银行的融资成本；增加了经营风险；不利于银行稳健经营。

（三）资产负债管理理论

资产负债管理理论是要求商业银行对资产和负债进行全面管理，而不能只偏重于资产或负债某一方的一种新的管理理论。20世纪80年代初，金融市场利率大幅度上升，存款管制的放松导致存款利率上升，从而使银行吸收资金成本提高，这就要求商业银行必须合理安排资产和负债结构，以增强资金流动性，实现最大限度盈利。资产负债管理理论就是通过资产和负债的共同调整，协调资产和负债项目在期限、利率、风险和流动方面的搭配，尽可能使资产、负债达到均衡，以实现安全性、流动性和盈利性的完美统一。由于资产负债管理理论是从资产和负债之间相互联系、相互制约的整体出发来研究管理方法的，因而被认为是现代商业银行最为科学、合理的经营管理理论。

三、商业银行资产负债管理的内容

（一）资产管理

资产管理包括准备金管理、贷款管理和证券投资管理。

1. 准备金管理

按准备金的性质划分，准备金管理有存款准备金管理、资本准备金管理和贷款准备金管理等。

存款准备金管理是商业银行对吸收的存款按法定比例交存中央银行准备金的管理。中央银行对交存的法定存款准备金不支付利息。

资本准备金管理是商业银行对从税后利润中提取的准备金进行管理。

贷款准备金管理，即呆账准备金管理，是商业银行对从税前利润中提取的准备金进行管理。

2. 贷款管理

贷款是商业银行资产管理的重点，包括贷款风险管理、贷款长短期结构管理、信用贷款和抵押贷款比例管理等。

贷款风险管理是商业银行为减少贷款损失，要求对单个客户的贷款不得超过银行贷款总额或银行自有资本的一定比例，以达到分散风险的目的。

贷款长短期结构管理，要求长期贷款不得超过贷款总额的一定比例。

信用贷款和抵押贷款比例管理，要求限制信用贷款占全部贷款的比例。

3. 证券投资管理

证券投资管理是商业银行对证券买卖活动的管理，主要内容包括：证券投资应面向不同种类的证券，实现证券最佳组合，一般应优先购买风险性小、收益率高、流动性大的证券，如政府债券。

证券投资应保持适当的比例，实现资产的最优组合。一般规定购买的证券总额不得超过资本总额的一定比例。

（二）负债管理

负债管理包括资本管理、存款管理和借款管理。

1. 资本管理

自2006年起，商业银行采用《巴塞尔新资本协议》。新资本协议作为一个完整的银行业资本充足率监管框架，由三大支柱组成：一是最低资本要求；二是监管当局对资本充足率的监督检查；三是银行业必须满足的信息披露要求。

2. 存款管理

存款管理是商业银行负债管理的重点，包括对吸收存款方式的管理、存款利率管理和存款保险管理。

对吸收存款方式的管理，如规定不得以抽奖的方式吸收存款，不得使用欺骗引诱手段吸收存款等。

存款利率管理，如实行严格的利率管理、浮动利率管理、利率自由政策等。

存款保险管理，一般规定商业银行必须参加存款保险，以便在发生意外事故破产时，能够及时清偿债务，以维护存款人的利益。

3. 借款管理

借款管理主要包括向中央银行借款管理、同业借款管理和发行金融债券管理。其总的管理内容是：严格控制借款的使用，分散借款的偿还期和偿还金额，应控制借款的适当的规模和比例等。

(三) 资产负债综合管理

资产负债综合管理是将资产负债各科目之间按"对称原则"进行安排和管理，使安全性、流动性和盈利性之间达到平衡协调。其基本方法是：将资产与负债各科目按期限对称或利率对称的原则加以安排，规定控制指标，以谋求经营风险最小化和收益最大化。

四、资产负债比例管理

(一) 资产负债比例管理的基本要求和重要意义

1994 年，中国人民银行根据国际惯例和我国实际情况制定《商业银行资产负债比例管理暂行监控指标》，要求商业银行全面推行资产负债比例管理制度，即以比例加限额控制的方法，对商业银行资产负债实行综合管理。这一管理制度的基本要求是：以资金来源控制资金运用，防止超负荷经营；保持资产与负债的期限、数量结构相对应，建立指标监控体系；提高资产的流动性，坚持盈利性、安全性、流动性的统一，降低不良资产负债比例，提高经济效益。其重要意义是：有利于商业银行转换经营机制，增强自我约束、自我发展的能力；有利于人民银行加强宏观调控；有利于商业银行的公平竞争和金融秩序的稳定；有利于我国商业银行与国际惯例接轨、参与国际竞争。

(二) 资产负债比例管理的指标体系

我国商业银行资产负债比例管理指标的制定，目的在于进行科学的考核和严格的监控，以利于宏观调控和流动性、安全性及盈利性原则的落实。

1. 资本充足率指标

$$\frac{\text{资本总额月末平均余额}}{\text{加权风险资产月末平均余额}} \geqslant 8\%$$

$$\frac{\text{核心资本月末平均余额}}{\text{加权风险资产月末平均余额}} \geqslant 4\%$$

此外，附属资本不得超过核心资本的 100%。

2. 各项贷款与各项存款比例

(1) 对实行余额考核的商业银行：

$$\frac{\text{各项贷款旬末平均余额}}{\text{各项存款旬末平均余额}} \leqslant 75\%$$

(2) 对实行增量考核的商业银行：

$$\frac{\text{各项贷款旬末平均增加额}}{\text{各项存款旬末平均增加额}} \leqslant 75\%$$

3. 中长期贷款比例指标

一年以上（含一年期）的中长期贷款与一年期以上的存款之比不得超过 120%，即：

$$\frac{\text{余期一年以上(含一年期)中长期贷款月末平均余额}}{\text{余期一年以上(含一年期)存款月末平均余额}} \leqslant 120\%$$

4. 资产流动性比例指标

$$\frac{\text{流动性资产旬末平均余额}}{\text{流动性负债旬末平均余额}} \geqslant 25\%$$

（1）流动性资产是指一个月内（含一个月）可变现的资产。包括库存现金、在人民银行的存款、存放同业款、国库券、一个月内到期的同业净拆出款、一个月内到期的贷款、一个月内到期的银行承兑汇票及其他经中国人民银行核准可作为流动性资产的证券。

（2）流动性负债是指一个月内（含一个月）到期的存款、同业净拆入款。

5. 备付金比例指标

$$\frac{\text{在人民银行备付金存款与库存现金之和的日平均余额}}{\text{各项存款日平均余额}} \geqslant 5\% \sim 7\%$$

6. 单个贷款比例指标

$$\frac{\text{对同一借款客户贷款余额}}{\text{资本总额}} \leqslant 15\%$$

$$\frac{\text{对前十大客户发放的贷款总余额}}{\text{各项资产总额}} \leqslant 50\%$$

7. 拆借资金比例指标

$$\frac{\text{拆入资金旬末平均余额}}{\text{各项存款旬末平均余额}} \leqslant 4\%$$

$$\frac{\text{拆出资金旬末平均余额}}{\text{(各项存款－准备金存款－联行占款) 旬末平均余额}} \leqslant 8\%$$

8. 对股东贷款比例

向股东提供贷款余额不得超过该股东已缴纳股金的 100%；贷款条件不得优于其他客户的同类贷款。股东是指银行股本（资本金）出资的单位和个人。

$$\frac{\text{对股东贷款余额}}{\text{该股东已缴纳股金总额}} \leqslant 100\%$$

各商业银行在执行上述中国人民银行规定的统一指标前提下，可以根据自身资金营运的特点和强化管理的需要，制定一些补充指标，报经人民银行同意后组织实施。如中国工商银行补充了汇差清算比例、资产利润比例、负债成本比例、应收利息比例；中国农业银行补充了二级存款准备金比例；中国建设银行补充了信用贷款比例、资金损失比例、负债成本比例、资产盈利比例、实收利息比例、资本回报比例；交通银行补充了可购置固定资产指标、投资限额指标、本息回收率指标、经营收益率指标等。

（三）资产负债比例的分类管理

资产负债比例的分类管理是针对不同类型的商业银行，分别提出不同的资产负债比例要求，并根据比例指标的性质，归类划分为总量管理、流动性管理、安全性管理和效益性管理。

1. 总量管理

总量管理是资金来源与资金运用的平衡管理，包括存贷款比例、拆借资金比例、汇差清算比例等指标。其作用在于使商业银行认真贯彻资金来源制约资金运用的原则，在业务活动中追求资金平衡，防止超负荷经营。

存贷款比例是总量控制的重要指标，商业银行必须在存款总额中扣除上缴人民银行存款准备金，并保留必要的备用金以后，才能发放贷款；还要按核定指标购买国家债券和政策性银行的金融债券。对国有商业银行按增量控制，对其他商业银行按存量控制。

拆借资金比例中规定了拆入资金、拆出资金两个比例，目的在于控制同业之间盲目拆进拆出资金，控制商业银行过量借款，扩张贷款规模，从而影响清偿力。

汇差清算比例是总量平衡的综合反映，清缴率要求达到100%，以免影响总量平衡。

2. 流动性管理

流动性管理是关于支付能力、变现能力的管理，包括备付金比例、资产流动性比例和中长期贷款比例等指标。

备付金反映银行随时支付客户款项的准备能力，其比例低于5%～7%说明支付能力不足，但也不宜过高，否则浪费资金。

资产流动性比例反映银行资产的变现能力，该比例越高，资产的变现能力越强。

中长期贷款比例反映长期资产与长期负债的对应关系，该比例越高，流动性越差；该比例越低，流动性越强。

3. 安全性管理

安全性管理是关于防范风险、保护银行信誉的管理，包括资本充足率、风险权重资产比例、贷款质量比例、单个贷款比例和股东贷款比例等指标。

资本充足率指标反映银行资本金（含核心资本与附属资本）与加权风险资产的比例关系，各商业银行要求这一比例要达到8%，其中核心资本要达到4%。

风险权重资产比例反映按风险权重系数折算后的风险资产总额与总资产的比例关系。各商业银行要求这一比例不能超过6%，超过则为高风险区。在具体工作中应通过调整资产结构，即压缩风险度高、效益低的资产项目，增加风险度低、效益高的资产项目，以便从总体上降低风险权重资产比例。

单个贷款比例和股东贷款比例是为防止贷款风险过分集中而设置的指标。如果银行对某一企业或某一股东贷款金额过大，一旦这家企业或股东出现经营风险，风险就会转嫁到银行，使银行资产遭受损失，因此必须加以控制。

4. 效益性管理

效益性管理指标均由各商业银行自行设置，主要有负债成本比例、资产盈利比例、资产损失比例、应收利息比例、本息回收率、经营收益率等。通过对这些指标的分析，找出产生问题的原因，以便采取措施，提高获利水平。

活动设计

黄海公司贷款违规审批和转贷案例

1. 活动资料

黄海公司于1997年1月以流动资金短缺为由向B银行申请500万元流动资金贷款，以商品房作抵押。该公司实力较弱，不符合B银行贷款条件，且信贷员经调查出具了否定性意见，但B银行个别领导考虑到各方面关系，直接同意贷款，并在没有信贷员签字的情况下，最终向该公司发放了500万元贷款，期限10个月，由借款人提供房产抵押。鉴于抵押房产产权证尚未办理完毕，故以其购买房产的契约抵押。贷款到期后，黄海公司因经营滑坡，无法偿还贷款，提出转贷申请，B银行在企业不欠息，并压缩规模的情况下，对贷款数次转贷。之后该笔贷款余额压缩至300万元，于2001年4月11日到期后逾期，最终演变成为次级贷款。

2. 活动提示

将学生分为若干大组进行讨论，最后各组选出代表上台发言。

3. 活动要求

分析B银行500万元贷款损失的原因。该案例的教训和启示是什么？

4. 活动场所

教室。

本章小结

商业银行是吸收公众存款、发放贷款、办理结算等业务的信用机构。早期的商业银行由货币经营业发展而成。现代商业银行是经营货币的、特殊的资本主义企业，是随着资本主义生产方式的产生和发展而产生和发展的。

资本主义商业银行是经营货币的特殊企业。其组织形式可分为：单一银行制、分支行制、银行控股公司制和连锁银行制。商业银行具有信用中介、支付中介、信用创造和金融服务的功能。一般商业银行业务的经营要坚持盈利性、安全性和流动性的原则。

负债业务是商业银行形成资金来源的业务，主要包括资本金、存款负债和其他负债三部分。资产业务是商业银行运用资金的业务，主要包括放款业务、投资业务及金融租赁业务。中间业务是指银行不运用或较少运用自己的资金，以中间人的身份代替客户办理收付和其他委托事项，提供各类金融服务并收取手续费的业务，主要有汇兑结算、票据承兑、代理收付、代客理财、信托租赁以及国际业务中的信用证、代客买卖外汇等。

商业银行的管理理论经历了资产管理理论、负债管理理论、资产负债管理理论三个发展阶段。

本章自测

一、单项选择题

1. 美国的商业银行制度是典型的（　　）。

A. 单一银行制　B. 分支行制　C. 集团银行制　D. 连锁银行制

2. 下列不属于商业银行附属资本组成部分的有（　　）。

A. 公开储备　B. 未公开储备　C. 重估储备　D. 普通准备金

3.（　　）是关于支付能力、变现能力的管理，包括备付金比例、资产流动性比例和中长期贷款比例等指标。

A. 流动性管理　B. 总量管理

C. 效益性管理　D. 安全性管理

4. 我国的商业银行主要采取（　　）组织形式。

A. 单一银行制　B. 分支行制

C. 银行控股公司制　D. 连锁银行制

5.（　　）是商业银行最基本、最能反映其经营活动特征的职能。

A. 信用中介　B. 支付中介　C. 信用创造　D. 金融服务

6. 下列属于商业银行负债业务的是（　　）。

A. 资本金　B. 存款业务　C. 现金　D. 借款

7. 商业银行资本充足率指标要求（　　）。

A. 大于等于 8%　B. 大于等于 4%

C. 小于等于 4%　D. 小于等于 8%

8. 商业银行单个贷款比例指标要求（　　）。

A. 大于等于 8%　B. 大于等于 50%

C. 小于等于 15%　D. 小于等于 75%

9. 商业银行对股东贷款比例指标要求（　　）。

A. 大于等于 50%　B. 大于等于 100%

C. 小于等于 100%　D. 小于等于 75%

10. 商业银行资产流动性比例指标要求（　　）。

A. 大于等于 50%　B. 大于等于 25%

C. 小于等于 100%　D. 小于等于 75%

二、多项选择题

1. 商业银行的组织形式有（　　）。

A. 单一银行制　B. 分支行制

C. 集团银行制　D. 连锁银行制

2. 商业银行的职能有（　　）。

A. 信用中介　B. 支付中介　C. 信用创造　D. 金融服务

3. 商业银行的业务包括（　　）。

A. 资产业务　B. 负债业务　C. 中间业务　D. 以上选项都不是

4. 商业银行的借款有（　　）。

A. 向中央银行借款　B. 同业借款

C. 发行金融债券　D. 回购协议

5. 商业银行的现金资产主要有（　　）。

A. 库存现金　B. 在中央银行存款

C. 存放同业款项　　　　　　　　D. 托收中现金

6. 按照放款的风险不同分类，不良放款包括（　　）。

A. 关注放款　　B. 次级放款　　C. 可疑放款　　D. 损失放款

7. 银行信用卡的功能主要有（　　）。

A. 转账结算功能　　　　　　　　B. 汇兑功能

C. 储蓄功能　　　　　　　　　　D. 消费贷款功能

8. 商业银行面临的风险主要有（　　）。

A. 国家风险　　B. 信用风险　　C. 利率风险　　D. 汇率风险

9. 商业银行的经营管理必须遵循（　　）三项原则。

A. 安全性　　B. 流动性　　C. 盈利性　　D. 以上选项都不是

10. 以下属于商业银行中间业务的有（　　）。

A. 结算业务　　　　　　　　　　B. 信用卡业务

C. 代理业务　　　　　　　　　　D. 信托业务

三、判断题

1. 单一银行制是指银行业务完全由一个银行机构（总行）经营，不设立任何分支机构的制度。（　　）

2. 分支行制会使银行业过分集中，不利于自由竞争。（　　）

3. 我国的商业银行业主要采取集团银行制组织形式。（　　）

4. 在商业银行的职能中，最能表现商业银行特点的是其中介职能，即信用中介职能和支付中介职能。（　　）

5. 按照《巴塞尔协议》的规定，银行的资本充足率（银行的资本余额/加权风险资产余额）不低于8%。（　　）

6. 正常放款、关注放款、次级放款属于正常放款。（　　）

四、名词解释题

商业银行　　负债业务　　资产业务　　中间业务　　贴现业务　　同业往来　　资产管理理论　　负债管理理论　　资产负债管理理论

五、问答题

1. 如何理解商业银行的性质和职能？

2. 商业银行的业务经营应遵循哪些原则？各原则之间存在什么关系？

3. 什么是负债业务？商业银行的负债业务有哪些？

4. 什么是资产业务？商业银行的资产业务有哪些？

5. 什么是中间业务？商业银行的中间业务有哪些？

6. 阐述资产负债管理理论的基本内容。

第六章

金融市场

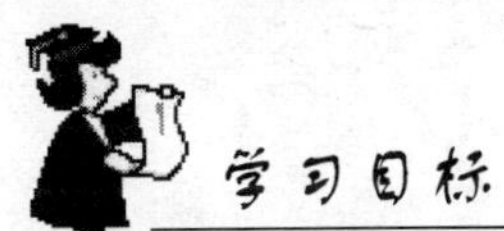

通过本章的学习，了解金融市场的概念和构成要素、金融市场的分类及功能；掌握货币市场的特点及构成；掌握资本市场的特点及构成；熟悉外汇市场的概念、构成、业务活动及黄金市场的有关内容；能够利用金融市场进行融资和投资活动。

国际金融中心之一——纽约

第二次世界大战以后，美国凭借其在战争时期膨胀起来的强大经济和金融实力，建立了以美元为中心的资本主义货币体系，使美元成为世界最主要的储备货币和国际清算货币。西方资本主义国家和发展中国家的外汇储备中大部分是美元资产，存放在美国，由纽约联邦储备银行代为保管。一些外国官方机构持有的部分黄金也存放在纽约联邦储备银行。纽约联邦储备银行作为贯彻执行美国货币政策及外汇政策的主要机构，在金融市场的活动直接影响到市场利率和汇率的变化，对国际市场利率和汇率的变化有着重要影响。世界各地的美元买卖，包括欧洲美元市场、亚洲美元市场的交易，都必须在美国进行，特别是应在纽约的商业银行账户上办理收付、清算和划拨，因此纽约成为世界美元交易的清算中心。此外，美国外汇管制较松，资金调动比较自由。在纽约，不仅有许多大银行，而且商业银行、储蓄银行、投资银行、证券交易所及保险公司等金融机构云集，许多外国银行也在纽约设有分支机构，这些都为纽约金融市场的进一步发展创造了条件，加强了它在国际金融领域中的地位。

纽约金融市场按交易对象划分，主要分为外汇市场、货币市场和资本市场。

纽约外汇市场是美国、也是世界上最主要的外汇市场之一。纽约外汇市场并无固定的交易场所，所有的外汇交易都是通过电话、电报和电传等通讯设备，在纽约的商业银行与外汇市场经纪人之间进行。这种联络就组成了纽约银行间的外汇市场。此外，各大商业银行都有自己的通讯系统，与该行在世界各地的分行外汇部门保持联系，又构成了世界性的外汇市场。由于世界各地时差关系，各外汇市场开市时间不同，纽约商业银行与世界各地外汇市场可以昼夜 24 小时保持联系。因此它在国际上的套汇活动几乎可以立即完成。

纽约货币市场即纽约短期资金的借贷市场，是资本主义世界主要货币市场中交易量最大的一个。除纽约市金融机构、工商业和私人在这里进行交易外，每天还有大量短期资金从美国和世界各地涌入流出。和外汇市场一样，纽约货币市场也没有一个固定的场所，交易都是供求双方直接或通过经纪人进行的。

纽约资本市场是世界最大的经营中、长期借贷资金的资本市场，可分为债券市场和股票市场。纽约债券市场交易的主要对象是政府债券、公司债券和外国债券。纽约股票市场是纽约资本市场的一个组成部分。在美国，有10多家证券交易所按证券交易法注册，被列为全国性的交易所。其中纽约证券交易所、纳斯达克证券交易所和美国证券交易所最大，它们都设在纽约。

第一节 金融市场概述

一、金融市场的概念

（一）金融市场的定义

金融市场是指以金融资产为交易对象而形成的供求关系及其机制的总和。它包括如下三层含义：一是它是金融资产进行交易的一个有形和无形的场所；二是它反映了金融资产的供应者和需求者之间所形成的供求关系；三是它包含了金融资产交易过程中所产生的运行机制，其中最主要的是价格（包括利率、汇率及各种证券的价格）机制。

金融资产是一切可以在有组织的金融市场上进行交易、具有现实价格和未来估价的金融工具的总称。金融资产的最大特征是能够在市场交易中为其所有者提供即期或远期的货币收入流量。在现实生活中，交易行为无处不在，因此，各种资产之间经常会出现相互间的转换，当然，转换目的在于提高交易者拥有资产的相对价值。

金融资产可以划分为基础性金融资产与衍生性金融资产两大类。前者主要包括债务性资产和权益性资产；后者主要包括远期、期货、期权和互换等。

（二）金融市场与要素市场、产品市场的区别

在现代经济系统中，有三类重要的市场对经济的运行起着主导作用，这就是要素市场、产品市场和金融市场。要素市场是分配土地、劳动与资本等生产要素的市场；产品市场是商品和服务进行交易的场所；在经济系统中引导资金的流向，沟通资金由盈余部门向短缺部门转移的市场即为金融市场。

金融市场与要素市场、产品市场的差异主要体现在以下几方面：（1）在金融市场上，市场参与者之间的关系已不再是一种单纯的买卖关系，而是一种借贷关系和委托代理关系，是以信用为基础的资金的使用权和所有权的暂时分离或有条件的让渡。（2）市场交易的对象是一种特殊的商品即货币资金。金融市场上之所以会发生货币资金的借贷和有条件的让渡，是因为当其转化为资本使用时能够带来增加的货币资金余额。（3）市场交易的场所在人部分情况下是无形的，通过电讯及计算机网络等进行交易的方式已越来越普遍。

二、金融市场的构成要素

一个完整的市场必须具备相应的市场要素，否则市场活动难以顺利进行。与普通的商品市场一样，金融市场必须具备的要素包括金融市场主体、金融市场客体、金融市场价格和金融市场的组织方式。

（一）金融市场主体

金融市场主体即金融市场的参与者，它由资金最终供求者、金融中介机构和金融市场管理者组成。金融市场的资金最终供求者主要有政府部门、企业和个人；金融中介机构则为各类银行、证券公司、证券交易所以及信托、保险等非银行金融机构；金融市场管理者主要是指中央银行。金融市场不同参与者的目的各不相同，如筹措资金、获取利润、避免风险、匹配期限、调控经济等。从提高资金市场效率的要求出发，金融市场上的参加者必须是独立自主的经济主体，数量足够多，即金融市场必须有一定的广度，以保证市场的竞争。

1. 政府部门

政府参加金融市场交易，主要是为了筹措资金，以弥补财政赤字，它们是金融市场上资金的主要需求者。现代国家中，政府参与到经济生活的许多领域，出现财政赤字是经常发生的现象。为了防止通货膨胀，各国一般都禁止政府直接向中央银行透支，因此利用金融市场发行各种债券就成了政府重要的资金来源。在政局稳定的情况下，由于有强制的征税权力作最后的保证，政府债券的风险很小，而且期限、利率灵活，有活跃的二级市场，可满足金融市场上投资者的不同需要。因此，政府债券往往被看成是最佳的金融市场投资工具，曾被称为金边债券。政府部门在一定的时期也可能是资金的供应者，如当税款集中收进还没有支出时。

2. 企业

企业在金融市场上首先是资金需求者。无论企业的性质如何，总会因各种原因产生短、中、长期的资金不足。弥补资金不足的方法有两种：一是筹措内部资金，即动用企业的内部积累，或减少分派股息，把留下的利润用于再投资；二是筹措外部资金，即向企业外部的资金供给者筹措资金。企业筹措外部资金，除了向银行借款外，还可以根据资金需求的不同性质，在金融市场上发行商业票据、债券、股票等有价证券，以吸收不同期限的资金。

同时，企业在再生产过程中，也会游离出一部分闲置资金，或存入银行，或购买其他金融工具进行投资，这时企业便成为金融市场上的资金供给者。企业投资有两个主要的特点：一是在长期资本市场上的行为比较稳定。例如，一个企业购入另一个企业的股票或长期债券，一般不会在短期内转手，而倾向于长期持有。二是短期投资的交易量大，同个人相比，企业的经济实力要大得多，其临时性闲置资金的规模往往很大，因而是短期金融工具交易的主要供给者之一。但从总体上看，企业的投资大于储蓄，是净的资金需求者。

3. 个人

个人是金融市场的主要参加者，他们参加金融市场的目的通常是为了调整自己的货币收支结构，追求消费的最佳效果和投资收益的最大化。虽然作为总体，个人是金融市场上最主要的资金供给者，但作为单个主体，个人既可以是交易中的买方，也可以是卖方。作为买方时，他们是金融市场上的投资者，他们买进金融工具，如股票、债券等，推迟现期消费，增加未来的预期消费。作为卖方时，他们的动机则较为复杂，有时是为了增加现期消费，减少未来的预期消费，实现消费结构的最佳化，如借入住房抵押贷款；有时是为了筹措现金购买另外的金融工具，以改变投资方向；有时是为了规避风险，或进行投机；有时则可能是为了应付一笔临时性开支而将手头持有的金融工具出售。因此，个人通过在金融市场上合理购买各种有价证券来进行组合投资，既可满足日常的流动性需求，又能获得资金的增值。

4. 金融中介机构

金融中介机构主要是各类银行、证券公司、证券交易所以及信托、保险等非银行金融机构。它们通过吸收各种存款、发行债券和契约性的方式聚集社会闲散资金；通过贷款、投资等方式运用资金。它们在金融市场上充当资金的供给者、需求者和中介人等多重角色，其作用是促进金融市场上的资金融通，在资金供求者之间架起桥梁，满足不同投资者和筹资者的需要。

5. 中央银行

中央银行参加金融市场的目的与其他参加者有着本质的区别。中央银行负责货币发行，作为银行的银行，是“最后贷款人”，不会出现资金不足的情况，因此它在金融市场上卖出金融工具不是为了弥补资金不足，购买金融工具也不是因为出现闲置资金而用于投资获利。中央银行参加金融市场最主要的目的是实现国家的货币政策，调节经济，稳定物价。

中央银行在金融市场上的身份是双重的。在每一笔具体的交易中，中央银行是公平交易的一方，遵循平等自愿的原则与金融市场上其他参加者进行交易；同时，中央银行又是金融市场的主要管理者，它制定金融交易的基本规则，管理作为金融市场专业参加者的金融机构，直接或间接地影响金融市场上的交易活动，调整货币供应总量，从总体上控制和协调整个金融市场上的资金供求状况。

（二）金融市场客体

金融市场客体，即金融市场的交易对象，也就是通常所说的交易工具。金融市场上的各种融资活动及资金的流转都是通过金融工具的买卖实现的。根据金融市场上的融资活动中资金供求双方是否直接发生经济联系、形成债权或股权关系，金融工具分为直接融资工具和间接融资工具。直接融资工具如股票、债券等，间接融资工具如银行存单等。

（三）金融市场价格

金融市场的交易活动要受到交易价格的支配。金融市场的交易对象是货币资金，因此，利率便成为金融商品的价格。有些金融工具自身有利率，如国库券、企业债券、贴现票据等都有自身的利率；有些金融工具则没有固定的收益率，如普通股票。利率通过市场把各种金融工具的价格比较公平地反映出来。金融工具的价格是投资者参与金融交易的主要依据。利率的波动反映着市场资金供求的变化情况，是引导资金流向的信号。

（四）金融市场的组织方式

金融市场的组织方式即金融市场的具体运作方式。有了交易的双方和交易对象，只是有了形成市场的可能性，还需要一种形式把交易双方联结起来，共同确定交易价格，达到转让交易对象的目的。金融市场的组织方式有三种：一是拍卖；二是柜台；三是中介。

1. 拍卖市场

拍卖市场的核心在于交易在某种集中性的场所公开进行，不允许有场所外的私下交易。金融交易中的拍卖与其他商品的拍卖一样，是买卖双方通过公开竞争喊价的方式来确定买卖的成交价格。拍卖有单向拍卖和双向拍卖两种。单向拍卖的交易双方中，有一方是一个交易群体，另一方是一个单独的交易单位，由后者报出买卖对象的出价或要价，交易群体中的各交易单位围绕报价展开竞争，或竞相抬价以求买进，或竞相压价以求卖出。如美国财政部国库券的一级市场交易，就是以单向拍卖的方式进行的。双向拍卖中的交易双方都是群体，交易双方在买卖某种金融工具时，以该工具上次的成交价为基础，分别报出各自的出价和要价，买卖报价逐渐接近，市场按价格优先和时间优先的原则撮合成交。证券交易所是典型的双向拍卖市场。

拍卖市场集中处理了有关金融工具的所有相关信息，能够充分发掘其潜在价值，是一个十分有效率的市场组织形式。但不是所有的金融交易活动都适于利用拍卖方式组织，它有一些先决条件：第一，要有一个集中的交易场所和设施。拍卖市场要求双方直接见面，讨价还价。传统上采取交易所的形式，把所有的交易者或其代理人集中在一起，相互竞争。现在，由于通讯技术的发展，拍卖市场并非一定要有一个物理形态上的有形市场，交易者可以通过计算机网络联结起来，各自在自己的终端上分别报价，由计算机撮合成交。虽然在形式上交易者没有集中到一个固定的场所，但所有的交易信息都是通过计算机集中处理，并及时向市场参加者发布，交易者之间不存在任何的私下交易，买卖成交后，双方甚至不知道对方是谁。第二，交易对象必须是同质的。如果被拍卖商品的差别很大，无法简单地界定，市场就不可能向所有参加者准确传达所必需的信息。因为信息收集的成本太高。拍卖市场收集和处理信息的成本基本上属于固定成本，如果商品是同质的，信息收集成本就可以分摊出去，采用拍卖的方式才是经济有效的。例如远期交易，由于每笔交易在数量、价格、交割时间等交易条件上各不相同，因此无法采用拍卖方式。第三，交易量必须达到一定的规模。如果没有交易的愿望，那么采取集中交易的市场方式就不能有效地发挥作用。

2. 柜台市场

柜台市场与拍卖市场不同，它没有集中性的交易场所，因此又称为“场外交易”。在这个市场上，金融工具的买卖双方分别同交易商进行交易，买卖价格不是由交易双方直接竞争来确定，而是由交易商根据市场行情同时报出买入价格和卖出价格，承诺以所报的买入价格购买该种金融工具，或以所报的卖出价格出售该种金融工具，在没有报出新的价格之前，交易商不得拒绝以报出价格买卖该种金融工具，交易商报出的价格中，买入价格低于卖出价格，买卖之间的价差是交易商主要的利润来源。

交易商与经纪人不同，经纪人只起撮合的作用，收取佣金，自己不参加交易，不承担交易的风险，交易商则直接参加交易，成为买卖的一方，承担可能的风险，交易商拥有一定量的存货，以便随时买卖，但相对于商品市场交易量而言，其存货数量是非常小的。因此，从某种意义上说，他们的行为就像是零售商，买入商品不是为了长期拥有，而是为了再卖出去以赚取差价。不过，随着市场的发展，交易商与经纪人的差别逐渐不那么明显了，金融机构常常同时以交易商和经纪人的身份出现在市场上，前者称为自营业务，后者称为代理业务。在拍卖市场上，交易商也扮演着重要的角色。例如，在股票市场上，对于交易量不大的冷门股票，交易商起着活跃市场、稳定价格的作用，此时，他们又被称为“做市商”。

3. 中介市场

要说明中介市场与以上两个市场的区别，最好是从比较中介商与交易商的作用入手。交易商相当于一个零售商，他买入某种金融工具不是为了长期持有，而是作为存货，以便有人要买时能随时供应；中介商则不然，他们购买某种金融工具是为了某种特定的投资目的，而不是作为存货。他们所出售的和买入的不是同一种金融工具，而是以自己为债务人或债权人所创造的不同的金融工具。例如，传统上，商业银行向工商企业贷款，所需资金不是通过直接出售原来的贷款合同，而是通过发行新的金融工具取得，如存款。

三、金融市场的分类

金融市场是一个复杂的复合体，它包含着许多相互独立又相互联系的市场。按照不同的标准可以划分出不同类别的金融市场。为了更充分地理解金融市场，尽可能地反映这个复杂市场的全貌，这里我们从多个角度对金融市场进行分类。这对于我们参与金融市场的活动具有重要意义。

（一）以资金融通的期限为标准划分

以资金融通的期限为标准，金融市场可分为货币市场和资本市场。

货币市场是指以期限在一年以内（包括一年）的短期金融工具为媒介而进行融资活动的市场，故又称为短期金融市场。它包括商业票据承兑贴现市场、银行同业拆借市场、大额可转让定期存单市场和短期国债市场等。因为该市场的主要功能和目的偏重于满足交易者资金流动性的要求，即迅速变现取得货币作为流通与支付手段职能的需要，故称为货币市场。

资本市场是指以期限在一年以上的长期金融工具为媒介而进行金融交易的市场，故又称为长期金融市场。它包括长期存贷款市场和证券市场。因该市场上融资与投资的主要目的偏重于投资获利，即注重资本增值，故称为资本市场。

（二）以金融交易的程序或市场功能为标准划分

以金融交易的程序或市场功能为标准，金融市场可分为发行市场和流通市场。

发行市场也称为一级市场或初级市场，是筹资者将票据和证券等金融资产首次出售给公众时所形成的交易市场，其主要功能是为金融工具发行者提供筹资场所，为投资者提供投资场所。

流通市场也称为二级市场或次级市场，是票据和证券等金融工具发行后，在不同的投资者之间转手买卖流通所形成的市场，其主要功能是为资金需求者提供资产变现场所，为投资者提供投资场所。

发行市场是流通市场的前提和基础，只有发行市场发行了金融工具，流通市场才有可能进行转让；同时，流通市场又是发行市场正常发展的必要条件，因为二级市场保证了金融工具的流动性，投资者才会踊跃购买金融工具，同时，发行市场的价格也受到流通市场的影响。

（三）以标的物为标准划分

以标的物为标准，金融市场可分为票据市场、证券市场、外汇市场和黄金市场等。

票据市场是票据发行和转让的市场，它是主要以未到期的商业票据为交易对象的短期资金市场，包括票据承兑市场和票据贴现市场，是货币市场的重要组成部分。

证券市场主要是股票、债券、基金等有价证券发行和转让的场所，是资本市场的重要组成部分。

外汇市场是以外汇为买卖对象的短期资金交易市场。

黄金市场是专门集中进行黄金交易的市场。尽管黄金非货币化倾向越来越明显，但目前黄金仍是国际储备工具之一，在国际结算中占据着重要的地位，因此，黄金市场仍被看作金融市场的组成部分。

（四）以金融交易方式为标准划分

以金融交易方式为标准，金融市场可分为现货市场和期货市场。

现货市场是指交易双方成交后，立即进行交割的市场，简单地说就是一手交钱，一手交货。当然由于技术上的限制，真正的交割可能在成交后的几个（一般为1～2个或1～3个）营业日内办理。

期货市场是指交易双方达成协议成交后，不立即进行交割，而是在一定时间内，如1个月、2个月或者3个月后交割的市场。

（五）以成交与定价的方式为标准划分

以成交与定价的方式为标准，金融市场可分为公开市场和议价市场。

公开市场是指通过众多的买主和卖主公开竞价而形成金融资产交易价格的市场，一般在有组织的证券交易所进行。

议价市场是指通过私下协商或面对面讨价还价方式进行金融资产的定价与成交的市场。在发达的市场经济国家，绝大多数债券和中小企业的未上市的股票都通过这种方式进行交易。最初，在议价市场交易的证券流通范围不大，交易也不活跃，但随着现代电讯及自动化技术的发展，该市场的交易效率已大大提高。

（六）以金融交易的场地形态为标准划分

以金融交易的场地形态为标准，金融市场可分为有形市场和无形市场。

有形市场是有固定交易场所的市场，其交易是在组织严密的特定交易场所中进行的，如证券交易所。

无形市场是指没有固定的交易场所，通过现代化的电讯工具，如电话、电报、电传、计算机网络等进行金融交易活动的市场，如同业拆借市场、外汇市场等。

（七）以政治地域范围为标准划分

以政治地域范围为标准，金融市场可分为国内金融市场和国际金融市场。

国内金融市场是指在一国范围内仅由本国居民参加交易的市场。它又可分为全国性的金融市场和地方性的金融市场。

国际金融市场是指跨越国界进行金融交易活动的市场，其交易双方为不同国家的居民。国际金融市场按照市场交易主体的范围大小，又分为区域性的国际金融市场和全球性的国际金融市场。

国内金融市场是国际金融市场发展的基础，国际金融市场是国内金融市场发展到一定阶段的产物，它与实物资产的国际转移、金融业的发展、资本的国际流动及现代电子信息技术的高度发展相辅相成。

四、金融市场的功能

（一）聚敛功能

金融市场的聚敛功能是指金融市场引导众多分散的小额资金汇聚成为可以投入社会再生产的资金集合功能。在这里，金融市场起着资金“蓄水池”的作用。

金融市场之所以具有资金的聚敛功能，一是由于金融市场创造了金融资产的流动性。现代金融市场正发展成为功能齐全、法规完善的资金融通场所，资金需求者可以很方便地通过直接或间接的融资方式获取资金，而资金供应者也可通过金融市场为资金找到满意的投资渠道。二是金融市场多样化的融资工具为资金供应者寻求合适的投资手段找到了出路。金融市场根据不同的期限、收益和风险要求，提供了多种多样的供投资者选择的金融工具，资金供应者可以依据自己的收益风险偏好和流动性要求选择其满意的投资工具，实现资金效益的最大化。

（二）配置功能

金融市场的配置功能表现在三个方面：一是资源的配置；二是财富的再分配；三是风险的再分配。

在经济的运行过程中，拥有多余资产的盈余部门并不一定是最有能力和机会作最有利投资的部门，现有的财产在这些盈余部门得不到有效的利用，金融市场通过将资源从低效率利用的部门转移到高效率的部门，从而使一个社会的经济资源能最有效地配置在效率最高或效用最大的用途上，实现稀缺资源的合理配置和有效利用。在金融市场中，证券价格的波动，实际上反映着证券背后所隐含的相关信息。投资者可以通过证券交易中公开公告的信息及证券价格波动所反映出的信息来判断整体经济运行情况以及相关企业、行业的发展前景，从而决定其资金和其他经济资源的投向。一般地说，资金总是流向最有发展潜力，能够为投资者带来最大利益的部门和企业，这样，通过金融市场的作用，有限的资源就能够得到合理的利用。

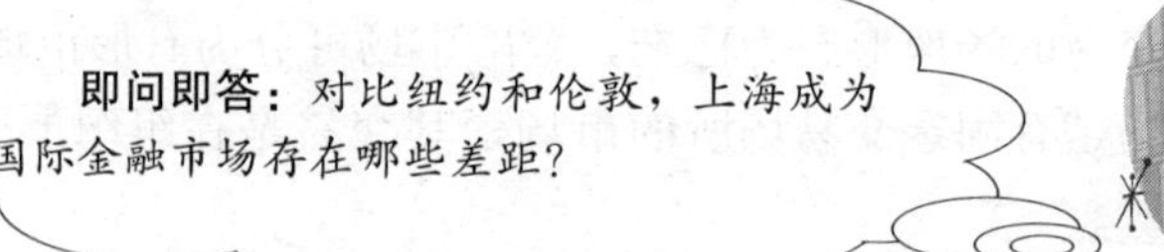

即问即答：对比纽约和伦敦，上海成为国际金融市场存在哪些差距？

财富是各经济单位持有的全部资产的总价值。政府、企业及个人通过持有金融资产的方式来持有财富，当金融市场上的金融资产价格发生波动时，其财富的持有数量也会发生变化，一部分人的财富量随金融资产价格的升高而增加，而另一部分人则由于其持有的金融资产价格下跌，所拥有的财富量也相应减少。这样，社会财富就通过金融市场价格的波动实现了再分配。

金融市场同时也是风险再分配的场所。在现代经济活动中，风险无时不在，无处不在。而不同的主体对风险的厌恶程度是不同的。利用各种金融工具，较厌恶风险的人可以把风险转嫁给风险厌恶程度较低的人，从而实现风险的再分配。

（三）调节功能

调节功能是指金融市场对宏观经济的调节作用。金融市场一边连着储蓄者，另一边连着投资者，金融市场的运行机制通过对储蓄者和投资者的影响而发挥作用。

第一，金融市场具有直接调节作用。在金融市场大量的直接融资活动中，投资者为了自身利益，一定会谨慎、科学地选择投资的国家、地区、行业、企业、项目及产品。只有符合市场需要、效益高的投资对象，才能获得投资者的青睐。而且，投资对象在获得资本后，只有保持较高的经济效益和较好的发展势头，才能继续生存并进一步扩张。否则，它的证券价格就会下跌，继续在金融市场上筹资就会面临困难，发展就会受到后续资本供应的抑制。这实际上是金融市场通过其特有的引导资本形成及合理配置的机制首先对微观经济部门产生影响，进而影响到宏观经济活动的一种有效的自发调节机制。

第二，金融市场的存在及发展，为政府实施对宏观经济活动的间接调控创造了条件。货币政策属于调节宏观经济活动的重要宏观经济政策，其具体的调控工具有存款准备金政策、再贴现政策、公开市场操作等，这些政策的实施都以金融市场的存在、金融部门及企业成为金融市场的主体为前提。金融市场既提供货币政策操作的场所，也提供实施货币政策的决策信息。首先，因为金融市场的波动是对有关宏观及微观经济信息的反映，所以，政府有关部门可以通过收集及分析金融市场的运行情况来为政策的制定提供依据。其次，中央银行在实施货币政策时，通过金融市场可以调节货币供应量、传递政策信息，最终影响到各经济主体的经济活动，从而达到调节整个宏观经济运行的目的。最后，财政政策的实施也越来越离不开金融市场，政府通过国债的发行及运用等方式对各经济主体的行为加以引导和调节，并提供中央银行进行公开市场操作的手段，这也对宏观经济活动产生着巨大的影响。

（四）反映功能

金融市场历来被称为国民经济的“晴雨表”和“气象台”，是公认的国民经济信号系统。这实际上就是金融市场反映功能的写照。

金融市场的反映功能表现在如下几个方面：(1) 由于证券买卖大部分都在证券交易所进行，人们可以随时通过这个有形的市场了解到各种上市证券的交易行情，并据以判断投资机会。证券价格的涨跌在一个有效的市场中实际上是反映了其背后企业的经营管理情况及发展前景。此外，一个有组织的市场，一般也要求上市公司定期或不定期的公布其经营信息和财务报表，这也有助于人们了解及推断上市公司及相关企业、行业的发展前景。所以，金融市场首先是反映微观经济运行状况的指示器。(2) 金融市场交易直接和间接地反映国家货币供应量的变动。货币的紧缩和放松均是通过金融市场进行的，货币政策实施时，金融市场会出现波动表示出紧缩和放松的程度。因此，金融市场所反馈的宏观经济运行方面的信息，有利于政府部门及时制定和调整宏观经济政策。(3) 由于证券交易的需要，金融市场有大量专门人员长期从事商情研究和分析，并且他们每日与各类工商企业直接接触，能了解企业的发展动态。(4) 金融市场有着广泛而及时的收集和传播信息的通讯网络，整个世界金融市场已连成一体，四通八达，从而使人们可以及时了解世界经济发展变化情况。

案例分析

新加坡金融市场国际化的成功经验

1967 年 6 月，新加坡成立了货币委员会，从英国人手中收回了货币发行权，发行了自己的货币。1968 年，新加坡政府创建了亚元市场，从事亚太地区特别是新加坡国际银行境外美元及其他可兑换货币的存贷款业务。1972 年以后，新加坡政府取消了外汇管制，1990 年又进一步放宽了对外资持有银行股份的限制。经过 30 多年的努力，新加坡亚元市场获得较大发展。新加坡由此成为全球性的国际金融中心。

分析题：通过上述材料分析新加坡金融市场国际化的成功经验。这对我国有什么启示？

第二节　货币市场

货币市场是进行短期（1 年以内，包括 1 年）资金融通的市场。货币市场的活动主要是为了保持资金的流动性。货币市场从结构上看包括同业拆借市场、商业票据市场、短期债券市场、回购协议市场和大额可转让定期存单市场。

一、货币市场的特点

（一）流动性强、风险低、收益低

货币市场是进行短期资金融通的市场，故其具有流动性强、风险低、收益低的特点。

货币市场的流动性主要是指金融工具的变现能力。货币市场由于期限短、变现的速度较快、变现容易实现，其流动性较强。

一般来讲，资产的流动性与风险性、收益性呈负相关关系。货币市场由于期限较短，价格波动范围较小，因此，投资者遭受损失的可能性较小，获取收益也较低。

（二）货币市场的参与者以机构为主

货币市场的参与者有机构（包括商业银行、中央银行、非银行金融机构、政府、非金融性企业）、个人及货币市场的专业人员（包括经纪人、交易商和承销商），但以机构参与者为主。

（三）货币市场的客户数量少，单笔交易金额大，交易频繁

由于货币市场的参与者以机构参与者为主，因此市场呈现三个明显特点：一是客户数量少，交易对手彼此之间有一定的了解；二是每笔交易金额大；三是交易频繁。

（四）货币市场以无形市场为主

由于货币市场的参与者以机构为主所形成的特点，使得货币市场完全可以借助现代通讯手段进行，因此逐步形成了一个庞大的无形市场，如短期国库券交易、票据交易、可转让大额存单交易、同业拆借等，都是通过无形市场进行的。当然，也不能排除有形市场的存在及交易，但总体上以无形市场为主。

二、同业拆借市场

同业拆借市场也称同业拆放市场，是金融机构之间以信用方式进行短期货币资金借贷的市场。借入资金称为拆入，贷出资金称为拆出。

拆入行拆入资金主要用于弥补拆入行短期资金的不足、票据清算的差额以及解决临时性的资金短缺需要。拆出行拆出的资金一般为拆出行暂时剩余的资金。

同业拆借的期限通常以 1～2 天为限，短至隔夜，长则 1～2 周，一般不超过 1 个月，当然也有少数同业拆借交易的期限接近或达到 1 年的。

同业拆借的拆款按日计息，拆息（拆借利息）占拆借本金的比例称为拆息率。拆息率对货币市场资金供求变化反应敏感，随货币市场资金供求状况的变化而变化，拆息率每天都有所不同，甚至每时每刻都发生变化，常作为货币市场的基准利率。

在国际货币市场上，比较典型的、有代表性的同业拆借利率有三种，即伦敦银行同业拆借利率（LIBOR）、新加坡银行同业拆借利率（SIBOR）和中国香港银行同业拆借利率（HIBOR）。

上海银行间同业拆借利率（SHIBOR）

2007年1月4日，上海银行间同业拆借利率（SHIBOR）正式运行，它以位于上海的全国银行间同业拆借中心为技术平台计算、发布并命名，是由信用等级较高的银行组成报价团自主报出的人民币同业拆出利率计算确定的算术平均利率，是单利、无担保、批发性利率。目前，对社会公布的上海银行间同业拆借利率（SHIBOR）品种包括隔夜、1周、2周、1个月、3个月、6个月、9个月及1年。

三、商业票据市场

传统的商业票据是基于商品交易行为而产生的一种反映债权债务关系的书面凭证，包括期票（即商业本票）和商业汇票，属于商业信用工具。在传统商业票据的基础上，又逐渐演变出了一种融资性商业票据，它是一种不以商品交易为基础，而是由一些信誉优良的大型工商企业和金融公司发行，以在金融市场上筹措短期资金为目的的商业本票。

商业票据市场是商业票据的发行和转让市场。商业票据市场可分为票据承兑市场、票据贴现市场和本票市场。

（一）票据承兑市场

票据承兑是汇票的付款人或付款人指定的银行在汇票上履行签字承认到期付款的具有法律效力的行为。票据承兑市场是指授予承兑保证，创造承兑汇票的市场。汇票必须承兑，只有经过承兑才具有法律效力，才能作为市场上合格的金融工具流通转让。票据签发与承兑属于发行市场活动。

由企业承兑的汇票叫做商业承兑汇票，由银行承兑的汇票叫做银行承兑汇票。经过银行承兑的汇票，具有付款人和承兑银行的双重保证，可随时在市场上转让流通，是银行和客户都乐于接受的金融工具。

目前，世界各国票据承兑市场上办理汇票承兑业务的机构主要是商业银行，也有专门办理承兑业务的金融机构，如英国的票据承兑所。这些机构办理承兑业务时并不动用自身财产，而仅仅是利用自己的信誉为客户作担保，办理承兑时向客户收取一定的手续费。而对于客户，则可通过票据承兑市场获得价格低廉的融资。经过承兑的汇票，其持有者可将此汇票保存到期满，但大部分持有者在汇票到期前，便作为支付手段转让出去，或到商业银行办理贴现。

（二）票据贴现市场

票据贴现市场是以票据贴现业务为主的短期资金市场，是已发行、承兑的票据转让、流通的主要市场。

贴现即商业票据的持票人将未到期的商业票据卖给银行，由银行从票据面额中扣除自贴现日起至票据到期日止的利息，再将余额支付给客户的资金融通活动。贴现利息与贴现票据票面金额之比称为贴现利率，是贴现机构与贴现人根据市场资金供求状况和市场利率以及票据的信誉程度议定的。从形式上看，票据贴现是票据的流通、买卖，实质上是银行的短期信用活动。因为银行进行票据贴现时，要先垫付货币资金，等到票据期满才能从借款人那里收回款项，实际上相当于银行通过贴现来满足市场对短期资金的需要。

贴现市场上商业票据的买卖价格就是实付贴现金额。用公式表示如下：

实付贴现金额＝票面金额×(1－贴现率×待偿期)

例如，某企业持有一张半年后到期的一年期汇票，面额为2 000元，到银行请求贴现，银行确定该票据的市场贴现率为5%，则实付贴现金额为：

实付贴现金额＝2 000×(1－5%×180/360)＝1 950(元)

贴现市场的交易对象主要是商业票据。另外，国库券和一些短期债券也可在贴现市场贴现。

票据贴现机构主要有两类：一类是商业银行；另一类是专营贴现业务的金融机构，如英国的票据贴现所、日本的融资公司、美国的票据经纪商等。

从广义上讲，贴现市场的贴现活动除贴现外，还包括转贴现和再贴现。

转贴现是指办理贴现的金融机构将其购入的贴现票据在票据未到期前转卖给其他金融机构的融资行为。

再贴现是指办理贴现的金融机构将其购入的贴现票据在票据未到期前再卖给中央银行的融资行为。中央银行对商业银行等进行的再贴现是中央银行进行信用调节的重要手段之一。

(三) 本票市场

如前所述，商业本票虽然起源于商品交易，是买方由于资金一时短缺而开给卖方的付款凭证。但是现代商业本票大多已和商品交易脱离关系，而成为出票人融资、筹资的手段，故商业本票一般不是同时列明出票人和债权人的双名票据，而是只列明出票人姓名的单名票据。不管是谁，只要持有这种本票，均可要求出票人付款。由于发行目的的改变，故商业本票金额较大，如美国一般为10万美元以上，最低为25 000美元，最高可达200万美元。这里所讲的本票市场即指这种融资性商业本票的发行市场。

本票市场的参与者主要为工商企业和金融机构。本票发行人主要是信誉高、规模巨大的国内金融机构和非金融公司、外国公司。本票发行的目的主要是筹集资金，如解决生产资金、扩大信贷业务、扩大消费信用等。如美国福特汽车信贷公司，为了扩大汽车销售量而发行本票，提供大量消费信贷。发行本票一般需要经过债券评级机构评级。级别不同，债券利率也不同。本票投资者主要有投资公司、银行、保险公司、养老基金等，由于本票发行者声誉较高，投资风险较低，上述机构很乐于购买。

由于期限较短，本票几乎没有二级市场。持票人需要现金时，一般采取贴现办法，或向原发行人提前偿付，由其在扣除利息后予以支付，形同贴现。银行购得本票后则可以在需要资金时向中央银行申请再贴现。

四、短期债券市场

短期债券市场是指发行和买卖1年期以内的政府债券和企业公司债券活动的总称。在西方国家，由于1年期以内的企业债券买卖活动不多，因此将1年期以上的政府债券称为国债或公债，1年期以内的称为国库券。所以，一般将短期债券市场理解为“国库券市场”。

国库券市场是国家财政为了弥补财政赤字或解决临时需要而发行的一种短期政府债券，包括国库券的发行和流通转让。

国库券的发行一般采用公募投标方式进行，期限为 1 年或 1 年以内（通常有 3 个月、6 个月、9 个月和 12 个月 4 种）。国库券的发行一般不记名，不附有息票，不载明利率，而以低于票面金额的价格折价出售，到期按票面金额还本，贴现率即为收益率。

国库券的流通转让是将未到期的国库券卖出兑换成现款的行为。证券商在二级市场上发挥着重要的作用，因为证券商在国库券发行时包销了大部分国库券，然后在二级市场上转让出去。他们还可以买进投资者转让的国库券，再卖出去，从中赚取差价。另外，证券商也可以与经纪人及其他证券商之间进行买卖。决定国库券买卖价格的主要因素是贴现率和待偿期限。通常情况下，贴现率越高，买卖价格越低；国库券距到期日越近，转让价格越高。

由于国库券具有风险小、税负轻、期限短、利率优惠等优点，而成为短期资金市场最受欢迎的金融工具之一，其二级市场也非常活跃。因此，在很多国家，国库券市场不仅成为投资者的理想场所，而且也成为政府调节财政收支和中央银行进行公开市场操作以调节货币供应量的重要基地。

五、回购协议市场

回购协议市场是指通过回购协议进行短期资金融通交易的市场。

回购协议是在出售证券的同时，同证券购买商签订的、约定在一定期限后按约定价格再购回所卖证券的合约。回购协议从本质上说是一种抵押贷款，其抵押品为所出售和回购的证券。

还有一种逆回购协议，是在购入证券的同时，同证券出售商签订的、约定在一定期限后按约定价格再卖出所购证券的合约。它与回购协议相对应，过程正好相反。回购协议是从资金需求者的角度而言的，而逆回购协议则是从资金供应者的角度而言的。

在回购协议市场中，利率一般参照同业拆借市场利率而确定。由于回购协议实际上是一种抵押贷款，时间短，风险低，因此利率较同业拆借利率略低。

回购协议市场的参与者主要是银行、非银行金融机构、企业和政府。银行参与回购协议市场主要是为了扩大资金来源。企业参与回购协议市场主要是为了寻求短期资金。地方政府参与回购协议市场后，使政府债券业务更加活跃，资金回流有了保证。总的来说，回购协议市场对借贷双方都是有利的：对证券售出方来说，约定回购价格可以免受回购时因市场价格上升造成的损失，降低了市场风险；对于证券购入方来说，回购协议业务使其掌握了抵押品，可减少债务人无法按期还款的风险，同时也可免除卖出时由于市场价格下降所导致的损失。可见，回购协议是一种合理的融资工具，它的市场流动性使之可随时变现，也为其发行提供了更大的可能性。

六、大额可转让定期存单市场

大额可转让定期存单市场，简称 CD 市场，是指发行和买卖大额可转让定期存单活动场所的总称。大额可转让定期存单，简称存单，是银行发行的记载一定存款金额、期限、利率，并可以流通转让的定期存款凭证。存单是 20 世纪 60 年代以来金融环境变革的产物。由于 60 年代市场利率上升而美国的商业银行受存款利率上限的限制，不能支付较高的存款利率，各大公司财务主管为了增加临时闲散资金的利息收益，开始减少在商业银行的存款，投资于国库券、商业票据和其他较高利率的货币市场工具。针对存款资金来源的减少，美国花旗银行设计了具有其他货币市场工具类似特点的大额定期存单，竞争吸收大公司、富裕个人和政府的闲散资金，并取得政府和证券经销商的支持，为可转让大额定期存单提供了二级交易市场。持有存单的投资者，在需要资金时，可以将存单随时在市场上转让流通。以后英国、日本等国家的商业银行也先后开办了这种业务，而且发行额增长极快，甚至经常超过银行承兑汇票及商业票据的流通数额，成为货币市场中优良的信用工具。存单的出现推动了大型商业银行利用货币市场借入资金满足贷款增长的需要。

存单的发行方式有两种：一是批发式发行，即银行集中发行一批存单，发行时将存单的发行数量、时间、利率、面额等予以公布，由投资者选购；二是零售式发行，即银行根据客户的要求，随时出售合乎客户要求的存单，存单的面额、期限、利率等由银行与客户协商后确定。

存单的发行价格有两种：一种是按票面价格出售，到期支付本金和利息；另一种是贴现发行，以低于票面价格出售，银行到期按票面额兑付。

投资者购买存单，若在存单到期前急需现金，可将存单在存单二级市场转让。在存单二级市场上，存单经销商起着重要的作用，他们既买进存单，又卖出存单，充当存单转让的中介。投资者也可以持单到期兑取本息。决定存单转让价格的主要因素是利率、期限和本金。就利率而言，若存单原定利率高，转让价格就高，反之则低。转让时的市场利率与存单原定利率相比，市场利率高于原定利率，转让价格就低；市场利率低于原定利率，转让价格就高。在固定利率条件下，存单转让价格的计算公式具体如下：

$$S=\frac{P(360+R_1N_1)}{R_2N_2+360}-\frac{PR_1N_3}{360}$$

式中：S——存单转让市场上出售存单的价格；

P——存单本金；

R_1——存单原定利率；

R_2——存单出售时市场利率；

N_1——存单原订期限；

N_2——由出售日起到存单期满整天数；

N_3——由发行日起到出售日整天数。

在我国，存单最早由交通银行上海分行于 1986 年 9 月首先发行。随后，各家专业银行也陆续发行。当时由于没有统一的管理办法，存单的期限、面额、利率、计息方式等一度比较混乱。鉴于存单作为一种新的金融工具，在金融市场面世以后，深受欢迎。为了促进这项业务规范化发展，1989 年 5 月，中国人民银行下发了《大额可转让定期存单管理办法》，同年 11 月又下发了《关于大额可转让定期存单转让问题的通知》，对存单发行和转让问题作出了统一规定。

我国存单发行单位限于各专业银行和综合性银行，非银行金融机构不得发行。一般由发行银行在柜台直接面向投资者发售。对个人发行的面额为 500 元及其整数倍数，对单位发行的面额为 5 万元及其整数倍数；利率由发行银行在中国人民银行公布的最高限额内自行确定，一般略高于同期存款利率；期限为 1 个月、3 个月、6 个月、9 个月和 12 个月；存单不能提前兑付，但可上市转让，不记名存单采用交付方式转让，记名存单采用背书方式转让；存单转让必须在经中国人民银行批准的可经营证券交易业务的金融机构进行；发行银行经人民银行批准也可办理存单转让业务，但不得自行买卖，只能办理代理买卖业务。实际上，很多地方都未开办存单转让业务，存单二级市场尚未形成。

第三节　资本市场

资本市场是指融资期限在一年以上的中长期资金交易的市场，从广义上讲，它包括银行中长期信贷市场和证券市场。这里我们主要介绍证券市场，即通常所讲的狭义的资本市场。证券市场，从程序组织结构上看包括发行市场和流通市场两部分，其各自的交易方式均不相同；从交易对象结构上看主要包括股票市场、债券市场和投资基金，它们的交易及运行机制各不相同，故须分别论述。

一、资本市场的特点

第一，交易工具期限长。

资本市场的金融工具期限至少在一年以上，最长可达数十年，甚至是永久性凭证。

第二，交易目的主要是解决长期投资性资金供求矛盾，充实固定资产。

在资本市场上所筹集的资金主要用于补充固定资产扩大生产能力，如开设新的公司企业，更新机器设备，高新技术产业开发，增加项目等。

第三，融资数量大。

资本市场上融资的数量大，巨额的资金主要用于满足长期投资项目的需要。

第四，交易工具特殊。

资本市场的交易工具与短期金融工具相比较，收益高、风险大、流动性弱、价格变动浮动大，有一定的风险性和投机性。

二、股票市场

股票市场也称权益市场，是股票发行和交易的场所。股票市场既是支撑股份制度的重要构成要素，也是资本市场的一个重要组成部分。股票市场由股票发行市场和股票流通市场组成。

（一）股票发行市场

股票发行市场是指公司直接或通过中介机构向投资者出售新发行的股票的市场。所谓新发行的股票，包括初次发行和再发行的股票。初次发行的股票是公司第一次向投资者出售的原始股，再发行的股票是在原始股在基础上新增加的份额。

1. 股票发行市场的主体

股票发行市场的主体包括发行者、认购者和承销商。发行者是指筹措资金的股份公司。认购者是指那些出于盈利目的购买股票的个人投资者和机构投资者。承销商是指代发行者办理股票发行和销售业务的中介机构，一般有证券公司、投资银行和商业银行以及其他金融机构。股票在采用公募发行时，由于发行对象即认购者是分散的公众，发行者为了保证发售成功，及时募集到足额的资金，需要借助于具有专门知识和技能并具有发行经验的承销商帮助发行。承销商负责办理股票的承购销售业务，并承担一定的发行风险。

2. 股票发行方式

（1）按照是否通过中介机构发行，股票发行可分为直接发行和间接发行。

直接发行又称公司自办发行，指股票发行人自己办理发行手续，自己销售股票募集资金的发行方式。这种方式适合于筹资数量较少、手续简单的筹资活动，一般私募发行采用此方式。这种发行方式的优点是节省承销费用，降低发行成本。其缺点是发行人承担发行风险，割断了与证券公司等专业金融机构的联系，失去了它们的具体指导，发行人对发行条件、市场时机的把握有限。

间接发行即委托发行，指发行人委托证券推销机构代理发行。公募发行都要通过承销商进行间接发行。承销商的承销方式一般有代销和包销两种。

代销，即由发行人委托承销商代为向社会销售股票，承销商按照协议规定的发行条件，在约定的发行期内尽力推销，但不保证能完成预定销售额，到了销售截止日期，股票如果没有按原定发行数额售完，未售出部分仍退还给发行人。在代销过程中，承销商与发行人之间是代理委托关系，承销商不承担发行风险，但收取的手续费也较低。代销方式比较适合于那些信誉好、知名度高的大中型企业，它们的股票容易被社会公众所接受，用代销方式可以降低发行成本。

包销是指发行人与承销商签订合同，由承销商买下全部或销售剩余部分的股票，承担全部销售风险。对发行人来说，包销不必承担股票销售不出去的风险，而且可以迅速筹集资金，因而适用于那些资金需求量大、社会知名度低而且缺乏股票发行经验的企业。与代销相比，包销的成本也相应较高。包销在实际操作中有全额包销和余额包销之分。

全额包销方式是指发行人与承销商签订承销合同，由承销商先将全部股票以一定的价格认购下来，并按合同规定的时间将全部股票款项一次性支付给发行人，然后承销商再将股票按市场条件向社会公众出售的发行方式。在这种方式下，承销商与发行人并非委托代理关系，而是买卖关系，即承销商将证券低价买进然后高价卖出，赚取中间的差额，而非手续费。承销商所得到的买卖差价是对承销商所提供的咨询服务以及承担包销风险的补偿，也称为承销折扣。对发行人来说，采用全额包销方式既能保证如期得到所需要的资金，又无须承担发行过程中价格变动的风险，因此全额包销是西方成熟证券市场中最常见、使用最广泛的方式。

余额包销方式是由承销商按照承销协议规定的发行额和发行条件，在约定的期限内面向社会推销股票，到销售截止日期，未售出的余额由承销商负责认购，承销商要按规定的时间向发行人支付全部股票的款项的发行方式。余额包销实际上是先代理发行，后全额包销，是代销和全额包销的结合。

余额包销与全额包销不同之处在于，承销商事先并不用自己的资金从发行人那里一次性全部买入股票或债券，只有在规定的时间内向社会公开出售后，发行人才能获得它所需的资金。

《中华人民共和国公司法》规定，股份公司向社会公开发行新股，应当由依法设立的证券经营机构承销，签订承销协议，承销协议中应当载明承销方式。承销期满，尚未售出的股票按照承销协议约定的包销或者代销方式分别处理。

另外，还有一种包销方式叫做备用包销。股份公司通过认股权来发行股票并不需要投资银行的承销服务，但发行公司可与投资银行协商签订备用包销合同，该合同要求投资银行作为备用认购者买下未能售出的剩余股票，而发行公司为此支付备用费。但应该指出的是，在现有股东决定是否购买新股或出售他们的认股权的备用期间，备用认购者不能认购新股，以保证现有股东的优先认股权。

与承销相比，私募条件下的认购和销售则较为简单，它通常是根据认购协议将股票直接出售给投资者，而投资银行为安排投资者提供咨询而得到酬金收入。

(2) 按照发行对象的不同，股票发行可分为公募发行和私募发行。

公募发行是指面向市场上广泛的、非特定的投资者公开发行股票的发行方式。其优点是：可扩大股票的发行量，筹资潜力大；无须提供特殊优厚的条件，发行者具有较大的经营管理独立性；股票可在二级市场上转让流通，流动性强，风险相对较小，且可提高发行者的知名度。其缺点是：发行工作量大，难度也大，通常需要承销者的协助，采取间接销售方式；发行人必须向证券管理机关办理注册登记手续，需要向公众披露有关资料信息，接受公众监督。

私募发行是指只向少数特定的投资者发行股票的发行方式。私募发行的对象主要有个人投资者和机构投资者两类，前者如使用发行公司产品的用户或本公司的职工，后者如大的金融机构或与发行人有密切业务往来关系的公司。私募发行大多采用直接销售方式，即由发行主体自己办理股票发行所必需的一切手续。私募发行的优点是：节省发行费用；通常不必向证券管理机关办理注册手续，发行程序相对简化；有确定的投资者，不必担心发行失败。私募发行的缺点是：需向投资者提供高于市场平均条件的特殊优厚条件；发行者的经营管理易受干预；股票难以转让。

(3) 按照发行目的不同，股票发行可分为初次发行和增资发行。

初次发行是指新组建股份公司时或原非股份制企业改制为股份公司时或原私人持股公司要转为公众持股公司时，公司首次发行股票。

增资发行是指随着公司业务的扩大，为达到增加资本金的目的而进行股票发行。股票增资发行按照取得股票时是否缴纳股金来划分，可分为有偿增资发行、无偿增资发行和有偿搭配增资发行三种方式。

有偿增资发行方式也称优先认股权方式或配股，是股份公司在增资扩股时通过给予现有股东以低于股票市场价格的价格优先购买一部分新发行的股票的权利（优先认股权）来发行股票的发行方式。其优点是发行费用低并可维持现有股东在公司的权益比例不变。在认股权发行期间，公司设置一个除权日，在这一天之前，股票带权交易，即购得股票者同时也取得认股权，而除权日之后，股票不再附有认股权。无偿增资发行也叫派送红股，是股份公司以派发股票股利的形式无偿向股东按比例发送红股，从而增加了股票发行量。

3. 股票发行价格

股票发行价格主要有平价、溢价和折价三种：平价发行是以股票票面所标明的价格发行；溢价发行就是按超过股票票面金额的价格发行；折价发行就是按照低于股票票面金额的价格发行。

4. 股票发行市场的运作过程

股票发行市场的整个运作过程通常由咨询与准备、认购与销售两个阶段构成。

咨询与准备是股票发行的前期准备阶段。发行人（公司）须听取投资银行的咨询意见并对一些主要问题作出决策，这个过程包括：

(1) 选择发行方式。

发行人须了解股票的各种发行方式及其优缺点和适用情况，然后参考投资银行的意见并结合自己的情况进行选择。

(2) 选择承销商。

公开发行股票一般都通过承销商来进行。在具有多家承销商竞争的情况下，公司一般通过竞争性招标的方式来选择承销商，这种方式有利于降低发行费用，但不利于与承销商建立持久牢固的关系。承销商的作用除了销售股票外，还起着为股票的信誉作担保和为公司提供其他必要的金融服务的作用，因此，许多公司都与某一特定承销商建立起牢固的、良好的关系。当股票发行数量很大时，常由一家承销商作为牵头承销商，组织多家承销商组成承销团来处理整个发行。承销商一般由投资银行来担任。我国目前尚未组建专门的投资银行，其职能只能由证券公司或信托投资公司来承担。

(3) 准备招股说明书。

招股说明书是公司公开发行股票的书面说明，是投资者了解和准备购买股票的依据。招股说明书必须包括公司财务信息和经营历史的陈述、高级管理人员的状况、筹资目的和使用计划，以及公司内部诸如诉讼等悬而未决的问题。

(4) 发行定价。

发行定价是一级市场的关键环节。如果定价过高，会使股票的发行数量减少，进而使发行公司不能筹到所需资金，股票承销商也会遭受损失；如果定价过低，则股票承销商的工作容易，但发行公司却会蒙受损失。对于再发行的股票，价格过低，还会使老股东受损。

(5) 认购与销售。

发行公司完成准备工作之后，即可按照预定的方案发售股票。对于承销商来说，就是执行承销合同批发认购股票，然后售给投资者。

(二) 股票流通市场

股票流通市场也称股票二级市场，是投资者之间买卖已发行股票的市场。这一市场为股票创造流动性，即能够迅速脱手换取现金。

1. 股票流通市场的主体

股票流通市场的主体主要有：股票持有人，在此为卖方；投资者，在此为买方；为股票交易提供流通、转让便利条件的信用中介操作机构，如证券公司或证券交易所。

2. 股票流通市场的交易方式

股票买卖的方法和形式称为交易方式，它是股票流通交易的基本环节。现代股票流通市场的交易方式种类繁多，从不同的角度可以分为以下三类：

(1) 按股票买卖价格形成机制的不同，分为议价买卖和竞价买卖。

议价买卖就是买方和卖方一对一地面谈，通过讨价还价达成买卖交易。它是场外交易中常用的方式。一般在股票上不了市、交易量少、需要保密或为了节省佣金等情况下采用。

竞价买卖是指买卖双方都是由若干人组成的群体，双方公开进行双向竞争的交易，即交易不仅在买卖双方之间有出价和要价的竞争，而且在买者群体和卖者群体内部也存在着激烈的竞争，最后在买方出价最高者和卖方要价最低者之间成交。在这种双方竞争中，买方可以自由地选择卖方，卖方也可以自由地选择买方，使交易比较公平，产生的价格也比较合理。竞价买卖是证券交易所中买卖股票的主要方式。

(2) 按达成交易方式的不同，分为直接交易和间接交易。

直接交易是买卖双方直接洽谈，股票也由买卖双方自行清算交割，在整个交易过程中不涉及任何中介的交易方式。场外交易绝大部分是直接交易。

间接交易是买卖双方不直接见面和联系，而是委托中介人进行股票买卖的交易方式。证券交易所中的经纪人制度，就是典型的间接交易。

（3）按交割期限不同，分为现货交易、期货交易、期权交易和信用交易。

现货交易是指股票的买卖双方成交后，马上办理交割手续的交易方式，即卖出者交出股票，买入者付款，当场交割，钱货两清。由于在早期的证券交易中大量使用现金，所以，现货交易又被称为现金现货交易。在实际交易过程中，由于技术上的原因，当场交割有一定困难，交割常在成交之后的一个较短的时期内进行，有的规定成交后第二个工作日交割，有的规定得长一些，允许成交后四五天内完成交割。究竟成交后几日交割，一般都是按照证券交易的规定或惯例办理，各国不尽相同。

现货交易有以下几个显著的特点：第一，成交和交割基本上同时进行。第二，是实物交易，即卖方必须实实在在地向买方转移证券，没有对冲。第三，在交割时，购买者必须支付现款。第四，交易技术简单，易于操作，便于管理，一般来说，现货交易是投资，它反映了购入者有进行较长期投资的意愿，希望能在未来的时间内，从证券上取得较稳定的利息或分红等收益，而不是为了获取证券买卖差价的利润而进行的投机。

期货交易是指买卖双方成交后，按契约中规定的价格延期交割，期限一般为 15 天～90 天。期货交易是相对于现货交易而言的，是在现货交易的基础上发展起来的。

期货交易根据合同清算方式的不同又可分为期货交割交易和差价结算交易两种。期货交割交易是在合同到期时，买方须交付现款，卖方则须交出现货即合同规定的股票；差价结算交易是在合同到期时，双方都可以做相反方向的买卖，并准备冲抵清算，以收取差价而结束。

期权交易也称选择权交易，是在股票期货交易基础上衍生出来的一种交易方式。期权的买方在向期权的卖方支付一定的费用（期权费）之后，便可以取得在预先规定的未来时间（行权时间）以买卖双方预先协定的价格（行权价）从另一方买入或卖出一定数量的股票的权利。这种交易的交易对象是买进或卖出股票的权利而非股票。在期权期限内，期权的买方可以行使这一权力，即买进或卖出股票，也可以将这种权利转卖出去。超过期权期限而未行使权利的，期权随即丧失。

信用交易是现货交易和期货交易相结合的一种交易方式，又叫保证金交易或垫头交易，它是指客户通过交纳一定数额的保证金，取得证券公司经纪人的信用，在买进股票时，由经纪人垫付不足部分款项，或者卖出股票时由经纪人垫付不足部分股票的一种交易方式。

3. 股票流通市场的构成

股票二级市场通常可分为有组织的证券交易所和场外交易市场，但也出现了具有混合特性的第三市场（the Third Market）和第四市场（the Fourth Market）。

（1）证券交易所。

证券交易所是依据国家有关法律，由政府证券管理部门批准设立的，为证券的集中竞价交易提供固定场所和有关设施，并制定各项规则以形成公正合理的价格和有条不紊的秩序的正式组织。凡是符合规定、经过法定上市程序的有价证券，都可在证券交易所公开进行交易。

证券交易所是法人，是一个高度组织化的市场，它本身并不买卖任何证券，也不决定交易价格，只是为证券投资者提供一个稳定的、公开的、高效率的交易场所和相应的交易服务。证券交易所也同时兼有管理证券交易的职能。证券交易所有会员制和公司制两种组织形式。会员制证券交易所是不以盈利为目的的法人。证券交易所的会员由证券公司等证券商组成，只有取得证券交易所会员资格之后，证券商才能在证券交易所参加交易。会员制证券交易所强调自治自律，自我管理，会员向证券交易所承担的责任仅以缴纳会费为限。由于会员制证券交易所不以盈利为目的，因此收取的费用较低，证券商和投资者的负担相应也较轻。在发生交易纠纷时，证券交易所不负赔偿责任，由会员和买卖双方自己解决。公司制证券交易所是由银行、证券公司等作为股东组成，其组织结构和有关的权利义务等法律关系均以《公司法》的规定为准。公司制证券交易所以盈利为目的，证券商的负担较重，而且因其主要收入来自成交额佣金，为增加证券交易所自身的利益可能会人为制造证券投机行为，或者推波助澜，扰乱证券市场。从我国证券市场尚处于初级阶段的实际出发，为保证证券市场健康、稳健发展，依照国务院批准发布的《证券交易所管理办法》第 3 条的规定，目前我国的证券交易所是实行自律性管理的会员制的事业法人。

（2）场外交易市场。

场外交易市场是相对于证券交易所而言的，是在证券交易所之外进行股票交易的市场，由于场外交易起先主要是在各证券商的柜台上进行的，因而也称为柜台交易市场或店头交易市场。

与证券交易所相比较，场外交易市场在组织方式、交易方式和交易品种等方面都有着不同的特点：一是场外交易市场是分散性的市场。场外交易市场没有固定的、集中的交易场所，也没有统一的交易时间、交易章程和交易规则，交易活动通常是由彼此独立经营的证券商分别在各自的柜台上进行的。二是场外交易市场的股票交易价格是交易双方协商议定的价格，这是因为场外交易市场的分散性，使得场外交易市场无法像证券交易所一样采用集中竞价的制度。三是场外交易市场是抽象的市场，主要依靠电话和计算机网络成交。四是场外交易市场是开放性的市场。在场外交易市场上，任何投资者都可以直接参与证券交易过程，当然也可以通过委托经纪人代理买卖证券；场外交易市场的股票种类繁多，在证券交易所上市的股票都可以在这里买卖，未在证券交易所上市的股票也可以在这里买卖，但以买卖未在交易所登记上市的股票为主。场外交易市场对参与交易的股票限制相对较少，这在很大程度上满足了众多难以在证券交易所上市的公司及其证券的交易需求。

（3）第三市场。

第三市场是指原来在证券交易所挂牌上市的股票移到场外交易而形成的市场。

第三市场最早出现于 20 世纪 60 年代的美国。第三市场的形成有两方面的原因：一方面，长期以来，美国的证券交易所都实行固定佣金制，而且未对大宗交易折扣佣金。大宗证券交易者通过证券交易所的经纪人代理买卖大宗证券必须按交易所的规定支付相当数量的标准佣金。为了节省交易费用，这些大宗证券交易者便把目光逐渐转向了交易所以外的柜台交易市场。另一方面，一些非交易所会员的证券商为了招揽业务，赚取较大利润，常以较低廉的费用吸引投资者，在柜台交易市场大量买卖交易所挂牌上市的证券。正是由于这两方面的因素相互作用，才使第三市场得以形成。第三市场并无固定交易场所，场外交易商收取的佣金是通过磋商来确定的，因而使同样的股票在第三市场交易比在证券交易所交易的佣金要便宜一半，所以第三市场一度发展迅速，成为一种专门的市场。第三市场原属于柜台交易市场范围，近年来由于交易量增大，其地位日益提高，以至许多人都认为它实际上已变成独立的市场。

（4）第四市场。

第四市场是大宗证券交易者、经纪人和自营商，彼此之间利用计算机网络直接进行的大宗证券交易的市场。第四市场的交易可以最大限度地降低交易费用。当前第四市场的发展仍处于萌芽状态，但由于其保密性及节省性等优点，对证券交易所和场外交易市场是一个颇具竞争性的市场，可促使市场降低佣金，改进服务。

4. 股票流通市场的交易程序

股票流通市场的交易程序，是指投资者（或股东）从开户、买卖股票到股票与资金交割完毕的全过程。

（1）开户。

任何投资者或股东要进入股市，首先应在证券商或经纪人处开立委托买卖股票的有关账户。在世界许多国家或地区，开户主要是指投资者（或股东）在股票经纪人处开立资金账户的行为。

（2）委托。

委托是指投资者或股东在办理规定的手续后让证券商或经纪人代理股票买卖的行为。在委托中，股东应将所委托卖出的股票，投资者应将委托购买股票的资金，交付给证券商或经纪人。不论对委托人还是对被委托人来说，委托都是展开股票买卖的关键性行为，委托的时间、内容、方式是否恰当，直接关系到交易的成败和利益的增减。

（3）受理和执行委托。

证券商业务员在受理委托后，应立即通知场内交易员，由场内交易员进行整数交易。在委托有效期内和成交之前，委托人有权提出变更和撤销委托的要求（即撤单）。在证券交易中股票的买卖是以竞价买卖的方式进行的。在竞价买卖过程中，当买方的最高价与卖方的最低价相一致时，交易即告达成。此外，在竞价买卖过程中遵循价格优先、时间优先和市价委托优先原则。

（4）清算。

清算是指根据成交记录，计算确定参加交易的各方在交易中资金和股票数量变动的过程。清算又分为一级清算和二级清算。一级清算在证券交易所和参加证券交易的券商之间进行，二级清算是指证券商和投资者之间的清算。

在股票的买卖过程中，投资者无论买进还是卖出股票，都要支付占成交金额 3.5‰的佣金、占成交金额 3‰的印花税和一定金额的过户费。

（5）交割。

交割是指股票买卖双方互相交付资金和股份的行为。在交割中，买方将购买股票的资金交付给卖方，称为资金过户；卖方将售出的股份交付给买方，称为股票过户。在过户中，买卖双方应认真核对股票名称、证券交易所名称、成交日期及时间、成交数量、成交价格、成交金额、税收、佣金、交割时间等事项是否正确。

三、债券市场

债券市场是资本市场的另一种基本形态，其发行和交易的债务工具与权益工具有着本质的区别，因而债券市场的特点也与股票市场有所不同。

（一）债券发行市场

债券的发行与股票类似，不同之处主要有发行合同书和债券评级两个方面。同时，由于债券是有期限的，因而其一级市场多了一个偿还环节。

1. 发行合同书

发行合同书也称信托契约，是说明公司债券持有人和发行债券工具公司双方权益的法律文件，由受托管理人代表债券持有人利益监督合同书中各条款的履行。债券发行合同书一般很长，其中各种限制性条款占很大篇幅。对于有限责任公司来说，一旦资不抵债而发生违约时，债权人的利益会受到损害，这些限制性条款就是用来保护债权人利益的，它一般可分为否定性条款和肯定性条款。

（1）否定性条款。

否定性条款是指不允许或限制股东做某些事情的规定。最一般性的否定性条款是有关债券清偿的条款，例如利息和偿还基金的支付，只要公司不能按期支付利息偿还基金，债券持有人就有权要求公司立即偿还全部债务。

典型的否定性条款包括对追加债务、分红派息、营运资金水平与债务比率、使用固定资产抵押、变卖或购置固定资产、租赁、工资以及投资方向等都可能作出不同程度的限制。这些限制实际上是对公司设置某些最高限。

有些债券还包括所谓“交叉违约”条款，该条款规定，对于有多笔债务的公司，只要对其中一笔违约，则认为公司对全部债务违约。

（2）肯定性条款。

肯定性条款是对公司应该履行某些责任的规定，如要求营运资金权益资本达到一定水平以上。这些肯定性条款可以理解为对公司设置某些最低限。

无论是肯定性条款还是否定性条款，公司都必须严格遵守，否则可能导致“违约”。但在违约的情况下，债权人并不总是急于追回全部债务，一般情况下会设法由债券受托管理人找出变通办法，要求公司改善经营管理，迫使公司破产清算一般是债权人的最后手段，因为破产清算对于债权人来说通常并不是最有利的。

2. 债券评级

债券违约风险的大小与投资者的利益密切相关，也直接影响着发行者的筹资能力和成本。为了较客观地估计不同债券的违约风险，通常需要由中介机构进行评级。但评级是否具有权威性则取决于评级机构。目前最著名的两大评级机构是标准普尔公司和穆迪投资公司。

3. 债券的偿还

债券的偿还一般可分为定期偿还和任意偿还两种方式。

（1）定期偿还。

定期偿还是在经过一定宽限期后，每过半年或一年偿还一定金额的本金，到期时还清余额。这种方式一般适用于发行数量巨大、偿还期限长的债券，但国债和金融债券一般不使用该方式。

定期偿还具体有两种方法：一是以抽签方式确定并按票面价格偿还；二是从二级市场上以市场价格购回债券。为增加债券信用和吸引力，有的公司还建立偿还基金用于债券的定期偿还。

(2) 任意偿还。

任意偿还是债券发行一段时期（称为保护期）后，发行人可以任意偿还债券的一部分或全部，具体操作可根据早赎或以新偿旧条款，也可在二级市场上买回予以注销。

投资银行往往是具体偿还方式的设计者和操作者，在债券偿还的过程中，投资银行有时也为发行人代理本金返还。

（二）债券流通市场

债券流通市场与股票流通市场类似，也可分为证券交易所、场外交易市场、第三市场和第四市场几个层次。证券交易所是债券流通市场的重要组成部分，在证券交易所申请上市的债券主要是公司债券，但国债一般不用申请即可上市，享有上市豁免权。然而，上市债券与非上市债券相比，它们在债券总量中所占的比重很小，大多数债券的交易是在场外交易市场进行的，场外交易市场是债券流通市场的主要形态。

债券流通市场的交易机制与股票并无差别，只是由于债券的风险小于股票，其交易价格的波动幅度也较小。关于债券流通市场的其他方面此处不再赘述。

四、投资基金

投资基金是资本市场的一种转化形态，它本质上是股票、债券及其他证券投资的机构化，不仅有利于克服个人分散投资的种种不足，而且成为个人投资者分散投资风险的最佳选择，从而极大地推动了资本市场的发展。

（一）投资基金的设立和募集

1. 投资基金的设立

设立投资基金首先需要发起人。发起人可以是一个机构，也可以是由多个机构共同组成。一般来说，基金发起人必须同时具备下列条件：至少有一家金融机构；实收资本在基金规模一半以上；均为公司法人；有两年以上的盈利记录；首次认购基金股份不低于20%，同时保证基金存续期内持有基金股份不低于10%。

发起人要确定基金的性质并制定相关的要件，如属于契约型基金，则包括信托契约；如属于公司型基金，则包括基金章程和所有重大的协议书。这些文件规定基金管理人、保管人和投资者之间的权利义务关系，会计师、律师、承销商的有关情况以及基金的投资政策、收益分配、变更、终止和清算等重大事项。发起人准备好各项文件后，报送主管机关，申请设立基金。

在很多情况下，通常是由基金管理公司或下设基金管理部的投资银行作为发起人，在基金设立后发起人往往成为基金的管理人，如果发起人不能直接管理该基金，则需要专门设立基金管理公司或聘请专业的基金经理公司作为基金管理人，几乎所有的大型投资银行都设有基金部或基金管理公司，它们经常以经理公司的身份出现在基金市场上。设立基金的另一个重要当事人是保管人，即基金保管公司，一般由投资银行、商业银行或保险公司等金融机构充当，担任基金保管公司也是投资银行基金管理的重要业务之一。

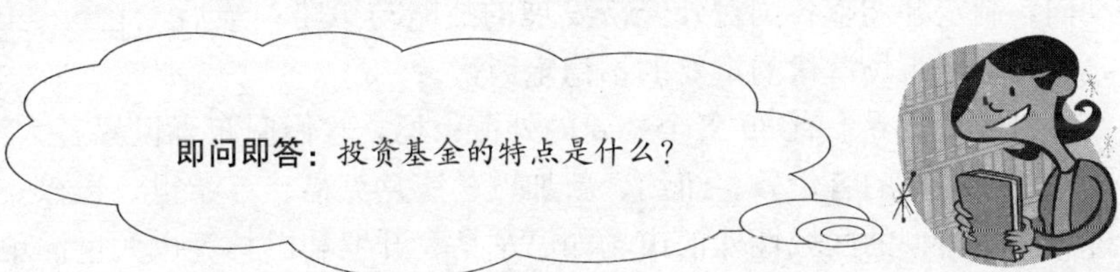

2. 投资基金的募集

基金的设立一旦获主管机关批准，发起人即可发表基金招募说明书，着手发行基金股份或受益凭证，该股份或凭证由基金管理公司和基金保管公司共同签署并经签证后发行，发行方式可分为公募和私募两种，类似于股票的发行。

（二）投资基金的运作与投资

1. 投资基金的运作

按照国际惯例，基金在发行结束一段时期内，通常为3至4个月，就应安排基金证券的交易事宜。对于封闭型基金股份或受益凭证，其交易与股票、债券类似，可以通过自营商或经纪人在基金二级市场上随行就市，自由转让。对于开放型基金，其交易表现为投资者向基金管理公司认购股票或受益凭证，或基金管理公司赎回股票或受益凭证，赎回或认购价格一般按当日每股股票或每份受益凭证基金的净资产价值来计算，大部分基金是每天报价一次，计价方式主要采用“未知价”方式，即基金管理公司在当天收市后才计价以充分反映基金净资产和股份受益凭证总数的变化。

2. 投资基金的投资

投资基金的一个重要特征是分散投资，通过有效的组合来降低风险，因此，基金的投资就是投资组合的实现，不同种类的投资基金根据各自的投资对象和目标确定并构建不同的“证券组合”。我国规定基金投资于股票和债券的比例不得低于基金资产总值的80%，投资一家公司的股票，不得超过基金净值的10%，持有一家公司的证券不得超过该公司证券的10%，投资于国债的比例不低于该基金净值的20%。同时，还规定基金之间不得相互投资，不得将基金用于抵押、担保、贷款及投向房地产。

第四节 外汇市场和黄金市场

一、外汇市场

（一）外汇市场的概念

外汇市场（Foreign Exchange Market，FEM），是指外汇买卖主体从事外汇交易的交易系统。这里的交易包括两种类型：一类是本币与外币之间的相互买卖；另一类是不同币种的外汇之间的相互买卖。

外汇市场是在外汇管制放宽的条件下，随着商品经济、货币信用和国际贸易的兴盛而逐步形成并发展起来的。现今世界各国之间的债权债务结算或清偿、外汇资金的调拨以及资本的移动，很大一部分都是在外汇市场上进行的。外汇市场的存在与营运，在当前国际经济金融领域中起着重大作用：首先，它促进了经济国际化的进一步发展，加速世界经济一体化的形成；其次，它有利于国际资金周转加速与国际资本流通，促进国际经济合作；再次，它是国际金融与国际资本流动发展趋势的晴雨表，通过它便于掌握国际金融的发展动向，制定并调整各国对外经济发展的战略与策略；最后，它也是国际外汇投机的温床，是国际金融市场潜伏的重要的不稳定因素。

目前，世界上有30多个主要的外汇市场，它们遍布于世界各大洲的不同国家和地区。其中，最主要的有伦敦、纽约、新加坡、法兰克福、苏黎世、巴黎、洛杉矶、悉尼等。另外，一些新型的区域性外汇市场如巴拿马、开罗和巴林等也大量涌现，并逐渐走向成熟。

（二）外汇市场的构成

外汇市场由主体和客体构成。外汇市场的客体即外汇市场的交易对象，主要是各种可自由交换的外国货币、外币有价证券及支付凭证等。外汇市场的主体即外汇市场的参加者，主要包括外汇银行、中央银行以及外汇经纪人和外汇交易商等。

1. 外汇银行

外汇银行也称外汇指定银行，是指经过本国中央银行批准，可以经营外汇业务的商业银行或其他金融机构。外汇银行可分为三种类型：（1）专营或兼营外汇业务的本国商业银行；（2）在本国经营的外国商业银行分行；（3）经营外汇买卖业务的本国其他金融机构，比如信托投资公司、财务公司等。外汇银行是外汇市场上最重要的参加者，它的外汇交易构成外汇市场的重要部分。

2. 外汇经纪人

外汇经纪人是指介于外汇银行之间、外汇银行和外汇其他参加者之间进行联系、接洽外汇买卖的经纪人公司或个人。外汇经纪人作为外汇买卖双方的中间联络人，本身并不承担外汇盈亏风险，他们熟悉外汇供求情况和市场行情，有现成的外汇业务网络，而且具有丰富的外汇买卖经验，因此，一般客户愿意委托他们代理外汇买卖业务。在西方国家，外汇经纪人一般需经过所在国家中央银行的批准才能取得经营业务的资格。有的国家还规定外汇买卖必须通过经纪人和外汇银行进行，可见，外汇经纪人在外汇交易中的作用是十分重要的。

3. 外汇交易商

外汇交易商是指经营票据买卖业务、买卖外国汇票的公司或个人，多数是信托公司、银行的兼营机构或票据贴现公司。他们利用自己的资金，根据外汇市场上的行市，赚取买卖中的差价。外汇交易商可以自己直接买卖外汇，也可以通过经纪人交易。

4. 进出口商及其外汇供求者

进出口商从事进出口贸易活动，是外汇市场上外汇的主要的和实际的需求者与供给者。出口商出口商品后需要把收入的外汇卖出，而进口商进口商品则需要买进对外支付的外汇，这些都要通过外汇市场的外汇交易来进行。其他外汇供求者系指运费、旅费、留学费、汇款、外国有价证券买卖、外债本息收付、政府及民间私人借贷以及其他原因引起的外汇供给者和需求者，包括有劳务外汇收入者、有国外投资收益者、接受国外援助者、收到侨汇者、接受外国贷款者、对本国进行直接投资的外国企业和在国外发行有价证券者。

5. 外汇投机者

外汇投机者在外汇市场上大显身手，预测汇价的涨跌，以买空或卖空的形式，根据汇价的变动低买高卖，赚取差价。这些人往往是活跃外汇交易的重要力量，但过度投机常会带来汇价的大起大落。

6. 中央银行

中央银行在外汇市场上一般不进行直接的、经常性的买卖，它们主要通过经纪人和商业银行进行交易，目的是防止国际上对本国货币的过度需求或过度抛售，以维护本国货币的汇价稳定，并执行本国的货币政策。在实际中，外汇市场上的投机者经常希望有汇价波动，或者进行投机以造成汇价波动，而中央银行总是希望保持汇价的相对稳定，因此这两股力量在外汇市场上的此消彼长往往是影响汇价的重要因素。

我国的外汇市场

我国外汇市场上的交易有三个层次：银行与客户之间、银行同业之间、银行与中央银行之间。

第一个层次是银行与客户之间的外汇交易，也称“零售市场”。交易的客户大多数是企业、公司和个人，他们出于各种各样的动机，需要向外汇银行买卖外汇，即主要进行本币与外汇之间的买卖。银行在与客户的交易中，一方面从客户手中买入外汇，另一方面又将外汇卖给其他客户。银行实际上在外汇供给者与需求者之间起中介作用，并获得外汇交易中的差价。

第二个层次是银行同业之间的外汇交易，也称“批发市场”。外汇交易在同一市场各银行之间以及不同市场各银行之间进行。在外汇批发市场上，外汇交易币种主要包括本币与外币、外汇之间，其特点是外汇交易的数额大、效率高，对汇率波动影响大。

第三个层次是银行与中央银行之间的外汇交易。中央银行干预外汇市场所进行的外汇交易是在它与银行之间进行的。通过这种交易，中央银行可以使外汇市场供求关系所决定的汇率相对稳定。如果某种外汇兑换本币的汇率低，中央银行就会向银行买入这种外汇，增加市场对此种外汇的需求量，促成其汇率上升。反之，如果中央银行认为该外汇的汇率高，就会向银行卖出此种外汇，促成其汇率下降。

我国现行的外汇市场，改变了过去地区分割、价格不一的状况，并渐渐地采取国际市场的运作经验，逐步走向国际市场；尽可能地为外汇供给者和外汇需求者提供实现愿望的交易场所，利用市场机制来配置外汇资源，使外汇市场处于相对均衡的状态；增强了与国际货币市场、资本市场联系，从而使一些企业和银行的国际资金流动能正常顺利进行，与国际金融一体化进程相一致。

（三）外汇市场的交易方式

1. 现汇交易

现汇交易，又称现货交易、即期外汇交易，是指外汇买卖双方在成交后的两个交易日内办理交割手续的外汇交易方式。它是外汇市场上最基本的业务。国际贸易的结算、国际资金的调拨，大多通过现汇交易实现。

2. 期汇交易

期汇交易，又称远期外汇交易，是指外汇买卖双方成交后按合同规定在较远的到期日按约定的汇率、币种、数额进行交割的外汇交易方式。期汇交易有买入期汇和卖出期汇之分。

3. 套汇交易

套汇交易是利用不同外汇市场中的某些货币在汇率上的差异，在汇率低的市场买进，在汇率高的市场卖出，即贱买贵卖，从中赚取差价利润的外汇交易活动。套汇交易又可分为直接套汇（两角套汇或两地套汇）和间接套汇（三地套汇或多角套汇）。

4. 套利业务

套利业务是指利用两个不同国家市场上短期利率的差异，把资金从利率低的国家转移到利率高的国家以赚取利差收益的一种外汇交易活动。

5. 掉期交易

掉期交易是将远期交易与即期交易结合起来的一种交易方式，即在买进（或卖出）现汇的同时，卖出（或买进）远期外汇的交易。其买卖外汇的种类、数量相同，买卖方向相反。其作用是套期保值，适用于有反转的外汇交易活动。

6. 期权交易

期权交易是买方向外汇卖方支付一笔保险费（又称期权费），从而取得按双方约定的时间、汇率、数量买入（卖出）某种外汇权利所进行的交易活动。期权交易是一种外汇选择权的买卖活动。

7. 套期保值

套期保值是为了对预期的外汇收入（或支出）、外汇资产（或负债）保值而进行的远期交易。也就是在有预期外汇收入或外币资产时，卖出一笔金额相等的同一外币的远期业务，或者在有预期外汇支出或外币债务时，买入一笔金额相等的同一外币的远期业务，以规避汇率变动风险，达到外汇保值目的的交易活动。

二、黄金市场

黄金市场是黄金生产者和供应者同需求者进行黄金交易的市场，是金融市场的重要组成部分。世界各大黄金市场经过几百年的发展，已形成了较为完善的交易方式和交易系统。尽管国际社会对黄金实施非货币化的政策，但是黄金仍然是各国国际储备的重要组成部分，因而黄金市场仍被看作金融市场的重要组成部分。加之黄金天然具有的高价值、质地精美等特点，人们对黄金始终情有独钟，而且市场上金价的大起大落，又为投资者盈利设置了有利条件，因而黄金市场的生意长盛不衰。

（一）黄金市场的供求

1. 世界黄金的供给

世界黄金市场供应主要有以下几个来源：（1）金矿的开采是黄金供应的主要来源。自1493—1978年的485年间，黄金生产量约为95 600吨，其中84.7%是在20世纪生产的。黄金年产量从1945年的761.5吨，逐渐上升到1970年的1 511.32吨。其后的平均增长率则出现逐渐下降趋势，直到20世纪80年代初为960吨，到1991年为1 740吨。但从长期趋势来看，黄金产量年平均增长率从20世纪80年代的5.5%下降到了90年代的2.6%。世界主要产金国有南非，约占总产量的50%，独联体国家产金量占23%，加拿大和美国各占8.4%。（2）各国政府出售的黄金。（3）国际金融机构抛售的黄金。（4）集团和个人出售的黄金。

2. 世界黄金的需求

世界黄金市场对黄金的需求主要有以下几个方面：（1）官方储备用途。据国际货币基金组织提供的资料，世界各国中央银行的黄金储备总额为10亿盎司，约3.1万多吨。（2）工业用途。主要是高技术工业、医疗器械业、首饰业等占用相当大的比重。（3）投资与投机用途。这是指私人储藏、集团购进黄金以保值和增值，包括金块、金币、黄金纪念物品等。

由于历史原因及黄金具有不易变质、易于折现的特点，被公众视为信心与财富的象征，因此黄金是一种被广泛接受的投资工具。

（二）黄金市场的交易方式

1. 按交割时间划分，黄金市场的交易方式分为现货交易、期货交易和期权交易

（1）黄金现货交易。黄金现货交易是指双方黄金成交后在2个营业日内进行交割的业务。伦敦黄金市场的现货交易具有代表性。黄金现货交易，分定价交易和报价交易。定价交易，只有单一价格，无买卖差价，成交后经纪人或金商只收取少量佣金。报价交易，同时报买卖价，只限在规定的时间内有效。伦敦黄金市场每个营业日进行两次定价交易，上午为10:30，下午为3:00，报价交易则在定价交易时间外进行。

（2）黄金期货交易。黄金期货交易和其他期货交易一样，交易双方预先签订期货交易合同，规定买卖标准的黄金数量、履行价格到期日，交付保证金。到了约定的交割日，再进行实物交割，但一般并不真正交货，绝大多数合同在到期前就被对冲掉了。黄金期货交易的每一标准化合同量均为100盎司，基本单位为金衡盎司。黄金期货交易可以用于保值，并可以减轻金价波动的风险，也可为投资者提供盈利的机会。

（3）黄金期权交易。黄金期权交易是指按事先商定的价格、期限，买卖数量标准化黄金权利的一种黄金业务。黄金期权分为买权和卖权，即看涨黄金期权和看跌黄金期权。黄金期权交易是20世纪80年代以来出现的一种黄金交易。最早开办这种业务的是荷兰的阿姆斯特丹交易所，1981年4月开始公开交易。期权以美元计价。成色为99%的10盎司黄金合同，1年可买卖4期。之后，加拿大的温尼伯交易所引进黄金期权交易。后来，瑞士、英国、美国等都开始经营黄金或其他贵金属的期权交易。

2. 按交易对象划分，黄金市场的交易方式可分为账面划拨交易、实物交易、黄金券交易

（1）账面划拨交易。账面划拨交易是在大宗交易时，只需在存单上划拨，把存在某金库的属于某国家或集团的黄金改变一下所有者的交易方式。这种交易既节省了运费，又避免了风险。

（2）实物交易。黄金市场上交易的实物形式主要有三种，金块：中央银行的黄金交易对象一般重量为400盎司，成色为99.5%的大金锭。金条：常见的重量为32.151盎司（1千克），成色为99.5%。99.9%是私人储藏者交易的主要对象。金币：这是私人保值的最好手段，金币因稀有而成为收藏家购买的对象。金币不仅有纪念意义，而且发行量有限，储藏时间越长，价值越高。一般比金条价格高出3%～5%。

（3）黄金券交易。黄金券交易近几年发展很快，中小投资者持有黄金券，比持有黄金更安全和方便。黄金券面额有多种，最小的仅半盎司，黄金券有编号和姓名，不得私自转让，可挂失，可随时兑现。

（三）黄金市场的价格

从布雷顿森林体系瓦解以来，黄金的价格波动很大，各国的黄金储备价值也就随之波动。第二次世界大战后，一直到1968年，黄金市场价格被维持在每盎司35美元的官价上。1968年，黄金价格实行双价制，其官价继续为35美元1盎司，但市价却随供求关系波动。1971年12月和1973年2月，美元先后贬值7.8%和10%，黄金官价也相应地提高到每盎司38美元和42.22美元。随着1971年8月美国宣布不再承担以官价向各国中央银

行用美元兑换黄金的义务，黄金官价名存实亡。1976年，国际货币基金组织正式废除黄金官价，成员国政府之间以市价相互买卖黄金。从此，随着主要国家通货膨胀的加剧，自由市场的黄金价格猛烈上涨。20世纪80年代初，金价曾一度突破每盎司800美元的大关，但之后又大幅下降。2012年，金价保持在1 600美元1盎司上下的水平。

（四）世界主要黄金市场

1. 伦敦黄金市场

伦敦黄金市场历史悠久。早在金本位制时期，伦敦就已经是金条的精炼、销售和金币兑换的中心。1919年9月，伦敦黄金市场开始实行每日定价制度，成为一个组织比较健全的世界黄金市场。第二次世界大战爆发后，伦敦黄金市场受战争影响而关闭，直到1954年3月又重新开放。由于伦敦具有国际金融中心的各种便利条件，加上英国长时期基本上掌握着西方黄金主要产地南非黄金的产销，因而起着世界黄金产销、转运、调剂的枢纽作用，交易量曾经达到世界黄金交易总额的80%。在1968年的美元危机时期，西欧掀起抢购黄金的巨大风暴，伦敦黄金市场的金价无法维持，以致一部分黄金交易转移到苏黎世市场，使其地位受到一定影响。目前伦敦黄金市场仍是世界主要的黄金现货交易市场，其快捷便利的交易形式，吸引全球投资人士参与买卖，成为最有代表性的市场。此外，伦敦黄金市场上实行每日定价制度，每日上午10点和下午3点的两次定价，成为全球黄金市场的参考价格。

2. 苏黎世黄金市场

苏黎世黄金市场是在第二次世界大战爆发后，因伦敦黄金市场受战争影响关闭而逐渐发展成为世界性的自由黄金市场。苏黎世黄金市场以瑞士三大银行为中心，联合进行黄金交易。瑞士因处于永久中立国地位，成为西方游资的避风港，每逢国际政局和金融动荡之时，世界各地资金便涌入瑞士。苏黎世是通过给予南非储备银行以优惠的信贷融通，借以同伦敦黄金市场争夺优势地位而发展起来的，是仅次于伦敦的重要国际黄金市场。

3. 纽约、芝加哥黄金市场

美国的黄金市场是黄金期货交易中心。纽约商品交易所和芝加哥国际货币市场都是重要的黄金期货市场。虽然这两个黄金市场是20世纪70年代中期才发展起来的，但成长非常迅速，并改变了传统的国际黄金市场的格局，每年约有2/3的黄金期货合同在纽约成交。1980年，纽约商品交易所的交易量为8亿盎司，约合25 000吨，芝加哥国际货币市场约为8 000吨，但到期真正实行交割的却很少，绝大部分属于买空卖空的投机交易。黄金期权交易也是美国黄金市场重要的黄金交易方式。

知识链接

纽约有座地下黄金城

截至2007年底，我国黄金储备超过600吨，占世界各国（地区）官方持金量的1.6%。据悉，目前世界官方持金量前三位分别是美国、德国及法国，其持有黄金量分别为8 136.4吨、3 439.5吨、3 024.6吨。我国绝大部分黄金储备是寄放在位于曼哈顿、离华尔街不远的美国纽约联邦储备银行。

美国纽约联邦储备银行的金库距地面有5层楼高，约有半个美式足球场那么大，存放总值为1 260亿美元的金砖。这个大金库现储存有约60个国家所寄放的黄金。以金砖形式堆放在钢制栅栏里；每块金砖约324盎司重，7英寸长、3.5英寸宽，市值16万美元，不标明归属国，只有纽约联邦储备银行知道哪一栅栏内的金砖及多少，属于哪一国的政府。纽约联邦储备银行是美国唯一受托寄放外国政府黄金的联邦机构。

纽约联邦储备银行的大金库，外门由290吨的钢做成，内侧钢门则重达90吨，金库防盗、防震、防火、防水，甚至防核战。纽约联邦储备银行官员自豪地表示，“此金库是目前所知全世界最安全的地方”。

4. 香港黄金市场

香港黄金市场已有90余年的历史，目前是东南亚最大的黄金集散地，也是世界五大黄金市场之一。1974年1月，香港政府撤销黄金进口管制以后黄金市场获得迅速发展，目前是远东主要的黄金分销和结算中心。对于中东和远东的交易者来说，当纽约黄金市场已关闭，而伦敦黄金市场和苏黎世黄金市场还没有开张时，中国香港是唯一重要的黄金市场。伦敦五大金商、瑞士三大银行等先后参与中国香港地区的黄金交易。中国香港市场的黄金大多来自欧洲等地，主要买主则是东南亚国家。黄金交易集中在香港金银贸易市场进行。这个市场有正式会员195家。中国香港黄金市场以期货交易居首位，业务量增长迅速。因其期货交易同纽约黄金市场的关系日趋密切，已形成纽约—香港黄金市场集团。

活动设计

辩论

1. 活动资料

查阅有关国际金融市场产生和发展的资料。

2. 活动提示

将学生分为三组，一组扮演正方，一组扮演反方，一组为观众。正方：支持中国开放和积极发展金融市场。反方：反对中国开放和发展金融市场。

3. 活动要求

正方和反方进行辩论，根据国际金融市场有关资料充分阐述理由。

4. 活动场所

模拟实训室或多媒体教室。

本章小结

金融市场是指以金融资产为交易对象而形成的供求关系及其机制的总和。金融市场的构成要素包括金融市场主体、金融市场客体、金融市场价格和金融市场的组织方式。与普通的商品市场比较，金融市场有三方面的特征：金融市场的非物质化、现代金融市场是信息市场、金融市场是一个自由竞争市场。金融市场具有聚敛资金、优化资金配置、反映和调节经济功能。金融市场以资金融通的期限为标准，可分为货币市场和资本市场。

货币市场具有以下特点：流动性强、风险低、收益低；货币市场的参与者以机构为主；货币市场的客户数量少，单笔交易金额大，交易频繁；货币市场以无形市场为主。货币市场从结构上看包括同业拆借市场、商业票据市场、短期债券市场、回购协议市场和大额可转让定期存单市场。

资本市场具有以下特点：交易工具期限长；交易目的主要是解决长期投资性资金供求矛盾，充实固定资产；融资数量大；交易工具特殊。资本市场融资工具包括债务性工具和权益性工具。资本市场的交易工具与短期金融工具相比较，收益高、风险大、流动性弱。资本市场主要包括股票市场和债券市场。

外汇市场和黄金市场是金融市场的重要组成部分。

本章自测

一、单项选择题

1. 短期金融市场又称为（　　）。

A. 初级市场　　B. 货币市场　　C. 资本市场　　D. 次级市场

2. 长期金融市场又称为（　　）。

A. 初级市场　　B. 货币市场　　C. 资本市场　　D. 次级市场

3. 一张差半年到期的面额为 2 000 元的票据，到银行得到 1 800 元的贴现金额，则年贴现率为（　　）。

A. 5%　　B. 10%　　C. 20%　　D. 5.12%

4. 按资金融通的期限划分，金融市场可分为（　　）。

A. 一级市场和二级市场　　B. 同业拆借市场和长期债券市场

C. 货币市场和资本市场　　D. 股票市场和债券市场

5. 下列属于资本市场的有（　　）。

A. 同业拆借市场　　B. 股票市场

C. 票据市场　　D. 大额可转让定期存单市场

6. 一般而言，金融资产的流动性与风险性、收益性之间的关系存在（　　）。

A. 正相关　　B. 负相关　　C. 不相关　　D. 不确定关系

7. 金融市场上交易的对象是（　　）。

A. 有形商品　　B. 无形商品　　C. 金融商品　　D. 实物商品

二、多项选择题

1. 下列属于货币市场的是（　　）。

A. 同业拆借市场　　B. 商业票据市场

C. 大额可转让定期存单市场　　D. 短期债券市场

2. 股票发行市场的主体包括（　　）。

A. 发行者　　B. 认购者　　C. 承销商　　D. 中央银行

3. 按照是否通过中介机构发行，股票发行可分为（　　）。

A. 直接发行　　B. 间接发行

C. 公开发行　　D. 私募发行

4. 外汇市场的参加者主要包括（ ）。

A. 外汇银行　　B. 交易商

C. 中央银行　　D. 外汇经纪人和交易商

5. 下列属于金融市场主体的是（ ）。

A. 政府部门　　B. 企业和个人

C. 金融中介机构　　D. 中央银行

6. 以标的物为标准，金融市场可分为（ ）。

A. 票据市场　B. 证券市场　C. 外汇市场　D. 黄金市场

7. 股票流通市场的主体主要有（ ）。

A. 股票持有人　　B. 投资者

C. 信用中介操作机构　　D. 中央银行

8. 证券交易方式按交割期限不同，分为（ ）。

A. 现货交易　B. 期货交易　C. 信用交易　D. 直接交易

9. 下列属于股票流通市场的是（ ）。

A. 证券交易所　　B. 场外交易市场

C. 第三市场　　D. 第四市场

三、判断题

1. 金融市场是经济形势的晴雨表。（ ）

2. 货币市场的活动主要是为了保持资金的流动性。（ ）

3. 从形式上看，票据贴现是票据的流通、买卖，实质上是银行的短期信用活动。（ ）

4. 回购协议实际上是一种抵押贷款。（ ）

5. 信用交易是现货交易和期货交易相结合的一种交易方式。（ ）

6. 政府拥有财政作后盾，因此在金融市场上主要是资金的供应者。（ ）

7. 一级市场是现有证券的交易市场，二级市场是新证券的发行市场。（ ）

四、名词解释题

金融市场　货币市场　同业拆借市场　票据承兑市场　票据贴现市场　本票市场　国库券市场　回购协议市场　资本市场　外汇市场　黄金市场　股票市场　债券市场　投资基金　证券交易所　场外交易市场　第三市场　第四市场

五、问答题

1. 简述金融市场的构成要素。

2. 简述金融市场的功能。

3. 货币市场有哪些特点？

4. 资本市场有哪些特点？

5. 简述股票流通市场的交易程序。

第七章

货币供求

通过本章的学习，要求学生理解货币供给和货币需求的基本概念和基本原理；掌握货币供给的不同层次、不同层次货币的创造过程及影响因素、经济活动的不同主体分别是怎样影响货币供给量的、不同经济学流派对货币需求的认识、影响货币需求的因素、货币供求均衡与非均衡的表现和调节机理等内容；理解通货膨胀、通货紧缩的含义、类型；熟悉通货膨胀和通货紧缩的经济影响；能够运用相关原理解释现实经济生活中存在的一些经济现象。

2008年7月21日，津巴布韦中央银行宣布，将发行面值为1 000亿津元的大钞，以"方便消费者"，这已是这个非洲内陆国8个月内第四次发行新钞，上一次是在2008年5月15日，面值5亿，再上一次是5月5日，面值2.5亿。

可是如此巨大的财富能换什么？一袋最普通的切片面包要1 250亿津元，一个普通工薪阶层的一天公交车费差不多要2 500亿津元，而在两年前，14块切片面包只要100万津元。官方宣布的最新年通胀率是2 200 000%，但几乎所有人都相信实际数字要大得多。此次的1 000亿津元钞票面值是5月15日的5亿津元的200倍，而后者又是5月5日2.5亿的2倍，任何人都能轻易算出，在这个动荡的国家里，钱变得不值钱的真正速度究竟是多少。

我们看到，直到2000年，津巴布韦年通胀率一直维持在55%左右的水平，虽不算低，但按照非洲的标准尚属正常，2001年为112.1%，2002年猛增至198.93%，2003年为598.75%，2004年为132.75%，2005年为585.84%，2006年为1 281.11%，2007年为66 212.3%，除2004年因货币改革一度让通胀率回头外，几乎是年年加码，且越来越呈无法控制的态势。美、英的解释则是穆加贝倒行逆施，蛮横推行土改，贪腐横行，导致国民经济崩溃，最终促使通胀蔓延。

土改等过激经济政策导致国内工农业崩溃，致使商品供应量大减，"物以稀为贵"，价格的上涨顺理成章，而习惯于计划经济的穆加贝却采取了饮鸩止渴的方法应对：不是设法增加商品供应量，而是以行政命令手段强制限价，其结果是导致商店货架始终空空如也，货物全部流往有利可图的黑市；当局为降低生产成本，从而压低商品价格，又反过来控制工资，结果又导致购买力下降，恶性循环愈演愈烈，大批企业倒闭，失业率竟高达80%。

当意识到限价、限薪等措施再也无法稳定住金融形势时，穆加贝政府只能诉诸货币杠杆，采用大量增发新币的办法缓和总危机的爆发，而急遽增长的货币供应量必然导致通货膨胀的愈演愈烈，且令抢购风、囤积风、涨价风一发不可收拾，并使得通胀加速的趋势愈演愈烈，欲罢不能。从这个角度上，津巴布韦恶性通胀，国民经济的崩溃是主因、内因，而根源便在于相关政策的失误，以及对失误政策的长期强硬维持。

第一节　货币供给

一、货币供给的概念

货币供给与货币需求是一对不可分割的概念，二者共同决定着一国的货币均衡状态并进而构成了很多货币经济问题的基本原因。

（一）货币供给与货币供给量

货币供给和货币供给量是两个既相互区别又相互联系的概念。

货币供给是指一国的货币供给主体（一般指该国的银行系统，包括商业银行和中央银行）向本国货币的需求主体供给货币的经济行为。在这里要说明的是，一国的货币供给主体主要指本国的银行机构。

而要说清楚货币供给量的概念，我们得先考察货币总量，一般认为货币总量包括货币存量和货币流量两个方面。货币存量是指一国在某一时点上实际存在于经济生活中的货币量；而货币流量则是指一国在一定时期货币流通的总量，是货币存量与货币流通速度的乘积。货币供给量是一个存量，它是指一国在一定时点上货币存量的总额。在现代市场经济中，各国中央银行定期公布的货币供给量其实就是在该意义下的货币供给量。

（二）现金发行与货币供给

货币供给有很多口径，从目前国内外货币供给口径看，现金或者说钞票仅仅是货币供给的一个重要的或者是基础性的部分，与现金相关的现金发行不能简单地等同于货币供给。

在现实的经济生活中，很多人其实就是将现金发行等同于货币供给的。这种现象的存在说明：在历史上，现金发行很大程度上是决定和制约我国货币供给的决定性因素，现金发行的控制和监督是重要的。当然随着经济社会的发展和进步，准确区分这二者的差异对于解决我国货币供给是非常重要的。

即问即答：现实生活中，你是如何认识现金发行与货币供给的关系的？

（三）名义货币供给与实际货币供给

根据货币供给是否考虑物价上涨因素，货币供给有名义货币供给与实际货币供给之分。

名义货币供给是指一定时点上不考虑物价因素影响的货币量。实际货币供给是指剔除了物价影响之后的一定时点上的货币存量。如果将名义货币供给记作 Ms，则实际货币供给一般用 Ms/P 表示。

人们日常使用的货币供给概念，一般都是名义货币供给，例如，某年度、某季度货币量增长多少、增长率多高等都是该时期货币名义增加量与基期存量的比较。假如一国的物价水平长期比较稳定，这样分析是不会出多大问题的。我们知道，货币当局在做出决策之前，首先要解决的问题是货币是多了还是少了，多了多少或是少了多少。而分析货币多了还是少了，主要靠采用货币供给增长率与商品、服务供给增长率相对比的方法。当价格水平变动不大时，以货币金额表示的商品、服务供给增长率，既是名义增长率，又大体可以反映它们的实际增长率。这时的货币供给也无须考虑是名义的还是实际的，只要相应地增减，也就可以保证商品、货币的顺畅流通。但是，假若某一经济体系正经历着物价水平的剧烈波动，那么，只分析名义货币供给的变动，就可能会导致错误判断经济形势和采取错误的经济政策。

二、货币供给量的影响因素

货币供给量主要取决于基础货币和货币乘数这两个因素的乘积，而这两个因素又受众多因素影响。

（一）基础货币

1. 基础货币的含义

基础货币又称为强力货币或高能货币，是指具有使货币供给总量倍数扩张或收缩能力的货币。它表现为中央银行的负债，即中央银行投放并控制的货币，包括商业银行的准备金和公众持有的通货。

基础货币通常用以下公式表示：

$$B=R+C$$

式中：B 为基础货币；

R 为商业银行的准备金（包括商业银行库存现金和商业银行存放于中央银行的存款）；

C 为流通于银行体系外的现金。

基础货币是中央银行能够直接控制的货币（包括控制现金的发行和商业银行的存款准备金），基础货币改变对商业银行信用规模的影响直接而且巨大，它直接决定了商业银行存款货币创造能力。基础货币是商业银行借以创造存款货币的源泉。从实践上看，中央银行对全社会货币供给量的调控很大程度上都是通过调节基础货币来实现的。

2. 基础货币的构成

货币供给的全过程，就是中央银行供应基础货币，基础货币形成商业银行的原始存款，商业银行再通过贷款产生派生存款，最终形成货币供给量的过程。中央银行投放基础货币共有三条渠道：一是直接发行通货；二是变动黄金、外汇储备；三是实行货币政策。

3. 影响基础货币投放的主要因素

基础货币是中央银行可以控制其投放量的货币，基础货币的投放受以下因素的影响：

（1）财政收支状况。当财政出现赤字并且通过向中央银行透支借款弥补时，基础货币投放增加；若财政出现节余，基础货币投放减少。

（2）向金融机构贷款和公开市场业务。中央银行无论是采取再贷款还是再贴现的方式，只要向商业银行等金融机构注入资金，基础货币投入即增加；反之，基础货币投放减少。中央银行若从公开市场买进证券，基础货币投放增加；若从公开市场上卖出证券，则基础货币投放减少。

（3）国际收支状况。国际收支状况变动会引起中央银行金、银和外汇储备的变动。如果中央银行在本国国际收支顺差时增加黄金和外汇储备，基础货币投放增加；如果本国出现国际收支逆差，中央银行减少黄金和外汇储备，则基础货币投放减少。

（二）货币乘数

货币乘数是指货币供给的扩张倍数，也就是货币供给量与基础货币的比值，它表示每1元基础货币的变动所能引起的货币供给量的变动。

在基础货币一定的条件下，货币乘数决定了货币供给总量。货币乘数越大，货币供给量越多；货币乘数越小，货币供给量越少。所以，货币乘数是决定货币供给量的又一个重要的甚至是关键的因素。但是，与基础货币不同，货币乘数并不是一个外生变量，因为决定货币乘数的大部分因素不是货币当局的行为，而是商业银行及社会公众的行为。影响货币乘数的因素主要有活期存款的法定准备率、定期存款的法定准备率、定期存款比率、超额准备金率及通货比率。其中，法定准备率由中央银行决定，成为中央银行的重要政策工具；超额准备金率的变动主要决定于商业银行的经营决策行为，商业银行经营决策又受市场利率、商业银行借入资金的难易程度、资金成本的高低、社会公众的资产偏好等因素的影响；定期存款比率和通货比率决定于社会公众的资产选择行为，具体又受收入变动、其他金融资产收益率、社会公众流动性偏好等因素的影响。

综上所述，货币供给量是由中央银行、商业银行及社会公众这三个经济主体行为共同决定的。

案例分析

经济大萧条时期的货币乘数

1929年到1933年，美国银行持有的超额准备金从2 500万美元增加到超过20亿美元，现金对存款的比率从17%增长到33%，货币供给因为超额准备金和现金对存款比率的上升而下降了1/3，货币乘数也因此下降。而货币供给下降绝对不是任何一个反萧条政策所希望看到的现象。为什么会发生这些变化呢？

在经济大萧条不断恶化的时期，借款者偿还不了贷款，存款者则因为银行倒闭而不敢将钱存到银行。实力雄厚的银行也不能找到更多的有吸引力的贷款，并且为了获得公众对它们的信心，它们必须保持较高的流动性——持有较多的超额准备金。人们对银行体系失去了信心，纷纷从银行提取资金，从而增加了他们手中现金的持有量。

在20世纪30年代，美联储是有可能通过降低法定存款准备率或者增加总储备来减缓或者消除货币供给的下降趋势的，美联储本来应该通过公开市场购入操作或者以最后贷款人的角色向银行借贷来提供额外的准备金，这样美联储就可以通过增加基础货币来抵消货币乘数下降的影响，只要基础货币增加的数目足够大就完全能够防止货币供给的减少。然而美联储并没有按照上面所说的及时采取行动。因此，它经常被批评为加重了大萧条。事实上，美联储反而提高了法定存款准备率，因为它相信这会有助于公众对银行系统的信心。

分析题：货币供给主要受哪些因素影响？

三、货币供给理论

货币供给理论主要包括传统的货币数量论、信用媒介论、信用创造论和现代货币数量论。

（一）货币数量论

货币数量论的主要观点是：在其他条件不变的情况下，物价水平的高低和货币价值的大小是由一国的货币数量所决定的。货币数量增加，物价即随之正比例上涨，货币价值则随之下降；货币数量减少，物价即随之正比例下降，而货币价值上升。总之，货币数量论认为货币数量的变动与物价或货币价值的变动之间存在着一种因果关系，其主要代表是洛克和坎蒂隆学说。

1. 洛克的学说

洛克（J. Locke）将商品的价值分为固有价值和市场价值。他认为商品的固有价值是由于商品能满足人类的某种欲望，市场价值由供求关系决定。货币是一种商品，其市场价值也由供求关系决定。但货币不能用于直接消费，而是用以交换人们所需要的物品。由于货币能够换取需要的物品，人们才愿意接受，愿意储藏，因而对货币的需求是无限的。其他商品有供大于求的情况，而货币则没有。因此洛克认为，货币是供给量决定价值。

2. 坎蒂隆的学说

洛克看到了货币数量增加会使物价上涨，但没有说明物价如何上涨，理查德·坎蒂隆（Richard Cantillon）对此进行了研究，他发现货币数量的增加来自两个方面：一方面是由于金银矿开采可以造成货币数量增加；另一方面是由于对外贸易顺差而造成的货币数量的增加。至于货币数量增加后，物价是否会同比例上涨，坎蒂隆认为不会，他认为，货币数量增加与物价上涨之间有因果关系，但无严格的比例关系。坎蒂隆的货币数量论，阐明了货币对经济产生影响的传导机制。

（二）信用媒介论与信用创造论

1. 信用媒介论

信用媒介理论以亚当·斯密（Adam Smith）为代表，他认为银行经营的信用形式有两种：一种是票据贴现；另一种是叫做“现金账户”的账簿信用。亚当·斯密认为上述两种信用的作用主要表现在：一是通过两种形式的信用，银行可以节约流通中的货币资本，使流通中的资本成为实际生产中的资本，扩大了生产过程，促进了产业发展；二是通过银行券的发行，来代替流通中的银行货币，为社会节约货币流通费用，并将其转化为一国生产资本，进而增加财富。

亚当·斯密与《国富论》

亚当·斯密是经济学的主要创立者之一。他于1723年出生在苏格兰的克科底，青年时就读于牛津大学。1751年到1764年在格拉斯哥大学担任哲学教授。在此期间发表了他的第一部著作《道德情操论》，确立了他在知识界的威望。但是他的不朽名声主要来源于他在1776年发表的伟大著作《国家康富的性质和原因的研究》（简称《国富论》）。该书一举成功，使他在余生中享受着荣誉和爱戴。他于1776年在克科底去世。斯密一生未娶，没有子女。亚当·斯密并不是经济学说的最早开拓者，他最著名的思想中有许多也并非新颖独特，但是他首次提出了全面系统的经济学说，为该领域的发展打下了良好的基础。因此完全可以说《国富论》是现代政治经济学研究的起点。

《国富论》的中心思想是看起来似乎杂乱无章的自由市场实际上是个自行调整机制，自动倾向于生产社会最迫切需要的货品。例如，如果某种需要的产品供应短缺，其价格自然上升，价格上升会使生产商获得较高的利润，由于利润高，其他生产商也想要生产这种产品。生产增加的结果会缓和原来的供应短缺，而且随着各个生产商之间的竞争，供应增长会使商品的价格降到"自然价格"，即其生产成本。谁都不是有目的地通过消除短缺来帮助社会，但是问题却解决了。用斯密的话来说，每个人"只想得到自己的利益"，但是又好像"被一只无形的手牵着去实现一种他根本无意要实现的目的……他们促进社会的利益，其效果往往比他们真正想要实现的还要好"。

亚当·斯密的经济思想体系结构严密，论证有力，使经济思想学派在几十年内就被抛弃了。实际上亚当·斯密把他们所有的优点都纳入进了自己的体系，同时也系统地披露了他们的缺点。斯密的接班人，包括像托马斯·马尔萨斯和大卫·李嘉图这样著名的经济学家，他们对斯密的体系进行了精心的充实和修正（没有改变基本纲要），今天被称为经典经济学体系。虽然现代经济学说又增加了新的概念和方法，但总体来说这些都是经典经济学的自然产物。从一定意义上来说，甚至卡尔·马克思的经济学说（自然不是他的政治学说）都可以看作经典经济学说的继续。

2. 信用创造论

到了垄断资本主义时代，由于信用制度发生了巨大的变化，银行实际上不只起着简单的信用媒介作用，银行业一方面促进资本主义经济的发展，另一方面也加深了资本主义的基本矛盾。信用媒介论已不能说明现实的资本主义信用，取而代之的便是信用创造论。

信用创造论的先驱是约翰·劳，他认为发行银行券是银行信用的创造，信用是非常必要的，而且十分有用。因为信用量的增加与货币量的增加有着同样的效果，即它同样能产生财富，发展商业。通过银行所进行的信用创造，能在一年之内比从事10年贸易增加的货币量多得多。

19世纪初，麦克劳德（H. D. Macleod）又对信用创造论予以发展，提出了创设转账存款的信用创造论。他认为，银行及银行业者的本质就是信用的创造与发行。银行不是借贷货币的店铺，而是信用的创造工厂，或者说银行就是金矿。银行不仅是货币的买卖者、货币的贷放者，银行最重要的职能就是信用的创造与发行。不仅发行货币的银行能够创造货币，就连一般的商业银行也能够创造货币，而且后者所创造的货币数额远比发行货币的银行创造的数额大得多。

（三）现代货币数量论

第二次世界大战后，发达国家经济快速增长，但滞涨的局面接踵而来，以美国芝加哥大学的弗里德曼（M. Friedman）为代表的一大批经济学家对货币供给提出了新的观点，货币数量论发展到现代阶段。

弗里德曼和舒瓦茨认为，现代货币存量可分为两部分：一部分是货币当局的负债，即社会公众持有的通货；另一部分则是银行的负债，即银行存款，包括活期存款、定期存款和储蓄存款。设 M 为货币存量，C 为社会公众持有的通货，D 为商业银行存款。则：

$$M=C+D$$

中央银行只能直接控制高能货币（high powered money）。高能货币由两部分构成：一是社会公众持有的通货；二是商业银行准备金（包括库存现金与存在中央银行的准备金存款）。弗里德曼和舒瓦茨认为高能货币的一个典型特征就是能随时转化为存款准备金。则：$H=C+R$；其中：H 代表高能货币；R 为商业银行存款准备金。

在以上前提下，弗里德曼和舒瓦茨认为一国的货币存量可由以下公式表示：

$$M=H\cdot\frac{\frac{D}{R}\left(1+\frac{D}{C}\right)}{\frac{D}{R}+\frac{D}{C}}$$

上式说明，货币存量由三个因素决定：（1）高能货币 H；（2）商业银行的存款与准备金的比率 D/R；（3）商业银行的存款与社会公众持有的通货的比率 D/C。在高能货币一定的条件下，第二、第三两个因素决定货币存量。

而上述三个决定货币存量的因素涉及公众、银行、货币当局三个经济主体，因此货币存量是分别由三个经济主体的行为决定的。

首先，在信用货币制度下，高能货币主要决定于政府的行为，即决定于政府发行多少信用货币来满足公众持币需要和银行保留准备金需要。

其次，银行存款与其准备金的比率决定于银行体系。银行体系并不能决定其存款和准备金的绝对量，因为它们受到高能货币量的限制，并同 D/C 比率有关。但一般来说，银行体系能通过改变其超额准备金数量，决定银行存款与其准备金之比。

最后，存款与通货的比率首先取决于公众的行为。同样，公众也只能决定其存款与通货的比率，而无法决定各自的绝对量，而且这一比率还受到银行存款服务水平和利率的影响。

四、货币供给的内生性和外生性

内生变量又叫非政策性变量，是指在经济体系内部由诸多纯粹经济因素影响而自行变化的变量。这种变量通常能够由政策控制，并以之作为政府实现其政策目标的变量。

如果说货币供给是内生变量，决定货币供给变动的因素是经济体系中经济发展以及微观主体的经济行为，而非货币当局所能决定的。如果说货币供给是外生变量，货币供给的变动就是由货币当局的货币政策决定的，而不是由经济因素决定的，如收入、投资、储蓄、消费等。

货币供给的内生性或外生性问题，是货币理论研究中具有较强政策含义的一个问题。对其可从下述几方面理解：

第一，货币供给量是一个外生变量。

货币供给量首先是一个外生变量，这是因为，当代世界各国都建立起了独享货币发行权的中央银行制度，中央银行既是信用货币的发行者，又是货币供应数量的调节者。流通中货币数量及结构在很大程度上受到中央银行货币政策的左右。

货币供给量具有外生性，是与利率变动无关的一个外生变量。当货币供给量是一个外生变量时，货币供应曲线是一条平行于利率并等于某一常数的直线。

20 世纪 60 年代以前，包括凯恩斯主义和新古典经济学在内的经济学家大都将货币供给量视为可由中央银行完全控制的外生变量。他们不研究货币供给的决定过程，而只研究中央银行改变货币供给量时，经济所发生的变化。

第二，货币供给量同时又是一个内生变量。

货币供给量的变动不完全受制于中央银行的货币政策，它还受制于客观经济过程，即受制于经济社会中其他经济主体的货币收付行为，因此它同时又是一个内生变量。由此决定，货币供给曲线是利率的函数，与利率具有正相关关系。

第三，由于货币供给量的这种内生性质，使中央银行对货币供给量的控制与调节变得十分困难。

正因为如此，货币供给理论的研究必须同时关注货币供应的这种内生性质和外生性质，既强调中央银行对货币供给的控制与调节作用，又重视政府、企业、个人等不同经济主体行为对货币供给的决定影响。只有这样才能正确描述货币供给的决定机制，为货币供应实践提供科学的理论基础。

案例分析

解决流动性过剩问题

2000—2006 年，我国 M_0、M_1、M_2 年均增长分别为 10.5%、15.3%、16.5%。2006 年年末，狭义货币供给量为 12.6 万亿元，比上年增长 17.5%，增幅比上年高出 5.7 个百分点，远远高于同年 GDP 的增长速度；金融机构超额存款准备金率为 4.8%，比上年末高出 0.6 个百分点；金融机构存款总额高于贷款总额即存贷差为 11 万亿元，比上年末增加 1.7 万亿元。2007 年以来货币供给量增长进一步加快，3 月末 M_0、M_1、M_2 同比增长分别为 16.7%、19.8%、17.3%。此外，我国广义货币 M_2 增长快于实体经济增长。除 2004 年外，2000—2006 年广义货币 M_2 增长率均高于同期 GDP 名义增长率，M_2 增长率平均比 GDP 名义增长率高 3.6 个百分点。货币供给量的快速增长使得 M_2 与 GDP 的比值不断上升，由 2000 年的 1.36 上升为 2006 年的 1.65。美国自 2002 年以来 M_2 与 GDP 的比率一直稳定在 0.8 左右。因此，从这个意义上来说，我国出现了较为严重的流动性过剩问题。

流动性过剩无论是从表象还是从成因或解决方法上来看，都是一个复杂的经济和金融理论问题，并不仅仅是通常所说的货币发行过多、存贷差过大等问题。解决流动性问题需要多个部门的政策相互配合加以治理，更需要智慧。

上述的流动性过剩是多重因素共同作用、多种矛盾逐渐累积的结果。解决流动性过剩问题，既是一项十分紧迫的现实任务，同时又带有长期性、艰巨性，需要采取综合性的措施，多管齐下，逐步缓解。对于流动性过剩问题，不应该仅仅从银行体系这个角度来考虑，无论是加息还是提高存款准备金率都只是侧重于从结果上解决流动性过剩问题。要从根本上解决流动性过剩问题，不能走过去“头痛医头，脚痛医脚”的老路，应该从整个宏观经济平衡这个更为广泛的视角去分析和研究，需要对流动性过剩问题进行科学合理的分类，然后有计划、分步骤地解决。要尽快制定更加合理科学的国际金融战略，支持中国实现在全球的经济资源与金融资源的优化配置，支持“走出去”的经济战略，不断增强中国的经济竞争力，最终才能解决上述货币政策面临的流动性过剩问题。

总的来说，要从根本上解决流动性过剩：一是必须通盘考虑金融稳定、经济安全等多种目标，进行战略格局调整；二是当前有必要为了扩大投资性消费而加大在社会保障、教育和住房方面的投资力度，绝对不能让投资增长率降得太快；三是根治方法应该是多管齐下，采用长期策略与短期方法同时启动的政策组合；四是对内平衡应该优先于对外平衡，必须从恢复对内平衡入手来解决对外失衡问题。

分析题：1. 什么是流动性过剩？什么是流动性不足？

2. 结合资料和实际经济生活，说明解决流动性过剩或者不足问题的主要措施。

第二节 货币需求

一、货币需求的含义

货币需求，是指在一定时期内，社会各经济主体在既定的社会经济和技术条件下，对货币需求量的总和。从不同的侧面考察，货币需求可分为主观货币需求与客观货币需求、名义货币需求和实际货币需求、微观货币需求和宏观货币需求等。

（一）主观货币需求与客观货币需求

主观货币需求是指人们在主观上“希望”自己拥有多少货币，这是一种占有的欲望。客观货币需求是指人们由各种客观因素决定的应该或可以占有多少货币，也可以指一个国家在一定时期内究竟需要多少货币才能够满足生产和流通需要。经济学中研究的主观货币需求是人们都会希望自己手中的货币多多益善，这种需求基本上都是无效需求。而客观货币需求则是一种由客观经济环境所决定的对货币的持有需求，它是指在一定时期内各经济主体究竟需要多少货币才能满足商品生产和交换的需要。因此，在这里我们要研究的货币需求应该是客观货币需求。

（二）名义货币需求与实际货币需求

在现实经济生活中，存在通货膨胀的可能性，因此，在研究货币需求时出现了名义货币需求与实际货币需求。名义货币需求是指在不考虑通货膨胀因素下，按现行价格计算的各经济主体对货币的需求量。实际货币需求是在扣除了通货膨胀因素后各经济主体实际对货币的需求量。如果将名义的货币需求用某一具有代表性的物价指数（如GNP平减指数）进行平减后，就可以得到真实的货币需求。由于名义货币需求包含价格因素在内，不能准确地反映经济主体对货币的真实需求，所以我们更注意考察的是实际货币需求。

（三）微观货币需求与宏观货币需求

微观货币需求是指个人、家庭或企业，在既定的收入水平、利率水平和其他经济条件下，因生活和生产需要而保有的货币量。宏观货币需求是指一个国家在一定时期内，经济发展和商品流通所必需的货币量。但在一般情况下，微观货币需求总和并不等于宏观货币需求。货币需求理论中主要关注的是宏观货币需求。

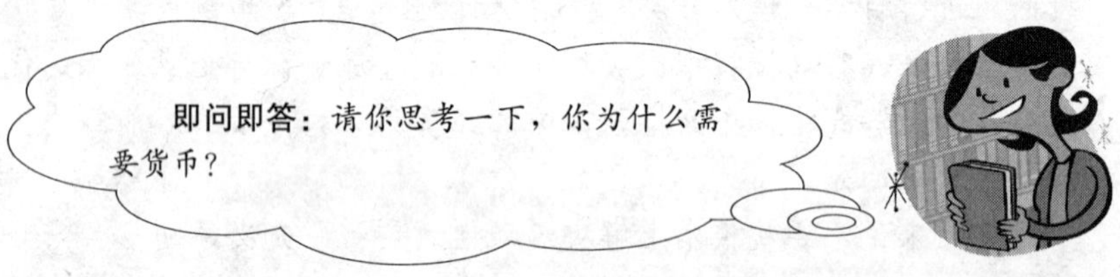

二、货币需求的影响因素

货币需求是指人们以货币形式持有财富的行为。那么，哪些因素决定人们的这一行为呢？结合我国的实际情况，影响货币需求量的因素主要有收入状况、价格水平、利率水平、信用的发达程度、消费倾向、货币流通速度与人们对未来利润和价格的预期等。

（一）收入状况

在影响货币需求的各个因素中，收入状况无疑是其中最主要的因素。收入状况对货币需求的影响具体表现在下述两个方面。

1. 收入水平

在经济生活中，微观经济主体的收入大多以货币的形式获得，其支出也是以货币的形式支付。在其他情况一定的条件下，收入水平与货币需求成正比。也就是说，收入水平越高，支出越大，就越需要更多的货币作为商品、劳务交易的媒介，即货币需求越大；反之，收入水平越低，货币需求越小。

2. 人们取得收入的时间间隔

在收入水平一定的条件下，人们取得收入的时间间隔与货币需求成正比。也就是说，人们取得收入的时间间隔越长，货币需求就越大；反之，人们取得收入的时间间隔越短，则货币需求也就越小。

（二）价格水平

在市场经济中，价格是调节经济活动的重要杠杆。在商品和劳务量既定的条件下，价格与货币需求量之间成正比。即价格越高，社会商品流转额就越大，用于交易和周转的货币需求越大；反之，价格越低，货币需求越小。

（三）利率水平

在市场经济中，利率也是一种价格，是一定时期内使用资金的价格。在正常情况下，利率水平与货币需求呈反比例变化关系，即市场利率越高，货币需求越小；利率水平越低，货币需求越大。利率水平对货币需求的影响主要表现在下述两个方面。

1. 利率水平决定人们持有货币的机会成本

在现代经济生活中，人们可以选择的金融资产很多，如货币、证券、房产等，货币资产只是其中的一种。市场利率将在一定程度上决定或影响非货币金融资产的收益率，从而决定或影响着人们持有货币的机会成本。市场利率上升，意味着其他形式资产收益的上升，这时人们会减少货币的持有（即货币需求量减少），转而持有其他形式的资产。相反，若利率水平下降，意味着其他形式资产的收益会下降，人们对货币的需求就会上升。

2. 利率影响人们对资产持有形式的选择

在一般情况下，市场利率与有价证券的价格成反比，即市场利率上升，有价证券价格下跌；市场利率下降，有价证券价格上升。根据市场周期性变化的规律，市场利率上升到一定高度时将下跌；反之，市场利率降到一定水平时又将回升。因此，当利率水平较高时，人们往往预期利率将下降，而有价证券价格将上升，于是人们将减少货币持有量增加有价证券持有量，以期日后取得资本溢价收入；反之，当利率水平较低时，人们将预期利率会回升，而有价证券价格将下跌，为避免资本损失，人们将减少有价证券的持有量，相应地增加货币的持有量，并准备在有价证券价格下跌后再买进有价证券以获利。

知识链接

流动性陷阱

流动性陷阱（liquidity trap）是凯恩斯提出的一种假说，是指在一段时期内即使利率降到很低水平，市场参与者也对其变化不敏感，对利率调整不再做出反应，导致货币政策失效。

凯恩斯认为，人们对货币的需求，同时受交易动机、预防动机和投机动机支配，也就是说，它既是国民收入的函数，也是利率的函数。由于利率的不确定性将造成债券价格升降，人们便有机会在持有债券和持有货币之间进行选择。当市场利率降低（债券价格提高），且低于某种“安全水平”时，人们预期未来利率将上升（债券价格下跌），从而愿意多持有货币。反之，人们就会少持有货币而多购买债券。上述对持币动机及对货币需求的解释，实际上并未超出古典学派的范围。不同的是，凯恩斯在此基础上进一步指出了一种特殊的情况，即当利率降至某种水平时，则根据上述理由，灵活偏好变成几乎是绝对的。这就是说，当利率降至该水平时，因利息收入太低，故几乎每人都宁愿持有现金，而不愿持有债务票据。此时金融当局对于利率无力再加以控制。凯恩斯认为，金融当局对于市场利率，并不总能随心所欲地加以调节，当利率降至某一水平之后，任何措施都不再能使它下降。这种无能为力的状况，恰如落入陷阱一样。

全球经济所表现出的对利率工具不敏感似乎又在重新证明凯恩斯的这一论断。

（四）信用的发达程度

在一般情况下，信用的发达程度与货币的需求呈反方向变化关系。在信用制度健全、信用较发达的经济中，货币需求量相对较少。相反，货币需求量则较多。一方面是因为在信用比较发达的经济中，相当一部分交易可通过债权债务的相互抵消来清算，人们的货币需求量因此而减少。另一方面，在信用比较发达的经济中，金融市场比较完善，人们可将收入中暂时不用的部分先用来购买短期债券，而当他们需要支付时，再将这种短期债券在金融市场上出售，以换回现金。这样，人们既能保证正常支付需要，又能在支付之前减少货币持有量而相应增加债券持有量，以获取收益。

（五）消费倾向

消费倾向是指消费在收入中所占的比例。消费倾向与货币需求呈正比变化关系，即消费倾向越大，货币需求越大；消费倾向越小，货币需求越小。人们为了实现消费，必须以货币作为购买手段。因此，人们计划消费的越多，持有的货币越多，货币需求量越大。

（六）货币流通速度

货币流通速度是指一定时期内货币的周转次数。一定时期货币需求就是该时期的货币流量，而货币流量是货币平均存量与货币流通速度的乘积。在商品与交易总额一定的前提下，货币流通速度越快，对货币的需求量就越少；反之，货币流通速度越慢，对货币需求量就越大。因此，货币流通速度与货币需求成反比。

（七）人们对未来利润和价格的预期

以上我们所介绍的主要是影响货币需求的客观因素，其实，货币需求在很大程度上还受人们主观意愿的影响，特别是人们对未来利润和价格的预期。如果企业预期未来利润将上升，将会增加投资扩大生产，对货币的需求将上升；如果人们预期物价将上涨，即未来通货膨胀较高，人们会担心货币贬值，不愿再持有货币转而购买其他资产，因此对货币的需求将降低。

在现实生活中，除了上述几个因素外，还有一些其他因素如制度因素等也会决定或影响货币需求。

三、货币需求理论

货币需求理论主要论述人们持有货币的动因、决定货币需求的因素及货币需求对价格、产出等变量的影响，它是金融理论中最基础、最重要的部分，主要的理论学派有传统的货币数量理论、凯恩斯的货币需求理论、现代货币学派的货币需求理论和马克思主义经济学的货币需求理论。

（一）传统的货币数量理论

传统的货币数量理论是20世纪初古典经济学家们发展起来的一种货币需求理论，该理论的一个显著特点是以货币的数量来解释货币的价值或一般物价水平，所以称为货币数量理论。该理论以费雪的现金交易数量论和剑桥学派的现金余额数量论为代表。

1. 现金交易数量论

1911年，美国耶鲁大学教授欧文·费雪在他所著的《货币的购买力》一书中对现金交易数量论做出了清晰的阐述，提出了著名的交易方程式，亦称费雪方程式：

$$MV=PT \text{ 或 } M=PT/V$$

式中，M为流通中的货币量；

V为货币流通速度；

P为商品或劳务的价格；

T为不同商品或劳务的交易量；

PT为一定时期国民总收入。

费雪认为，在货币经济条件下人们持有货币的目的是为了与商品交换，因此，货币在一定时期内的支付总额与商品的交易总额一定相等。交易方程式中左边为货币总值，右边为交易总值，双方必然相等。

费雪提出其现金交易数量论的基本观点时，曾作了几个重要的假设。他认为，货币流通速度主要受一国支付习惯、货币信用制度等因素的影响，所以，在短期内可将它假设为一个常数。同时，在充分就业且生产技术不变的条件下，商品与劳务的交易量也是相对稳定的，不受货币数量变动的影响，所以，在短期内也被视为常数。因此，货币数量的任何变动，必将完全作用于一般物价水平，从而导致一般物价水平作同方向、等比例的变动。

知识链接

欧文·费雪

欧文·费雪（Irving Fisher）：美国经济学家、数学家，经济计量学的先驱者之一，美国第一位数理经济学家，耶鲁大学教授。主要贡献：货币理论原则。欧文·费雪，1867年2月27日生于纽约州的少格拉斯。1890年开始在耶鲁大学任数学教师，1898年获哲学博士学位，同年转任经济学教授直到1935年，1926年开始在雷明顿、兰德公司任董事等职。1929年，与J.A.熊彼特、简·丁伯根等发起并成立计量经济学会，1931—1933年任该学会会长。1947年4月29日卒于纽约市。

费雪是耶鲁大学第一个经济学博士，他是在耶鲁大学数学系获得这个学位。他的学位论文《价值与价格理论的数学研究》用定量分析研究效用理论，至今仍为经济学家所称道。这篇论文奠定了他作为美国第一位数理经济学家的地位。费雪涉猎的领域相当广泛，据他的儿子I.N.费雪为他写的传记所列，他一生共单独发表各种论文与著作2 000多种（篇），合作400多种（篇）。

2. 现金余额数量论

在费雪发展现金交易数量论的同时，英国剑桥大学的一些经济学家也在研究同样的问题，其中最著名是马歇尔和庇古等人。他们在费雪的现金交易数量论的基础上，着重研究了在不同环境中人们愿意持有的货币数量，提出了剑桥学派的货币需求理论，也称为现金余额数量论，其公式如下：

$$M=\mathrm{K}PY$$

式中：M为货币需求量；

P为一般物价水平；

Y为实际收入水平；

K为常数，代表货币的数量与国民收入的比例。

根据剑桥学派的分析，货币需求取决于P、Y、K。PY是总收入，表示货币需求取决于国民收入。K是影响货币需求的重要因素，在短期内可视为常数，固定不变。影响的因素主要有两个：一是人们对持有货币的利弊得失的权衡和比较；二是人们对未来价格水平的预期。

与交易方程式相比，剑桥方程式更适用于现实经济社会。第一，交易方程式强调的是每一单位货币存量的平均持有时间，剑桥方程式注重总收入中以货币形式持有的比例。前者重视货币的交易媒介功能，把货币需求与支出流量联系在一起，关心大众使用货币的速度和数量。后者则强调货币的资产功能，把货币需求当成保存资产或财富的一种手段，而资产有多种形态，货币只是资产的一种，因此，货币需求总量决定于货币的边际收益同其他资产边际收益的比值。第二，交易方程式重视影响交易的货币流通速度的金融及经济制度等因素，忽视了经济主体在金融市场中的主观意志因素。剑桥方程式重视资产的选择，即持有货币的成本与满足程度之间的比较，强调人的意志及预期等心理因素。

（二）凯恩斯的货币需求理论

凯恩斯的货币需求理论又称为流动性偏好理论。所谓流动性偏好，是指人们宁可持有没有收益但可灵活周转的货币的心理倾向。因此，流动性偏好实质是人们对货币的需求。

凯恩斯货币需求理论的显著特点在于注重对货币需求各种动机的分析。凯恩斯认为，人们持有货币的动机主要有三种，即交易动机、预防动机和投机动机。

1. 交易动机

交易动机是指人们为应付日常的商品交易需要而持有货币的动机。在现代社会中，几乎所有的交易行为都需要通过货币来完成。任何经济主体为了完成交易都要保有一定数量的货币。这种出于交易的动机而产生的对货币的需求称为货币的交易需求。一般来说，经济越发展，交易的规模就越大，货币的交易需求也越大。所以，货币的交易需求同收入成正比。

2. 预防动机

预防动机是指人们保留一部分货币以备应付不可预料事件的需要。任何经济主体都有保存一定数量的货币以防意外支出的需求，如患病、失业等。这种出于预防动机而产生的货币需求就构成了货币的预防需求。一般来说，人们的收入越高，风险程度越大，货币的预防性需求就越大。所以，货币的预防需求同收入成正比。

3. 投机动机

投机动机是指人们为了在未来某个适当的时机进行投机活动而愿意持有一部分货币。由于货币是最灵活的流动性最强的资产，人们可以根据对市场利率变化的预期进行投机，以便获利，从而产生了对货币的投机需求。凯恩斯认为，货币是不能产生利息收入的资产，因此其收益为零，债券是能产生利息收入的资产，如果预测利率将要下降，债券价格就要上升，人们就会放弃货币而持有债券，即减少了对货币的需求量；相反，如果预测利率将要上升，则债券价格就要下跌，当价格下跌超过了债券的利息收入，则不但没有收益，反而要受到损失，这时持有债券就不如持有货币了，人们对货币的需求量就会增加。这种出于投机动机而产生的对货币的需求就构成了货币的投机需求。所以，货币的投机需求同利率成反比。

在货币需求的三个动机中，由交易动机和预防动机而产生的货币需求一般统称为交易性货币需求，用 L_1 表示。L_1 与收入水平有关，收入越多，L_1 越多，因此 L_1 是收入的递增函数，即 $L_1=L_1(Y)$，Y 表示收入。

由投机动机而产生的货币需求称为投机性货币需求，用 L_2 表示。L_2 与利率有关，利率越低，L_2 越多，因此 L_2 是利率的递减函数，即 $L_2=L_2(r)$，r 表示利率。

货币需求总量即是由交易性货币需求与投机性货币需求组成。如果用 L 表示货币总需求，则凯恩斯的货币需求函数可用下式表示：

$$L=L_1+L_2=L_1(Y)+L_2(r)$$

凯恩斯的货币需求理论认为货币总需求等于交易性需求与投机性需求之和，货币需求的变动主要受收入与利率水平的影响，该理论最大的创新是认为投机性需求和利率呈反比关系，在货币需求分析中引入并强调资产性货币需求，进而强调了利率在货币需求中的作用。所以，在社会总需求不足的情况下，可以通过扩大货币供应量来降低利率，通过利率的降低来刺激投资，进而增加就业、增加产出。

（三）现代货币学派的货币需求理论

以弗里德曼为首的货币学派的货币需求理论与凯恩斯的货币需求理论不同。弗里德曼在研究货币需求时不是从持有货币的动机开始，而是承认人们持有货币的事实，并对各种情况下人们持有多少货币的决定因素进行仔细分析，建立了货币学派的货币需求函数。他认为影响人们持有货币数量的因素主要包括下述几方面。

1. 财富总额

财富总额是包括货币在内的各种资产的集合体，是影响货币需求的重要因素。但是，由于总财富很难直接加以估计，所以弗里德曼使用收入作为财富的代表变量。而现期收入又常受各种因素的影响，经常发生变动，于是他又提出了恒久性收入的概念作为财富的代表。所谓恒久性收入也是以不变价格计算的实际收入。一般而言，恒久性收入越多，人们的持币欲望越强烈。

2. 物质财富占总财富的比率

弗里德曼认为，财富由各种资产构成，其中包括人力财富和物质财富。人力财富是个人在未来获得收入的能力，大多数财富持有者的主要资产是他们个人挣钱的能力，但人力财富转化为物质财富需要很多条件，如投资增加就业机会和生产、生活条件等，所以人力财富在总财富中所占比例越大，货币需求将越大。据此，弗里德曼把物质财富（即非人力财富）占总财富的比率（也可用人力财富占物质财富的比率表示）作为货币需求函数中的另一个重要变量。

3. 人们保有货币及其他资产时所预期的收益率或报酬率

弗里德曼认为，人们保有货币及其他资产时所预期的收益率或报酬率类似于通常的消费者需求理论中的某种商品及其替代品和补充品的价格。当货币一般是以通货方式存在时，货币的名义报酬率可以为零；当货币以收取纯服务费为条件的活期存款方式出现时，货币的名义报酬率可以是负数；当货币以支付利息的活期存款方式和以定期存款方式出现时，货币的名义报酬率可能为正数。而其他资产的名义报酬率则由两部分组成：任何现在已付的收益或费用，如债券利息、股票红利、有形资产的管理费用；这些资产的名义价格的变动。当然，在通货膨胀或通货紧缩的条件下，第二个组成部分是特别重要的。概括以上分析就是，在人们保有的货币及其他资产中，货币的收益率为零，而其他资产如债券、股票、实物资产均有可预期的收益率。实物资产的收益率就是物价水平的变动率。物价水平变动，实物资产的价值就发生变动，因而产生效益。而各种资产的收益就是人们保有货币所支付的费用，其收益率上升，货币需求量就会减少。因此，在弗里德曼的货币需求函数中，还包括各种金融资产的预期收益和实物资产的预期价格变动率这些因素。

4. 其他因素

其他因素包括人们的主观偏好、技术与制度因素等，这些因素均可从不同角度影响货币需求。

在以上分析的基础上，弗里德曼提出如下货币需求函数：

$$\frac{M}{P}=f\left(Y,w,r_m,r_b,r_e,\frac{1}{p}\cdot\frac{\mathrm{d}p}{\mathrm{d}t};u\right)$$

式中：M——个人财富持有者保有货币量，即名义货币需求量；

P——一般物价水平；

M/P——个人财富持有者持有货币所能支配的实物量，即实际的货币需要量；

Y——按不变价格计算的实际收入；

w——物质财富占总财富的比率；

r_m——预期的货币名义报酬率；

r_b——固定收益证券的预期名义收益率；

r_e——变动收益证券的预期名义收益率；

$\frac{1}{p}\cdot\frac{\mathrm{d}p}{\mathrm{d}t}$——预期的物价变动率；

u——货币的效用以及影响此效用的因素。

（四）马克思主义经济学的货币需求理论

在马克思之前，许多经济学家就注意到了货币流通数量的问题，并作了多方面的理论分析，马克思在此基础上完善了该理论。为了分析方便，马克思的货币必要量理论是以完全的金币流通为假设条件，并以这个假设条件为背景，他认为：（1）商品价格取决于商品的价值和黄金的价值，而价值取决于生产过程，所以商品是带着价格进入流通的；（2）商品的价格是多少，就需要有多少金币来实现它；（3）商品与货币交换后，商品退出流通，黄金却留在流通中可以使另外的商品得以出售，一定数量的金币流通几次，就可使相应倍数价格的商品出售。因此：

执行流通手段职能的货币量＝商品价格总额/货币流通速度

或　$M=PQ/V$

式中：M——货币需要量；

P——价格水平；

Q——商品数量；

V——货币流通速度。

从上述公式可以看出：

（1）一定时期流通中的货币必要量是由商品价格、商品总量和货币流通速度三个因素决定的，即货币必要量与商品价格总额呈正比关系，与货币流通速度呈反比关系。

（2）这个公式从量的方面说明了货币流通与商品流通之间的关系，即商品流通决定货币流通，货币是适应商品交换的需求而产生的，货币因商品的交换而进入流通，并且流通中所需要的货币取决于待交换商品的价值量。

（3）马克思的分析主要是以金币流通为对象的，在金币流通的条件下，经济中存在着一个数量足够大的黄金贮藏。正因为如此，所以流通需要多少金币，就有多少金币存在于流通之中。马克思进而分析了纸币流通条件下货币量与价格之间的关系。他指出，纸币是金币的代表，纸币之所以能够流通是因为国家的强力支持，同时，纸币本身没有价值，只有流通，才能作为金币的代表。因此，纸币一旦进入流通，就不可能再退出流通。如果说，流通中可以吸收的黄金量是客观决定的，那么流通中无论有多少纸币也只能代表客观所需要的黄金量。也就是说，纸币流通规律与金币流通规律不同，在金币流通条件下，流通所需要的货币数量是由商品价格总额决定的；而在纸币为唯一流通手段的条件下，商品价格水平随纸币数量的增减而涨跌。进一步来说，在金币流通条件下，货币供给可以自发适应货币需求量的变化，因此，考察货币需求量是至关重要的。在纸币流通条件下，货币供给失去了自动适应货币需求量的性能，流通中货币量与货币需求量经常存在着差异，这必然引起商品价格的变动。就是说，通过商品价格的变动，使原来过多的纸币量为流通所吸收，变成价格上涨后货币需求时的组成部分。因此在纸币流通条件下要考虑货币供给对货币需求的反作用。

(4) 马克思的货币必要量公式反映的是人们对货币的交易需求，即人们进行商品与劳务交换时所需要的货币量。

马克思的货币必要量公式有着重要的理论指导意义，它揭示了商品价格决定货币需求量的本质，反映了货币需求的基本原理。

第三节　货币均衡、货币失衡、通货膨胀、通货紧缩

一、货币均衡

均衡在经济活动中一般是指供求相等不再变动的一种状态，是人们追求的一种理想目标，由于现代市场经济条件中的一切经济活动均需借助货币运动，货币均衡就不单纯是货币本身的供求均衡问题，而是在整个经济均衡条件下的货币均衡问题。由此可以给出货币均衡的一种表述。

货币均衡（即货币供求均衡），是指从某一时期来看，货币供给量（M_s）与货币需求量（M_d）在动态上相一致，处于相对稳定的状态。它表现为市场繁荣，物价稳定，社会再生产过程中的物质替换和价值补偿都能顺利实现。用公式表示，即：

$$M_s = M_d$$

应当指出的是，此公式不是纯数学的概念，它表示了货币供给与货币需求的均衡关系，包含三层含义：第一，货币供给与货币需求在总量上和结构上保持大致的均衡，从而稳定币值；第二，社会总供给与社会总需求在物价稳定、经济增长、充分就业等经济目标基础上与货币供求之间保持大致平衡；第三，在现代市场经济条件下，货币的均衡是一个由均衡到失衡，再由失衡回到均衡的不断运动过程。中央银行货币政策的重要任务就是要力求实现货币的均衡，以保持宏观经济平衡。

货币均衡不能机械地理解为 M_s 与 M_d 绝对相等。因为，货币供应量对于货币需求量具有一定的弹性或适应性，理论界称之为货币容纳量弹性。货币容纳量弹性是利用了货币资产、金融资产、实物资产间的相互替代效应和货币流通速度的自动调节功能，是使货币

供应量可以在一定幅度内偏离货币需求量，而不至于引起货币贬值、物价上涨的性质。例如，当 $M_s>M_d$ 时，首先会引起社会成员（个人和企业等）的持币量增加，消费倾向上升，但由于商品供给量有限，不可能使社会成员的消费愿望都得到满足，于是，必然造成部分人持币待购或购买其他金融资产——股票、债券、存款等。前者会引起货币流通速度减慢，后者会使购买力分流，从而使名义货币供给量与同期的实际货币需求量基本适应。

正如前文所指出的那样，货币均衡是一种理想状态，在某一特定时期出现在我们生活中的往往是二者的不平衡，我们一般称之为货币失衡。

二、货币失衡

（一）货币失衡的含义

货币失衡是同货币均衡相对应的一个概念，又称货币供求的非均衡状态，是指在货币流通过程中，货币供给偏离货币需求，从而使二者之间不相适应的货币流通状态，其基本存在的条件可以表示为：$M_d \neq M_s$。

货币失衡的表现有三种情况：一是 $M_s<M_d$，货币供给量不足，表现为生产过程中出现过多的存货或其他的资源闲置；二是 $M_s>M_d$，货币供给量过大，表现为物价上涨和强迫储蓄；三是结构性货币失衡，表现为短缺与滞存同时存在，经济运行中的一部分商品和生产要素供过于求，另一部分商品和生产要素供不应求。

一般来说，在现代纸币制度下，经常出现的是货币供给量过多引起的货币失衡。这种失衡必然诱发通货膨胀。但也出现少量的货币供给不足的货币失衡，这种失衡往往被定义为通货紧缩。

（二）货币失衡的原因

1. 货币供给量（M_s）大于货币需求量（M_d）

货币供给量（M_s）大于货币需求量（M_d）的货币失衡，一般称为通货膨胀。

在现代信用货币制度下，货币供给过多是一种经常出现的失衡现象。而货币供给过多的原因很复杂。主要有以下原因：一是在经济发展中，政府过于追求高速经济增长的目标，需要大量的货币资本来支撑，而银行迫于这样的压力，不适当地扩张信贷规模，货币供给超过了经济发展的客观需要，形成过量货币供给；二是货币管理当局在推行扩张性货币政策时，操作力度把握不当超过了经济发展需要提供货币而形成货币的过量供给；三是在管制汇率条件下，国际收支顺差的影响。

2. 货币供给量（M_s）小于货币需求量（M_d）

货币供给量（M_s）小于货币需求量（M_d）的货币失衡，一般称为通货紧缩。

货币供给量过少一般是由于：一是经济增长速度较快，商品生产和交换的规模扩大，而中央银行的货币政策仍然处于紧缩状态，货币供给量不能跟上经济增长的速度，从而导致经济运行中货币供给量相对不足；二是在经济运行中货币的供给量与货币需求量大体一致的情况下，中央银行实施紧缩性的货币政策，减少了货币供给量，从而导致货币供给量不足，国民经济的正常运行受到抑制。

3. 货币供求的结构性失衡

货币供求的结构性失衡是指在货币供给与需求总量大体一致的均衡条件下，货币的供给结构与其相对应的货币需求结构不相适应。这种结构性货币失衡往往表现为一方面短缺和滞存并存，经济运行的部分商品和生产要素供过于求；另一方面部分商品和生产要素又供不应求。造成这种货币失衡的原因在于社会经济结构的不合理。

限于篇幅，我们在本章主要讨论通货膨胀和通货紧缩。

三、通货膨胀

（一）通货膨胀的含义

普通百姓认为通货膨胀就是“东西涨价了”、“钱不值钱了”，而经济学家们则对通货膨胀的理解存在很大分歧。

1. 西方经济学关于通货膨胀的主要观点

在西方经济学中，对通货膨胀普遍接受的观点是：通货膨胀是物价总水平的普遍而持续上涨。对该定义，我们有以下几点说明：

第一，纸币流通是通货膨胀发生的前提条件。

第二，物价上涨是通货膨胀的必然结果，但物价上涨并不一定就会出现通货膨胀。

第三，通货膨胀是指一般物价水平普遍、持续上涨。

2. 马克思关于通货膨胀理论的主要观点

马克思的纸币流通规律说是传统的通货膨胀理论的依据。而通货膨胀则是在纸币流通条件下，纸币发行过度而引起的纸币贬值和一般物价水平上涨的经济现象。显然，通货膨胀的成因是纸币发行过多，超过了流通中货币的实际需要量，而使单位纸币贬值的结果。而纸币发行量过多又源于很多原因，主要包括：

（1）纸币的财政发行。所谓纸币的财政发行，是指纸币的发行不是根据国民经济发展和商品流通的需要，而是用于弥补财政赤字。引起财政赤字的原因主要有两个：一是为了筹集战争经费。战争期间，生产遭到破坏，财政收入锐减，但军费开支却不断扩大，必然会出现财政赤字。政府为了弥补财政赤字，支付巨额军费，必然要增发大量纸币，从而造成通货膨胀。二是为了刺激经济的发展。国家为了克服经济萧条、刺激经济增长，必须增加有效需求。在财政政策方面，就是减少政府税收，增加政府开支，以鼓励私人投资，增加社会总需求。这样，势必产生财政赤字。

（2）信用的过度扩张。在现代信用经济中，货币是通过信贷程序投放到流通领域的，因此，信用的过度扩张，必然导致货币供应量过多，从而引发通货膨胀。

（3）国际收支顺差过大。当一国的国际收支出现长期大量的对外贸易顺差，形成巨额外汇储备时，国内市场会出现两种情况：一方面，商品从国内大量输出到国外；另一方面，当国外资本大量流入而引起国际收支顺差过大时，需要大量增发本国货币来收购外汇，从而会导致国内货币供应量过多，引发通货膨胀。

马克思的通货膨胀理论坚持了辩证唯物主义理论，从通货膨胀的表面现象——物价上涨入手，通过对纸币流通规律的探究，提示了纸币的发行过度是通货膨胀产生的根本原因，从而为进一步研究抑制和消除通货膨胀的对策奠定了理论基础。

（二）通货膨胀的测度

通货膨胀是一种与物价上涨有关的经济现象。所以，可以用反映物价水平变动的相对指标即物价指数来衡量通货膨胀的程度。在国内外广泛采用的物价指数有下述三类。

1. 消费物价指数

消费物价指数（Consumer Price Index，CPI）也称零售物价指数或生活费用指数，是一种衡量各个时期城市家庭和个人消费的商品和劳务的价格平均变化程度的指标。它反映

不同时期商品价格水平变化的趋势和幅度。它是由各国政府选择若干种主要食品、衣服和其他日用消费品的零售价格以及水、电、住房、交通、医疗、娱乐等劳务费用的价格计算编制出来的指数，主要反映与居民生活有直接关系的商品、劳务价格的变动趋势与变动幅度。有些国家进一步根据不同收入阶层的消费支出结构的不同，编制出不同的消费物价指数。消费物价指数通常采用综合物价指数来计算：

$$\text{综合物价指数} = \sum P_1 Q_1 / \sum P_0 Q_1 \times 100\%$$

式中：P_0——基期的商品价格；

P_1——报告期的商品价格；

Q_1——报告期的商品销售量。

2. 批发物价指数

批发物价指数（Producer Price Index，PPI）也称生产者价格指数，是根据成品和原材料的批发价格编制的指数，它反映不同时期商品批发价格变化的趋势和幅度。采用批发物价指数的优点是：它能对生产资料价格有较为敏感的反应，可以预先判断对最后进入流通的零售商品价格变动可能带来的影响。其缺点是：批发物价指数既可按全部商品综合编制，也可按不同部门或各类商品分别编制，但不包括劳务价格，同时批发价格是商品进入零售阶段、形成零售价格之前的价格，由中间商或批发企业制定，其水平决定于出厂价格或收购价格，其波动幅度常小于零售商品价格的波动幅度。

3. 国民生产总值平减指数

国民生产总值平减指数（GNP Deflator）又称国民生产总值折算价格指数，它是测定通货膨胀的重要指标之一，是按当年价格计算的国民生产总值与按不变价格计算的国民生产总值的比率。它是衡量一国经济在不同时期内所生产和提供的最终产品和劳务的价格总水平变化程度的经济指标。其计算公式为：

$$\text{国民生产总值平减指数} = \frac{\text{按当年价格（现价）计算的本期国民生产总值}}{\text{按不变价格（基期价）计算的本期国民生产总值}} \times 100\%$$

国民生产总值平减指数所包括的商品和劳务的范围更为广泛，可以全面反映生产资料、消费品和劳务的价格变动情况，因而更适合作为测定通货膨胀的指标，世界银行的年度报告即以国民生产总值平减指数的增长率来测定通货膨胀的程度。

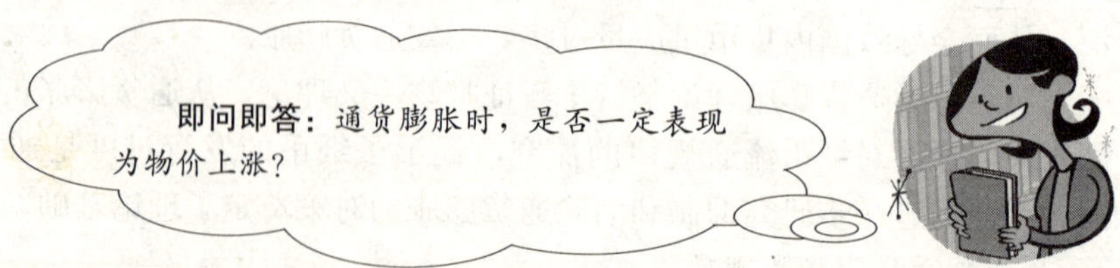

（二）通货膨胀的成因和类型

关于通货膨胀形成的原因，各国的学者有不同的见解。许多经济学家都认为通货膨胀产生的直接原因是货币（包括纸币、信用货币、电子货币等）的发行量过多，超过了流通中实际需要的货币量，造成市场上过多的货币去购买既定的商品，其结果就使得物价普遍上涨。但在现实中，引起通货膨胀的因素有很多，如商品的价格垄断、消费需求增加、政府财政赤字增加等因素都有可能造成通货膨胀。

在众多对通货膨胀成因的解释中，需求拉上说、成本推进说是较为流行的观点。

通货膨胀根据形成原因可以分为三种类型：需求拉上型通货膨胀、成本推进型通货膨胀和供求混合型通货膨胀。以下我们主要对这三种类型进行阐述。

1. 需求拉上型通货膨胀

需求拉上型通货膨胀是产生最早、流传最广、影响最大的一种通货膨胀理论。该理论从需求角度考察通货膨胀的成因，认为造成通货膨胀的原因主要是由于社会总需求过度增长、总供给不足而导致物价总水平的上涨。商品和劳务的需求超过按现行价格可以得到的供给，政府的总开支过度扩张的同时，商品和劳务供给的增加却受到限制，从而拉动一般物价水平的上涨，“需求拉上”的通货膨胀就会发生。

2. 成本推进型通货膨胀

自20世纪50年代后期以来，西方经济学界流行“成本推进”的通货膨胀理论。该理论认为通货膨胀产生的原因不在于需求过大，而在于成本上升，是生产成本的上升“推进”了价格水平的上涨。根据成本提高的原因，成本推进型通货膨胀又可分为：

(1) 工资推进型通货膨胀。工资推进型通货膨胀是由于工资过度上涨造成成本增加进而推动价格总水平上涨形成的通货膨胀。西方经济学家认为，当今社会存在两大集团，即工会和雇主协会。工会有提高工资的力量，雇主有操纵价格的力量。在现代经济中，强大的工会组织为了保证工人的实际收入不降低，可以迫使企业提高工人的工资。当工资增加的幅度超过劳动生产率提高的幅度时，企业为了减少由于人力成本增加带来的损失，必然会提高产品的价格，这就是从工资提高开始而引发的物价上涨。工资提高引起物价上涨，物价上涨又引起工资提高，在西方经济学中，称之为工资—价格螺旋上涨。工资、物价互相推动，形成严重的通货膨胀，而工资的上升则往往从个别部门开始，最后引起其他部门攀比。

(2) 利润推进型通货膨胀。利润推进型通货膨胀又称价格推进型通货膨胀，是指由于原材料和生产要素被一些垄断组织控制，这些垄断组织为了获得高额的垄断利润，经常大幅度地提高垄断产品的价格，使得以此为原材料的产品成本上升，进而带动全面的价格水平上涨，引起通货膨胀。

(3) 进口成本推进型通货膨胀。进口成本推进型通货膨胀是指由于进口原材料的价格上升、资源枯竭、环保政策造成的原材料、能源等生产成本的提高而引起的通货膨胀。

3. 供求混合型通货膨胀

供求混合型通货膨胀是把总需求与总供给结合起来分析通货膨胀的成因。从理论上说，通货膨胀可以分为需求拉上型和成本推进型两种，但在实际经济生活中，通货膨胀大都是由供给和需求这两方面因素混合发生作用的结果。一方面，通货膨胀过程可能从过度需求开始，过度需求引起物价上涨，从而促使工会要求雇主提高工资，这样成本推进力量就会产生作用，引起通货膨胀。另一方面，通货膨胀也可以从成本推进开始，如在工会压力下提高工资或为了追逐利润而减少供给，但如果不存在需求和货币收入水平的增加，这种类型的通货膨胀将不会长久持续下去。因为在这种条件下，工资上升意味着产量减少和失业增加，终止成本推进型的通货膨胀。因此，纯粹的需求拉上型通货膨胀和成本推进型通货膨胀是不存在的，在现实经济中大量存在的是供给与需求同时发生作用的供求混合型通货膨胀。

案例分析

中国历次通货膨胀

中国真正出现通货膨胀，是1985年以后的事。在这之前，中国有过两次大幅度物价上涨，一次是1961年，全国零售物价总指数上涨6.2%，另一次是1980年，物价总指数上涨6%。这两次物价水平的上涨，很快得到了控制，持续时间较短。

1985年以后中国出现了通货膨胀，1985年到1989年五年的通货膨胀率分别为8.8%、6.0%、7.3%、18.5%、17.8%。

自1993年物价狂起，到了1994年，中国35个大中城市的食品类价格比上年同期上涨34.1%，1994年是物价涨幅最高的一年，达21.7%。

2003年通货膨胀再次降临中国。这次全面上涨始于2003年年底，领头羊是粮食。除了粮食，与居民生活密切相关的水、电的价格也在上涨。从原材料到下游产品，更多的涨价消息接踵而至。另有学者认为，中国真实的通货膨胀率高于公布的水平，理由是煤、电、油、运等"瓶颈"部门的价格受国家管制或干预，而非市场决定。目前煤、电、油、运等"瓶颈"部门的压力并未得到缓解，CPI数据显然低估了真正的通货膨胀压力。2月份，全国居民消费价格比去年同月上涨3.9%，其中城市上涨3.6%，农村上涨4.5%；食品类价格中，粮食价格上涨11.6%，油脂价格下降1.4%，肉禽及其制品价格上涨14.9%，鲜蛋价格上涨16.3%，水产品价格上涨15.9%，鲜菜价格上涨13.1%。

2007年以来，我国居民消费物价指数（CPI）出现了连续上扬态势，单月同比涨幅从2月份的2.7%爬升至11月份的6.9%。由于2月份是春节所在月份，因而其CPI偏高含有季节性因素。进入下半年，7—11月CPI增长分别上升到5.6%、6.5%、6.3%、6.5%、6.9%的相对高位。1—11月份累计CPI上涨4.6%。从价格指数看，1—11月份，上涨幅度较大的主要是食品类和居住类价格。其中，食品类价格上涨11.9%，占涨价因素的87%，特别是食品中的猪肉价格上涨，影响价格总水平上升1.4个百分点；居住类价格上涨4.3%，影响价格总水平上升0.6个百分点。其余六大类商品价格基本保持平稳。

资料来源：http://www.in.ah.cn/shownews.asp? newsid=2403。

分析题： 1. 分析通货膨胀发生的原因，应采取什么应对措施？

2. 分析我国2005—2007年通货膨胀的背景及调控政策的有效性。

（四）通货膨胀的经济效应

1. 通货膨胀与经济增长

有关通货膨胀与经济增长的关系是一个十分重要的研究课题，世界上有大量文献在讨论通货膨胀对经济增长的作用是促进还是妨碍。尽管这一讨论仍未得出统一的结论，但根据世界各国经济发展的经验来看，通货膨胀所带来的经济效应是弊大于利，通货膨胀只在开始阶段的短时期内，可能对经济有促进作用，就长期来看，对经济只有危害作用。

关于通货膨胀对经济增长的影响，理论界形成了促进论、促退论和中性论三种主要观点。

（1）促进论。促进论认为通货膨胀具有正的产出效应，可以促进经济增长。当经济长期处于有效需求不足、实际增长率低于潜在增长率的状态时，政府可以实施通货膨胀政策，用增加预算赤字、增加财政支出、扩大货币发行等手段来刺激有效需求，促进经济增长。

（2）促退论。促退论认为通货膨胀不但不会促进经济增长，而且还会损害经济发展，它具有负产出效应。其原因主要有几个方面：一是长时期的通货膨胀会增加生产性投资的成本和经营风险，从而使生产性投资萎缩；二是通货膨胀会造成对资金的过度需求，迫使金融机构增加信贷配额，降低金融体系的效率；三是通货膨胀会打乱正常的资金流向，使资金流向非生产性部门，不利于经济的长期发展；四是通货膨胀持续一定时期后，政府可能进行价格管制，降低经济的活力。

（3）中性论。中性论认为通货膨胀对经济增长既无正效应，也无负效应，人们对通货膨胀的预期最终会中和它对经济的各种影响。在长期中，产量和经济增长则是由一系列实际因素如生产技术、产业结构等决定的，货币只影响价格总水平。

2. 通货膨胀与资源分配

通货膨胀使商品需求发生变态。人们为了保证货币价值和防止商品价格进一步上升带来的损失，都会尽可能快地把手中的货币转换成商品，而很少考虑自己是否真正需要这种商品。消费者和生产者的购买行为导致大量的商品囤积，原本可以用于再生产的资源被闲置起来，造成资源配置的浪费。需求的变态和抢购行为使货币流通速度加快，商品供应更加短缺，又进一步加剧了通货膨胀的程度。

3. 通货膨胀与收入和财富分配

在通货膨胀时期，人们的名义货币收入和实际货币收入之间会产生差距，只有剔除物价的影响，才能看出人们实际收入的变化。由于社会各阶层收入来源不同，因此，在物价水平上涨时，有些人的收入水平会下降，有些人的收入水平反而会提高。这种由物价上涨造成的收入再分配，就是通货膨胀的收入分配效应。这种收入分配对债权人、出租者、以工资和薪金为主的固定收入者、离退休人员和社会保险金领取者的影响最大，他们是通货膨胀的主要受害者；而债务人、从事生产经营活动的企业和个人则是通货膨胀的受益人。

4. 通货膨胀与失业

通货膨胀与失业是危害社会经济发展的最为严重的两大问题，所以，通货膨胀与失业之间的关系问题也是社会最为关心的问题之一。一般通货膨胀的严重程度用通货膨胀率来表示，失业的严重程度则用失业率来表示。通货膨胀和失业之间的关系，就可以用通货膨胀率和失业率的相对变化表示。

在理论界人们往往用菲利普斯曲线表示失业率与通货膨胀率之间的交替关系。

菲利普斯曲线是新西兰经济学家菲利普斯教授于 1958 年在英国伦敦经济学院任教授期间首次提出的，故以他的名字命名。

菲利普斯认为，失业率与工资增长率有关，而工资增长率又与物价上涨率有关，所以，失业率与物价上涨率有一定关系。失业率较高时，工资提高缓慢，工资增长率较低，人们的购买力增长较慢，所以，物价上涨率也较低；失业率较低时，工资提高较快，工资增长率较高，人们的购买力增长较快，物价上涨率也较高。所以，失业率与通货膨胀率之间存在此消彼长、相互交替的关系。

5．通货膨胀与经济秩序

通货膨胀使市场价格失真，商品价格的升降不能真正反映商品供求关系的变化情况。失真的价格导向会使社会资源分配不合理，造成社会资源的极大浪费。另外，在通货膨胀的形势下，社会需求大于供给，同时，由于物价飞涨，人们普遍觉得储物比储钱的成本损失要小。在这种环境下，购买者更多的是考虑购买的商品数量而非质量，无论是优质品还是劣质品，先买了再说。这样，就使企业失去了提高产品质量的压力，使市场上假冒伪劣产品增多，经济秩序遭到破坏。

6．通货膨胀与社会秩序

通货膨胀使职工收入增长率跟不上物价上涨率，职工新增加的工资越来越多地与物价上涨相抵消，职工的名义工资与实际工资的差距越来越大，导致部分居民实际生活水平下降，使那些主要领取固定工资生活的阶层深受其害。

另外，通货膨胀期间，人人怕纸币烫手，会引起突发性的商品抢购和挤兑银行的风潮，容易引发社会性的混乱。

知识链接

通货膨胀对股市的影响

通货膨胀在现代经济社会中已成为一种顽疾，不论是工业发达国家还是发展中国家，都存在着通货膨胀，当然其程度可能有显著差异。有的国家通货膨胀率较低，表现为温和的膨胀；有的国家通货膨胀率较高，表现为恶性的或剧烈的膨胀。同一个国家的不同时期，通货膨胀的程度也是有区别的。对于通货膨胀的成因许多经济学家有多种不同的看法，在不同的国家有着不同的根源。但是，只要存在通货膨胀，那么它对经济的影响就是相同的，物价上涨，居民实际收入下降，造成经济和政治的不安定。那么通货膨胀对股市有什么影响呢？

在通货膨胀情况下，政府一般会采取诸如控制和减少财政支出，实行紧缩货币政策，这就会提高市场利率水平，从而使股票价格下降。另外，在通货膨胀情况下，企业经理和投资者不能明确地知道眼前盈利究竟是多少，更难预料将来盈利水平。他们无法判断与物价有关的设备、原材料、工资等各项成本的上涨情况。而且，企业利润也会因为通货膨胀下按名义收入征税的制度而极大减少甚至消失殆尽。因此，通货膨胀引起的企业利润的不稳定，会使新投资裹足不前。

需要指出的是，分析通货膨胀对股票行市的影响，应该区分不同的通货膨胀水平。

一般认为，当通货膨胀率很低（如在5%以内）时，危害并不大且对股票价格还有推动作用。因为，通货膨胀主要是因为货币供应量增多造成的。货币供应量增多，开始时一般能刺激生产，增加公司利润，从而增加可分派股息。股息的增加会使股票更具吸引力，于是股票价格将上涨。当通货膨胀率较高且持续到一定阶段时，经济发展和物价的前景就不可捉摸，整个经济形势会变得很不稳定。这时，一方面企业的发展会变得飘忽不定，企业利润前景不明，影响新投资注入。另一方面，政府会提高利率水平，从而使股价下降。在这两方面因素的共同作用下，股价水平将显著下降。

（五）通货膨胀的治理

如前所述，通货膨胀对经济的影响极大，各国政府对此均高度重视，而且采取了很多治理措施，下面介绍几种治理通货膨胀的主要方法。

1. 紧缩性货币政策

紧缩性货币政策即由中央银行实行抽紧银根的政策，通过减少流通中货币量的办法以提高货币购买力，减轻通货膨胀压力。为了压制过度的需求，各国掌握货币政策工具的中央银行可采取的措施主要有：

（1）出售政府债券。出售政府债券是公开市场业务的一种，中央银行通过在公开市场上出售政府债券，以相应减少货币存量，这是最常用也是最普通的一种紧缩性货币政策。

（2）提高法定存款准备金率。提高法定存款准备金率后，商业银行的法定准备金增加，贷款规模被压缩，从而减少投资、缩减货币供应量。但是，改变法定存款准备金率对银行可能产生破坏性影响，因此这种措施只能偶尔使用。

（3）提高利率。一方面，提高贴现率和再贴现率，增加企业利息负担，抑制贷款需求，从而减少投资和货币供应量；另一方面，提高存款利率，鼓励居民存款，减少流通中的货币量，缓解通货膨胀的压力。

2. 紧缩性财政政策

紧缩性财政政策概括地说就是通过增加税收、减少政府支出等手段，来限制消费和投资，抑制社会总需求。具体来说，紧缩性财政政策的主要手段包括：

（1）增加税收。增加税收的通常做法是提高税率和增加税种。税收的增加，一方面可以增加政府的财政收入，弥补政府的财政赤字，减少因为弥补财政赤字而可能增加的货币发行量；另一方面可以直接减少企业和个人的货币收入，从而减少企业投资和个人的消费支出。

（2）削减政府支出。削减政府支出包括两方面：一是压缩购买性支出，包括政府投资、行政事业费用等；二是削减转移性支出，包括各种福利支出、财政补贴等。这样可以尽量消除财政赤字，达到消除通货膨胀的目的。

（3）发行公债。国家向企业与个人发行公债，减少民间部门的投资和消费，抑制社会总需求。这样既可以减少财政赤字又可以减轻市场压力。

通过上述措施，可以直接从限制支出、减少需求等方面来减轻通货膨胀的压力。但是，财政政策易受时间、政治风险和地方保护主义等因素的影响，往往难以取得预期的效果。

3. 紧缩性收入政策

紧缩性收入政策是治理成本推进型通货膨胀的有效方法。收入政策是为了降低一般物价水平上涨幅度而采取的强制性或非强制性的限制货币工资与价格的政策，其目的在于在降低通货膨胀的同时，不造成大规模的失业。紧缩性收入政策的主要手段有：

（1）工资管制。工资管制，又称工资冻结，是强制推行的控制全社会职工货币工资增长总额和幅度，或政府强制性规定职工工资在若干时期内不再增加而必须固定在一定水平的措施。通过强制管制工资的办法，严禁哄抬物价和乱涨价，降低商品成本，从而减轻成本推进型通货膨胀压力。

（2）确定工资—物价指导线。工资—物价指导线是由政府当局在一定年份内允许总货币收入增加的目标数值线。这个目标数值线是由政府当局根据平均生产力增长的统计，估算出货币收入的最大增长限度，而每个部门的工资增长率应等于全社会劳动生产率的增长率，不允许超过，以此保持单位产量劳动成本的稳定，因而预定的货币收入增长就会使物价总水平保持不变。这种政策在实施时原则上只能说服而不能强制，实施效果比较有限。

4. 供给政策

通货膨胀是货币供给超过货币需求而引起的一种物价持续和普遍上涨的现象。对通货膨胀的治理除了可以从减少社会需求角度入手之外，也可以从增加商品、劳务供给方面解决，从而实现供求平衡。实践中可以采取的供给政策一般包括：（1）减税，主要是降低边际税率，促进生产的发展；（2）消减社会福利开支和政府开支增长率；（3）稳定币值；（4）减少政府对企业活动的限制，让企业更好地扩大商品的供给。

供给政策的主要目的就是刺激生产和促进竞争，从而增加就业和社会有效供给，平抑物价。由于供给政策在压缩总需求的同时，注意增加总供给，这样在有效地治理通货膨胀的同时一般不会引起剧烈的经济震荡。这种政策在20世纪80年代的很多发达国家取得了良好的效果。

5. 指数化方案

所谓指数化方案，是指将收入水平、利率水平同物价水平的变动直接挂钩，以抵消通货膨胀的影响。指数化的范围包括工资、政府债券和其他货币性收入。指数化方案的作用主要有两个：一是能借此剥夺政府从通货膨胀中所获得的收益，削弱其制造通货膨胀的动机；二是可以借此抵消或缓解物价波动对个人收入水平的影响，克服通货膨胀引起的收入分配效应，避免出现抢购商品、储物保值等加剧通货膨胀程度的行为。

四、通货紧缩

通货紧缩是与通货膨胀相对应的一个概念，自1997年7月亚洲金融危机爆发以来，世界上遭受金融危机困扰的国家及与这些国家的经济关联度较高的国家和地区都不同程度地遇到了这个棘手的问题。

（一）通货紧缩的含义

关于通货紧缩的定义，目前我国有三种不同的观点：（1）单要素理论。该理论认为通货紧缩就是物价水平的持续下降。（2）双要素理论。该理论认为价格水平的持续下降和货币供给量的持续下降这两个要素构成了通货紧缩。（3）三要素理论。该理论认为通货紧缩必须具备三个特征：价格水平的持续下降、货币供给量的持续下降以及经济增长率的持续下降。

我们认为，通货紧缩是与通货膨胀相对的一种经济现象，它是指由于货币供应量相对于经济增长和劳动生产率增长等要求减少而引起有效需求不足，从而导致一般物价水平持续下跌、货币供应量持续下降以及经济衰退的货币经济现象。

要准确理解通货紧缩的定义，应注意把握以下两方面：

第一，通货紧缩的基本特征是商品和劳务价格普遍的、持续的下跌。通货紧缩是总供给大于总需求，其结果必然表现为物价总水平的下降。而且，物价水平的下降是一个长期的、持续的过程，而不是偶然的、暂时的下降；并且它是一般物价水平的普遍下降，不是局部的、结构性的物价下降。一般我国用全国零售物价上涨率，国外用消费物价指数作为通货紧缩的衡量指标。一般情况下，如果全国零售物价上涨率持续 6 个月以上为负值，就可以界定为通货紧缩。

第二，通货紧缩的同时往往伴随着生产下降，经济衰退。在通货紧缩时期，消费需求疲软、投资意愿低迷、企业开工不足。随着市场的萎缩，产品价格下降，企业的订单减少，利润降低，企业不愿扩大再生产，不愿再追加投资，从而使工资收入降低，失业人数增加，而这反过来又进一步制约了有效需求，使总需求更加小于总供给。

（二）通货紧缩的判断标准

由于通货紧缩是与通货膨胀相对的概念，因此，人们在测量通货紧缩时，往往也采用与测量通货膨胀类似的指标，即前面所介绍的各种物价指数。由于消费物价指数（或零售物价指数）的资料容易收集，可以迅速反映直接影响人民生活的物价趋势，因此，该指数在测量通货紧缩时被广泛使用。

用消费物价指数测量通货紧缩程度的方法与测量通货膨胀基本相似。人们通常将基期的物价指数定为 100%，在此基础上计算报告期的物价指数。当报告期的物价指数低于 100%时，即为通货紧缩。比如，某国 2010 年的消费物价指数为 100%，而 2011 年的消费物价指数却为 95%，那么，该国的通货紧缩率为 5%。

另外，判断一个时期的物价下跌是不是通货紧缩，除了考察上述指标之外，还要看这种下跌持续的时间长短。有的国家以一年为界，有的国家以半年为界。经济学家普遍认为，物价持续半年以上的下降就是通货紧缩。

（三）通货紧缩的效应

通货膨胀和通货紧缩都会对经济发展和社会稳定造成严重危害。严重的通货紧缩会使可利用资源闲置浪费、经济萎缩、失业增加、人民生活水平下降，甚至引发社会和政治问题。

1. 通货紧缩抑制消费需求

物价下跌对消费者而言有两重作用相反的效应，一种是价格效应，另一种是收入效应。一方面，表面看起来，通货紧缩对消费者来说是件好事，物价下跌使得人们的购买力有所提高，可能消费者只需支付 100 元就可以获得原来必须支付 120 元才能获得的商品。这一点符合消费者力求用最少的钱买到最多的商品的要求，这就是通货紧缩对消费者产生的价格效应。另一方面，通货紧缩会对消费者产生收入效应。在通货紧缩的环境下，就业率、工资收入、家庭资产等都会下降，消费者会因此减少支出、增加储蓄。如果消费者预期价格还会下跌，他们将会推迟消费。因此，总的来说，通货紧缩使社会消费总量趋于下降。

2. 通货紧缩抑制投资需求

在通货紧缩时期，物价下跌会提高实际利率水平，提高企业投资成本，使投资项目变得越来越没有吸引力，同时，社会消费总量下降，使企业出现利润下降甚至亏损的情况，因此企业不愿意扩大再生产，投资意愿下降。

3. 通货紧缩会引起银行危机

通货紧缩发生，货币的内在价值上升，实际债务负担则因货币成本上升而相应上升。通货紧缩时虽然名义利率未变甚至下降，但实际利率却上升，从而增加债务人的负担，使债务人无法按时还贷，导致银行的不良资产增加，加之难以找到盈利的项目提供贷款，使银行业面临困境。当银行业面临系统性恐慌时，一些资不抵债的银行会因存款人“挤兑”而被迫破产，形成“债务—通货紧缩陷阱”。

4. 通货紧缩会造成经济衰退

持续的、普遍的物价下跌使商家生产的产品价格不断下降，从而减少商家利润甚至使商家出现亏损，这会严重挫伤生产者的积极性，使他们缩减产量或不愿生产，从而放慢经济增长的速度。商家减产的同时为了缩减成本，他们一方面会大量裁员从而使失业率增加，特别是在劳动力资源丰富的国家，通货紧缩使投资、生产、消费低迷，劳动力供给远大于需求，劳动力失衡的矛盾十分突出。另一方面商家会降低在职员工的工资水平，使其收入下降，而这又进一步加重了社会总需求不足的状况，总需求的严重不足最终导致经济衰退。

（四）通货紧缩的治理

根据影响程度不同，通货紧缩可分为轻度通货紧缩、中度通货紧缩和严重通货紧缩。一般而言，轻度通货紧缩对经济的负面影响较小，中度通货紧缩对经济的负面影响较大，这时国家宏观决策者就应引起注意，采取相应的对策，否则，当中度通货紧缩发展为严重通货紧缩时就会诱发整个国家乃至世界的经济衰退。具体来说，对通货紧缩的治理对策主要有下述几种。

1. 扩张的财政政策

要治理通货紧缩，最重要的是要阻止商品供求失衡的状态进一步发展，实施扩张的财政政策。而要采取扩张的财政政策，主要是扩大财政支出，通过增加国家预算和增加国债发行来扩大投资。投资需求的增加有两条途径：一是政府增加公共投资，主要用于基础设施建设，以此拉动投资品市场的需求、增加就业，就我国来看，能源、交通运输、水利建设等基础产业、基础设施的发展落后，进行大规模的投资不会导致过剩，同时又可以避免重复建设，提高未来的有效供给。二是刺激私人部门或民间投资，主要是通过降低税收、降低利率、增加信贷等措施，提高企业经营者的投资收益率，增加其增加投资的机会和投资信心。

2. 扩张的货币政策

扩张的货币政策可以刺激有效需求增加。一般而言，推行扩张的货币政策可以采取以下措施：（1）增加社会货币供给量，扩大信贷发放规模；（2）降低金融机构法定存款准备金率，增强商业银行创造派生存款的能力；（3）降低贴现率和再贴现率，减少商业银行的借款成本，进而降低市场利率，刺激投资需求和消费需求；（4）在公开市场买进政府债券，增加流通中的货币量；（5）强化国有商业银行的激励和约束机制，妥善处理防范金融风险与扩大信贷业务之间的关系，完善货币政策运作环境，不断完善货币市场建设，疏通货币政策传导渠道。

3. 扩张的收入政策

在通货紧缩的情况下，就业预期、工资预期等趋于下降，消费者普遍缩减支出，增加储蓄。所以，采用扩张的收入政策可以提高居民的收入预期，刺激居民的消费。推行该政策可以采取以下措施：加大向下岗职工、城乡低收入者的政策倾斜力度；加快农村扶贫攻坚和城镇社会保障体系建设，大幅度提高各类补助金标准，从而解决由于长期投资拉动所造成的产品生产能力过剩与居民消费能力不足之间的矛盾。

4. 调整产业结构

产业结构的刚性使企业无法以市场为导向、生产适销对路产品，进而使优胜劣汰的市场机制无法产生作用，社会资源不能由效率低的企业流向效率高的企业、从利润低的行业流向利润高的行业，是生产过剩的重要原因。对于因生产能力过剩等结构因素造成的通货紧缩，必须进行产业结构的调整，才能从根本上解决问题。

而产业结构的调整主要通过产业结构的升级，培育新的经济增长点，形成新的消费热点来实现。除此以外，产业结构调整也包括进行产业组织结构的调整，促进同一产业中不同企业的兼并与重组。

引发通货紧缩的原因较多，治理的难度也很复杂，不是单纯实行扩张的财政政策或扩张的货币政策就能完全解决的，必须配合其他政策，如收入政策、就业政策等才能奏效。

案例分析

日本治理通货紧缩的对策

针对通货紧缩情况，日本政府采取以下多种措施以刺激经济增长：

(1) 扩张性财政政策。为了刺激经济增长，抑制物价下降，从1992年起，日本政府连续10次推出以减税和增加公共事业投资为主要内容的扩张性财政政策，涉及财政收支规模达130万亿日元之巨。例如，1998年4月，日本政府宣布了一项历史上规模最大的、价值16.6万亿日元的综合经济对策，包括的内容如下：1998至1999年度减少4.6万亿日元的所得税和其他税收；增加各类公共工程开支7.7万亿日元；增加各种政府开支4.3万亿日元。

(2) 扩张性货币政策。在货币政策方面，日本政府也在不断推出以降息为中心的扩张性货币政策，力图通过降低利率来扩大货币发行量，刺激民间消费和投资的增长，达到抑制通货紧缩、促进经济增长的目的。从1991年7月起，日本银行连续下调官方利率。到1995年9月，日本的再贴现率降到了0.5%，并一直维持了5年之久。此后，日本银行又于1999至2000年实行了“零利率”政策，到2001年2月又两次下调再贴现率，再贴现率一度降至0.25%，处于历史上的最低水平。

(3) 通过立法，整顿金融秩序。在运用财政和货币政策刺激经济增长的同时，日本政府采取了一些金融体制改革和结构调整措施。在1998年12月，日本国会相继通过了《金融重建关联法》和《金融功能早期健全法》，对濒临破产和已破产的金融机构由政府注入资金，取得控股权，由政府主导来处理金融机构的不良资产。截至1999年3月末，日本政府已对15家主要银行投入7.5万亿日元的资金，加上银行自身获得的2.2万亿日元，补充资本近9.6万亿日元。政府出面对金融机构进行整顿，可以保护存款人的利益，稳定民心，防止出现挤兑行为，同时也避免了这些金融机构的破产对日本经济和国际金融市场造成的危机。

分析题： 1. 对比日本与我国，分析两国通货紧缩的相同与不同之处。

2. 日本治理通货紧缩的对策给我国什么启示？

活动设计

中国货币流通速度持续下降分析

1. 活动资料

1994 年，美国以 12 314 亿美元的货币量（其中通货量为 3 635 亿美元）实现了 67 269 亿美元的国民生产总值，国民生产总值是货币量的 5.46 倍，是通货量的 18.5 倍。同期，我国实现国民生产总值 43 750 亿元人民币，却需要货币量 20 556 亿元人民币（其中通货量为 7 289 亿元人民币），国民生产总值是货币量的 2.13 倍，是通货量的 6 倍。美国货币量和通货量推动国民生产总值的效果分别比我国高 1.56 倍和 2.08 倍。

一般而言，现金的需求应与一国国民经济规模成正比，相应美国的现金流通也应高于中国，而中国却是世界上现金流通最多的国家。

2. 活动提示

将学生分为若干大组进行讨论，最后各组选出代表上台发言。

3. 活动要求

试根据货币需求的相关理论与知识，分析中国为什么是世界上现金流通最多的国家，并分析其影响因素。

4. 活动场所

教室。

本章小结

货币需求，是指在一定时期内，社会各经济主体在既定的社会经济和技术条件下，对货币需求量的总和，可分为主观货币需求与客观需求、微观货币需求和宏观货币需求、名义货币需求和实际货币需求等。我国影响货币需求的因素主要有收入状况、价格水平、利率水平、货币流通速度、消费倾向与人们对未来利润和价格的预期等。货币需求理论主要论述了人们的持币动因、决定货币需求的因素及货币需求对价格、产出变量的影响的基本问题，迄今为止，理论界形成的货币理论主要包括传统的货币数量理论、凯恩斯的货币需求理论、现代货币学派的货币需求理论和马克思主义经济学的货币需求理论。马克思的货币必要量公式揭示了商品价格决定货币需求量的本质，反映了货币需求的基本原理，有重要的理论指导意义，是迄今为止最科学和合理的货币需求理论。

货币供给是指一国的货币供给主体向本国货币的需求主体供给货币的经济行为，某一特定时期的一国货币供给量主要取决于基础货币和货币乘数。货币供给理论是解释货币供给机制和货币供给量决定机制的理论，主要包括传统的货币数量论、信用媒介论、信用创造论和现代货币数量论等.

货币供求相等就是货币均衡，货币均衡是一种理想状态，在某一特定时期出现在我们生活中的往往是二者的不平衡，我们一般称之为货币失衡。在现代纸币制度下，经常出现的是货币供给量过多引起的货币失衡。这种失衡必然诱发通货膨胀。但也出现少量的货币供给不足的货币失衡，这种失衡往往被定义为通货紧缩。通货膨胀主要包括需求拉上型、成本推进型和供求混合型三种形式。通货膨胀会导致经济增长态势、就业、社会分配、资源配置等发生变化。通货紧缩是由于货币供应量相对于经济增长和劳动生产率增长等要求减少而引起有效需求不足，从而导致一般物价水平持续下跌、货币供应量持续下降以及经济衰退的货币经济现象。严重的通货紧缩会使可利用资源闲置浪费、经济萎缩、失业增加、人民生活水平下降，甚至引发社会和政治问题。

本章自测

一、单项选择题

1. 货币供给的主体是（　　）。

A. 中央银行　　B. 商业银行　　C. 政策性银行　　D. 金融机构

2. 在基础货币一定的条件下，货币乘数越大，则货币供应量（　　）。

A. 越多　　B. 越少　　C. 不变　　D. 不确定

3. 在正常情况下，市场利率与货币需求呈（　　）关系。

A. 正相关　　B. 负相关

C. 正负相关都可能　　D. 不相关

4. 存款准备金率越高，则货币乘数（　　）。

A. 越大　　B. 越小　　C. 不变　　D. 不一定

5. 商业银行的现金漏损率越高，则货币乘数（　　）。

A. 越大　　B. 越小　　C. 不变　　D. 不确定

6. 商业银行派生存款的能力（　　）。

A. 与原始存款成正比，与法定存款准备金率成正比

B. 与原始存款成正比，与法定存款准备金率成反比

C. 与原始存款成反比，与法定存款准备金率成正比

D. 与原始存款成反比，与法定存款准备金率成反比

7. 人们根据对市场利率变动的预测，需要持有一定数量货币，伺机进行投资并从中获利的动机是（　　）。

A. 交易动机　　B. 预防动机

C. 投机动机　　D. 预测动机

8. 通货膨胀是（　　）。

A. 金属货币流通条件下经常发生的经济现象

B. 纸币流通条件下特有的经济现象

C. 金属货币流通条件下和纸币流通条件下都有的经济现象

D. 金属货币流通条件下和纸币流通条件下都没有的经济现象

9. 通货膨胀通常表现为物价水平上涨，这里的物价水平是指（　　）。

A. 批发物价水平　　B. 生产资料价格水平

C. 消费资料价格水平　　D. 物价总水平

10. 在经济运行过程中不以价格总水平公开上涨，而以物资供给短缺、黑市盛行、配

售面扩大、黑市价格与国家控制价格差额扩大等形式为表现的一种通货膨胀叫（　　）。

A. 需求拉上型通货膨胀　　B. 成本推进型通货膨胀

C. 结构失调型通货膨胀　　D. 隐蔽型通货膨胀

二、多项选择题

1. 根据货币供给是否考虑物价上涨因素，货币供给可分为（　　）。

A. 名义货币供给　　B. 实际货币供给

C. 超额货币供给　　D. 计划货币供给

2. 凯恩斯认为，人们持有货币的动机主要包括（　　）。

A. 交易动机　　B. 预防动机　　C. 投机动机　　D. 市场动机

3. 下列影响因素中，同货币需求呈同方向变动的有（　　）。

A. 收入　　B. 价格　　C. 利率　　D. 货币流通速度

4. 货币供给决定因素包括（　　）。

A. 待实现商品总量　　B. 货币流通速度

C. 商品价格水平　　D. 货币乘数

5. 基础货币构成要素包括（　　）。

A. 银行活期存款　　B. 法定存款准备金

C. 流通中的现金　　D. 银行定期存款

6. 影响货币乘数的因素有（　　）。

A. 法定存款准备金率　　B. 活期存款比率

C. 现金漏损率　　D. 定期存款比率

7. 通货膨胀根据形成原因可以分为（　　）。

A. 需求拉上型通货膨胀　　B. 成本推进型通货膨胀

C. 供求混合型通货膨胀　　D. 结构型通货膨胀

8. 下列有关通货膨胀描述正确的是（　　）。

A. 在纸币流通条件下的经济现象　　B. 货币流通量超过货币必需量

C. 物价普遍上涨　　D. 货币贬值

9. 通货紧缩三要素理论认为通货紧缩必须具备的特征包括（　　）。

A. 价格水平的持续下降　　B. 货币供给量的持续下降

C. 经济增长率的持续下降　　D. 货币的不断升值

10. 弗里德曼认为影响人们持有货币数量的因素主要包括（　　）。

A. 财富总额

B. 物质财富占总财富的比率

C. 其他因素

D. 保有货币及其他资产时所预期的收益率或报酬率

三、判断题

1. 货币需求就是人们持有货币的愿望，不考虑人们是否有足够的能力来持有货币。货币供给由中央银行和商业银行的行为所决定。（　　）

2. 一般来说，基础货币是中央银行能够加以直接控制的，而货币乘数则是中央银行不能完全控制的。（　　）

3. 在货币乘数不变的条件下，货币当局可以通过控制基础货币来控制整个货币供给量。（　　）

4. 货币均衡是货币需求量与货币供给量绝对相等的状态。（　　）

5. 通货膨胀对生产和就业有刺激作用，可能维持长久形成健康的经济运行机制。（　　）

6. 通货膨胀有利于债务人，但对债权人不利。（　　）

7. 通货膨胀是一种物价上涨的现象，因此所有的物价上涨均可以认定为通货膨胀。（　　）

8. 产生最早、流传最广、影响最大的通货膨胀理论是需求拉上型的通货膨胀。（　　）

9. 在现实经济中，大量存在的是供给与需求同时发生作用的供求混合型通货膨胀。（　　）

10. 促退论认为通货膨胀不但不会促进经济增长，而且还会损害经济发展，它具有负产出效应。（　　）

11. 通货紧缩是一种物价下跌的现象，所有的物价下跌都可以定义为通货紧缩。（　　）

12. 马克思的货币必要量公式揭示了商品价格决定货币需求量的本质，反映了货币需求的基本原理。（　　）

13. 投机性货币需求与收入呈正比例变化关系。（　　）

四、名词解释题

货币供给　货币需求　货币均衡　原始存款　派生存款　基础货币　货币乘数　通货膨胀　通货紧缩

五、问答题

1. 简述通货膨胀对经济增长产生影响的三种理论的主要内容。
2. 简述影响货币供给的主要影响因素。
3. 简述凯恩斯的货币需求理论的主要内容。
4. 简述通货膨胀类型。
5. 简述通货紧缩的内在含义。

第八章

货币政策

通过本章的学习，明确货币政策目标及其含义；了解货币政策各目标之间的矛盾及其协调方法；理解我国货币政策目标选择的思路；掌握货币政策的主要工具；熟悉货币政策的效应及传导；能够运用基本理论分析实际问题。

美联储量化宽松货币政策对全球经济形势的影响

2009 年，全球经济仍处“寒冬”之中，为了尽快走出金融危机的泥潭，各国政府继续实施大规模的救市计划。在这些救市计划中，对全球震撼最大的还是美联储宣布收购 1.15 万亿美元国债和抵押贷款债券的决定，因为这一决定表明，为了应对金融危机，美联储大胆采取了俗称“印钞票”的量化宽松货币政策。

作为世界超级大国、全球最主要的经济体、这次百年不遇的金融危机的发源地，美国经济形势的变化对全球经济走势起着至关重要的作用，美国政府的任何决策都会对其他主要经济体的政策制定产生或多或少的影响，因此美联储的量化宽松货币政策也必将对全球经济走势产生重要影响。

1. 经济形势恶化，美联储不得不实施量化宽松货币政策

量化宽松货币政策是一种非常激进的货币政策，美联储通过这种方式启动巨额注资计划，原因主要有以下几方面：首先，当前，利率等常规货币政策已无实施空间，美联储此举是不得已而为之。其次，美债一度因具有避险功能而大受欢迎，但是，长期的美元贬值和债券信用违约风险，再加上亚洲买家的外汇储备增长停滞或减少，美债成为烫手山芋。最后，美联储此举本身表明美国经济已经到了非常危急的境地，这是非常状态下采取的非常政策。

2. 美联储量化宽松货币政策对全球经济形势的影响

量化宽松货币政策是一把“双刃剑”，实施量化宽松货币政策一方面向市场注入大量资金，使市场利率维持在非常低的水平，促使银行放贷，从而刺激投资和消费，有助于经济复苏；但是，另一方面却埋下通胀的隐患，在经济增长停滞的情况下，或许会引发更为

严重的滞涨，而且还会导致本国货币大幅贬值，在刺激本国出口的同时，恶化相关贸易体的经济形势，产生贸易摩擦等。对于美国这种世界经济霸主而言，实施这种激进的政策对其本国和全球经济的影响更是不容小觑。

第一节 货币政策目标

一、货币政策概述

货币政策是国家金融管理机构通过对货币和信用的控制和调节来改变社会总需求，进而影响宏观经济运行的经济管理政策。在现代经济社会中，中央银行是国家金融管理机构，在金融体系中居于核心地位。中央银行通过制定和实施货币政策，以保证币值的稳定，促进经济的增长。

（一）货币政策的范围界定

货币政策的范围有广义和狭义之分。广义的货币政策包括政府、中央银行和其他有关部门有关于货币信用方面的规定和所采取的影响货币数量的一切措施。按照这一界定，货币政策包括：有关建立货币制度的种种规定；所有促进金融体系发展、提高运作效率的措施；其他可以影响货币供给的诸如政府借款、国债管理以及政府税收和财政支出等措施。但是，在金融实践活动中，货币政策的口径要窄得多。概括地说就是：货币政策是指中央银行在追求可维持的实际产出增长、高就业和物价稳定时所采取的用以影响货币和其他金融环境的措施。

从狭义来讲，货币政策指的是中央银行为实现宏观经济目标所采取的调节货币、信用和利率等变量的方针和措施的总和。一般包括三个方面：(1) 货币政策目标；(2) 实现货币政策目标的操作工具或手段，也称货币政策工具；(3) 具体执行货币政策所要达到的政策效果。根据货币政策工具对货币目标的影响方式和程度不同，货币政策目标可分为近期目标、远期目标和最终目标，其中近期目标和远期目标统称为货币政策中介目标。它们之间的关系是：货币政策工具作用于货币政策中介目标，并通过货币政策中介目标去实现货币政策最终目标。

（二）货币政策的特征

与其他经济政策相比，货币政策具有下述特征。

1. 货币政策是一项宏观经济政策

货币政策的最终目标是从宏观角度对经济施加影响。货币政策是以需求管理为核心，把总量调节和结构调节相结合，并且以总量调节为主。

2. 货币政策是调节社会总需求的经济政策

由于稳定经济的主要措施是调整社会总需求，而社会总需求一般表现为有货币支付能力的需求。如果社会总需求超过社会总供给就会引发通货膨胀，造成社会经济混乱。所以，采用调整货币支付能力的需求即社会总需求，能够达到稳定经济的目的。

3. 货币政策的间接性

货币政策主要是用于中长期经济调控的手段，除特殊情况外，货币政策一般不采用直接的行政控制措施，而主要运用经济手段，通过市场机制作用，影响经济活动主体的行为来实现对社会总需求的调节。

（三）货币政策的内容

货币政策的主要内容包括货币供应量政策、准备金政策、贴现政策等。世界各国制定和实施货币政策的主体主要是中央银行。中央银行一般根据当时的经济状况以及国家所要实现的整个经济政策目标而制定相应的货币政策。在实际工作中，货币政策的运用可分为紧缩性货币政策和放松性货币政策。在通货膨胀时期通常实行紧缩性货币政策，如直接减少货币供给量、提高中央银行的存款准备金率、提高对商业银行票据的再贴现率等。在经济萎缩时期，可以运用放松性的货币政策，如直接扩大货币供给量、降低中央银行存款准备金率或贴现率，其结果往往是扩大货币供给量。货币政策是国家实施宏观调控的重要经济政策之一，它和财政政策、税收政策等密切配合，可以对一个国家的经济发展进行调节。

二、货币政策目标

（一）货币政策的目标体系

货币政策目标在货币政策体系中居于首要位置。就各国的情况看，由于各国不同时期的社会经济条件、政策条件及金融体制的不同，货币政策目标的选择也不同。美国联邦储备银行把经济增长、充分就业、物价稳定和国际收支平衡作为货币政策目标；日本银行在1998年新银行法实施前，把稳定物价、国际收支平衡和维持对资本设备的适当需求作为货币政策的目标；英格兰银行则将充分就业、实际收入的合理增长率、低通货膨胀率和国际收支平衡作为货币政策目标；而维持物价和币值的稳定则是德国、澳大利亚等国货币当局更看重的目标。

（二）货币政策目标的内涵

货币政策目标包括最终目标和中介目标。货币政策的最终目标也称终极目标，它是中央银行通过实施各种控制货币和信用的手段所要达到的最终经济目的。最终目标一般是国家的宏观目标。通常我们所指的货币政策目标是指最终目标。从目前的情况看，多数经济学家认为货币政策的最终目标一般包括四个方面，即物价稳定、充分就业、经济增长和国际收支平衡。

1. 物价稳定

物价稳定是中央银行货币政策的首要目标，主要是指将一般物价的变动控制在一个比较小的范围内，在短期内不发生显著的或剧烈的波动，呈现基本稳定的状态。物价稳定与经济发展有着密切的联系，物价稳定是经济发展的前提，经济发展又是物价稳定的基础。一般情况下，宏观经济所要实现的物价稳定是相对的物价稳定，即把通货膨胀控制在一定的水平之下，防止物价普遍的、持续的、大幅度的上涨。在现代市场经济中，物价稳定只能是相对的稳定，如果物价处于一个绝对稳定不变的静止状态中，反而是一种不正常的现象。那么一国的宏观经济目标应该允许物价以多大的幅度上涨，不同国家和不同经济学家有着不同的看法。有的经济学家认为，5%以下的通货膨胀率对经济发展有一定的刺激作用，是经济所能承受的，是一种温和的通货膨胀；有的经济学家则认为3%以内的物价上涨幅度是可取的范围。不同的国家和不同的情况，人们对物价的承受能力是不同的，各国都根据本国民众对物价上涨的承受能力作为物价上涨是否过快的标准。

2. 充分就业

高失业率不但会造成社会经济资源的极大浪费，而且还容易导致社会的不稳定和政治危机，因此各国政府一般都将充分就业作为优先考虑的货币政策目标。货币政策目标中所要求的充分就业，是指将失业率降到一个社会可以接受的水平。现实的经济生活是不可能达到100%的就业水平的，有两种失业是不可避免的，一种是摩擦性失业，另一种是自愿失业。摩擦性失业是由于短期内劳动力供求暂时失调而造成的失业；自愿性失业是指由于工人不愿意接受现行的工资水平和工作条件而造成的失业。经济学家们所说的充分就业通常是把这两种失业排斥在外的。最理想的状态是，凡是具有工作能力和愿意从事工作的人都有合适的职业。由于各国的社会经济情况不同，民族文化和传统习惯也有很大差异，所以各国对失业率的可接受程度也是不同的。有的经济学家认为，3%的失业率就可以看做是充分就业；也有的经济学家认为失业率长期控制在4%～5%就是充分就业；而美国的多数经济学家认为失业率在5%以下就算是充分就业。

知识链接

造成失业的原因

（1）总需求不足。由于社会总供给大于总需求，使经济社会的各种经济资源（包括劳动力资源）无法得到正常与充分的利用。主要表现为：一是周期性的失业。这是在经济周期中的经济危机与萧条阶段，由于需求不足所造成的失业。二是持续的普遍性的失业。这是真正的失业，它是由一个长期的经济周期或一系列的周期所导致的劳动力需求长期不足的失业。

（2）摩擦性失业。当一个国家某个地区的某一类职业的工人找不到工作，而在另外一些地区却又缺乏这种类型的工人时，就产生了摩擦性失业。

（3）季节性失业。有些行业的工作季节性很强，而各种季节性工作所需要的技术工作又不能相互替代，季节性失业可以设法减少，但无法完全避免。

（4）结构性失业。在动态的经济社会中，平时总有一些人要变换他们的工作，或者换一个职业，或者换一个雇主，有的可能调到其他地区工作，当某项合同到期时也会出现劳动力剩余。在这些情况中，未找到另一个工作之前，常常会有短暂的失业。

3. 经济增长

经济增长是各国中央银行都普遍关心的问题，因为，经济增长不仅可以改善国民生活水平，提高本国的国际地位，而且有利于增强中央银行政策调节的经济承受能力，使货币政策调节拥有更广阔的回旋余地。经济增长是指国民生产总值的增加，即在一定时期内一国所生产的商品和劳务总量的增加，或人均国民生产总值的增加，作为货币政策最终目标的经济增长并不是说经济增长的速度越快越好，而是指经济在一个较长的时期内不出现大起大落，不出现衰退，要一个时期比另一个时期更好，始终处于长期稳定的增长状态中。

4. 国际收支平衡

国际收支是指在一定时期内（通常是一年）一个国家或地区与世界其他国家或地区之间进行的全部经济交易的总和。这些经济交易按不同的性质可分为经常项目、资本项目和平衡项目，国际收支平衡主要指的是经常项目和资本项目的收支平衡。这种平衡不是收入和支出在数量上的绝对相等，而是允许略有顺差或略有逆差，只要不是长期的、巨额的收支顺差和逆差，就被认为是实现了国际收支平衡。从全世界范围看，一个国家的收支出现盈余势必意味着其他国家出现赤字。因此，每个国家都保持国际收支的顺差是不可能的，这样，只能追求在短时期内允许国际收支略有顺差或略有逆差，而在较长的时期内，某一年份的收支的逆差可以由其他年份的顺差来弥补。

知识链接

货币政策四大目标间的关系

货币政策四个最终目标要同时实现是非常困难的。它们之间既有一致性又有矛盾性。(1) 物价稳定和充分就业之间的矛盾：通货膨胀率与失业率存在此消彼长关系，因此，要维持实现充分就业目标，就要牺牲一定的物价稳定；而要维持物价稳定，又必须以提高若干程度的失业率为代价。(2) 物价稳定与经济增长之间的矛盾：两者根本上是统一的，但如果促进经济增长的政策不正确，比如以通货膨胀政策刺激经济，暂时可能会导致经济增长，但最终会使经济增长受到严重影响。(3) 经济增长与国际收支平衡之间的矛盾：如果经济迅速增长，就业增加，收入水平提高，加快进口贸易增长，导致国际收支状况恶化，而要消除逆差必须压缩国内需求，而紧缩货币政策又同时会引起经济增长缓慢乃至衰退。(4) 物价稳定与国际收支平衡之间的矛盾：为了平抑国内物价，增加国内供给，就必须增加进口，减少出口，导致国际收支逆差。总之，实际经济运行中，要同时实现四个目标非常困难，因此，在制定货币政策目标时，要根据国情，在一定时期内选择一个或两个目标为货币政策的主要目标。

（三）我国货币政策目标的选择

《中华人民共和国中国人民银行法》规定的货币政策目标为“保持货币币值的稳定，并以此促进经济增长”的双重货币政策目标。由此可以看出，我国的货币政策目标是以人民币币值稳定为基础并促进经济发展，在“稳定”与“增长”之间，是有先有后、有主有次的。

在实际生活中，稳定币值和发展经济常常存在矛盾。在这样的背景下，近年来我国理论界对货币政策目标的选择问题，一直存在激烈的争论。综合各种观点，主要有下述几种理论。

1. 单一目标论

单一目标论又存在两种对立的意见：一种认为货币政策是在保证经济正常运行和发展的前提下，强调货币稳定是我国中央银行货币政策的唯一目标；另一种认为货币是社会再生产的第一动力，主张发展经济是货币政策目标的唯一选择。

2. 双重目标论

双重目标论认为，中央银行的货币政策不应该选择单一目标，而应该兼顾货币稳定和经济发展两方面的要求。双重目标论强调了货币稳定和经济发展之间的辩证统一关系，即应该在货币稳定过程中谋求经济发展，在经济发展中实现货币稳定，目前，双重目标论是主流的观点。

3. 多重目标论

随着经济体制改革的进一步深入和对外开放的进一步扩大，就业和国际收支平衡问题对宏观经济的影响越来越大。因此，多重目标论认为我国的货币政策目标应包括稳定货币、经济增长、充分就业和国际收支平衡四个方面，即由多个目标组成。

第二节 货币政策工具

货币政策工具是指中央银行为实现货币政策的目标，进行金融调控时所运用的手段。中央银行通过直接控制和运用货币政策工具，直接对货币政策的中介目标产生影响，进而促进货币政策最终目标的实现。由于不同时期不同国家货币政策的目标不同、经济体制和经济运行的客观条件不同，所选择的货币政策工具也不同。货币政策工具一般分为三类：第一类是一般性货币政策工具，它是对货币总量进行调节的货币工具；第二类是选择性货币政策工具，主要是有针对性地对某些经济领域的货币量进行调节；第三类是除上述政策工具之外的其他货币政策工具。

一、一般性货币政策工具

一般性货币政策工具是中央银行经常使用的、针对货币总供给量或信用总量和一般利率水平进行控制的政策工具。一般性货币政策工具主要有存款准备金率、再贴现政策和公开市场业务。

（一）存款准备金率

存款准备金是指金融机构为保证客户提取存款和资金清算需要而准备的流动性强的一部分资金，金融机构按规定向中央银行缴纳的存款准备金占其存款总额的比例就是存款准备金率。存款准备金制度是在中央银行体制下建立起来的，世界上美国最早以法律形式规定商业银行向中央银行缴纳存款准备金。存款准备金制度的初始作用是保证存款的支付和清算，后来才逐渐演变成为货币政策工具和调节经济的手段，中央银行通过调整存款准备金率，影响金融机构的信贷资金供应能力，从而间接地调控货币供应量。

中央银行可以针对经济的发展情况来调整存款准备金率。当经济处于需求过度和通货膨胀的情况时，中央银行可以提高存款准备金率以收缩信用和减少流通中的货币量；在经济衰退时，中央银行可以降低存款准备金率，以扩张信用和增加货币供给量，刺激经济增长。

存款准备金率被认为是货币政策中作用最大的货币政策工具。其原因在于：(1) 由于存款准备金率是通过货币乘数影响货币供应量的，所以即使存款准备金率的变动幅度很小，也会引起货币供应量较大幅度的变动。(2) 即使存款准备金率保持不变，它也能在很大程度上限制商业银行体系创造派生存款的能力，而且其他的货币政策工具也都是以存款准备金率为基础的。(3) 即使商业银行由于种种原因持有超额的存款准备金，中央银行也可以通过提高法定存款准备金率等手段达到预定的政策效果。

当然，存款准备金率也存在明显缺陷，主要表现在：(1) 存款准备金率对货币供给量的影响较为强烈，会使经济产生较大幅度的波动，不宜作为中央银行经常性的货币政策工具。(2) 由于存款准备金率对整个社会经济和心理预期都会产生影响，以致使它有了固化的倾向而使政策的执行者产生依赖，并使社会公众产生预期，进而削弱政策效果。(3) 由于不同的存款有不同的准备金率，因此存款准备金率对不同类型的银行和不同种类的存款有不同的影响。由于这些复杂情况的存在，使得货币政策实施的效果不易把握。

（二）再贴现政策

再贴现政策一般包括两方面的内容：一是再贴现率的调整；二是规定向中央银行申请再贴现的资格。

再贴现率是中央银行最早、最典型的货币政策工具之一，现在许多国家仍把再贴现率作为中央银行重要的金融调控工具之一。再贴现政策是指中央银行通过提高或降低再贴现率的办法，影响商业银行等货币存款机构从中央银行获得的再贴现贷款和超额准备金，达到增加或减少货币供应量、实现货币政策目标的一种政策。商业银行在资金不足时将收到的商业票据出售给中央银行，中央银行向商业银行收取再贴现利息。

中央银行通过对再贴现率的提高或降低来影响商业银行的融资成本，进而实现对货币的供应量及结构的控制。如果中央银行提高再贴现率，就意味着商业银行向中央银行的融资成本提高。因此，商业银行必然会提高企业的贷款利率，利率的上升增加了企业的生产成本，降低其投资的边际效益，从而抑制企业的贷款需求。当社会的贷款需求下降时，货币总供给量也会随之下降。

除了再贴现率外，中央银行的再贴现政策还包括规定向中央银行申请再贴现资格。在不同的经济环境中，中央银行对申请再贴现资格的规定是不同的。当经济萧条时，中央银行会放宽再贴现票据的范围和申请机构的范围，刺激货币需求量增加，进而增加货币的供给；当经济发展过热时，中央银行收缩再贴现票据的范围和申请机构的范围，减少货币需求量，进而减少货币供给量。

（三）公开市场业务

公开市场业务是指中央银行在金融市场上公开买卖有价证券，以调节货币供给的一种业务。中央银行买卖的有价证券主要是政府公债、国库券和银行承兑汇票等流动性较强的有价证券。

中央银行买卖有价证券直接影响基础货币量。当经济萧条时，金融市场上的资金短缺，中央银行在公开市场上买进有价证券，实际上是向市场投放了一笔基础货币。同时，商业银行准备金增加，扩大了对企业的放款规模，使信用规模和货币供应量增加。反之，当金融市场上货币过多，出现通货膨胀时，中央银行就向市场抛售有价证券，减少市场的基础货币量，达到减少货币供应量、控制通货膨胀的目的。

公开市场业务是中央银行最有力、最常用、最重要的货币政策工具。较之存款准备金率和再贴现政策等货币政策工具，公开市场业务有着明显的和不可比拟的优点：(1) 公开市场业务是按照中央银行的主观意愿进行的，具有很强的主动性，它不像再贴现政策，中央银行始终处于被动状态。(2) 中央银行通过买卖政府债券可以把商业银行的准备金控制在自己期望的范围内。(3) 公开市场业务的具体操作方法可大可小，交易方法和步骤也可以随意安排，从而保证了准备金比率的准确性。(4) 公开市场业务具有很大的行为惯性，中央银行可以根据金融市场的变化，进行经常、连续的操作。(5) 中央银行根据货币政策目标每天在公开市场上买卖证券，对货币量进行微量调节，而不会像存款准备金率和再贴现政策那样，使货币供应发生剧烈波动。(6) 公开市场业务不会使人们产生心理预期，易于实现货币政策的预期效果。

公开市场业务具有以上明显的优点，但是它的实施还需要一定的条件：首先，中央银行必须具有调控整个金融市场的能力；其次，要求该国具有完善的金融市场，各种证券种类齐全；最后，公开市场业务必须和其他货币政策工具有效配合使用。

二、选择性货币政策工具

选择性货币政策工具是指中央银行针对某些特殊经济领域或特殊用途而采用的特殊信用调节工具，主要包括下述几类。

（一）消费者信用控制

消费者信用控制是指中央银行对不动产以外的其他各种耐用消费品的销售融资予以限制。其主要内容包括：规定采用分期付款的方式购买日用消费品首次付款的最低金额；规定用消费信贷购买的耐用消费品种类及对不同消费品规定不同的信贷条件，等等。在消费信用膨胀和通货膨胀时期，中央银行采取消费者信用控制，可以起到抑制消费需求和物价上涨的作用；而在经济萧条时期，中央银行放宽对消费者信用的各种限制条件，可以提高消费者对耐用消费品的购买能力，扩大购买需求，促使经济回升。

（二）证券市场信用控制

证券市场信用控制是指中央银行对有关证券交易的贷款、交易保证金比率等做出明确规定，以控制和调节证券市场资金流动的行为。为防止证券投机行为，中央银行对各商业银行办理的以证券为担保的贷款，有权随时调整保证金比率。当证券价格上涨，中央银行认为有必要时，中央银行可以根据需要随时提高保证金的比率；反之，则降低保证金的比率。

（三）不动产信用控制

不动产信用控制是指中央银行对金融机构在房地产方面放款的限制措施，其目的是抑制房地产投机行为。不动产信用控制的主要内容有对金融机构的房地产贷款规定最高限额、最长期限、首付最低金额以及分期还款的最低金额等。

（四）优惠利率

优惠利率是中央银行对国家重点发展的经济部门或产业，如出口工业、农业等采取的较低的利率以鼓励国家重点部门发展。推行优惠利率的目的在于刺激重点发展的经济部门的生产，调动生产积极性，实现产业结构和产品结构的调整和升级。优惠利率不仅在发展中国家适用，发达国家也普遍采用。

三、其他货币政策工具

除了上述两类货币政策工具之外，中央银行还可以根据本国的实际情况和不同时期的具体要求，选择其他一些货币政策工具。这些货币政策工具包括直接信用控制和间接信用控制，以下我们分别予以介绍。

（一）直接信用控制

直接信用控制是指中央银行以行政命令或其他方式，直接对商业银行等金融机构的信用活动进行的控制。直接信用控制包括：信用分配；规定商业银行的流动性比率；最高利率管制；直接干预等。

（二）间接信用控制

间接信用控制是指中央银行对一般银行所提出的建议性意见，具体有道义劝告和窗口指导。道义劝告指的是中央银行利用其声望和地位，对商业银行和其他金融机构发出通告、指示或与各金融机构的负责人进行面谈，劝告其遵守政府政策并自动采取贯彻政策的相应措施。窗口指导是指中央银行根据产业行情、物价趋势和金融市场动向，规定商业银行每季度的贷款增减额，并要求其执行。窗口指导虽然没有法律约束力，但由于中央银行的地位及监管权力，往往会迫使各银行按其指示行事。

案例分析

2011年中国货币政策

2011年，中国人民银行按照国务院统一部署，坚持处理好保持经济平稳较快发展、调整经济结构和管理通胀预期的关系，围绕保持物价总水平基本稳定这一宏观调控的首要任务，实施稳健的货币政策，综合、交替使用数量型和价格型货币政策工具以及宏观审慎政策工具，着力提高政策的针对性、灵活性和有效性，加强银行流动性管理，引导货币信贷平稳回调，保持合理的社会融资规模，引导金融机构合理把握信贷投放节奏和优化信贷结构，促进跨境人民币业务发展，不断深化外汇管理体制改革，继续完善人民币汇率形成机制，促进经济金融平稳健康发展。总体来看，随着稳健货币政策成效逐步显现，货币信贷增长向常态水平回归，金融运行基本平稳，物价过快上涨势头得到初步遏制，经济增长温和放缓，继续朝着宏观调控的预期方向发展。在这一时期，我国采取的货币政策包括：(1) 灵活开展公开市场操作。合理把握公开市场操作力度和节奏，优化公开市场期限品种，合理把握公开市场操作利率弹性。(2) 合理使用存款准备金工具。在国际收支总体上继续保持较大顺差的背景下，为把好流动性总闸门，加强货币信贷总量调控，保持合理的社会融资规模，管理好通货膨胀预期，2011年中国人民银行继续发挥存款准备金工具深度冻结银行体系多余流动性的功能，适时调整存款准备金率。2011年，中国人民银行分别于1月20日、2月24日、3月25日、4月21日、5月18日和6月20日6次上调存款类金融机构人民币存款准备金率各0.5个百分点，累计上调3个百分点；于同年12月5日，下调存款类金融机构人民币存款准备金率0.5个百分点。同时，引入差别准备金动态调整机制。结合宏观审慎理念和流动性管理的需要，从2011年起，中国人民银行对金融机构引入差别准备金动态调整机制，进一步完善存款准备金交存制度。从2011年9月起，中国人民银行将保证金存款纳入存款准备金交存范围，并根据金融机构流动性状况在3～6个月内逐步实施到位。(3) 适时上调存贷款基准利率。为稳定通胀预期，进一步发挥利率杠杆在调节资金供求中的基础性作用，引导货币信贷合理增长，中国人民银行分别于2011年2月9日、4月6日和7月7日三次上调金融机构人民币存贷款基准利率，每次上调幅度均为0.25个百分点。(4) 加强和改善对金融机构的窗口指导，并通过再贷款、再贴现等货币政策工具，引导、促进金融机构合理把握信贷投放节奏，优化信贷结构，加大金融支持经济结构调整和经济发展方式转变的力度。

分析题： 1. 调查分析2011年中国经济发展状况。

2. 2011年中国运用了哪些货币政策工具？

第三节　货币政策传导及效应

一、货币政策传导机制

货币政策传导机制是指中央银行运用货币政策工具，引发金融领域和经济领域中某些变量的一系列变化，并最终对宏观经济活动发挥作用，实行货币政策目标的途径和过程。

（一）货币政策的操作目标和中介目标

中介目标也叫中介指标或中间目标，它是相对于最终目标而言的，是中央银行为了实现其货币政策的最终目标而设置的可供观察和调整的指标。中央银行在实施货币政策之前，首先要确定货币政策的最终目标。但这个最终目标是一个宏观的目标，它必须借助于一定的货币政策工具，通过一系列中间环节才能完成。在这个过程中，中央银行为了及时了解货币政策工具是否有效，最终目标能否实现，就要对一些具体的指标进行观察和调节，而这些中央银行可以直接控制和观察的指标就是中介目标。可见，中介目标是货币政策调节过程中一个十分重要的传导环节。虽然中介指标本身不是货币政策的预期调节目的，但是其选择是否正确，关系到货币政策目标能否顺利实现。

1. 货币政策中介目标的选择标准

第一，相关性。货币政策的中介目标必须与最终目标具有高度的相关性，这种相关性类似于自变量和因变量之间的函数关系。只有这样，中央银行才能根据这些中介目标的变化来了解最终目标的变化情况，才能有效地操纵货币工具实现预定目标。

第二，可测性。可测性是指中央银行能够及时获得准确的中介目标的各种数据资料，并能够对这些数据资料进行有效分析并做出相应判断。

第三，可控性。可控性是指这些中介目标要直接处于中央银行运用的政策工具的作用范围之内，中央银行能准确地控制它的变动情况和变动趋势。另外，可控性也包括抗干扰的能力。

第四，适应性。中介目标必须是根据国家的特定环境而制定的，应该与经济体制、金融体制相适应。

2. 货币政策中介目标的类型

根据上述标准，各国中央银行的中介目标一般包括以下几个指标：

（1）利率。中央银行选择利率作为中介目标的原因主要有以下三个：第一，利率与经济活动水平高度相关。投资需求与消费需求的变化都与利率变化有关，因而利率与最终目标有一定的稳定关系。第二，利率的变动具有可测性，它能及时反映货币与信贷的供求情况，利率水平提高，可能是货币市场紧俏；利率水平下降，可能是货币市场松弛。中央银行在任何一个时点上都可以观察到市场利率的水平与结构。第三，中央银行对利率的控制力较强，中央银行通过变动贴现率和在公开市场上买卖有价证券就可以影响整个金融市场的利率水平。但是，利率作为中介目标也有其局限性。在实际生活中，利率容易受非政策性因素的影响，使政策性效果和非政策性效果混淆，易使中央银行由于难以辨清真实情况而做出错误判断。

（2）货币供应量。货币供应量包括两部分：流通中的现金量和银行存款。货币供应量是较理想的中介目标，具有以下优点：第一，货币供应量与经济活动高度相关，它的变动能直接影响经济活动。货币供应量的变化是由生产和交易的变化引起的。当经济繁荣时，生产和交易规模扩大，信贷需求增加，引起货币供应量的增加；当经济衰退时，生产和交易规模缩小，信贷需求减少，引起货币供应量收缩。第二，货币供应量易于测量，不会使政策性因素与非政策性因素混淆。第三，中央银行对货币供应量的控制力较强。中央银行也可人为地决定货币供应量的多少，它的松紧变动会直接反作用于经济过程。

但是，也有一些学者认为货币供应量不是最理想的中介目标。因为中央银行对货币供应量的控制不是绝对的，而且货币供应量是一个多层次的变量，用它作为中介目标存在货币供应层次的选择问题。

(3) 基础货币。基础货币又称强力货币或高能货币，它是由各商业银行的存款准备金和流通在银行体系以外的现金构成的。中央银行可以通过现金发行、买卖证券、再贴现等方式来调节基础货币，进而影响货币的总需求。因为基础货币的数量易于测量也易于控制，所以很多国家把它视为较理想的近期中介目标。

(4) 超额准备金。超额准备金是指商业银行超过中央银行规定交存的法定存款准备金的剩余部分。超额准备金是商业银行扩大贷款规模，增加货币供应量的基础。中央银行通过超额准备金的变化可以观测到经济活动的变化情况：当超额准备金过多时，往往反映经济主体对货币资金的需求量少，经济比较萧条；当超额准备金减少时，则反映资金需求旺盛，经济比较繁荣。但超额准备金的数量往往取决于商业银行的财务状况和其意愿，中央银行对其控制力度是有限的。

(二) 西方经济学关于货币政策传导机制理论

1. 凯恩斯学派的货币政策传导机制理论

凯恩斯学派的货币政策传导机制理论最基本的思路是：通过货币供给 M 的增减影响利率 R，利率的变化则通过资本边际收益率的影响使投资 I 以乘数方式增减，而投资的增减会进一步影响总支出 E 和总收入 Y。这种思路用符号表示如下：

$$M-R-I-E-Y$$

在这个传导机制发挥作用的过程中，利率是关键环节。货币供应量的调整必须首先影响利率的升降，然后才能使投资乃至总支出发生变化。

2. 货币学派的货币政策传导机制理论

与凯恩斯学派不同，货币学派认为在货币政策传导机制中起重要作用的是货币供应量而不是利率。

货币学派认为，货币供应量的增加会导致利率下降，但不久会引起货币收入增加和物价上涨而使名义利率上升。而实际利率，则有可能回到并且稳定在原先的水平上。因此，货币政策传导机制主要不是通过利率间接影响投资与投入，而是通过货币存量的变动直接影响支出和收入。这种思路用符号表示如下：

$$M-E-Y$$

但是，有关货币供应量对支出的直接影响，货币学派没有作详细的说明。

案例分析

第二次世界大战后美国货币政策传导机制的发展

(1) 20 世纪 40—50 年代初。1941 年，美联储为筹措军费，采取了廉价的货币政策，即盯住二战前的低利率：三个月期的国库券利率为 0.375%，长期财政债券利率为 2.4%。无论什么时候，只要利率上升到高于上述水平，而且当债券价格开始下跌时，美联储就进行公开市场购买，迫使利率下降。这一政策在大部分时期是成功的，但当 1950 年朝鲜战争爆发时，引起了通货膨胀。1951 年 3 月，美联储和财政部达成"一致协议"，取消盯住利率，但美联储承诺它将不让利率急剧上升。同时，美联储正式独立于财政部，此后货币政策才开始具有完全的独立性，这也标志着美国货币政策开始成为影响美国经济的主导力量。

(2) 20 世纪 50—70 年代。这期间美国经济周期性扩张和收缩的特征非常突出，因此，扩张性和紧缩性的货币政策交替也很明显，货币政策目标经常变化。20 世纪 50 年代，美联储控制的中介指标有自由储备金净额、三个月期的国库券利率和货币总量比，并按此次序来决定指标控制的重要性。结果表明，美联储对前两个指标的控制较好，对货币总量比控制较差，这导致最初的 10 年内竟发生了三次经济危机。到了 20 世纪 60 年代，美联储又重新推行廉价的货币政策，同时重视财政政策的运用。货币供应量的增长率日趋上升，宽松的货币政策加之宽松的财政政策导致通货膨胀率不断上升，从 1965 年的 2.3%上升到 1969 年的 6.1%。这些政策进一步导致了 20 世纪 70 年代滞胀的发生。70 年代，美联储将货币总量作为中间目标，从 M_1 和 M_2 的增长率来看，美联储以紧缩的货币政策为主，最终导致了 1979 年的经济危机。

(3) 20 世纪 80—90 年代。20 世纪 70 年代以后，随着通货膨胀被抑制，美联储又转向了平稳利率政策，并获得了极大成功。例如 90 年代初，美国经济陷入萧条，美联储在 1990 年 7 月到 1992 年 9 月间连续逐步降息 17 次，将短期利率从 8%降到 3%，促进投资与消费增长，从而带动了整个经济的发展。在 1994 年到 1995 年 7 月，美国经济过热时，又连续 7 次提高联邦基金利率，成功地实现了软着陆。1994 年美联储主席格林斯潘指出，美联储将放弃以货币供应量的增减对经济实行宏观调控的做法，今后将以调控实际利率作为经济调控的主要手段，这标志着美国货币政策的重大转变。

(4) 目前。自 1999 年 6 月开始，为防止经济过热，美联储开始紧缩银根，半年中先后三次提高利率。但美国经济增长势头仍没有减缓的迹象，于是在 2000 年 2 月 2 日、3 月 21 日和 5 月 16 日美联储又分别提高利率，使联邦基金利率达到 65%。5 月底公布的数据表明力度加大的宏观调控开始见效，经济增长逐步放缓。但 2001 年伊始，种种迹象表明，美国经济已进入了明显放慢的敏感时期。为刺激经济回升，从 1 月至 6 月底，美联储连续 6 次降息。美联储表示，美国经济今后一段时期面临的主要危险仍是疲软，这意味着美联储可能还会降息。

资料来源：http://class. htu. cn/myyh/cases19. htm。

分析题：1. 美国的货币政策传导机制是什么？

2. 我国目前应当采用怎样的货币政策中介目标？

（三）我国体制转轨时期的货币政策传导机制

我国货币政策的传导机制经历了从直接传导向以直接传导为主、间接传导为辅的双重传导转变，并逐渐过渡到以间接传导为主的阶段。

1. 传统体制下的直接传导机制

传统体制下的直接传导机制与高度集中统一的计划管理体制相适应。国家在确定宏观经济目标时，如经济增长、物价稳定和国际收支平衡，已经通过国民经济综合计划将货币供应量和信贷总规模乃至该项指标的产业分布和地区分布包括在内。因此，中央银行的综合信贷计划只是国民经济计划的一个组成部分。中央银行的政策工具唯有信贷计划以及派生的现金收支计划，在执行计划时直接为实现宏观经济目标服务，这种机制完全采用行政命令的方式通过指令性指标运作。其特点是：第一，方式简单，时滞短，作用效应快；第二，信贷、现金计划从属于实物分配计划，中央银行无法主动对经济进行调控；第三，由于缺乏中间变量，政策缺乏灵活性，政策变动时，则往往会给经济带来较大的影响；第四，企业对银行依赖性强，实际上是资金供应的大锅饭。

2. 改革开放以来的双重传导机制

我国改革开放以来至 1997 年，货币政策直接传导机制逐步减弱，间接传导机制逐步加强，但仍带有双重传导特点，即兼有直接传导和间接传导两套机制的政策工具和调控目标。

1998 年我国取消了对商业银行的贷款限额，标志着我国货币政策传导机制从双重传导过渡到了以间接传导为主。

然而，我国的社会主义市场经济体制仍在建立之中，商业银行和企业的运行经营机制还不健全，所以货币政策传导效率也有待提高。只有真正按现代企业制度的要求加快商业银行和企业的改革步伐，使其对中央银行的货币政策传导反应灵敏，才能完善货币政策传导机制。

二、货币政策效应

（一）货币政策效应的含义

货币政策的效应是指货币政策的实施对社会经济生活产生的影响，是货币政策作用于经济之后的结果。因为货币政策在实施过程中，受到多种因素的影响，所以货币政策的效应是一种综合结果。

（二）货币政策效应的影响因素

影响货币政策效应的因素主要包括下述几方面。

1. 货币政策时滞

时滞是指经济政策从制定到获得主要的或全部的效果，必须经过的一段时间，一般由两部分组成：内部时滞和外部时滞。

内部时滞是指从政策制定到货币当局采取行动的这段期间。内部时滞可分为两个阶段：一是从形势变化需要货币当局采取行动到货币当局认识到这种需要的时间距离，称为认识时滞；二是从货币当局认识到需要行动到实际采取行动这段时间，称为行动时滞。内部时滞的长短取决于货币当局对经济形势发展的预见能力、制定对策的效率和行动的决心等因素。

外部时滞是指从货币当局采取行动开始直到对政策目标产生影响为止的时间间隔。外部时滞主要由客观经济和金融条件决定，不论是货币供应量还是利率，它们的变动都不会立即影响到政策目标。比如企业是扩大还是缩减投资规模，要决策、制订计划，然后付诸实施，每个阶段都要时间。由此使得货币当局从开始行动到产生影响为止需要比较长的时间。

2. 货币流通速度

货币政策效应的另一个主要影响因素是货币流通速度。对于货币流通速度中一个相当小的变动，如果政策制定者未能及时预料到或在估算这个变动时出现小的差错，都可能使货币政策效果受到严重影响，甚至有可能使本来正确的政策走向反面。

3. 微观主体预期

影响货币政策有效性或效应高低的另一个因素是微观主体的预期。当一项货币政策提出后，微观经济主体可能立即获得各种信息并预测实施该政策的后果，从而很快地采取应对措施。微观经济主体的预期最终会使政策的预期效果被削弱甚至抵消。例如政府拟定采取长期的扩张政策，人们会从各种渠道获悉社会总需求将要增加、物价将上涨的信息。在这种情况下，工人会通过工会与雇主谈判，要求提高工资，企业预期工资成本会增加而不愿扩大经营，只是相应提高产品的价格，最后使经济活动只表现出物价的上涨而没有产出的增加。鉴于微观经济主体的预期，似乎只有在货币政策的意图和力度没有为公众知晓的情况下才能达到预期效果。但这种状况不大可能存在，货币当局不可能长期不让公众知道它要采取的政策。当然，公众的预测即使是非常准确的，采取对策即使很快，其效应的发挥也要有个过程。这就是说，货币政策仍可以发挥其预期效果，但公众的预期行为会使其效果大打折扣。

4. 其他经济政治因素

除货币政策时滞、货币流通速度和微观主体预期等因素外，货币政策的效果也会受到其他外来或体制因素的影响，具体包括：客观经济条件变化、政治集团的力量对比等。

三、货币政策与财政政策的配合

货币政策和财政政策是国家宏观调控最重要的两项政策，它们只有在一定条件下很好地配合运用，才能避免产生摩擦，形成促进经济发展的合力。所以我们必须对货币政策和财政政策之间的关系进行研究。

货币政策和财政政策是政府宏观经济管理的两大基本政策。货币政策通过调节货币供应量、利率、增减信贷规模、增减社会现金供应及运用存款准备金率、再贴现政策、公开市场业务等手段，来实现其货币政策目标（稳定通货和物价，并促进经济增长）。财政政策主要是通过改变政府预算调节社会总需求，其手段主要包括：税种增减、税率升降、支出预算缩张、公债增减、补贴等。

这两种政策的共同点在于它们都会影响产出，货币政策是通过利率、货币供给量等工具调节总需求；财政政策则是政府对其支出和税收进行控制进而对总需求产生影响。西方国家往往将这两种政策配合使用。为了扭转严重的经济过热或衰退，两种政策可采取同方向的方针，即同时紧缩或同时扩张。在并非极端的情况下，两种政策也可采取不同方向的方针。如总的要求是紧缩，可以以紧缩的金融政策为主，而财政政策则采取适当扩张的方针，以中和金融政策紧缩过强所带来的消极作用。

即问即答：财政政策与货币政策搭配有几种形式？如果发生了通货膨胀和国际收支逆差，应运用什么样的货币政策和财政政策？

活动设计

我国货币政策选择

1. 活动资料

查阅我国经济发展、物价、就业、国际收支状况相关资料。

2. 活动提示

将学生分为若干组进行讨论，最后各组选出代表上台发言。

3. 活动要求

预测我国 2012—2014 年货币政策四大目标情况，并预测我国货币政策取向。

4. 活动场所

教室。

本章小结

货币政策是国家金融管理机构通过对货币和信用的控制和调节来改变社会总需求，进而影响宏观经济运行的经济管理政策。

从目前的情况看，多数经济学家认为货币政策的最终目标一般包括四个方面，即物价稳定、充分就业、经济增长和国际收支平衡。

货币政策工具是指中央银行为实现货币政策的目标，进行金融调控时所运用的手段。货币政策工具一般分为三类：第一类是一般性货币政策工具，它是对货币总量进行调节的货币工具；第二类是选择性货币政策工具，主要是有针对性地对某些经济领域的货币量进行调节；第三类是除上述政策工具之外的其他货币政策工具。

货币政策传导机制是指中央银行运用货币政策工具，引发金融领域和经济领域中某些变量的一系列变化，并最终对宏观经济活动发挥作用，实行货币政策目标的途径和过程。

货币政策的效应是指货币政策的实施对社会经济生活产生的影响，是货币政策作用于经济之后的结果。因为货币政策在实施过程中，受到多种因素的影响，所以货币政策的效应是一种综合结果。影响货币政策效应的因素主要包括货币政策时滞、货币流通速度、微观主体预期和其他经济政治因素。

本章自测

一、单项选择题

1. 愿意接受现行的工资水平和工作条件，但仍然找不到工作的是（　　）。

A. 充分就业　　B. 非自愿失业

C. 自愿失业　　D. 摩擦性失业

2. 下列选项中，不属于货币政策的最终目标的是（　　）。

A. 充分就业　　B. 经济增长　　C. 物价稳定　　D. 国际收支顺差

3. 中央银行在经济衰退时，可以（　　）法定存款准备金率。

A. 调高　　B. 降低　　C. 不改变　　D. 取消

4. 中央银行若提高再贴现率，将（　　）。

A. 迫使商业银行降低贷款利率　　B. 迫使商业银行提高贷款利率

C. 使商业银行没有行动　　D. 使企业得到成本更高的贷款

5. 在下列针对中央银行资产项目的变动中，会导致准备金减少的是（　　）。

A. 中央银行给存款机构贷款增加

B. 中央银行出售证券

C. 向其他国家中央银行购买外国通货

D. 中央银行代表财政部购买黄金，增加黄金储备

6. 在下列针对中央银行负债的变动中，使商业银行体系准备金增加的是（　　）。

A. 财政部在中央银行的存款增加　　B. 外国在中央银行的存款增加

C. 流通中的通货减少　　D. 其他负债的增加

7. 在货币政策目标体系中，宏观性由强到弱的正确顺序为（　　）。

A. 操作指标、中介目标、最终目标　　B. 中介目标、操作指标、最终目标

C. 中介目标、最终目标、操作指标　　D. 最终目标、中介目标、操作指标

8. 下列货币政策操作中，引起货币供应量增加的是（　　）。

A. 提高法定存款准备金率　　B. 提高再贴现率

C. 降低再贴现率　　D. 中央银行卖出债券

9. 在一般性货币政策工具中，（　　）既可以调节利率水平，又可以调节利率结构。

A. 法定存款准备金率　　B. 公开市场业务

C. 再贴现政策　　D. 以上选项都不是

10. 中央银行降低法定存款准备金率时，商业银行（　　）。

A. 可贷资金量减少　　B. 可贷资金量增加

C. 可贷资金量不受影响　　D. 可贷资金量不确定

11. 下列选项中，既可以调节信贷结构，又可以防止金融恐慌的是（　　）。

A. 法定存款准备金率　　B. 公开市场业务

C. 再贴现与再贷款　　D. 以上选项都不是

12. 中央银行在公开市场上大量抛售有价证券，意味着正在实施（　　）货币政策。

A. 扩张的　　B. 紧缩的　　C. 不变的　　D. 不一定

13. 下列不是通过直接影响基础货币变动实现调控的货币政策工具的是（　　）。

A. 法定存款准备金率　　B. 公开市场业务

C. 再贴现政策　　D. 以上选项都不是

二、多项选择题

1. 货币政策的最终目标包括（　　）。

A. 币值稳定　　B. 经济增长

C. 充分就业　　D. 国际收支平衡

2. 货币政策的内容包括（　　）。

A. 传导机制　　B. 政策工具

C. 操作指标和中介指标　　D. 政策目标

E. 政策效果

3. 选取货币政策中介指标的最基本要求是（　　）。

A. 抗干扰性　　B. 可测性　　C. 相关性　　D. 可控性

4. 下列各项中，属于货币政策操作指标的是（　　）。

A. 货币供应量　　B. 基础货币

C. 利率　　D. 超额准备金

E. 税率

5. 公开市场业务的优点是（　　）。

A. 调控效果猛烈　　B. 主动性强

C. 灵活性高　　D. 影响范围广

6. 下列选项中，属于紧缩的货币政策的有（　　）。

A. 提高利率　　B. 降低利率　　C. 放松信贷　　D. 收紧信贷

7. 下列选项中，属于选择性政策工具的有（　　）。

A. 消费信用控制　　B. 证券市场信用控制

C. 窗口指导　　D. 道义劝告

8. 利率指标作为中介指标，它的优点有（　　）。

A. 可控性强

B. 可测性强

C. 货币当局能够通过利率影响投资和消费支出，从而调节总供求

D. 调控效果猛烈

9. 货币政策的时滞包括（　　）。

A. 认识时滞　　B. 运作时滞　　C. 决策时滞　　D. 操作时滞

三、判断题

1. 四大货币政策目标之间是完全统一的，没有任何矛盾存在。（　　）

2. 我国货币政策目标是“保持货币的币值稳定，并以此促进经济增长”，其中经济增长是主要的，放在首位。（　　）

3. 法定存款准备金率的调整一定程度上反映了中央银行的政策意向，发挥告示效应，调节作用有限。（　　）

4. 内部时滞是指中央银行从认识到制定实施货币政策的必要性，到研究政策措施和

采取行动经过的时间，中央银行对其很难控制。(　　)

5. 选择性的货币政策工具通常可在不影响货币供应总量的条件下，影响银行体系的资金投向和不同贷款的利率。(　　)

6. 一般而言，货币政策中介目标与货币政策总目标相关性相对较弱，而与货币政策工具、操作目标相关性较强。(　　)

7. 再贴现政策、法定存款准备金率和公开市场业务均具有较强的政策告示效应。(　　)

8. 货币政策外部时滞的长短，主要取决于货币政策的操作力度、金融中介机构以及非银行社会公众对货币政策反映的敏感程度，是中央银行难以直接控制的。(　　)

9. 愿意接受现行的工资水平和工作条件，但仍然找不到工作的属于摩擦性失业。(　　)

10. 任何一个国家要想同时实现货币政策所有目标是很困难的，因此，各国一般都选择一到两个目标作为货币政策的主要目标。(　　)

11. 中央银行在公开市场上买进证券，只是等额地投放基础货币，而不是等额地投放货币供应量。(　　)

12. 货币政策诸目标呈一致关系的是经济增长与物价稳定。(　　)

13. 再贴现是中央银行与商业企业之间办理的票据贴现业务。(　　)

14. 选择性的货币政策工具通常可在不影响货币供应总量的条件下，影响银行体系的资金投向和不同贷款的利率。(　　)

四、名词解释题

货币政策　　一般性货币政策工具　　选择性货币政策工具　　法定存款准备金率　　再贴现政策　　公开市场业务　　货币政策时滞　　内部时滞　　外部时滞

五、问答题

1. 试述中央银行货币政策目标及其矛盾性。
2. 试述货币政策中介目标的选择。
3. 试比较中央银行一般性货币政策工具的优缺点。
4. 如何理解货币政策时滞?
5. 试述货币政策和财政政策的配合。

第九章
国际金融

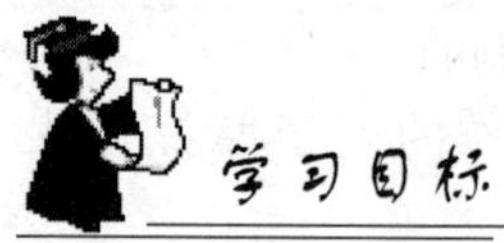

通过本章的学习，理解外汇的概念；熟悉外汇和汇率的分类；理解国际收支的概念；理解国际收支平衡表的概念；掌握国际收支平衡表的内容；理解国际收支失衡的原因和调节；掌握国际资本流动的概念和形式；能运用基本原理对国际金融现象进行分析。

国际金融危机与国际资本流动

在过去的几十年里，由于资本跨国流动障碍的减少，国际金融体系高度整合，国际金融危机不可避免地对国际资本流动造成影响。美国华盛顿布鲁金斯学会金融专家、美联储国际金融部前主任拉尔夫·布莱恩特认为，这种影响造成的结果因国而异：一些国家经历了资本外流造成财政危机的痛苦，一些国家的资本流入则明显增加。随着危机的影响逐渐减弱，国际资本流动将从波动回归常态，且数量将继续加大。布莱恩特认为，受资本流出影响的最极端例子是冰岛。冰岛本国的主要银行危机和国际金融危机交织，货币大幅贬值，无论是本国投资者还是国际投资者都急欲将资本从冰岛撤出，转向其他安全的国家。希腊债务危机也是同样的情况。资本从这些国家外逃，本质上是这些国家经济政策失误导致债务太高的结果，危机在这些国家爆发只是时间问题，国际金融危机也只是诱发因素。另一些国家在资本流入方面则因金融危机而暂时受益，美国是这类国家的典型。尽管美国是国际金融危机的发源地，金融体系一度处于极度困难状态，但世界其他地方的投资者仍愿将美国作为资本的避险天堂，导致美国的资本净流入量明显加大。这一特点在2008年秋和2009年初尤为明显。

关于国际金融危机对发展中国家的影响，布莱恩特认为，国际资本流入主要集中在新兴经济体，但中国、印度、巴西等国家不仅从国际资本市场获取资金，同时也是资本输出国，尽管目前资本流入仍大于资本输出，但这是早在金融危机前就已出现的趋势。在后危机时代，这种趋势将继续并进一步发展。由于中国等国家的复苏速度快于发达国家并积聚了大量的外汇储备，成为全球资本总量的一部分，因而表现出了强烈的进行国际投资的愿望并转化为实际行动，流入和流出新兴经济体的国际资本量都呈上升之势。

第一节　外汇与汇率

一、外汇

（一）外汇的概念

1. 狭义的外汇

狭义的外汇（foreign exchange）是指以外币表示的可以用于国际结算的支付手段和资产。狭义的外汇需要同时具有两个条件或特征：第一，必须是外币或以外币表示；第二，必须具有可自由兑换性，即能用于国际结算。外汇的可自由兑换性是外汇有用性的表现，是外汇作为国际结算或清偿手段的必要条件，不具备可自由兑换性的外币支付手段，不能视为外汇。外国货币不一定就是外汇，不可简单地把二者等同。狭义的外汇通常是以下列具体形式存在的：外国货币，包括纸币、铸币；以外币表示的信用工具，包括外国银行汇票、银行支票、银行存款凭证、邮政储蓄凭证等；以外币表示的有价证券，包括各类长期与短期的外国政府债券、公司债券、股票等；以外币表示的其他可以取得外汇收入的债权凭证，包括租约、地契、房契等。

2. 广义的外汇

广义的外汇是指一切能用于国际结算的对外债权。这一概念强调的是以不同形式出现的能用于国际清偿的支付手段，而不论其是以外币或以本币表示。广义的外汇可以以本币表示，这是其与狭义的外汇的根本区别。国际货币基金组织对外汇作出的定义，就属于广义范畴：外汇是货币行政当局（中央银行、货币管理机构、外汇平准基金组织及财政部）以银行存款、财政部库券、长短期政府证券等形式所保有的在国际收支逆差时可以使用的债权。其中包括因中央银行间及政府间协议而发行的在市场不流通的债券，而不论它是以债务国货币还是以债权国货币表示。但是，以本币表示的可以取得外汇收入的债权具有的外汇职能是有条件的：以本币表示的债权形式，必须经过中央银行或具有政府官方职能的机构与企业之间签协议才能形成；以本币表示的债权形式，必须以偿付双方国际收支逆差为前提；以本币表示的债权形式，在市场上是不允许流通的，一般情况下不能转换成为第三国货币，不具有可自由兑换的性质，或者说，用本币表示的外汇必须是记账外汇。

（二）外汇的作用

外汇在促进世界贸易与国际经济关系发展方面具有重要作用，是外汇含义的延伸和外汇本质的体现。

1. 外汇是国际购买手段，可以使国与国的货币流通成为可能

随着国际贸易和银行经营业务的不断发展，外汇成为国际购买手段而被各国普遍接受。一国如果握有大量外汇，就意味着握有大量的国际购买力，该国可以运用所持有的外汇在国际市场上购买本国所需要的各种商品、劳务，从而使不同国家之间货币购买力的转换成为可能，变成现实。外汇作为国际购买手段，大大扩展了国际商品流通的范围，促进了国际经济交往。

2. 外汇是国际支付手段，可以避免在国际结算中使用黄金，节约非生产费用

进行国际贸易的双方可以通过银行买卖用作国际结算主要支付手段的外汇，使国际债权债务关系得以清偿。外汇作为国际支付手段，不仅弥补了黄金作为支付手段存在的数量

有限、开采及运送费用大、容易失窃等缺陷，还大大缩短了支付时间，加速了资金周转，从而促进了国际贸易的发展。

3. 外汇是国际储备手段，可以弥补国际收支逆差

当今世界各国都普遍把外汇作为一项重要储备资产，以备调节国际收支、维护汇率稳定、提高国家对外信誉之用。因此，外汇收入及储备的增加，对于稳定本币币值与外汇汇率、保持国际收支平衡、提高一国经济实力与对外地位、增强一国的借债信誉与偿还能力等都具有重要的作用。

4. 外汇是国际信用手段，可以调剂国际资金余缺，促进货币信用的国际化

由于世界各国经济发展的不平衡，资金余缺情况不同，因而在国与国之间产生了调节资金余缺的客观需要。一方面，一些发达国家存在着大量过剩资金，迫切需要寻求出路；另一方面，许多发展中国家资金严重短缺，迫切需要引进资金。实现国际资金余缺的相互调剂，必须依靠外汇这种支付手段。同时，通过经营外汇业务的银行，并通过各国银行业务的相互联结，可以把国内银行信用扩展为国际银行信用，促进了货币信用的国际化，便利了国际资金余缺的调剂。

（三）外汇的种类

1. 自由外汇

自由外汇是指不须经过货币发行国（地区）批准，在国际结算中和国际金融市场上可以自由使用、自由兑换成其他货币、自由向第三国支付的外国货币及其支付手段。然而，所谓“自由兑换”的货币，一般需要具备两个条件：该货币事实上被广泛用来对国际交易进行支付和在主要外汇市场上普遍进行交易。目前，被认为是自由兑换的货币有美元、欧元、日元、英镑、瑞士法郎、港元、加拿大元、澳大利亚元、新西兰元、新加坡元等。

2. 记账外汇

记账外汇又称协定外汇，是指不经货币发行国批准，不能自由兑换成其他货币或不能向第三国进行支付的外汇，是经两国政府协商在双方银行各自开立专门账户记载使用的外汇。记账外汇只能用于贸易协定国双方之间的贸易收付清算，并要严格按支付协定规定办理。比如两个国家的进出口货款，只是在双方银行开立专门账户记账，年终发生的收支差额，一般是转入下年度贸易项下平衡。这种在双方银行账户上记载的外汇，不能转给第三者使用，也不能兑换成自由外汇。

二、汇率

（一）汇率的概念

汇率就是两国货币折算的比率，即一单位外国货币可折合多少单位本国货币，或者一单位外国货币可折合多少本国货币。汇率也是在两国不同货币之间，用一国货币表示的另一国货币的价格，或者是外汇市场上买卖外汇的价格，所以又称为汇价。

（二）汇率的标价方法

折算两种货币的比率，首先要确定用哪个国家的货币作为标准，这称为汇率的标价方法。是以外国货币表示本国货币的价格，还是用本国货币表示外国货币的价格，由于确定的标准不同，国际上就出现了外汇汇率两种不同标价方法，即直接标价法和间接标价法。

1. 直接标价法

直接标价法，又称应付标价法，即用一定单位（1 个外币单位或 100 个、1 000 个、10 000 个外币单位）的外国货币为标准来计算应付多少单位的本国货币，用以表示本国货币的汇价。

在直接标价法下，如果一定单位的外国货币折合的本国货币数额增加，说明外国货币币值上升，则称外汇汇率上升；如果一定单位的外国货币折合的本国货币数额减少，说明外国货币币值下降，或本国货币币值上升，则称外汇汇率下降。由此可见，外汇汇率的升降与本国货币标价数额的增减趋势是一致的。目前，世界上绝大多数国家包括我国都采用直接标价法。例如，我国外汇管理局通过电视或报刊公布的人民币外汇牌价（买入价）的 1 美元＝×××人民币，就是采用直接标价法。

2. 间接标价法

间接标价法，又称应收标价法，即用一定单位（1 个本币单位或 100 个、1 000 个、10 000个本币单位）的本国货币为标准来计算应收进多少单位的外国货币。也就是本国货币的数额固定不变，外国货币的数额随着本国货币和外国货币币值的变动而变动。

在间接标价法下，外汇汇率实际上是以其他国家表示的本国货币的标价，即外汇汇率表示的不是外国货币的标价，而是本国货币对外国货币的表现。外汇价格只能通过本国货币的价格间接地表现出来。如果一定数额的本国货币兑换的外国货币的数额比原来少，说明外国货币的币值上升，而本国货币的币值下跌；相反，如果一定数额的本国货币能兑换的外国货币的数额比原来多，则说明外国货币的币值下跌，本国货币的币值上升。美国除对英镑使用直接标价法外，对其他货币一律用间接标价法公布汇价，英国也是采用间接标价法。以美元为例，在纽约外汇市场上，某日美元对日元的汇率为：1 美元＝110.275 日元。

有必要说明的是，第二次世界大战后，特别是欧洲货币市场兴起以来，国际金融市场之间的外汇交易量迅速增加，为便于在国际上进行外汇交易，银行间的外汇交易都以美元为标准来表示各国货币的标价，即美元标价法现已成为惯例。世界各金融中心的国际银行所公布的外汇牌价，也是美元对其他主要货币的汇率。非美元货币之间的汇率则通过各自对美元的汇率套算得出。

（三）汇率的主要种类

1. 按确定汇率的方法划分——基本汇率和套算汇率

（1）基本汇率。基本汇率是本国货币与关键货币对比制定出来的汇率。所谓关键货币（key currency），是指在国际贸易或国际收支中使用最多、在各国外汇储备中所占比重最大、自由兑换性最强、汇率行情最为稳定、事实上普遍为各国所接受的货币。一国在一定时期内采用哪种货币作为关键货币不是一成不变的。一国的基本汇率一般对外公布，这只是作为一种内部掌握起主导作用的汇率。目前，各国一般都把美元当做制定汇率的关键货币，因此，本币与美元的汇率被视为基本汇率。基本汇率确定之后，再据以套算出本国货币与其他国家货币的比率。

（2）套算汇率。套算汇率是根据基本汇率计算出来的本币与其他国家货币的汇率，或者说，两国间的汇率是通过各自与第三国货币的汇率间接计算出来的。套算汇率也称作交叉汇率，即已知三种货币中两种货币的汇率，从而得出第三种货币的汇率。

2. 按对外汇管理的宽严程度划分——官方汇率和市场汇率

(1) 官方汇率。官方汇率又称法定汇率，是指由国家货币当局（如中央银行或国家外汇管理机构或国家财政部）所规定或公布的汇率。在外汇管制比较严格的国家，禁止外汇自由市场的存在，官方汇率就是外汇买卖的实际汇率，没有市场汇率。

(2) 市场汇率。市场汇率是指在自由外汇市场上买卖外汇自发形成的汇率。外汇管制较松的国家，官方宣布的汇率往往只起中心汇率的作用，实际外汇交易则是按市场汇率进行的。人们常把官方汇率称为名义汇率，而把市场汇率称为实际汇率。

3. 按政府允许使用的汇率种类多少划分——单一汇率和复汇率

(1) 单一汇率。单一汇率是指一国只规定一种本国货币与外国货币的兑换比率，各种外汇收支都须按照这个统一的汇率结算。如在外汇管制较松的国家，官方往往只规定一种汇率。

(2) 复汇率。复汇率又称多重汇率或多种汇率，是指一国对本国货币与外国货币的兑换，根据不同性质的外汇收支或外汇交易同时规定两种或两种以上的不同汇率。如在某些外汇管制较严格的国家，常常对进口、出口及非贸易规定出不同的汇率。如一国同时定有贸易汇率与金融汇率，就是复汇率。

4. 按银行买卖外汇的价格划分——买入汇率、卖出汇率、中间汇率和现钞汇率

(1) 买入汇率。买入汇率又称买入价，是指银行向同业或客户买入外汇时所使用的汇率。在直接标价法下，外币折合本币数额较少的那个汇率是买入汇率；在间接标价法下，外币折合本币数额较多的那个汇率是买入汇率。

(2) 卖出汇率。卖出汇率又称卖出价，是指银行向同业或客户卖出外汇时所使用的汇率。在直接标价法下，外币折合本币数额较多的那个汇率是卖出汇率；在间接标价法下，外币折合本币数额较少的那个汇率是卖出汇率。

买入、卖出都是从银行的角度来看的，二者之间的差价是银行买卖外汇的收益，一般为1‰～5‰。

(3) 中间汇率。中间汇率是银行外汇买入价和卖出价的平均数，即买价加卖价之和除以2。中间汇率一般不挂牌公布。套算汇率一般是用中间汇率计算得出的，报刊上关于汇率消息的报导也常常使用中间汇率。

(4) 现钞汇率。现钞汇率是银行收兑外币现钞时所使用的汇率。一般国家都规定，不允许外国货币在本国流通。银行收兑进来的外国现钞，除少部分用来满足外国人回国或本国人出国的兑换需要外，余下部分必须运送到各外币现钞发行国或存入其发行国银行及有关外国银行才能使用或获取利息，这样就产生了外币现钞的保管、运送、保险等费用，这部分费用银行要在购买价格中予以扣除，所以，银行买入外币现钞的汇率要低于外汇买入汇率。但是，现钞卖出汇率与现汇卖出汇率相同。

5. 按外汇交易的交割期限划分——即期汇率和远期汇率

(1) 即期汇率。即期汇率又称现汇汇率，是指外汇买卖成交后，在两个营业日内办理交割时所使用的汇率。

(2) 远期汇率。远期汇率是指在未来一定时期进行交割，而事先由买卖双方达成协议、签订合同的汇率。到了约定交割日期，届时不论汇率如何变动，协议双方都必须按合同预定的远期汇率、币别、金额进行结算。

6. 按国际货币体系的演变或国际汇率制度划分——固定汇率和浮动汇率

(1) 固定汇率。固定汇率是指两国货币的汇率只能在规定的幅度内波动。当实际汇率波动超出规定的幅度时，中央银行有义务进行干预，使汇率波动幅度维持在规定的上下限内。由于在这种制度下汇率一般不轻易变动，具有相对稳定性，故称为固定汇率。固定汇率制主要是布雷顿森林货币体系下实行的汇率制度。

(2) 浮动汇率。浮动汇率是指一国货币对另一国货币的比率，根据外汇市场的供求关系变化自发形成。采用浮动汇率制，中央银行不规定汇率波动幅度的上下限，原则上也没有义务维持汇率的稳定，任凭汇率根据市场的变化而自由波动。目前，世界大多数国家都实行浮动汇率制，只不过多数都是有管理的浮动。

此外，按外汇买卖的不同对象划分，有同业汇率和商人汇率；按银行营业时间划分，有开盘汇率和收盘汇率；按银行汇兑外汇的方式划分，有电汇汇率、信汇汇率和票汇汇率；按外汇资金的作用划分，有贸易汇率和金融汇率等。

（四）影响汇率变动的主要因素

汇率作为一种价格，理当由外汇市场的供求状况决定，外汇供求的变化导致汇率的变动，而外汇供求状况及其变动受制于一系列经济或非经济因素。要分析和预测汇率走势，必须考虑外汇供求背后的各种因素。

1. 国际收支

国际收支大体上能够反映外汇市场的供求状况。国际收支出现逆差，表现为外汇需求大于供给，从而引起外汇升值、本币贬值；反之，国际收支顺差会导致外汇贬值、本币升值。

2. 相对通货膨胀率

国内外通货膨胀率差异是决定汇率长期趋势中的主导因素。如果本国通货膨胀率高于他国，则该国货币在外汇市场上趋于贬值；反之，则趋于升值。

3. 相对利率

利率对汇率的影响在短期内极为显著。利率影响汇率的传导机制包括：(1) 提高利率会吸引资本流入，在外汇市场上形成对该国货币的需求，从而导致该国货币升值；(2) 提高利率意味着信用紧缩，会抑制通货膨胀和总需求，导致进口减少，从而有助于该国货币升值。

4. 总需求与总供给

总需求与总供给关系中结构与总量的不一致也会影响汇率：当总需求中进口需求的增长快于总供给中出口的增长，会恶化国际收支，导致本币贬值；当总需求的整体增长高于总供给，满足不了的那部分需求将转向国外，引起进口增长，导致本币贬值。总的来说，当一国总需求增长高于总供给时，本币一般呈贬值趋势。

5. 政府的政策

政府的各种政策特别是经济政策会直接或间接地对汇率产生影响。例如，中央银行在外汇市场上买卖外汇，改变外汇供求关系，从而影响汇率；扩张的财政政策会刺激总需求和经济增长，通过增加进口带来本币贬值的压力；紧缩的货币政策会通过抑制通货膨胀和提高利率而推动本币升值；刺激出口和限制进口的贸易政策会带动本币升值。

6. 心理预期

市场对各种价格信号的预期都会影响汇率，预期因素是短期内影响汇率变动的主要因素之一。如果市场预期本币贬值，在外汇市场上便出现抛售本币的风潮，增大本币贬值的压力，最终导致本币的实际贬值。

（五）汇率变动对一国经济的影响

1. 汇率变动对一国国内经济的影响

汇率变动对一国国内经济有着重要影响。汇率变动首先会在短期内引起进出口商品的国内价格发生变化，继而波及整个国内物价，从而影响整个经济结构，导致汇率变动对经济产生长期影响。

（1）汇率变动会对进口商品的国内价格产生影响。本国货币汇率上升，会使进口商品的国内价格降低，本国进口的消费资料和原料的国内价格就会随之降低；本国货币汇率下降，会使进口商品的国内价格提高，本国进口的消费品和原料因本币汇率下跌而不得不提高售价以减少亏损。

（2）汇率变动会对出口商品的国内价格产生影响。外国货币汇率上升，会使出口商品的国内价格提高。因为以本币所表示的外汇汇率上涨，即外币购买力提高，外国进口商会增加对本国出口商品的需求，若出口商品的供应数量不能相应增长，则出口商品的国内价格必然会有较大幅度的增长。外国货币汇率下降，会使出口商品的国内价格下降。因为外汇购买力下降，会引起对本国出口商品需求的减少，从而引起出口商品价格的下降。

（3）汇率变动会对国内其他商品的价格产生影响。外币汇率上升即本币汇率下降，导致进口商品和出口商品在国内的售价提高，必然会导致国内其他商品价格的提高，从而会推动整个物价的上涨；外币汇率下降或本币汇率上升，导致进口商品和出口商品在国内的价格降低，必然会促进国内的整个物价水平下降。如本币汇率上升，进口商品在国内的价格降低，以进口原料生产的本国商品价格由于生产成本的降低而下降。

2. 汇率变动对一国对外经济的影响

（1）汇率变动影响一国的对外贸易。汇率稳定，有利于进出口贸易成本及利润的匡算，有利于进出口贸易的安排；汇率变动频繁，会增加对外贸易的风险，影响对外贸易的正常安排。如果本币贬值、外汇汇率上升，而国内物价尚未变动或变动不大，则外币对本国商品、劳务的购买力增强，一般会增加对本国商品的需求，从而可以扩大本国商品的出口规模。在这种情况下，本国出口商收入的外币折合成本币的数额较以前增加，出口商有可能降低价格出售，以加强竞争，扩大销路。所以，一般说来，本币对外贬值具有扩大本国商品出口的作用。同时，本币汇率下降，以本币表示的进口商品的价格会提高，就会影响进口商品在本国的销售，从而起到抑制进口的作用。相反，一般说来，本币汇率上涨，会起到限制出口、刺激进口的作用。

（2）汇率变动影响一国的资本流动。当以本币表示的外币汇率上涨时，则意味着本币价值或本币汇率的下跌，本国资本为防止货币贬值的损失，常常调往或逃往国外；同时，汇率下跌有利于吸引外国资本流入。

（3）汇率变动影响一国的国际收支。本币汇率下跌，有利于增加出口和吸引外国资本流入，可以抑制进口和外国资本流出，从而有利于国际收支逆差的缩小；本币汇率上涨，有利于刺激进口和外国资本流出，不利于出口和外国资本流入，从而有助于国际收支逆差的减少。不仅如此，汇率变动会引起物价变动，物价变动会影响整个国内经济及贸易项目的外汇收支，从而影响整个国际收支。

（4）汇率变动影响一国的通货膨胀程度。一国货币的对外贬值或升值即汇率变动，总是要间接地影响到一国货币的对内价值，影响到一国的通货膨胀程度。一国货币汇率下跌会使出口商品增加和进口商品减少，从而使国内市场的商品供应相对减少；一国汇率下跌会使资本流入增加，从而使本币供应相应增加。这两种情况都会相应导致国内通货膨胀的压力加大。相反，一国货币汇率上涨，则有利于减轻该国通货膨胀的压力。

（5）汇率变动影响一国旅游业的发展。汇率变动对一国的涉外旅游业会有较大的影响。本币汇率贬值，同样多的外汇可以比先前换取更多的本国（贬值国）货币，从而有利于吸引更多的国外游客来本国观光旅游，可以增加外汇收入；本币汇率升值，则不利于吸引国外游客来本国观光旅游，会减少相应的外汇收入。

（6）汇率变动影响一国的外商投资企业经营。由于外商投资企业经常进行外汇的兑换及以外汇为计价单位，因此，汇率的变动会给外商投资企业的经营管理带来影响。特别是定期重新评估企业或项目效益时，汇率变动的影响更为明显。

3. 汇率变动对外汇储备的影响

（1）储备货币的汇率变动，影响一国外汇储备的实际价值。储备货币汇率上升，会使该种储备货币的实际价值增加；储备货币汇率下降，会使该种储备货币的实际价值减少。

（2）本币汇率变动，会直接影响到本国外汇储备数额的增减。一般来讲，一国货币汇率稳定，外国投资者能够稳定地获得利息和红利收入，有利于国际资本的流入，从而有利于促进该国外汇储备的增加；反之，本币汇率不稳定，则会引起资本外流，使该国外汇储备减少。同时，当一国由于本币汇率贬值使其出口额增加并大于进口额时，则该国外汇收入增加，外汇储备相对增加；反之，则情况相反。

（3）汇率变动影响某些国际储备货币的地位与作用。一国选择储备货币总是要以储备货币汇率长期较为稳定为前提。如果某种储备货币的发行国国际收支长期恶化、货币不断贬值、汇率不断下跌，则该储备货币的地位和作用就会不断削弱，严重的甚至会失去其储备货币的地位。例如，第二次世界大战后，英国的经济与金融由于受到战争的影响而衰落，英镑不断贬值，汇率下跌，在国际支付中的使用量急剧缩减，英镑的国际储备货币地位大大削弱。

（六）人民币汇率

自 2005 年 7 月 21 日起，我国开始实行以市场供求为基础、参考一篮子货币进行调节、有管理的浮动汇率制度。本次汇率机制改革的主要内容包括三个方面：

一是汇率调控的方式。实行以市场供求为基础、参考一篮子货币进行调节、有管理的浮动汇率制度。人民币汇率不再盯住单一美元，而是参照一篮子货币、根据市场供求关系进行浮动。这里的“一篮子货币”，是指按照我国对外经济发展的实际情况，选择若干种主要货币，赋予相应的权重，组成一个货币篮子。同时，根据国内外经济金融形势，以市场供求为基础，参考一篮子货币计算人民币多边汇率指数的变化，对人民币汇率进行管理和调节，维护人民币汇率在合理均衡水平上的基本稳定。篮子内的货币构成，将综合考虑在我国对外贸易、外债、外商直接投资等外经贸活动占较大比重的主要国家、地区及其货币。参考一篮子货币表明外币之间的汇率变化会影响人民币汇率，但参考一篮子货币不等于盯住一篮子货币，它还需要将市场供求关系作为另一重要依据，据此形成有管理的浮动汇率。这将有利于增加汇率弹性，抑制单边投机，维护多边汇率。

二是中间价的确定和日浮动区间。中国人民银行于每个工作日闭市后公布当日银行间外汇市场美元等交易货币对人民币汇率的收盘价，作为下一个工作日该货币对人民币交易的中间价格。现阶段，每日银行间外汇市场美元对人民币的交易价仍在人民银行公布的美元交易中间价 0.3%的幅度内浮动，非美元货币对人民币的交易价在人民银行公布的该货币交易中间价 3%的幅度内浮动。

三是起始汇率的调整。2005 年 7 月 21 日 19 时，美元对人民币交易价格调整为 1 美元兑 8.11 元人民币，作为次日银行间外汇市场上外汇指定银行之间交易的中间价，外汇指定银行可自此时起调整对客户的挂牌汇价。这是一次性地小幅升值 2%，并不是指人民币汇率调整 2%，事后还会有进一步的调整。因为人民币汇率制度改革重在人民币汇率形成机制的改革，而非人民币汇率水平在数量上的增减。这一调整幅度主要是根据我国贸易顺差程度和结构调整的需要来确定的，同时也考虑了国内企业进行结构调整的适应能力。

知识链接

香港联系汇率制度

所谓香港联系汇率制度，是指将香港本地的货币与某种特定的外币相挂钩，按照固定的汇率进行纸币的发行与回收的一种货币制度。在香港，纸币是由汇丰、渣打和中国银行三家指定的商业银行发行的。根据香港的法律，在联系汇率制度下，发钞银行需要向香港金融管理局交付美元，换取负债证明书，并将其拨入外汇基金账户，用以作为发行纸币的依据，再按照香港财政司规定的固定汇率，以 1 美元兑 7.8 港元的汇率发行等值的港币。其他银行（在香港称作持牌银行）则可以同样的汇率向发钞银行存入美元，并获得等值的港币。反过来，在回收港币时，外汇基金、发钞银行和持牌银行之间也按 1∶7.8 的固定汇率进行方向相反的操作。由此不难看出，以美元作为港币发行的基础和依据，并使二者保持固定的汇率，是香港联系汇率制度的两个基本要点。

第二节　国际收支及国际收支平衡表

一、国际收支的概念

国际收支（balance of payments）概念有广义和狭义之分。狭义的国际收支是指一国在一定时期内清偿债权债务所发生的全部外汇收入和支出总额。这一概念只反映一国在一定时期内同其他国家和地区具有外汇收支的交易，而不包括那些没有外汇收支的交易，如易货贸易和补偿贸易，以及无外汇偿付行为的单方面资金转移，如无偿援助、赠款、侨汇等。

第二次世界大战以后，由于国际经济交易的内容和方式都有很大的变化与发展，诸如政府的无偿援助、私人赠与、易货贸易、记账贸易、补偿贸易等不涉及有外汇收支的国际经济交易，侨汇等无偿性质的资金转移，以及资本的大规模国际流动，等等，使国际收支的内容更加丰富了。于是，世界各国便广泛采用广义的国际收支概念，亦即国际货币基金组织（International Monetary Fund，IMF）定义的概念，即国际收支是指在一定时期内，一国居民（resident）与非居民（non-resident）之间经济交易的系统记录。要正确把握这个概念，必须领会下述几方面内容。

（一）它强调居民与非居民之间的经济交易

何谓经济交易？它是经济价值从当事者的一方向另一方的转移。经济价值的载体和代表是商品、劳务和金融资产（financial assets）。因此，经济价值在两个当事者间的转移，实际上也就是商品、劳务和金融资产在两个当事者间的转移。如果当事者的一方为居民，另一方为非居民，这样的转移便是国际经济交易。

知识链接

居住地的不同，是划分居民与非居民的依据。然而，区分居住地，并不以国籍或法律为标准，而是以交易者的经济利益中心（center of economic interest）所在地，亦即从事生产、消费等经济活动和交易的所在地，作为划分的标准。IMF规定，从事这些经济活动和交易的期限须在一年以上。按照经济利益中心所在地划分居民与非居民的原则，企业、非营利机构和政府等法人，属所在国居民。至于自然人，不论其国籍如何，只要他（她）在所在国从事一年以上的经济活动与交易，就是所在国居民；否则，即为非居民。IMF规定，受雇在本国驻外使领馆工作的外交人员属他们本国的居民，而是驻在国的非居民；相反，受雇在外国使领馆工作的雇员，则属本国居民。IMF规定，联合国、IMF等国际机构及其代表处，对任何国家来说，都是非居民。

（二）关于国际经济交易的内容与特性

一国国际经济交易的内容可分为五种类型：（1）商品、劳务与商品、劳务间的交换，即易货贸易；（2）金融资产与商品、劳务的交换，即商品、劳务的买卖；（3）金融资产与金融资产的交换；（4）商品、劳务由一方向另一方的无偿转移；（5）金融资产由一方向另一方的无偿转移。前三种经济交易，都是一方向另一方提供一定数量的经济价值，并从对方得到价值相等的回报，这在本质上是交换。但是，后两种经济交易却是：一方向另一方提供了经济价值，而并未得到补偿与回报，这在本质上是无偿转移。在这五种国际经济交易中，既包括有外汇收支的经济交易，也包括没有外汇收支的经济交易，如易货贸易、清算协定下的记账贸易等。因此，第二次世界大战后的国际收支概念不再以收支（现金）为基础，而以交易为基础。

（三）国际经济交易的统计，以所有权的变更日期为准

一项国际经济交易可能有若干个日期，如签约日期，商品、劳务和金融资产所有权变更的日期，支付日期等。按照IMF的规定，登记国际收支平衡表时，应以商品、劳务和金融资产所有权变更的日期为准。

（四）国际收支是个流量的概念

国际收支亦即一国在一定时期内发生的所有对外经济交易的综合，这“一定时期”即为报告期。国际收支不同于作为存量概念的国际借贷，国际借贷是指一个国家在一定时期对外债权债务的综合情况，是一个存量概念。国际债权债务在一定时期内必须进行清算和结算，此过程一定涉及国际货币收支问题，债权国要在收入货币后了结债权关系，而债务

国要支付货币来清偿债务，这就是国际收支问题，所以国际收支是表示一个国家在一定时期内对外货币收支的综合情况，是一个流量概念。因此，国际收支与国际借贷的概念是有区别的，但它们之间又是密切相关的，因为有了国际借贷，才会产生国际收支，国际借贷是国际收支的原因，国际收支是国际借贷的结果。

二、国际收支平衡表

（一）国际收支平衡表的概念

国际收支平衡表是系统地记录一定时期内（一年、半年、一个季度或一个月）各种国际收支项目及其金额的一种统计表，一国在一定时期内对外经济、政治、文化往来所引起的收与支都要反映在国际收支平衡表中。

国际收支平衡表是按照复式记账的原理编制的。一切收入项目或负债增加、资产减少的项目都列为贷方，或称正号项目；一切支出项目或资产增加、负债减少的项目都列为借方，或称负号项目。每笔经济交易同时分记有关的借贷两方，金额相等。因此，原则上，国际收支平衡表全部项目的借方总额与贷方总额总是相等的，其净差额为零。但国际收支平衡表每一具体项目的借方和贷方是经常不相等的，即收支相抵总是出现一定的差额，如贸易差额、劳务差额等。这种差额称为局部差额。当收入大于支出，出现盈余时，称为顺差，可在顺差之前冠以“＋”号（也可省略）；反之，当支出大于收入，出现亏损时，称为逆差，应在逆差之前冠以“－”号。各项局部差额的合计就是国际收支总差额，称为国际收支顺差或国际收支逆差，也称国际收支盈余或国际收支赤字。

案例分析

美国向日本出口价值为100 000美元的商品，日本以其在美国的银行存款支付该笔货款。

分析题：这笔国际经济交易中，美国应如何记账？

分析：美国的记账方法是：美国向日本出口商品，会引起美国的美元收入增加，应在商品输出项下记入贷方100 000美元；与此同时，日本在美国的银行存款减少，意味着美国的对外负债减少，还应在银行存款项下借记100 000美元。

（二）国际收支平衡表的主要内容

国际收支平衡表的主要项目，构成了国际收支平衡表的主要内容。多数国家把国际收支平衡表主要项目归为三大类，即经常项目、资本项目和平衡项目。

1. 经常项目

经常项目是本国与国外进行经济交易经常发生的、在整个国际收支总额中占有重要比重与地位的项目。经常项目，又称商品与劳务项目，由贸易收支、劳务收支、转移收支三个主要项目构成。

（1）贸易收支。贸易收支是指进出口商品发生的收支。由于输出或输入的商品是看得见、摸得着的实物，所以贸易收支又称有形贸易收支。贸易收支不仅是经常项目中最重要的项目，而且也是整个国际收支平衡表中最重要的项目，其收支数额及其差额的多少，对整个经常项目差额和国际收支总差额的状况影响极大。

（2）劳务收支。劳务收支是指一国对外提供或接受劳务所发生的收支。劳务收支包括：运输、保险、旅游、港口服务等各种费用的收支；资本借贷或投资所引起的利息、股息或利润的收支；外交、文化交流以及广告、专利等项目引起的费用收支。劳务收支同国际进出口商品一样是价值的交换，但它不像商品交换那样看得见、摸得着，因此劳务收支又称无形贸易收支。

（3）转移收支。转移收支是指与国外进行的没有对等、不须偿还的货币收入或支出。由于这种收支是单方面的，发生后不产生相应的偿还义务，所以也称为单方面转移或无偿转移。转移收支包括商品、劳务、现金等的单方面转移，分为私人转移与政府转移两类。私人转移包括侨民汇款、钱物赠与等；政府转移包括赠与、捐款、经济援助、军事援助、战争赔款等。

2. 资本项目

资本项目是本国与国外进行资本输出或输入的项目。资本项目所反映的是以货币表示的债权债务在国际上的流动。第二次世界大战以后，主要西方国家的资本流动规模越来越大，资本项目在国际收支中所占的地位也日益重要。资本项目分为长期资本和短期资本两类。

（1）长期资本。长期资本是指借贷期限为一年以上的资本，分为政府长期资本和私人长期资本两类。政府长期资本包括政府间贷款、政府投资以及向国际金融机构借款等；私人长期资本包括直接投资、证券投资、企业借贷等。

（2）短期资本。短期资本是指借贷期限为一年或一年以下的资本，分为政府短期资本和私人短期资本两类。短期资本流动原因与种类繁多，包括各国银行间的资金调拨与拆借、短期贸易资金融通与结算、外汇保值、外汇投机等资本流动。

3. 平衡项目

平衡项目是用来平衡经常项目与资本项目收支差额的项目，通常由净误差与遗漏、分配的特别提款权、官方储备组成。

（1）净误差与遗漏。这是为了轧平国际收支平衡表中借方与贷方的总额而人为设立的一个平衡项目。从理论上讲，国际收支平衡表按复式记账原理编制，每笔业务交易同时分借贷双方、数额相等，其结果应总是平衡的。但是，由于国际收支统计数据来源不一、资料不全与错漏、统计或计算口径不同或差错以及一些其他原因，使得国际收支平衡表的借贷双方总额往往难以平衡，需要人为设置这一平衡项目加以平衡。

（2）分配的特别提款权（Special Drawing Rights，SDRs）。这是国际货币基金组织根据其成员国在基金组织中所认缴的份额按比例分配给成员国使用资金的一种权利，是基金组织发行的记账单位，它可用于归还基金组织的贷款和支付基金组织的利息费用；可以用于向其他成员国换取可兑换外汇，也可用于清偿国际收支逆差或换回在国外的本国货币，但不能用它兑换黄金，不能把它直接用于贸易、非贸易支付。

（3）官方储备。这是一国货币当局所持有的国际储备资产和对外债权。官方储备包括黄金储备、外汇储备、国际货币基金组织分配而又未动用的特别提款权和在国际货币资金组织的储备头寸。在国际货币基金组织的储备头寸，一般又称为普通提款权，是基金组织按成员国认缴的基金份额提供给成员国使用普通贷款的权利，用以解决成员国因一般国际收支逆差而产生的短期资金需要。官方储备项目的净余额数与经常项目、资本项目、特别提款权、净误差与遗漏项目的净差额相等。当一国国际收支出现逆差或顺差时，最终须通过减少或增加其官方储备来获得平衡，或者通过变动其对外债权债务达到平衡。

（三）我国国际收支平衡表的格式

我国国际收支平衡表是在国际货币基金组织出版的《国际收支手册》（第五版）基础上编制而成的，包括经常账户、资本与金融账户、储备资产、净误差与遗漏四大项（见表9—1）。

表 9—1　　××年度我国国际收支平衡表简表　　单位：千美元

项目	差额	贷方	借方
一、经常账户			
A. 货物和服务			
a. 货物			
b. 服务			
B. 收益			
C. 经常转移			
二、资本与金融账户			
A. 资本账户			
B. 金融账户			
a. 直接投资			
b. 证券投资			
c. 其他投资			
三、储备资产			
四、净误差与遗漏			

三、国际收支失衡与调节

（一）国际收支失衡的判定

按照复式记账原理编制的国际收支平衡表，其借贷双方余额总是平衡的。但是，这种平衡只是账面上的，事实上并不尽然。分析国际收支是否均衡，不能只从账面金额来考虑，必须明确国际收支不平衡的真正含义和判断依据。为了寻求这种判断依据或标准，人们常把国际经济交易按其性质分为自主性交易和调节性交易两类以分清是账面平衡还是真实平衡。

所谓自主性交易，亦称事前交易，是指经济实体出于某种经济目的而进行的交易。这类交易完全是为了某种经济动机而自发或自动进行的。例如私人、企业或政府机构等出于某种经济目的，如追求利润，以其自主的独立经济活动为基础而进行的商品和劳务的输出与输入、政府或私人的援助或赠与、侨民汇款以及资本流动等。自主性交易的内容，实际上就是国际收支平衡表中的经常项目和资本项目。

所谓调节性交易，亦称事后交易或补偿性交易，是指为弥补自主性交易的差额而进行的交易。例如，当一国的自主性交易发生逆差时，要从国外银行或国际金融机构获得短期资金融通或动用黄金、外汇来弥补，这就是调节性交易。

把国际经济交易分成自主性交易与调节性交易，国际收支的平衡与否就有了制定依据。国际收支平衡是指自主性交易的借贷双方相等，不需要由调节性交易来弥补；国际收支失衡即不均衡是指自主性交易发生逆差或顺差，需要用调节性交易来弥补。概括地讲，判断一国国际收支是否平衡，主要是看其自主性交易是否平衡。

（二）国际收支失衡对经济的影响

国际收支失衡经常发生。巨额、持续的国际收支逆差或顺差，不仅影响到一国对外经济的发展，而且会通过各种传递机制对国内经济的稳定和发展产生影响。

1. 国际收支逆差的影响

持续巨额的国际收支逆差会造成外汇短缺，一般会引起外汇升值、本国货币汇率下跌。如果该国货币当局不愿意出现本币贬值，就必然耗费国际储备进行调整和干预，即抛售外汇和买进本国货币。这样，一方面会消耗外汇储备，甚至会造成外汇储备的枯竭，从而严重削弱本国对外支付能力，会对其在国际上的信誉造成损害。另一方面则会形成国内的货币紧缩，促使利率水平上升，影响本国的经济，从而引致失业的增加和国民收入增长率的相对下降。如果该国货币当局任由汇率自由浮动，则本币汇率大幅度下跌会削弱该国货币在国际上的地位，造成金融市场的波动。长期巨额的国际收支逆差还会造成大量的对外负债，使该国的出口创汇主要用于偿债付息，影响该国必要的生产资料的进口，从而影响经济的增长。

2. 国际收支顺差的影响

一国国际收支出现长期、巨额顺差时，也会给国内经济带来不良影响：一般会使本国货币汇率上升，而不利于其出口贸易的发展，从而加重国内的失业问题；将使本国货币供应量增长，从而加重通货膨胀；将加剧国际摩擦，因为一国的国际收支发生顺差，意味着有关国家国际收支发生逆差；国际收支顺差如为出口过多所形成的贸易收支顺差，则意味着国内可供使用资源的减少，因而不利于本国经济的发展。

一般说来，一国的国际收支越是不平衡，其不利影响也越大。虽然国际收支逆差和顺差都会产生种种不利影响，但相比之下，逆差所产生的影响更为恶劣，因为它会造成国内经济的萎缩、失业的大量增加和外汇储备的枯竭，因而对逆差采取调节措施要更为紧迫些。对顺差的调节虽不如逆差紧迫，但从长期来看也还是需要调节的。

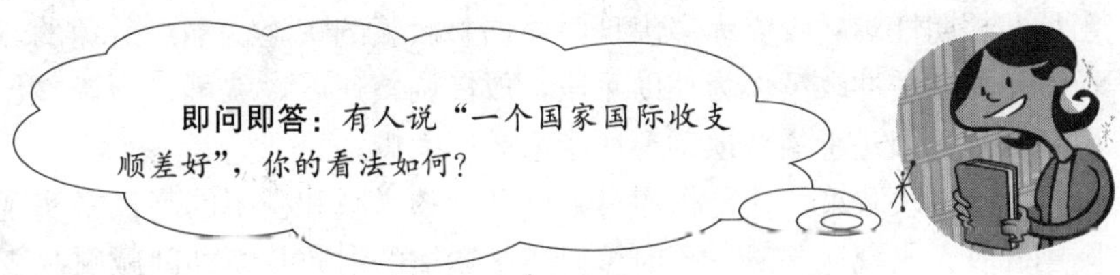

（三）国际收支失衡的原因

导致国际收支失衡的因素很多，在不同国家或同一国家的不同时期都会各不相同，但一般说来，主要有下述几个方面。

1. 周期性因素

在经济发展中，各国经济不同程度地处于周期性波动之中，周期性的不同阶段对国际收支有不同的影响。一般地，在经济繁荣阶段，由于生产高涨，进出口大幅度增加，经常项目可能出现顺差；而在经济萧条阶段，随着生产下降，出口减少，导致国际收支恶化。

2. 结构性因素

世界各国由于地理环境、自然资源、劳动力数量和质量、技术水平等经济条件的不同，各自生产并输出对本国相对有利的商品与劳务，从而形成各自的进出口产品结构，并使国际收支达到相对平衡。但是当商品、劳务的国际需求及国际供给相对关系发生变动时，如果这些国家不能及时相应调整其生产结构和进出口产品结构，其国际收支就可能不平衡。

3. 货币性因素

如果一国发生通货膨胀，国内物价上涨，在汇率不变的前提下，必然会抑制出口、刺激进口，从而导致国际收支逆差。相反，如果发生通货膨胀，则会刺激出口、抑制进口，使国际收支发生顺差。

4. 收入性因素

持续的较高的经济增长，国民收入增加，总需求上升，从而会使进口增加、出口减少而造成国际收支逆差。但国民收入大幅度提高后，是否会出现收入性不平衡，还取决于该国的边际储蓄倾向、边际进口倾向和出口能力的扩大等因素。

此外，偶然性因素如国际政治、经济突发事件、恶劣的气候等非正常因素，外汇投机和不稳定的国际资本流动等都会对一国国际收支产生影响，导致国际收支失衡。

（四）国际收支失衡的调节

一国国际收支出现失衡，特别是长期性逆差会对一国经济发展产生不利影响，因此必须予以调节。一般来说，国际收支失衡的调节应从三个方面着手：一是运用经济政策调节；二是实施直接管制；三是通过国际经济合作的办法，试图从根本上解决各国国际收支的不平衡问题。

1. 运用经济政策调节

（1）外汇缓冲政策。外汇缓冲政策是指运用官方储备的变动或临时向外筹措资金来抵消超额外汇需求或供给，从而改善国际收支状况。通过这一政策来融通一次性或季节性的国际收支赤字，是一种既简便又有益的做法。它能使国际收支失衡产生的消极影响止于国际储备，而不至于波及国内经济和金融。但实施外汇缓冲政策仅能解决国际收支短期性逆差，而不能解决那些巨额的、长期的国际收支逆差。因为一国的官方储备毕竟是有限的。当那些长期性国际收支赤字出现时，调整政策的实施是不可避免的。但在调整期间，适当地运用外汇缓冲政策作为辅助手段，放慢调整速度，就可以为调整创造宽松的环境，使国内经济避免因过于猛烈地调整所带来的巨大震动。

（2）财政政策。这是指通过财政开支的增减和税率的高低来实现国际收支调节。当一国国际收支出现逆差时，政府可以实施紧缩的财政政策即削减财政支出或提高税率，使国内经济处于紧缩状态，以降低国内总需求，降低物价，从而刺激出口、抑制进口，使国际收支恢复平衡。反之，当一国国际收支出现顺差时，则可采用扩张的财政政策，扩大政府支出，降低税率，以扩大国内总需求，提高物价，从而使进口增加，出口减少，国际收支恢复平衡。

（3）货币政策。这是指通过利率的调整来实现对国际收支的调节。当国际收支出现逆差时，政府可以采取紧缩的货币政策，即中央银行可以用提高再贴现率、提高法定存款准备金率或在公开市场卖出政府债券等手段减少国内货币供应，提高利率，抑制国内总需求，从而增加出口，减少进口，使得资本外流，以达到消除顺差恢复国际收支平衡的目的。

（4）汇率政策。这是指运用汇率的变动来平衡国际收支。在固定汇率制度下，如果一国国际收支发生持久的、根本性的不平衡，原有的汇率水平难以维持时，国家可以通过将货币法定贬值，以降低本国货币汇率，提高外汇汇率。这样一方面使本国产品在国际市场上以外币表示价格下跌，从而使商品富有竞争力，扩大出口；另一方面使外国商品在本国市场上以本币表示的价格相对提高，抑制进口。因此，运用汇率政策可以改善国际收支。如果一国国际收支发生顺差，国家可以通过将货币法定升值，来提高本国货币汇率，降低外汇汇率，由此扩大进口，抑制出口，减少顺差。在浮动汇率制度下，虽然汇率变化一般会对国际收支失衡起到一定的自动调节作用，但由于影响外汇供求的因素是复杂多变的，市场汇率变动不一定总是符合调节的需要。因而，国家也要采用各种手段影响与干涉汇率变化的方向和幅度，以有利于本国国际收支改善。如：当国际收支发生逆差时，就应买进外汇，提高外汇汇率，扩大出口，抑制进口；当国际收支发生顺差时，就应卖出外汇以降低外汇汇率，扩大进口，抑制出口。因此，在浮动汇率制度下，国家通过公开市场业务，人为地使本国货币上浮或下跌，可以达到平衡国际收支的目的。

2. 实施直接管制

直接管制是指一国政府用行政命令的方法，通过外汇管制和外贸管制来达到调节国际收支的目的。

(1) 外汇管制。外汇管制是指一个国家为了调节国际收支，减少外汇支出，对外汇的买卖、国际结算、资本流动和汇率等方面加以直接管制，以控制外汇供给和需求，维持本国货币对外汇率的稳定。

(2) 外贸管制。外贸管制的客体为对外贸易。外贸管制的各种措施是分别从进口和出口两个方面产生作用的。从出口管制来看，其形式主要有出口许可证、出口信贷和出口补贴等；从进口管制来看，主要有进口许可证制、进口配额制、提高关税等形式限制商品进口。该办法与世界贸易组织（WTO）的基本原则相矛盾，其作用将逐渐减弱。

3. 国际经济合作

(1) 协调经济政策。如近年来，西方工业国家定期召开首脑会议、财长会议等，对各国的财政、金融、贸易政策、外汇市场干预等进行协调与合作。

(2) 提倡自由贸易。提倡自由贸易，废除形形色色的贸易壁垒，使商品能在国际上自由流动，使国际贸易得以顺利进行。如订立各种贸易协定，推行经济一体化，越来越多的国家加入世界贸易组织等。

(3) 促使生产要素自由流动。促使生产要素自由流动即通过推行区域经济一体化、全球经济一体化，促使生产要素在国际上自由流动，使生产资源在国际上重新配置，提高各国的生产水平，以彻底解决国际收支的不平衡问题。

第三节　国际储备

一、国际储备概述

(一) 国际储备的概念

国际储备是指一国政府所持有的为了弥补国际收支逆差、维持汇率稳定以及紧急支付的国际上可接受的一切资产。国际储备的构成内容随着国际经济交易和金融关系的发展而不断丰富。目前，根据国际货币基金组织的规定，一国的国际储备包括四种类型：货币性黄金、外汇储备、在国际货币基金组织的储备头寸（reserve position in IMF）和特别提款权。

1．货币性黄金

货币性黄金是一国货币当局持有的作为金融资产的黄金，工业用黄金和民间所持有的黄金不计算在内。

2．外汇储备

外汇储备是各国货币当局持有的流动性较高的自由外汇资产。目前，各国普遍采用的储备货币主要有美元、英镑、日元、瑞士法郎、欧元等。外汇储备货币出现了多元化局面。

3．在国际货币基金组织的储备头寸

在国际货币基金组织的储备头寸是成员国向基金组织所缴份额中的外汇部分和基金组织用去的本国货币持有量部分。

4．特别提款权

特别提款权是国际货币基金组织对成员国根据其份额分配的，可以用以归还国际货币基金组织贷款和在成员国政府之间偿付国际收支赤字的一种账面资产。

（二）国际储备的作用

国际储备是一国的国际金融实力、在国际经济中的地位和参与国际经济活动能力的标志。其作用具体表现在下述几个方面。

1．调节国际收支

当一国由于各种原因而产生临时性国际收支逆差时，通过动用国际储备加以弥补，可以使国内经济免受采取调整政策产生的不利影响，有助于国内经济目标的实现。即使当一国因贸易条件长期恶化等结构性原因发生长期性国际收支赤字，而不得不采取调整措施时，动用国际储备可以使调整政策的实行有一个合理的时间分布，从而避免过快调整所带来的对国内经济的冲击。

2．稳定本国货币的汇率

在浮动汇率制度下，国际金融市场汇率波动频繁而剧烈，严重影响有关国家的经济发展与稳定。动用国际储备干预外汇市场，可以使本国汇率稳定在政府所希望的水平上。当外汇汇率上升、本币汇率下跌，且超过政府规定的目标区间时，中央银行便向市场抛出外汇，购回本币，抑制本币汇率的继续下跌；反之，则抛售本币以稳定汇率。

3．充当向外借款的信用保证

国际储备的状况是评定一国偿债能力和资信的重要标志之一。如果一国有充足的黄金外汇储备，就容易从各种渠道借入需要的国外资金和及时地安排还本付息；反之，就较困难。

二、国际储备管理

（一）国际储备的规模管理

一国对国际储备规模的管理，即使国际储备保持在最适当的国际储备量的水平上。

一国的国际储备具体究竟多少为宜，各国并没有统一的标准。因为一个国家在不同的发展阶段或是不同国家在相同的发展阶段的不同情况下，对国际储备的需求都会不同。

1. 经济增长和国民经济的对外依赖程度特别是对进口的依赖程度

一般地，经济增长较快，由此引起的各种意外的进口支出也会相应增加，因而需要保持较多的国际储备量；反之，则可保持较少的储备量。

2. 国际收支流量大小

一国国际收支流量越大，那么可能发生的逆差就越大，因此，需要的国际储备就越多；反之，需要的国际储备就越少。

3. 汇率制度

从理论上讲，在固定汇率制度下，由于当局必须经常干预外汇市场以稳定汇率，因而一国所需的储备量相对较多；而在浮动汇率制度下，汇率完全由市场调节，并且汇率的经常变动还对国际收支起着及时的调节作用，因而一国无须持有过多的储备量。

4. 对外资信的高低

如果一国对外资信高，则在国际金融市场上就容易筹措到各种外汇资金，则所需的国际储备量就少；反之，所需的国际储备就多。

5. 与他国的政策协调

如果一国与其他国家在经济、金融领域能进行及时有效的协调合作，则需要较少的国际储备；反之则相反。如在欧盟内，由于各成员国的财政货币政策基本一致，因而它们的国际储备量往往较少。

6. 外债总额及其偿还期的特点

如果一国的外债总额较大，而且近期内面临偿债高峰，那么就应保持较多的国际储备；反之，则应保持较少的国际储备。

7. 其他因素

其他因素如一国外汇管理的宽严程度、该国是否为储备货币发行国、导致外汇收支剧烈波动的各种季节性或偶然性因素等，充分掌握和估计这些因素，也是确定国际储备规模的重要依据。目前，国际上公认的最佳国际储备量比例：一是国际储备占当年进口额的25%。即相当于3个月的平均进口付汇额。低于这一比例，是储备不足；高于这一比例，是储备过度。二是国际储备与国民生产总值的比例，这个比例因国而异，一般情况下，发达国家较低，发展中国家较高。三是国际储备与外债总额的比例。一般说来，一国国际储备占外债总额的1/2为宜。

（二）国际储备的结构管理

国际储备的结构管理，包括对黄金、外汇、储备头寸、特别提款权四种类型的国际储备之间的数量结构比例管理，以及对于各类资产的各个组成部分的内在数量比例的管理两个层次。各国国际储备的结构管理，重点是黄金储备量的管理和外汇储备的货币结构管理。

1. 黄金储备量的管理

黄金相对于其他储备资产有保值、安全可靠的优点，但黄金储备流动性较差，且需支付一定的保管费用。目前各国货币当局持有黄金的比例总的来说呈下降的趋势。

2. 外汇储备的货币结构管理

在浮动汇率制度下，一国持有的外汇储备往往会因汇率的不利变动而遭受损失。为避免汇率风险以确保储备的安全，一国应实现储备货币的多元化，即尽量使其外汇储备保持

在几种或更多的货币形式上。在实现储备货币多元化的同时，为更好地选择各种储备货币，一国还应考虑以下因素：（1）储备货币发行国的经济、金融状况，包括该国的经济、金融实力、货币供应量、经济发展情况以及国际收支动态等。这些都是判断储备货币币值是否稳定的重要依据。（2）储备货币的利息效益。储备货币既要实现安全性目标，也要顾及盈利性目标。因此，必须对某种储备货币的汇率变动趋势和利率水平作出综合估计。（3）储备货币应尽量同进口支付和干预外汇市场时经常使用的货币保持一致，这将大大方便国际储备的动用。

三、我国的国际储备

（一）我国国际储备总量的确定

总量管理问题实为国际储备适度化问题。我国国际储备量究竟为多少才算适宜？要回答这个问题，需要对我国国际储备需求因素进行分析。影响我国国际储备的一般因素有：平衡国际收支差额、偿还外债、稳定经济及应付突发事件。影响我国国际储备持有量的特殊因素有：人民币自由兑换、经济转轨起飞、加入 WTO 等。所有这些因素，对我国国际储备持有量均有两方面影响，一方面是促使我国减少对国际储备的持有量，另一方面是促使我国增加对国际储备的持有量。

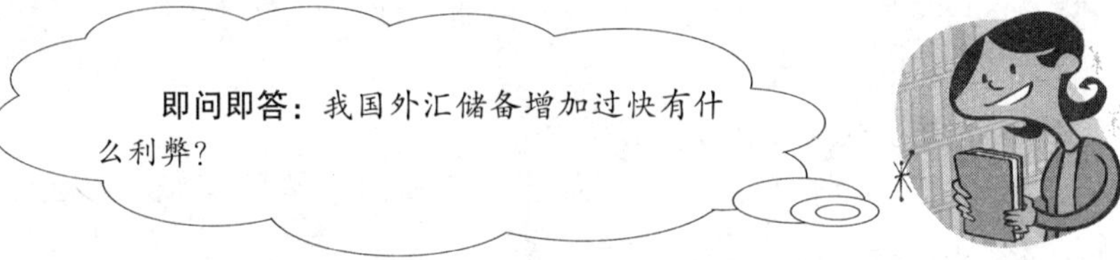

1. 促使我国减少国际储备持有量的因素

（1）通货膨胀。我国外汇储备占款在国家信贷资金运用总额中的绝对数额，仅次于发放贷款和财政占款，居第三位。储备持有过多，会在一定程度上引发通货膨胀。

（2）闲置资源有待利用。我国经济正处于起飞阶段，大量的闲置资源有待利用，保持过多的储备，必带来高额的机会成本。

2. 促使我国增加国际储备持有量的因素

（1）国际收支调节因素。目前，我国进出口结构还不尽合理，要改变这种结构需要长期努力，这就决定了我国国际收支调整的速度比较缓慢。加之我国向外融资能力较差，因此必须持有足够的储备应对国际收支逆差。

（2）维持人民币汇率的稳定。无数事实证明：一国货币汇率的稳定需要足够的储备资金。

（二）我国国际储备的结构管理

国际储备的结构管理主要是要解决各储备资产间的比例结构问题。

1. 对于黄金储备，应该持有量基本稳定

这是因为黄金价值稳定，在一定程度上可起到保值作用，一定量的黄金还有利于提高国家资信。但由于黄金的流动性差，黄金用于国际支付，要经过出售过程，势必延误时间。况且黄金不能生息，保存黄金还要负担保管费用等。因此，黄金亦不宜过多持有。

2. 正确使用在国际货币基金组织的储备头寸和特别提款权

在国际货币基金组织的储备头寸和国际货币基金组织分配的特别提款权这两部分在我

国现有的国际储备中占比很小，由于其来源具有特殊性，通常其数量多少及在整个国际储备中占比多少，并非全为我国所控制。因此，对它们的管理应集中在使用方面。在国际货币基金组织的储备头寸，基本是用做偿还国际货币基金组织对我国的各类贷款，如基金组织的备用信贷和信托基金贷款等。对于分得的特别提款权，基本将其用于缴纳我国在国际货币基金组织中不断增长的份额。

3. 外汇储备历来是我国国际储备的重点

由于外汇储备历来是我国国际储备的重点，因此外汇储备的管理亦成为我国国际储备管理的重点。对于外汇储备管理的基本原则是：

（1）多元化的货币储备，以分散汇率变动风险。

（2）掌握储备货币比例。一是根据支付进口商品所需要的货币币种和数量，确定该货币在储备中的比例；二是根据对外负债过程中遵循借、用、收、还货币一致性的原则，确定不同货币在储备中的比例；三是根据外汇汇率的变化，随时调整储备货币的比例。

总之，国际储备管理是当前我国金融工作一项新的而又十分重要的工作，尚需不断地研究与完善。

知识链接

中国人民银行的统计数据显示，截至2011年年末，我国外汇储备达31 811.48亿美元，较2011年三季度末净减少206亿美元，我国外汇储备出现近年来季度净减少的少有现象。

数据显示，2011年10月，我国外汇储备增加721亿美元，但11月和12月我国外汇储备分别减少529亿美元和397.6亿美元。

根据央行统计数据，我国外汇储备近年来虽然也曾出现过单月净减少现象，但季度净减少现象比较少见。2011年9月，我国外汇储备出现了16个月以来首次月度减少，当月外汇储备净减少608亿美元，但该季度我国外汇储备整体仍延续一定增势。

央行数据同时显示，截至12月末，我国外汇占款达253 587.01亿元，较11月末的254 590.31亿元减少1 003.3亿元，这是我国外汇占款连续第三个月出现月度减少现象。此前2011年10月和11月我国外汇占款分别减少了249亿元和279亿元。

经济学家认为，2011年四季度以来外汇占款连续减少、人民币对美元汇率于即期市场连续多日触及跌停，以及贸易顺差明显收窄和实际使用外资金额增速放缓等一系列迹象，均传递出当前短期国际资本外流的信息。

第四节　国际资本流动

一、国际资本流动的概念

资本，简言之，是指能够带来剩余价值的价值。它从本质上讲，不受国家或民族及疆域的限制，是国际性的，国际资本就是从这个角度来论述的。在国际上运行的货币资金、股票、债券等，就是国际资本。资本、生产、市场等的国际化，是世界经济国际化的一个重要标志。资本，从不同的角度来考察，形式多种多样。从资本的构成物来看，可分为实物资本和货币资本；从资本的周转时间来看，可分为长期资本和短期资本；从资本的投机性来看，可分为投资资本和投机资本；从资本的构成部门来看，可分为商业资本、产业资本、银行资本等。

国际资本流动是指资本从一个国家向另一个国家的运动。具体包括：贷款、援助、输出、输入、投资、债务的增加、债权的取得、利息收支、买方信贷、卖方信贷、外汇买卖、证券发行与流通等。

二、国际资本流动的类型

（一）按资本流动的期限或投资者的目的划分

按资本流动的期限或投资者的目的划分，国际资本流动可划分为长期资本流动和短期资本流动。

1. 长期资本流动

长期资本流动主要是指使用期限在一年以上或者未规定使用期限的流动资本。它是国际资本流动的重要方式，分为政府和私人的长期资本流动。引起长期资本流动的根本原因是世界生产力的发展与国际分工的不断深化。长期资本流动形成的基本条件是各国拥有的相对优势，如所有权优势、内部化优势和区位优势等，而长期资本流动的动机则是多样化的，包括利润驱动、生产要素驱动、市场驱动以及政治性投机等，主要包括直接投资、证券投资以及银行信贷等形式。

2. 短期资本流动

短期资本流动是指期限为一年或一年以内或即期支付资本的流入与流出。这种国际资本流动，一般都借助于有关信用工具，并通过电话、电报、传真等通信方式来进行。这些信用工具包括短期政府债券、商业票据、银行承兑汇票、银行活期存款凭单、大额可转让定期存单等。由于通过信汇、票汇等方式进行国际资本转移，相对来说，周转较慢，面临的汇率风险也较大，因此，短期资本流动多通过电话、电报、传真等方式来实现。短期资本流动主要包括贸易资金的流动、套利性资金的流动、保值性资金的流动以及投机性资金的流动四种类型。短期资本流动的特点包括复杂性、政策性、投机性和市场性。

（二）按资本流动的方向划分

按资本流动的方向划分，国际资本流动可分为资本流入和资本流出。

1. 资本流入

资本流入（capital inflows），表现为本国对外国负债的增加和本国在外国资产的减少，或者说，外国在本国资产的增加和外国对本国负债的减少。

2. 资本流出

资本流出（capital outflows）是指资本从国内流向国外。资本流出表现为本国对外国负债的减少和本国在外国资产的增加，或者说外国在本国的资产减少或外国对本国负债的增加。

（三）按具体表现类型划分

按具体表现类型划分，国际资本流动可以分为国际直接投资、证券投资和其他投资。

1. 国际直接投资

国际直接投资是指为了在国外投资获得长期的投资效益，并拥有对公司的控制权和企业经营管理权而进行的在国外直接建立企业或公司的投资活动。国际直接投资从子公司与母公司的生产经营方向是否一致看，可分为三种类型：横向型投资，同样或相似的产品，一般运用于机械制造业、食品加工业；垂直型投资，可为同一行业的处于不同流程中的产品，多见于汽车、电子行业，也可为不同的行业有关联的产品，多见于资源开采、加工行业；混合型投资，生产完全不同的产品，目前只有少数巨型跨国公司采取这种方式。从投资者是否新投资创办企业的角度看，可分为：创办新企业，又称绿地投资，分两种方式，即独资、合资；控制外国企业股权，外国投资者通过一定程序、渠道，购买东道国企业的股票达到一定比例，从而达到控制企业的目的。根据投资者对外投资的参与方式的不同，可分为合资企业、合作企业、独资企业三种形式。

2. 证券投资

证券投资是指投资者在国际证券市场上购买外币有价证券而进行的一种投资方式。对于一个国家来说，在国际证券市场上买进有关证券，就称投资，它意味着国际资本流出；反之，在国际证券市场上卖出有关证券，就称筹资，它意味着国际资本流入。国际证券市场，包括短期的证券市场和长期的资本市场。证券市场里的投资者和筹资者，可以是政府或企业，投资者也可以是个人，筹资者还可以是国际金融机构。证券投资包括股票投资和债券投资。

3. 其他投资

其他投资是除国际直接投资和证券投资的其他投资行为，如国际信贷。国际信贷是指各国政府、国际金融机构和国际银行等单方面或相互间提供的中长期贷款。国际信贷的主要特点是：它是单纯的借贷货币资本在国际上的转移，不像国际直接投资那样，涉及在他国设立企业实体或收购企业股权，也不像证券投资那样，涉及证券的发行与买卖。国际贷款的收益以利息及有关费用来体现，贷款风险主要由借款者承担。国际信贷的形式有政府贷款、国际金融机构贷款、国际银行贷款，国际信贷的具体形式还有很多，如出口信贷、租赁信贷、补偿贸易信贷等。

三、国际资本流动的原因

（一）过剩资本的形成或国际收支大量顺差

过剩资本是指相对的过剩资本。随着资本主义生产方式的建立，资本主义劳动生产率和资本积累率的提高，资本积累迅速增长，在资本的特性和资本家唯利是图的本性的支配下，大量的过剩资本被输往国外，以追逐高额利润，早期的国际资本流动就由此产生了。随着资本主义的发展，资本在国外获得的利润也大量增加，反过来又加速了资本积累，加剧了资本过剩，进而导致资本对外输出规模的扩大，加剧了国际资本流动。近年来，国际经济关系发生了巨大变化，国际资本、金融、经济等一体化趋势有增无减，加之现代通信技术的发明与运用，资本流动方式的创新与多样化，使当今世界的国际资本流动频繁而快捷。总之，过剩资本的形成与国际收支大量顺差是早期也是现代国际资本流动的一个重要原因。

（二）利用外资策略的实施

无论是发达国家还是发展中国家，都会不同程度地通过不同的政策和方式来吸引外资，以达到一定的经济目的。美国目前是全球最大的债务国，而大部分发展中国家经济比较落后，迫切需要资金来加速本国经济的发展，因此，往往通过开放市场、提供税收优惠、改善投资软硬环境等措施吸引外资的进入，从而增加或扩大了国际资本的需求，引起或加剧了国际资本流动。

（三）利润的驱动

增值是资本运动的内在动力，利润驱动是各种资本输出的共有动机。当投资者预期到一国的资本收益率高于他国时，资本就会从他国流向这一国；反之，资本就会从这一国流向他国。此外，当投资者在一国所获得的实际利润高于本国或他国时，该投资者就会增加对这一国的投资，以获取更多的国际超额利润或国际垄断利润，这些也会导致或加剧国际资本流动。在利润机制的驱动下，资本从利率低的国家或地区流往利率高的国家或地区，这是国际资本流动的又一个重要原因。

（四）汇率的变化

汇率的变化也会引起国际资本流动，尤其是20世纪70年代以来，随着浮动汇率制度的普遍建立，主要国家货币汇率经常波动，且幅度较大。如果一个国家货币汇率持续上升，则会产生兑换需求，从而导致国际资本流入，如果一个国家货币汇率不稳定或下降，资本持有者可能预期到所持的资本实际价值将会降低，则会把手中的资本或货币资产转换成他国资产，从而导致资本向汇率稳定或升高的国家或地区流动。

（五）通货膨胀的发生

通货膨胀往往与一个国家的财政赤字有关系。如果一个国家出现了财政赤字，该赤字又是以发行纸币来弥补的，这就必然增加了对通货膨胀的压力，一旦发生了严重的通货膨胀，为减少损失，投资者会把国内资产转换成外国债权。如果一个国家发生了财政赤字，而该赤字以出售债券或向外借款来弥补，也可能会导致国际资本流动，因为，当某个时期人们预期到政府又会通过印发纸币或征收额外赋税来偿付债务时，则又会把资产从国内转往国外。

（六）政治、经济及战争风险的存在

政治、经济及战争风险的存在，也是影响一个国家资本流动的重要因素。政治风险是指由于一国的投资气候恶化而可能使资本持有者所持有的资本遭受损失的风险。经济风险是指由于一国投资条件发生变化而可能给资本持有者带来损失的风险。战争风险是指可能爆发或已爆发的战争对资本流动造成影响的风险。例如海湾战争，就使国际资本流向发生重大变化，在战争期间许多资金流往以美国为主的几个发达国家（大多为军费）。战后安排又使大量资本涌入中东，尤其是科威特等国。

（七）国际炒家的恶性投机

所谓恶性投机，包含两层含义：第一，投机者基于对市场走势的判断，纯粹以追逐利润为目的，刻意打压某种货币而抢购另一种货币的行为。这种行为的普遍发生，毫无疑问会导致有关国家货币汇率的大起大落，进而加剧投机，使得汇率进一步动荡，形成恶性循环，投机者则在“乱”中牟利。这是一种以经济利益为目的的恶性投机。第二，投机者不是以追求盈利为目的，而是基于某种政治理念或对某种社会制度的偏见，动用大规模资金对某国货币进行刻意打压，由此阻碍、破坏该国经济的正常发展。但无论哪种投机，都会导致资本的大规模外逃，并会导致该国经济的衰退，如1997年7月爆发的东南亚货币危机。一国经济状况恶化→国际炒家恶性炒作→汇市、股市暴跌→资本加速外逃→政府官员下台→一国经济衰退，这几乎已成为当代国际货币危机的“统一模式”。

（八）其他因素

其他因素如政治及新闻舆论、谣言、政府对资本市场和外汇市场的干预以及人们的心理预期等，都会对短期资本流动产生极大的影响。

四、国际资本流动对经济的影响

（一）长期资本流动的影响

1. 对世界经济的一般影响

(1) 形成全球利润最大化。长期资本流动可以增加世界经济的总产值与总利润，并趋于最大化。因为，资本在国际上进行转移的一个原因，就是资本输出的盈利大于资本留守在国内投资的盈利，这意味着输出国因资本输出，在资本输入国创造的产值会大于资本输出国因资本流出而减少的总产值。这样，资本流动必然增加了世界的总产值和总利润，而且资本流动一般是遵循哪里利润率高往哪里流动的原则，最终会形成全球利润最大化。

(2) 加速世界经济的国际化。生产国际化、市场国际化和资本国际化，是世界经济国际化的主要标志。这三个国际化之间互相依存，互相促进，推动了整体经济的发展。

第二次世界大战后，资本流动国际化已经形成一个趋势，20 世纪 80 年代以来更有增无减。尤其资本流动国际化的外部环境与内部条件不断充实，如全球金融市场的建立与完善，高科技的发明与运用，新金融主体的诞生与金融业务的创新，以及知识的累积、思维的变化等，这些都使资本流动规模大增，流速加快，影响更广，而其所创造的雄厚的物质基础，又反过来推动生产国际化与市场国际化，使世界经济在更广的空间、更高的水平上获得发展。

(3) 加深了货币信用的国际化。首先，加深了金融业的国际化。资本在国际上的转移，促使了金融业尤其是银行业在世界范围内的广泛建立，银行网络遍布全球，同时也促使了跨国银行的发展与国际金融中心的建立，这些都为国际金融市场增添了丰富的内容。目前，不少国家的金融业已成为离岸金融业或境外金融业而完全国际化。其次，促使以货币形式出现的资本遍布全球，如国际资本流动使以借贷形式和证券形式体现的国际资本大为发展，渗入到世界经济发展的各个角落。最后，国际资本流动主体的多元化，使多种货币共同构成国际支付手段。目前，几个长期资本比较充裕的国家，其货币都比较坚挺，持有这些货币，意味着更广泛地在世界范围内实现购买力在国际上的转移或可更有选择余地地拥有清偿国际债权债务的手段。可见，上述因素都在不同程度上加深了货币信用的国际化。

2. 对资本输出国的影响

在一般情况下，长期资本流动对资本输出国的影响有积极与消极两个方面。

积极影响：

(1) 可以提高资本的边际效益。长期资本输出国一般是资本较充裕或某些生产技术具有优势的国家。这些国家由于总投资额或在某项生产技术领域的投资额增多，其资本的边际效益就会递减，由此使新增加的投资的预期利润率降低。如果将这些预期利润率较低的投资额，转投入到资本较少或某项技术较落后的国家，便可提高资本使用的边际效益，增加投资的总收益，进而为资本输出国带来更可观的利润。

(2) 可以带动商品出口。长期资本输出会对输出国的商品出口起推动作用，从而增加出口贸易的利润收入，刺激国内的经济增长。如某些国家采用出口信贷方式，使对外贷款（即资本输出）与购买本国的成套设备或某些产品相联系，从而达到带动出口的目的。

(3) 可以迅速地进入或扩大海外商品销售市场。

(4) 可以为剩余资本寻求出路，生息获利。

(5) 有利于提高国际地位。

资本输出，一般来说意味着该国的物质基础较为雄厚，意味着该国更有能力加强同其他国家的政治与经济联系，从而有利于提高自己的国际声誉或地位。

消极影响：

(1) 必须承担资本输出的经济和政治风险。当今世界经济和世界市场错综复杂，资本输出一不小心，如投资方向错误，就会产生经济业务的风险。此外，资本输出国还得承担投资的政治性风险，这体现在若资本输入国发生政变或政治变革，就可能会实施不利于外国资本输出的法令，如没收投资资本，甚至拒绝偿还外债等。在国际债务历史上，曾经发生过有的国家因陷入债务危机而停止还债的现象，这便是一个明证。

(2) 会对资本输出国经济发展造成压力。在货币资本总额一定的条件下，资本输出会使本国的投资下降，从而减少国内的就业机会，降低国内的财政收入，加剧国内市场竞争，进而影响国内的政治稳定与经济发展。

3. 对资本输入国的影响

与对资本输出国的影响相同，长期资本流动对资本输入国的影响也分为积极与消极两个方面。

积极影响：

(1) 可以弥补输入国资本不足。一个国家获得的间接投资，通过市场机制或其他手段会流向资金缺乏的部门和地区；一个国家获得直接投资，则在一定程度上会弥补国内某些产业的空心化现象。其结果既解决了资金不足问题，又促进了经济的发展。

(2) 可以引进先进技术与设备，获得先进的管理经验。长期资本流动的很大一部分是直接投资。该投资的特点就是能给输入国直接带来技术、设备，甚至是销售市场。因此，只要输入得当，采取的政策科学合理，资本输入无疑会提高本国的劳动生产率，增加经济效益，加速经济发展进程。

(3) 可以增加就业机会，增加国家财政收入。资本输入的目的在很大程度上是用来创建新企业或改造老企业，这对发达国家或发展中国家都是如此。这样，就有利于增加就业机会，有利于增加国民生产总值，进而有利于增加国家财政收入，提高国民的生活水平。

(4) 可以改善国际收支。一方面，输入资本，建立外向型企业，实现进口替代与出口导向，将有利于扩大出口，增加外汇收入，进而起到改善国际收支的作用；另一方面，资本以存款形式进入，也可能形成一国国际收支的来源。

消极影响：

(1) 可能会引发债务危机。资本输入国若输入资本过多，超过本国承受能力，则可能会出现无法偿还债务的情况，导致债务危机的爆发。

（2）可能使本国经济陷入被动境地。若输入资本过多又管理不善并使本国经济不能获得长足发展的话，资本输入国就会对外产生很强的依赖性。这样，一旦外国停止资本输出或抽走资本时，本国经济发展就会陷入被动的境地，甚至使本国的政治主权受到侵犯。

（3）加剧国内市场竞争。大量外国企业如果把产品就地销售，必然会使国内市场竞争加剧，从而使国内企业的发展受到影响。

（二）短期资本流动的影响

1. 对国际贸易的影响

在国际贸易中，买卖双方（或银行）提供的短期资金融通，如预付货款、延期付款及票据贴现等，都有利于国际贸易双方获得资金便利，从而有利于国际贸易的顺利进行。

2. 对各国国际收支的影响

（1）当一国出现暂时性的国际收支失衡时，短期资本流动有利于调节失衡。当一国的国际收支出现暂时性逆差时，该国的货币汇率就会下跌，如果投机者意识到这种汇率下跌仅是暂时的，预期不久就会上升，于是就按较低汇率买进该国货币，等待汇率上升后再以较高的汇率卖出，这样就形成了该国的短期资本流入之势，这种趋势显然有利于调节该国的国际收支逆差。反之，一国的国际收支出现暂时性顺差时，该国汇率就会上升，如果投机者意识到该汇率上升只是暂时的，预期不久会回落，于是就按较高的汇率卖出该国货币，等待汇率回落后再以较低的汇率买进该国货币。这种投机行为形成该国的短期资本流出，这也显然有利于减少该国出现的暂时性顺差。

（2）当一国出现持续性国际收支不平衡时，则投机性和保值性短期资本流动会加剧该国的国际收支失衡状态。当一个国家出现持续性逆差时，该国的货币汇率就会持续下跌，如果投机者预期到该国货币汇率还会进一步下跌，他就会卖出该国货币，买进其他货币，以期该国货币贬值，其他货币升值后获利。这种投机行为，会使该国的资本流出，从而会扩大逆差，加剧国际收支失衡。反之，当一个国家出现持续性顺差时，这个国家的货币汇率就会持续上升，如果投机者预期到这种汇率还会上升，他就会卖出其他货币，买进该国货币，以期该国货币升值后获利。这种投机行为，会使该国顺差扩大，从而也加剧了国际收支失衡。

3. 对国际金融市场的影响

短期资本流动会加剧国际金融市场动荡，表现在它会造成汇率大起大落，投机更加盛行。如上所述，一国发生短期性国际收支不平衡时，汇率将发生波动。因为投机者是在外汇供不应求、本币汇率偏低时，卖出外汇、买进本币，或在外汇供大于求、本币汇率偏高时，买进外汇、卖出本币。这种投机性资本流动，既有利于国际收支平衡的调节，又有利于保持市场汇率的稳定。但相反，一旦一国发生持续性国际收支失衡，这时，投机者是在外汇供不应求时买进外汇，而在外汇供大于求时卖出外汇，这种行为显然不利于国际收支平衡，也不利于汇率的稳定。因此，这种投机行为会促使国际金融市场动荡不安，不过有一种情况例外，即如果一国发生持续性国际收支失衡，是因为汇率偏高或偏低没有得到及时调整所致，这时，这种投机又会强迫该国适时进行调整，从而使汇率趋于合理水平，因此，这种行为也具有积极意义。

活动设计

国际收支平衡表

1. 活动资料

下面的资料是一个假想的发展中国家A在2011年与世界其他国家的交易项目：

A国政府获得价值50亿美元的国外援助；进口价值300亿美元的大豆；在A国经营的跨国公司的利润为50亿美元；英国银行向A国政府贷款200亿美元；A国出口创汇200亿美元；A国购买外国不动产150亿美元；A国中央银行卖出30亿美元储备资产以干预外汇市场。

2. 活动要求

编制A国2011年的国际收支平衡表。2011年A国的贸易差额、经常项目差额各是多少？资本项目账户是盈余还是赤字？官方储备资产如何变化？

3. 活动场所

教室。

本章小结

外汇有广义和狭义之分，外汇包括自由外汇和记账外汇。汇率按确定汇率的方法划分，可分为基本汇率和套算汇率；按对外汇管理的宽严程度划分，可分为官方汇率和市场汇率；按政府允许使用的汇率种类多少划分，可分为单一汇率和复汇率；按银行买卖外汇的价格划分，可分为买入汇率、卖出汇率、中间汇率和现钞汇率；按外汇交易的交割期限划分，可分为即期汇率和远期汇率；按国际货币体系的演变或国际汇率制度划分，可分为固定汇率和浮动汇率。汇率变动会对一国经济产生影响。

国际收支概念有广义和狭义之分。国际收支平衡表包括经常项目、资本项目和平衡项目。国际收支有平衡、顺差、逆差三种状态。造成国际收支失衡的原因有：周期性因素、结构性因素、货币性因素、收入性因素等，主要通过运用经济政策、实施直接管制、国际经济合作等措施进行调节。

一国的国际储备包括四种类型：货币性黄金、外汇储备、在国际货币基金组织的储备头寸和特别提款权。国际储备包括规模管理和结构管理。

国际资本流动是指资本从一个国家向另一个国家的运动。国际资本流动的类型主要有长期资本流动和短期资本流动，国际资本流动的原因有过剩资本的形成或国际收支大量顺差、利用外资策略的实施、利润的驱动等，国际资本流动对经济具有积极和消极影响。

本章自测

一、单项选择题

1. 一国自主性交易的收入大于支出，称为国际收支（　　）。

A. 逆差　　B. 顺差　　C. 平衡　　D. 不平衡

2. 下列选项中，应记入国际收支平衡表贷方的项目有（　　）。

A. 出口外汇收入　B. 资本流出　C. 政府对外捐款　D. 进口外汇支出

3. 持续的较高的经济增长，国民收入增加，总需求上升，从而会使进口增加、出口减少而造成国际收支逆差的影响因素是（　　）。

A. 周期性因素　B. 结构性因素　C. 货币性因素　D. 收入性因素

4. 反映实际资源跨国转移状况的国际收支局部差额是（　　）。

A. 贸易差额　B. 经常项目差额

C. 基本差额　D. 综合差额

二、多项选择题

1. 按确定汇率的方法划分，汇率分为（　　）。

A. 基本汇率　B. 套算汇率　C. 即期汇率　D. 远期汇率

2. 按对外汇管理的宽严程度划分，汇率分为（　　）。

A. 官方汇率　B. 套算汇率　C. 即期汇率　D. 市场汇率

3. 按政府允许使用的汇率种类多少划分，汇率分为（　　）。

A. 单一汇率　B. 复汇率　C. 即期汇率　D. 市场汇率

4. 按银行买卖外汇的价格划分，汇率分为（　　）。

A. 买入汇率　B. 卖出汇率　C. 中间汇率　D. 现钞汇率

5. 按外汇交易的交割期限划分，汇率分为（　　）。

A. 即期汇率　B. 远期汇率　C. 中间汇率　D. 现钞汇率

6. 从国际收支不均衡产生的原因来考察，国际收支不均衡可分为（　　）。

A. 收入性不均衡　B. 货币性不均衡

C. 利率性不均衡　D. 周期性不均衡

7. 国际收支逆差的情形是指（　　）。

A. 调节性交易的收入小于调节性交易的支出

B. 自主性交易的收入小于自主性交易的支出

C. 事前交易的支出大于事前交易的收入

D. 事前交易的收入小于事后交易的支出

E. 事后交易的支出大于事后交易的收入

8. 国际收支调节机制需要（　　）来发挥作用。

A. 国民收入　B. 利率　C. 汇率　D. 物价

9. 国际收支平衡表中经常项目的内容包括（　　）。

A. 贸易收支　B. 转移收支　C. 劳务收支　D. 投资收支

三、判断题

1. 所有居民与非居民不包括法人和自然人。（　　）

2. 国际收支是一个国家经济交易的流量。（　　）

3. 一国或地区的国际收支略有顺差或逆差，就是实现了国际收支的平衡。（　　）

4. 一国国际收支不平衡是不需要调节的。（　　）

5. 国际储备越多越能反映对外支付能力，所以储备越多越好。（　　）

6. 国际资本流动对流入国具有积极作用，对流出国具有消极作用。（　　）

四、名词解释题

国际收支　国际储备　国际结算　国际资本流动

五、问答题

1. 如何理解国际收支的概念？
2. 国际收支平衡表的内容有哪些？
3. 简述国际收支失衡的原因。应如何调节国际收支失衡？
4. 国际储备的内容有哪些？
5. 如何管理国际储备？

第十章
保险、信托、租赁

通过本章的学习，理解风险、保险、租赁、信托的概念；熟悉保险的分类、保险合同的内容、信托的种类、租赁的程序；掌握保险的原则、信托的构成要素、租赁的种类；能够运用相关知识处理保险、信托、租赁业务。

1982年，英国伦敦一名叫马丁·鲁滨逊的出版商，向伦敦劳合社保险组织投保了苏共总书记安德罗波夫的生命和任期保险。保险公司负责：如果安德罗波夫在1984年6月以前死亡、辞职或下台，则须向鲁滨逊支付22 500英镑的赔偿。这个异国的出版商与安德罗波夫素昧平生，他为什么可以替安德罗波夫投保呢？原因是马丁·鲁滨逊当时正在准备出版一本名为《安德罗波夫在台上》的书，如果安德罗波夫在政治舞台上提前隐退，必然会影响到该书发行的商业利益，这样，安德罗波夫下台就对它具有可保利益了。为了保障自身利益，鲁滨逊交了4 700英镑的保险费，投保了这一世间罕见的保险。1984年2月9日，安德罗波夫逝世，鲁滨逊获得了劳合社保险组织的赔偿。

第一节 保 险

一、风险与保险的概念

（一）风险的概念

风险是指损失的不确定性。它有两层含义：一是可能存在损失；二是这种损失是不确定的。所谓不确定是指：是否发生不确定；发生的时间不确定；发生的空间不确定，即在什么地点发生不确定；发生的过程和结果不确定，即损失程度不确定。不确定的程度可以用概率来表述，当概率在0到0.5时，随着概率的增加，不确定性也相应增加；当概率为0.5时，不确定性最大；当概率在0.5至1时，随着概率的增加，不确定性相应减少；当概率等于0或1时，不确定事件转化为确定事件。概率为0，表示肯定不发生；概率为1，表示肯定发生。

（二）保险的概念

保险，有广义和狭义之分。广义的保险，是指保险人向投保人收取保险费，建立专门用途的保险基金，并对投保人负有法律或合同规定范围内的赔偿和给付责任的一种经济保障制度。一般包括由国家政府部门经办的社会保障、由专门的保险公司按商业原则经营的商业保险和由被保险人集资合办、体现自保互助精神的合作保险等。

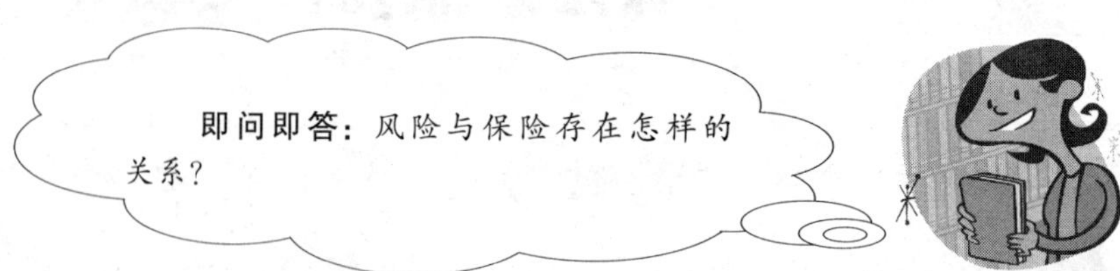

狭义的保险特指商业保险，即投保人根据合同约定，向保险人支付保险费，保险人对于合同约定的可能发生的事故因其发生所造成的财产损失承担赔偿保险金责任，或者当被保险人死亡、伤残、疾病或者达到合同约定的年龄、期限时承担给付保险金责任的商业保险行为。它包括四层含义：（1）商业保险行为；（2）合同行为；（3）权利义务行为；（4）经济补偿或保险金给付以合同约定的保险事故发生为条件。

二、保险的分类

（一）按照保险标的分类

1. 财产损失保险

广义的财产保险包括财产损失保险、责任保险、信用保险、保证保险和农业保险。狭义的财产保险仅指财产损失保险，是以财产及其有关利益为保险标的的一种保险。财产损失保险包括普通财产保险、货物运输保险、运输工具保险、建筑安装工程保险、特殊财产保险等。普通财产保险的前身是火灾保险，包括企业财产保险、家庭财产保险、个体工商户和私营企业保险等。特殊财产保险主要有航天保险、核电站保险、计算机保险等。

2. 人身保险

人身保险是以人的寿命和身体为保险标的的保险。人身保险包括人寿保险、健康保险和意外伤害保险。

3. 责任保险

责任保险是以被保险人对第三者依法应负的赔偿责任为保险标的的保险。

4. 信用保险

狭义的信用保险是以信用交易中债务人的信用作为保险标的，在债务人未能如约履行债务清偿而使债权人遭受经济损失时，由保险人向债权人提供风险保障的一种保险。广义的信用保险包括狭义的信用保险和保证保险。

5. 保证保险

保证保险是由保险人为被保险人向权利人提供的担保业务，当被保险人的行为使权利人遭受经济损失时，保险人负经济赔偿责任。

6. 农业保险

农业保险是指由保险公司专门为农业生产者在从事种植业和养殖业生产的过程中，对遭受自然灾害和意外事故所造成的经济损失提供经济保障的一种保险。

（二）按照保险保障的主体分类

1. 团体保险

团体保险是投保人以集体名义与保险人签订一份总保险合同，由保险人向团体内的成员提供保障的保险。例如，企业、机关、社会团体、事业单位采取集体投保方式，为其员工个人向保险人集体办理投保手续所建立的保险关系。常见的团体保险是人身保险。随着保险业的发展，团体保险也在向责任保险或其他保险拓展。

2. 个人保险

个人保险是以个人名义向保险人购买的保险。

（三）按照保险实施的方式分类

1. 自愿保险

自愿保险是指在自愿的原则下，投保人与保险人双方在平等互利、等价有偿的原则基础上通过协商，采取自愿方式订立保险合同而建立的保险关系。

2. 强制保险

强制保险又称为法定保险，是指根据国家颁布的法律或法规，凡是在规定范围内的单位或个人，不管愿意与否都必须参加的保险。

（四）按照风险转嫁形式分类

1. 原保险

原保险是指投保人与保险人之间签订合同而形成的保险。

2. 再保险

再保险又称分保，是保险人将其所承保的保险业务分给另一个或几个保险人分担的保险。

3. 重复保险

重复保险是指投保人就同一保险标的、同一保险利益、同一保险事故分别与两个以上保险人签订保险合同，各保险合同的保险金额加起来超过保险价值的保险。

4. 共同保险

共同保险又称为共保，是由几个保险人联合直接承保同一标的或同一风险而保险金额不超过保险标的价值的保险。在发生赔偿责任时，各保险人按照各自承保的金额比例分摊。

共同保险这种转嫁风险的方式属于风险的第一次转嫁，而再保险是属于风险的第二次转嫁，共同保险与重复保险均存在多个保险人、一个投保人。但是，重复保险有多份保险合同，而共同保险只有一份；共同保险的保险金额之和不超过保险价值，而重复保险的保险金额之和超过保险价值。

案例分析

投保人就同一财产利益分别与保险人甲和乙签订了财产保险合同（即两份保险合同）。其中，保险人甲又将承保的投保人的财产险转让一部分给了保险人丙。

分析题：请指出重复保险、原保险、再保险的关系。

（五）按照承保的风险分类

1. 单一风险保险

单一风险保险是指仅对某一风险提供保障的保险。

2. 综合风险保险

综合风险保险是指保险人对两种及两种以上的风险损失承担赔付责任的保险。

3. 一切险

一切险是指保险人对列举不保风险以外的一切风险都提供保险保障的保险。

三、保险的原则

（一）最大诚信原则

1. 最大诚信原则的含义

最大诚信是指当事人要向对方充分而准确地告知有关保险的所有重要事实，不允许存在任何的虚伪、欺骗和隐瞒行为。

所谓重要事实，一般是指对保险人决定是否承保或以何种条件承保起影响作用的事实，它影响保险人决定是否接受投保人的投保和确定收取保险费的数额，包括有关投保人和被保险人的情况，有关保险标的的情况，风险因素及以往遭到其他保险人拒保的事实。例如：房屋的结构及用途；汽车有无撞车的历史；船舶保险中船舶的船龄、船级、船籍以及是否有过海损记录情况；人寿保险中被保险人的年龄、性别、健康状况、既往病史、家族遗传病史、居住环境、职业、嗜好等。

最大诚信原则可表述为：保险合同当事人双方订立保险合同及在合同的有效期内，应依法向对方提供影响对方作出是否缔约及缔约条件的全部实质性重要事实；同时绝对信守合同订立的约定与承诺。否则，受到损害的一方可以以此为理由宣布合同无效或不履行合同的约定义务或责任，还可以对因此而受到的损害要求对方予以赔偿。

2. 最大诚信原则的基本内容

最大诚信原则的基本内容体现在三方面，即告知、保证及弃权与禁止反言。

(1) 告知。狭义的告知是指双方当事人在合同订立前和订立时，互相据实申报和陈述。保险最大诚信原则中的告知是广义的告知，指在保险合同订立前、订立时及在合同有效期内，投保人对已知或应知的与危险和标的有关的实质性重要事实据实向保险人作出口头的或书面的申报，保险人也应将与投保人利害相关的实质性重要事实据实通告投保人。

(2) 保证。保证是指保险人要求投保人或被保险人在保险期间对某一事项的作为或不作为或某种状态的存在与不存在作出许诺。保证是一项从属于主要合同的承诺，是保险合同成立的基本条件。根据保证存在的形式来划分，可以分明示保证和默示保证；根据保证事项是否已确实存在，保证又可分为确认保证和承诺保证。明示保证是以条款形式在合同中载明的，这种条款可以作为保险单的一部分，被保险人必须遵守，否则保险人可以宣告保险合同无效。

案例分析

2006 年上海郊县有一农村妇女因患高血压休息在家，同年 8 月投保了保险金额为

20万元、期限为20年的人寿保险，投保时隐瞒了病情。2006年12月该妇女高血压病情发作，不幸去世。被保险人的丈夫作为家属请求保险公司给付保险金。

分析题：保险公司是否履行给付责任？

分析：因为投保人投保时隐瞒了病情，违反了如实告知义务。因此，保险人有权解除保险合同，不承担给付保险金的责任，并且不退还保险费。

默示保证是指保证虽然在保险单中没有载明，但从习惯上或社会公认的角度看，被保险人应该保证作某种行为或不作某种行为。默示保证与明示保证一样，被保险人也必须严格遵守，如有违背或破坏，保险人也可宣告保险合同无效。默示保证在海上保险中有很重要的意义，例如船舶保险单要求保险船舶必须具有适航能力，即要使船舶的一切方面（包括船舶的结构、设备和给养，以及船长资格等）都能合理地适于所投保船只的一般海上风险；在航行中要按预定航线航行，非因避难不得绕航或改变航程；必须经营合法的运输业务等。这些都不在保单中载明，而是被公认的默示保证。

承诺保证是指某一事项现在如此，将来必继续如此。例如某投保人为其仓库投保火险，因仓库装有自动灭火设备，得以享受优待费率，则投保人须在保险期限内使灭火装置保持良好可用的状态，否则即破坏了承诺保证。确认保证则是指某一事项现在如此，而不涉及将来的情况。例如某投保人投保汽车保险时，说明在过去的三年内，没有发生保险人中途终止契约的情况，这就是确认保证。

（3）弃权与禁止反言。弃权，是指双方当事人任何一方放弃在保险合同中可以主张的某种权利。禁止反言，是指一方当事人放弃了合同中可以主张的权利，日后不得再重新主张这种权利。弃权与禁止反言，它们的含义虽有不同，但其产生的效果却是一样的。就保险合同而言，弃权与禁止反言，并不是有效条件。但是，有时订立保险合同有这样的情况：在保险人没有弃权的条件上，本来合同是不成立的，而由于保险人的弃权行为，可以使合同有效。换言之，保险人或其代理人倘若诱使投保人相信，他可以做保险单禁止做的某种事情，这时，保险合同一经成立，保险人不得以投保人的此种作为或不作为为理由，而主张保险合同无效。

3. 违反最大诚信原则的处理

（1）告知的违反及处理。投保人故意隐瞒事实，不履行如实告知义务，保险人有权解除保险合同，并对保险合同解除前发生的保险事故不承担赔偿或给付保险金的责任，不退还保险费。投保人因过失未履行如实告知义务的，足以影响保险人决定是否同意承保或者提高保险费率的，保险人有权解除保险合同。未告知事实对保险事故的发生有严重影响的，保险人对于保险合同解除前发生的保险事故，不承担赔偿或者给付保险金的责任，但可以退还保险费。被保险人或者受益人在未发生保险事故的情况下，谎称发生了保险事故，向保险人提出赔偿或者给付保险金的请求的，保险人有权解除保险合同，并不退还保险费。

对于保险人来说，保险合同中规定有关于保险人责任免除条款的，保险人在订立合同时未履行责任免除明确说明义务，该保险合同责任免除条款无效，即自保险合同成立时起对投保人不产生效力。保险人在承保时务必对这些条款加以重视并严格遵守，避免产生不必要的分歧。

(2) 违反保证的处理。保证是保险合同的基础，被保险人或投保人违反保证，保险合同就失去了得以成立的依据。被保险人违反保证，不论是否有过失，亦不论是否给保险人带来损害，保险人均可解除合同，并不负赔偿责任，除人寿保险外一般也不退还保险费。对于违反保证的处理，还应当坚持客观的和实事求是的分析原则。从被保险人违反保证的原因来分析，如果是属于被保险人方面的原因，未履行保证义务的，保险人自其违约之日起不负赔偿责任，也不退还保险费；如果是由于不可抗力的原因使被保险人不能履行保证义务的，例如法令改变、环境改变等，保险人可解除合同也可修改保证条件，增收保险费以继续承保。从违反保证条款的性质来分析，对承诺保证，被保险人违反前已发生保险事故的，保险人应负赔偿责任；而违反后发生保险事故的，保险人不负赔偿责任。对确认保证，如果保证不真实，保险人不负赔偿责任，如果确认的情况非被保险人的原因而发生变化，保险人应负赔偿责任。

保险人违反保证，拒不履行保险合同约定的赔偿或者给付保险金的义务，将依法追究其经济责任，构成犯罪的，依法追究其刑事责任，并由保险监管部门对保险人及有违法行为的工作人员予以处罚。

(二) 保险利益原则

1. 保险利益原则的含义

保险利益，是指投保人对保险标的具有的法律上承认的利益，即投保人或被保险人因保险标的的损害而丧失或遭受经济上的损失。

保险利益原则是保险运行中的基本原则，它的本质内容是投保人以其所具有保险利益的标的投保，否则，保险人可单方面宣布合同无效；当保险合同生效后，投保人或被保险人失去了对保险标的的保险利益，则保险合同随之失效；当发生保险责任事故后，被保险人不得因保险而获得保险利益额度以外的利益。

保险利益原则要求投保人在与保险人订立保险合同时，必须对保险标的具有保险利益；保险人在承保时，应认定投保人对投保标的所具有的保险利益；而且双方的保险金额不得超过该保险利益的额度。在处理赔付时，特别是在财产保险中，保险人应先认定索赔者对保险标的是否具有保险利益，再确定赔付的额度不得超过其保险利益的额度。

2. 保险利益构成的条件

(1) 保险利益必须是法律上认可的利益。保险利益必须是符合法律规定，符合社会公共秩序要求，为法律认可并受到法律保护的利益。如果投保人以非法律认可的利益投保，不构成保险利益，保险合同无效。如货主以走私货物投保水险，小偷以偷来的赃物投保家庭财产保险，虽然投保人与保险标的之间也具有某种利益，但因这种利益是非法的，所以不能成为保险利益，即使以此订立了保险合同，保险合同也无效。这里，“法律”既包括保险法，也包括民法、商法或其他法律、法规。

(2) 保险利益必须是经济上的利益。保险利益必须是可以用货币计算和估价的利益。订立保险合同目的是弥补被保险人或受益人因保险标的出险所受的经济损失，因此，保险利益必须在经济上确有价值，而且可以用货币的形式进行计算。如果损失不能用货币来计量，那么，即使发生了保险事故也难以确定应予补偿的标准，保险合同也无从生效。人身的价值虽然不像财产那样容易确定，但我们可以以被保险人或受益人的经济保障需要为依据作为人身保险的保险利益。但是遗属因失去亲人所致感情上的悲痛，却不能作为保险利益而要求补偿。

（3）保险利益必须是确定的利益。这里“确定的利益”既包括现有利益，又包括期待利益。现有利益就是指现实中已存在的利益，如已取得财产的所有权或使用权等。期待利益又称预期利益，是指将要获得的、合法的、可以实现的利益，如预期利润、预期运费等。一般来说，仅有预期利益不能认为具有保险利益，但是依附于现有利益上的预期利益也可承认，只是，在受损索赔时，这种预期利益必须已成为现实利益。

3. 各种保险的保险利益

（1）狭义财产保险的保险利益。具体包括四个方面：第一，财产所有人对其财产有保险利益。例如私营企业的业主、家庭财产的所有者等。对于对财产虽有所有权但不能充分行使这种所有权，而是由民事主体行使所有权的所有人来说，其对财产的保险利益是通过财产的经营管理来实现的，所以经营管理者也可以对财产具有保险利益。第二，抵押权人、质权人对抵押、出质的财产具有保险利益。抵押和质押都是对负债的一种担保，当债权不能获得清偿时，抵押权人、质权人有从抵押或出质的财产中优先受偿的权利。所不同的是，抵押并不转移财产的占有，而出质要转移财产的占有，即质权人对财产具有留置权。抵押权人、质权人因债权债务关系对财产具有经济上的利害关系，所以对抵押、出质的财产均具有保险利益。例如银行实行抵押贷款，银行是抵押权人，对抵押财产具有保险利益，因为抵押财产的损失将会使银行蒙受损失。但是，应强调的是，抵押权人对抵押财产具有的保险利益仅限于其所借出款项部分，并且在借款人还款后，银行对抵押财产的抵押权消失，其对抵押财产具有的保险利益也随之消失。第三，财产受托人或保管人对所保管的财产具有保险利益。这种保险利益来自一种经济责任。因为受托人或保管人对委托人的财产的安全负有责任，一旦财产受损，他要负经济赔偿责任，所以他对该项财产具有保险利益。第四，合同产生的保险利益。由于合同关系，当事人一方或双方对合同的标的物具有保险利益。例如，进出口贸易的进口方和出口方都具有投保货物运输保险的保险利益。在财产保险中，投保人不但对财产的物质本身具有保险利益，而且对一种预期的、非物质的利益也同样具有保险利益。例如，租船人租船运输，在运费实行“到付”的情况下，一旦船舶在运输途中遭遇海难，运费就会受到损失（收不回运费），因而租船人对预期的运费收入有保险利益。

（2）责任保险的保险利益。被保险人在生产、经营以及日常生活中，因疏忽或过失造成他人人身伤害或财产损失，按照法律规定对受害者应承担损害赔偿责任。有时被保险人虽无过失或疏忽，但按法律规定，仍须对受害人的损害负经济赔偿责任。所有这些责任一经产生，便会给被保险人带来经济上的损失，因此被保险人对此也有保险利益。例如，根据民法的有关规定产品制造商、销售商、修理商等由于产品的缺陷造成消费者的人身伤害或财产损失，应承担经济赔偿责任。因此，产品的制造商、销售商、修理商等对消费者使用其产品造成的损害赔偿具有保险利益。

（3）信用保险的保险利益。信用保险标的是一种信用行为。在经济合同中，因义务人不履行合同条件，致使权利人受到经济损失，可以通过投保信用保险由保险人承担经济赔偿责任。在这里，保险人承担的是一种信用风险，权利人或义务人对于这种信用具有保险利益。

(4) 人身保险的保险利益。投保人以自己的寿命或身体为标的投保人身保险，任何人对自己的寿命或身体具有保险利益。投保人以他人的生命或身体为标的投保人身保险，并非都具有保险利益，而是有严格的限制范围。根据我国《保险法》的规定，投保人对其配偶、子女、父母以及有抚养、赡养或者扶养关系的家庭其他成员和近亲属具有保险利益。除以上人员外，《保险法》还规定："被保险人同意投保人为其订立合同的，视为投保人对被保险人具有保险利益。"

案例分析

一游客到北京旅游，在游览了故宫博物院后，出于爱护国家财产的动机，自愿交付保险费为故宫投保。

分析题：该游客是否具有保险利益？

分析：游客对故宫博物院没有保险利益。因为保险利益是投保人对保险标的所具有的法律上承认的经济利益，当保险标的安全存在时投保人可以由此而获得的经济利益。在本案例中，保险标的的存在不会为投保人（即游客）带来法律上承认的经济利益，保险标的发生事故也不会给投保人造成经济损失，所以游客对故宫博物院没有保险利益。

（三）损失补偿原则

1. 损失补偿原则的含义

损失补偿原则是财产保险处理赔案时的一项基本原则。损失补偿原则是指当保险标的发生保险责任范围内的损失时，通过保险赔偿，使被保险人恢复到受损前的经济现状，但不能使其因损失而额外受益。损失补偿原则包含三层意思：首先，从无损失则无补偿而言，补偿须以损失的发生为前提；其次，保险人所补偿的损失只能是保险责任范围内的损失，即由于保险事故造成的保险标的的损失；最后，保险赔偿以补偿实际损失为限。如果赔偿不足，则不能充分补偿被保险人的经济损失，如果赔偿额超过实际损失，使被保险人因保险而额外获利，则促使道德风险的发生。因此，坚持损失补偿原则，可以维护保险双方的正当权益，限制不当得利，保持保险经营的稳定性。

2. 损失补偿原则的基本内容

(1) 损失补偿原则的补偿限制。具体包括：第一，以实际损失为限。当投保人的财产遭受损失后，保险人的意图是对投保人蒙受的实际损失补偿，使他在经济上恰好能恢复到保险事故发生前的状态。如赔偿过少，不能充分补偿投保人所受到的损失；如赔偿过多，又会引起不当得利。第二，以保险金额为限。保险金额是保险人赔偿金额的最高限度，赔偿金额只能低于或等于而不能高于保险金额。第三，以被保险人对保险标的具有的保险利益为限。被保险人在出险时，对遭受损失的财产要具有保险利益，索赔金额以他对该项财产具有的保险利益为限。

(2) 保险人可以选择赔偿方式。被保险人参加保险的目的是为了获得经济保障，如果发生灾害事故遭受损失，可以通过赔偿，使其恢复到发生损失前的经济状态。保险人可以选择的赔偿方式有三种，即货币赔偿、恢复原状和换置。

（四）代位追偿原则和分摊原则

代位追偿原则是从损失补偿原则中派生出来的一个重要原则，旨在防止被保险人在其保险标的由于第三者的责任而遭受保险责任范围内的损失时因重复索赔而不当得利。代位追偿原则同样仅适用于财产保险，而不适用于人身保险。根据代位追偿原则的含义，其主要内容包括两部分，即权利代位和物上代位。

分摊原则也是从损失补偿原则中派生出来的一个重要原则，它不适用于人身保险，而与财产保险业务中发生的重复保险密切相关。所谓重复保险，是指投保人就同一保险标的的同一保险利益，向两个或两个以上保险人投保同一风险的保险。其保险金额的总和往往会超过保险标的的实际价值。在重复保险的情况下，被保险人有可能就该保险标的的损失分别从不同的保险人那里得到赔偿，从而使赔偿金额的总和超过被保险人的实际损失，这是损失补偿原则所不允许的。因此，为了防止因为重复保险使被保险人获得额外的利益，一般采取有关各保险人对被保险人的损失进行分摊的办法，这就是重复保险的分摊原则。

四、保险合同

（一）保险合同的概念

保险合同是投保人与保险人约定保险权利义务关系的协议。保险合同包括三层含义：当事人是投保人和保险人；内容是关于保险的权利义务关系；合同性质属于协议。保险合同的含义是投保人向保险人缴付约定保险费，当合同中约定的保险事故发生并造成保险标的损失时，保险人向被保险人支付赔偿金，或者当被保险人死亡、伤残、产生疾病、生存到约定年龄，合同期限届满时，保险人向被保险人或受益人给付合同中约定的保险金。保险合同属于民商合同的一种，其设立、变更、终止的权利义务关系是具有保险内容的民事法律关系，因此，保险合同不仅适用《保险法》，也适用《合同法》和《民法通则》。

（二）保险合同的要素

1. 保险合同的主体

合同关系的主体即合同的当事人，通常指订立并履行合同的自然人、法人或其他组织，他们在合同关系中享有权利并承担相应的义务。

（1）保险合同的当事人。保险合同的当事人包括保险人和投保人。保险人亦称承保人，在我国是指与投保人订立保险合同，并根据保险合同收取保险费，在保险事故发生时承担赔偿或者给付保险金责任的保险公司。大多数国家的法律规定只有法人才能成为保险人，自然人不得从事保险人的业务。投保人是指与保险人订立保险合同，并按照保险合同负有支付保险费义务的人。投保人并不以自然人为限，法人和其他组织也可以成为投保人。

知识链接

按我国现行《保险法》的规定，保险人必须符合如下条件：(1) 保险人要具备法定资格。具体内容包括：第一，保险人必须是依照法定条件和程序设立的保险公司，要接受保险监管部门的监管；第二，保险公司的组织形式应是国有独资公司和股份有限公司；第三，保险公司要分业经营，在保险监管部门批准的范围开展保险业务。(2) 保险人必须以自己的名义订立保险合同。保险公司只有以自己的名义与投保人订立保险合同，才能成为保险合同的保险人。(3) 保险人需依照保险合同承担保险责任。订立保险合同的目的在于使保险人在合同约定的保险期间内，对于发生的保险事故或事件，承担赔偿或给付保险金的责任。按照保险合同的约定承担保险责任，是保险人最主要、最基本的合同义务。

（2）保险合同的关系人。保险合同的关系人包括被保险人和受益人。被保险人是指其财产或者人身受保险合同保障，享有保险金请求权的人，投保人可以为被保险人。受益人是指人身保险合同中由被保险人或者投保人指定的享有保险金请求权的人。受益人可以是自然人也可以是法人。受益人如果不是被保险人、投保人，则多为与其有利害关系的自然人。胎儿也可以为受益人，但须以出生时存活为必要条件。

案例分析

王某因父母病故，妻子与其相处不和，带着儿子另住别处。后王某投保管道煤气保险，并指定其妹妹为受益人。不久王某不幸煤气中毒死亡，王某的妹妹也在其中毒死亡前半个月病故。现王某的妻子与王某的妹妹的儿子都向保险公司请求给付保险金。

分析题：保险公司应如何处理？

分析：根据受益权的特点，如果受益人先于被保险人死亡，由被保险人的法定继承人领取保险金，并作为遗产处理。在本案例中，受益人王某的妹妹在被保险人王某中毒死亡前半个月已经病故。因此，保险金只能由王某的法定继承人即其妻儿作为遗产领取。

（3）保险合同的辅助人。保险合同的辅助人是指在保险合同的订立、履行过程中起着辅助作用的人，包括保险代理人、保险经纪人和保险公估人等。

2. 保险合同的客体

客体是指在民事法律关系中主体履行权利和义务时共同指向的对象。保险合同的客体是投保人于保险标的上的保险利益。投保人对保险标的具有保险利益；投保人对保险标的不具有保险利益的保险合同无效。其中保险标的是保险合同双方当事人的权利义务关系所指向的对象，即作为保险对象的财产及其有关利益或者人的寿命和身体；保险标的是特定的，必须明确载于保险合同中，并据以确定保险金额和保险费率。保险利益是投保人对保险标的具有的法律上承认的利益。例如，某家银行对它放款抵押品的一幢房子投保火灾保险，虽然保险标的是这幢房子，但要求保障的是该银行对这幢房子的利益，而不是构成这房子的一砖一瓦。如果这幢房子在银行已经收回放款后被烧毁，即使是在保险有效期内，银行也得不到补偿。其原因是这家银行在这幢房子被烧毁时已经没有可保利益了。

案例分析

王某为自己的父亲向中国平安保险公司投保一份终身保险，保险合同规定，如果王某的父亲身故，则保险公司向王某给付身故保险金。

分析题：在这一保险合同中，保险人、投保人、被保险人、受益人分别是谁？保险合同的标的与客体是什么？

(三) 保险合同的内容

1. 保险合同的基本条款

(1) 保险人的名称和住所。保险人专指保险公司，其名称须与保险监管部门和工商行政管理机关批准和登记的名称一致。保险人的住所即保险公司或分支机构的主营业场所所在地。

(2) 保险人、投保人、被保险人、受益人的名称和住所。将保险人、投保人、被保险人和受益人的名称和住所作为保险合同基本条款的法律意义是：明确保险合同的当事人、关系人，确定保险合同权利的享有者和义务的承担者；明确保险合同的履行地点，确定合同纠纷诉讼管辖。

(3) 保险标的。保险标的如为财产及有关利益，应包括该标的的具体坐落地点，有的还包括利益关系；保险标的如为人的生命和身体，还应包括被保险人的年龄，有的还包括被保险人的职业、健康状况，具体情况视险种而定。

(4) 保险责任和责任免除。保险责任是指保险合同中载明的，当保险标的发生了约定的保险事故或事件时，保险人应当承担的经济赔偿或给付保险金的责任。责任免除是指保险人依照法律责任规定或合同约定，不承担保险责任的范围，是对保险责任的限制。

(5) 保险期间和保险责任开始时间。保险期间是指保险人为被保险人提供保险保障的起止日期，即保险合同的有效期间。保险期间可以按年、月、日计算，也可按一个运程期、一个工程期或一个生长期计算。保险责任开始时间即保险人开始承担保险责任的时间，通常以年、月、日、时表示。保险责任开始的时间应由双方在保险合同中约定。我国保险实务中以约定起保日的零点为保险责任开始时间，以合同期满日的24点为保险责任终止时间。

(6) 保险价值。保险价值是指保险标的的商定价值，即保险合同当事人双方约定的保险财产的价值。保险价值的确定主要有三种方法：由当事人双方在保险合同中约定；按事故发生后保险标的的市场价格确定；依据法律的具体规定确定保险价值。

(7) 保险金额。保险金额是指保险人承担赔偿或者给付保险金的最高限额。在定值保险中，保险金额为双方约定的保险标的的价值。在不定值保险中，保险金额可以按下述方法确定：由投保人按保险标的的实际价值确定；由投保人和保险人协商按保险标的的实际价值确定；根据投保人投保时保险标的的账面价值确定。无论在定值保险中还是在不定值保险中，保险金额都不得超过保险价值，超过的部分无效。

(8) 保险费及其支付的办法。保险费是指投保人为取得保险保障，按合同约定向保险人支付的费用。保险费是保险基金的来源，其多少取决于保险金额的大小、保险期限的长短和保险费率的高低等。

(9) 保险金赔偿或给付办法。保险金赔偿或给付办法是指保险人承担保险责任的具体办法，由保险合同当事人在合同中依法约定。投保人订立保险合同的目的在于保险事故或事件发生后，保险人能按合同约定的方式、数额或标准，通过赔偿或给付保险金来承担保险责任。保险金的赔偿金额或给付办法在财产保险合同中按规定的方式计算，在人身保险合同中保险金额按规定定额给付。

(10) 违约责任和争议处理。违约责任是指保险合同当事人因其过错不履行或不完全履行合同约定的义务所应承担的法律后果。保险合同关系到当事人的利益，任何一方的违约均可能给对方造成损失，因此，在保险合同中必须明确违约责任，以便防范违约行为的发生。承担违约责任的方式也应在保险合同中订明，主要是支付违约金或支付赔偿金。争议处理是指保险合同发生争议后的解决方式，包括协商、仲裁和诉讼等。具体使用何种方式可由当事人双方在合同中事先约定或在争议发生后协商确定，如事先无任何约定（尤其是未约定采用仲裁方式），一方当事人也可在争议发生后直接向法院提起诉讼。

(11) 订立合同的年、月、日。

(12) 当事人的主要义务。

2. 保险合同的附加条款

保险合同的附加条款是指保险合同当事人在基本条款的基础上另行约定的补充条款。附加条款一般采取在保险单空白处批注或在保险单上用附贴批单的方式使之成为保险合同的一部分。附加条款是对基本条款的修改或变更，其效力优于基本条款。

3. 保险合同的保证条款

保险合同的保证条款是指投保人或被保险人就特定事项担保的条款，即保证某种行为或事实的真实性的条款。例如，人身保险合同的投保人保证其申报的被保险人年龄真实。保证条款一般由法律规定或同业协会制定。

第二节 信托

一、信托的定义

信托是委托人将财产权转移于受托人，受托人依信托文件（或信托契约）的约定，为受益人或特定目的而管理或处分信托财产的财产管理制度。

由于信托是一种代人理财的财产管理制度，在现代社会，这种被管理的财产通常又是资金或与资金相联系的财产形式，同时具备了融通资金的职能，且受托人信托机构或国外兼营信托业务的银行是金融机构，故又称金融信托。金融信托是一种具有流通资金、融资与融物相结合以及融资与财产管理相结合的金融性质的信托业务，是金融业的一个重要组成部分。

二、信托的构成要素

(一) 信托行为

信托行为是指信托当事人在相互信任的基础上，以设定信托为目的，用订立书面合同的形式发生的一种法律行为，也就是合法设定信托的行为。

信托行为的成立，一般需要具备下述四个主要条件。

1. 信托当事人的真实意思表示

确认信托行为的成立，必须有当事人的真实意思表示。现代信托中，这种意思表示在形式上一般采用书面形式，通常有三种具体方式：一是信托合同，它由信托当事人经协商取得一致意见后签订，二是个人遗嘱，它由立遗嘱人（即委托人）单方面确认；三是法院依法裁定或判决信托行为成立的法律文书。

2. 特定的合法目的

信托的目的是信托行为成立的依据。例如，有的以委托运用资产，谋取资产增值为目的；有的以保管资产，使资产不受损失为目的；也有的以委托代销商品，处分财产为目的；等等。这些行为的目的必须合法并可能实现，否则不能确认信托行为成立。

3. 以财产为中心

根据信托在经济范畴内的狭义定义，我们可以知道，财产是信托的核心。确认信托行为的成立，要以财产为中心，不仅是因为财产是信托的标的物，还因为财产的所有权可以转移。信托当事人的一方（委托人）为自己或他人利益，提出意思表示。为实现某种既定的目的，就得把信托财产的产权转移给另一方（受托人），另一方（受托人）同意为其依照一定的目的管理或处分这些财产。所以，没有以财产为中心，没有财产所有权的转移，信托行为是不能成立的。

4. 以信任为基础

信托是一种代人理财的财产管理制度，它的确立必须以当事人之间相互信任为基础。如果委托人和受益人对受托人不信任，或者受托人不能忠实地履行其管理财产的职责，则信托行为难以发生。即使发生信托行为，因存在不信任，甚至带有欺骗性，在法律上仍不能确认其为有效。

（二）信托关系

信托关系是指信托行为形成的以信托财产为中心的当事人之间的特定的法律关系。

将信托关系各方的当事人总称为信托关系人，包括委托人、受托人和受益人。自然人和法人都可以成为信托关系人。

1. 委托人

委托人是主动提出设定信托，要求受托人遵照一定要求管理和处理信托财产的人。委托人必须具备两个条件：一是财产的合法所有者；二是具有签订合同的能力。如果信托财产为两人以上共同所有，可以共同委托，这时若干委托人称为共同委托人。无行为能力的人、未成年人及禁治产人不能成为委托人。在信托关系中，委托人将信托财产转移给受托人后，不再对已转移的信托财产拥有处置权，但委托人仍享有以下基本权利：要求受托人按照信托合同的规定管理或处理信托财产；改变信托管理方式；因受托人过错造成信托财产损失时，要求受托人赔偿或复原；查阅有关处理事务的文件材料和要求受托人就信托处理加以说明；承诺受托人的辞任和解任；当信托结束，而无信托合同规定的权利归属者时，取得信托财产。

2. 受托人

受托人是接受信托，按照信托合同的规定管理或处分信托财产的人。在信托关系中，受托人在各当事人中处于十分重要的地位，他不但要对委托人负责，而且还要对受益人负责，所以对受托人的资格要求更严格，不仅要取得委托人的信任，还要符合一系列法律规定。如果个人作为受托人，必须精神正常、身体健康，并且有行为能力，法律禁止无行为能力和限制行为能力的个人作为受托人。例如，残疾人、未成年人、禁治产人、准禁治产人和破产者等，都不能作为受托人。由于世界各国社会经济情况的差异，有的国家允许个人受托，有的国家不推行个人受托；在我国，一直没有个人受托的惯例。当前，我国信托业务中的受托人是信托投资公司，属于法人受托。

受托人的权利主要包括：按照信托合同规定，有权要求获得信托报酬，向受益人索取处理信托事务的费用和要求受益人补偿损失。受托人的这种权利，一般在以盈利为目的的营业性信托中可以享有。

3. 受益人

受益人是指享受信托财产本身的利益，以及由信托财产新增受益的人。在信托关系中，受益人是在设定信托时由委托人指定的。受益人可以参与签订信托合同，也可以不参与签约。受益人虽然由委托人指定，但不一定是特定的，如公益信托的受益人往往是社会群体，无法指定具体的人为受益人。受益人的资格限制比较宽松，无论是否具有行为能力都可以成为受益人，除非法律规定不能享有某些财产权的人。

受益人最主要的权利是享受信托利益，即享有信托受益权。此外，凡委托人持有的权利，受益人也同样持有，而受益人还单独享有以下权利：受托人违反信托合同规定处理信托财产时，受益人有权取消这种处理；当受托人发生变更时，受益人有权会同其他信托关系人办理信托事务的交接手续；信托结束时，具有承认最终决算的权利，在信托结束时，受托人办理信托事务的最后决算，必须得到受益人的承认，受托人才能解除责任。

受益人在享有信托受益权的同时，也应尽一定的义务。例如，受益人不得妨碍受托人正当处理信托事务，当受托人不是因为自己的过失而在处理信托事务中蒙受损失时，受益人有义务接受受托人提出的费用或补偿损失的要求。如果受益人放弃受益权，可以不履行这些义务。

（三）信托目的

信托目的是委托人通过信托行为要达到的目标。它既是委托人设定信托的出发点，也是检验受托人是否完成信托事务的标志。信托目的由委托人提出，可以各种各样，但必须做到：一要合法；二要可能达到或实现；三要为受益人所接受。

1. 信托目的必须具备合法性

信托目的的合法性是指信托目的本身的合法性，也包括为实施信托目的而采取的措施要合法。例如，委托人要求保管毒品或赃物、代为行骗等都不能作为信托目的。财产的管理或转移、财物的保存等实施信托目的的措施既不能违反法律，也不能妨碍社会公共秩序。

2. 委托人提出的信托目的必须可能达到或实现

明显不能达到或实现的目的不能设定信托。例如，委托人要求受托人以限定的价格在证券市场上抛售一定数量的某种股票，卖出股票所得用以偿还委托人的债务。但是，其所限定的价格是证券市场上不可能出现的或至少在委托人需偿还的债务到期前不可能出现的。这项信托虽然目的明确，但售出股票还债这一特定目的显然不能实现，所以不能设定信托。

3. 信托目的要为受益人所接受

信托目的具有特定性，受托人在履行信托合同过程中，不可随意改变。如果受益人拒绝委托人指定的信托目的，则不能设定信托。例如，委托人提出的信托目的是将一笔资金用于受益人购置住房，而受益人不愿意购房，要作为开店做生意的本钱。由于受益人不接受将信托资金用于购置住房的目的，因此这一信托不能建立。

信托目的的上述三个方面缺一不可。

（四）信托客体

信托客体是指信托关系的标的物，即信托财产。

1. 信托财产的范围

信托财产是委托人通过信托行为转移给受托人并由受托人按照一定的信托目的进行管

理或处理的财产，也包括信托成立后，经受托人管理或处理而获得的新的财产，如利息、红利和租金等。通常我们将前者称为信托财产，而将后者称为信托收益，信托财产和信托收益是广义的信托财产。

2. 信托财产的特性

（1）转让性。信托的成立，以信托财产的转移为前提条件，因此，信托财产的首要特征就是转让性，即信托财产是委托人独立支配的可以转让的财产。转让的方式有：单纯信托财产物的位移；财产物的位移并且信托财产的使用权、处置权、管理权也转移到受托人手中；信托财产的所有权和使用权一并转移到受托人手中。

（2）独立性或排他性。独立性或排他性是指信托财产具有一种独立于其他财产之外的特性，主要有三种表现：信托财产与受托人的固有财产相互独立；不同委托人的信托财产或同一委托人的不同类别的信托财产相互独立；委托人的信托财产与其他财产相互独立。

（3）有限性。信托财产只能在一定的时空上具备有限性。信托财产空间上的有限性，即其范围受法律限制；信托财产时间上的有限性，即信托财产都有时效性（个别除外）。

3. 信托财产的管理

（1）分别管理。为了保证信托财产的独立性，信托财产必须与受托人自己的固有财产及其他信托财产分别管理。只有分别管理，才能保障各个受益人的利益。如果信托财产是货币，可以放在一起管理、运用，但必须分别计算。

（2）信托公告。信托公告是为了维护信托财产的独立性，从侧面所采取的措施。对信托财产的财产权，按规定手续进行登记注册，就是信托公告。

4. 信托结束

信托结束是指信托行为的终止。引起信托结束的原因一般有：

（1）已达到预定的信托目的或合同期满。这是信托结束的最主要原因。

（2）由于存在某种规定的原因而不能达到预定的信托目的，在信托法规定的范围内，委托人或受益人准许解除或要求法院解除信托。

三、信托的特性

（一）所有权与利益权相分离

所有权与利益权相分离即受托人享有信托财产的所有权，而受益人享有受托人经营信托财产所产生的利益。

（二）信托财产的独立性

信托一经有效成立，信托财产即从委托人、受托人和受益人的自有财产中分离出来，而成为一项独立运作的财产。委托人一旦将财产交付信托，便丧失对该财产的所有权；受托人虽取得信托财产的所有权，但这仅是形式上、名义上的所有权，因为其不能享有信托利益；受益人固然享有受益权，但这主要是一种信托利益的请求权，在信托存续期间，其不得行使对信托财产的所有权，即便信托终止后，委托人也可通过信托条款将信托财产本金归属于自己或第三人。

信托财产的独立性主要表现在以下三个方面：（1）信托财产与受托人（信托机构）的自有财产相区别。因此，即使受托人解散、被撤销或破产，信托财产也不属于其清算或破产的财产。（2）信托财产与委托人或受益人的其他财产相区别。受益人（可以是委托人自己）对信托财产的享有权不因委托人破产或发生债务而失去，同时信托财产也不因受益人的债务而被处理掉。(3) 不同委托人的信托财产或同一委托人的不同类别的信托财产有所区别。这是为了保障每一个委托人的利益，不致使一个委托人获得不当之利而使其他委托人蒙受损失，保障同一委托人的不同类别的信托财产的利益，不致使一种信托财产受损失而危及他的其他信托财产。

（三）有限责任

有限责任主要体现在两方面：一是受托人以信托财产为限对受益人负有限清偿责任，也就是说，信托财产有损失的，在信托终止时，只将剩余财产交给受益人即可。但是，受托人违反信托目的或者因违背管理职责、管理信托事务不当致使信托财产受到损失的，受托人应当予以补偿、赔偿或恢复原状。二是受托人因信托事务处理而对外发生的债务只以信托财产为限负有限清偿责任，即债务人无权追溯受托人的其他财产。但受托人因违背管理职责或者管理信托事务不当所负债务及所受到的损害，要以受托人的自有财产承担。

（四）信托管理的连续性

信托一经设立，委托人除事先保留撤销权外不得废止、撤销信托；受托人接受信托后，不得随意辞任；信托的存续不因受托人一方的更迭而中断。

知识链接

信托与委托、代理的区别及优越性

委托和代理（尤其是委托）是和信托非常近似的一种法律制度，也可以运用于财产管理。但是，信托作为一项关于财产转移和财产管理的独特的法律设计，它与委托、代理存在很大的差异。简单说来，这种差异表现在：(1) 成立条件不同。设立信托，必须要有确定的信托财产，如果没有可用于设立信托的合法所有的财产，信托关系便无从确立。而委托、代理关系则不一定要以财产的存在为前提。(2) 名义不同。信托关系中，受托人系以自己的名义行事，而一般委托和代理关系中，受托人/代理人以委托人/被代理人的名义行事。(3) 财产性质不同。信托关系中，信托财产独立于受托人的自有财产和委托人的其他财产，委托人、受托人或者受益人的债权人一般不得对信托财产主张权利。但在委托、代理关系中，委托人/被代理人的债权人可以对委托财产主张权利。与类似的法律制度相比较，信托是一项更为有效地进行财产转移与管理的制度设计。

在国外的实践中，信托显示了自己独特的优越性，主要表现在三个方面：(1) 长期规划。信托因有受托人的中介设计以及管理连续性的设计，因而更适合于长期规划的财产转移与财产管理。(2) 弹性空间。信托设立方式多样化（有信托合同、其他书面形式、遗嘱等）、信托财产多元化（凡具有货币价值的东西，不论是动产还是不动产，是物权还是债权，是有形的还是无形的，都可以作为信托财产交付信托）、信托目的自由化（只要不违背法律强制性规定和公共秩序，委托人可以为各种目的而创设信托）和实务领域宽泛化（信托品种繁多、应用领域宽泛）的特点，使得信托具有巨大的弹性空间。(3) 受益人具备切实保障。一方面，信托中信托财产所有权“名实分离”，受托人承受信托财产的名义所有权，使得伴随所有权的管理责任与风险皆归属于受托人，而伴随所有权的利益则完全由受益人享受。另一方面，信托财产具有独立性的特质，使得信托财产免于委托人或受托人的债权人追索，从而赋予受益人对信托财产享有优先于委托人或受托人的债权人的权利。

四、信托的分类

（一）以信托事项内容为依据的分类

1. 以确认信托关系成立为标准，分为任意信托、法定信托、回归信托和强制信托

（1）任意信托。任意信托是指信托关系的成立完全以各方当事人的自由意思表示为依据，不受外力干预，故又称自由信托，又因其意思表示订立在信托文件上，亦称为明示信托。

（2）法定信托。法定信托是依据法律的直接规定而成立的信托，其基础是法律规定，法定信托是英美法中的一种特有现象。

（3）回归信托。回归信托是依据对委托人的意思推定而成立的，当委托人的意思表示不明确时，法院推定信托财产为委托人的利益而存在，受托人应将信托财产返还给委托人或归属于委托人的遗产。

（4）强制信托。强制信托是英美法院依据衡平法上的公平正义原则，以判决方式强制设立的一种信托，又称抑制信托。

2. 以信托目的为标准，可分为担保信托、管理信托、处分信托

（1）担保信托。担保信托是指受托人掌握信托财产产权的目的，在于保护受益人的合法权益。例如，附担保公司债信托。

（2）管理信托。受托人掌握信托财产的目的在于保护财产的完整，维护财产的现状，不变更财产的方式或形态，并收取该项财产的固定收益和应支付的必要费用。

（3）处分信托。受托人掌握信托财产的目的在于使用和支配信托财产，处理信托财产，以达到使信托财产本身价值增值，或使信托财产的收益增加。

3. 以信托事项的法律立场为标准，分为民事信托和商事信托

（1）民事信托。以民事法律为依据，调整财产关系和人身关系的信托事项，均为民事信托。

（2）商事信托。信托的性质从法律立场讲，凡属于社会经济交往引起的诉讼的范围之内，称为商事信托，亦有称凡涉及商事法的信托事项为商事信托。

4. 以受托人的义务为标准，分为自动信托和被动信托

（1）自动信托。自动信托是指委托人将财产交与受托人，受托人不仅作为该财产的名义所有人，而且须依成立信托的文件中所订立或规定的权限，负担积极管理或处分的义务。在这类信托中，受托人的权限较大，责任也较重。因为受托人负有积极为受益人的利益而管理或处分财产的义务，故自动信托又称积极信托；又因受托人是主动承担财产的管理、运用和处理等义务，又称此种信托为主动信托。现代信托大部分属于自动信托。

（2）被动信托。被动信托是指委托人只将财产的户名转移至受托人，因此受托人只承担委托人财产的名义责任，不承担委托人要求对信托财产管理、运用或处理的义务。凡管理、运用或处理等事项，完全由委托人或受益人自己办理。由于受托人对信托财产不实施任何积极行为，权限较小，责任较轻，故被动信托又称受动信托或消极信托。被动信托实质上不是现代意义上的信托，而是虚设信托。

（二）以信托关系为依据的分类

1. 公益信托、私益信托、他益信托、自益信托和宣示信托

以信托关系中处于受益人地位的当事人为主体，以此为标准作为依据进行分类，可分为：公益信托、私益信托、他益信托、自益信托和宣示信托。

（1）公益信托。公益信托是指以增进社会之间的公共利益而设定的一类信托。这种信托的受益人不是特指一个人或两个人，凡社会中享受这方面公益的人都是公益信托的受益人。例如，某委托人将财产权归属于某信托机构，托其代为执业管理，以其收益奖励对人类社会科技发展有突出贡献者。瑞典的诺贝尔基金会即属此类信托。它以固有的 170 万英镑资本，通过自己的受托人管理运用，每年将运用后的收益奖励对科技等有突出贡献的学者。

（2）私益信托。私益信托是指信托的设立是以特定的受益人的私益为目的，受益人的范围较窄。

（3）他益信托。他益信托的设定是为了第三者的收益，指定的第三者可以表示接受，也可以拒绝接受，有时可采用默认的方式。

（4）自益信托。凡委托人设定的信托，其目的是为了本身的收益，则为自益信托，某些信托事项也能产生一种自益与他益兼而有之的情况。

（5）宣示信托。宣示信托又称宣言信托，是指财产所有人以宣布自己为该项财产受托人的方式而设定的信托。该项财产一经宣告受托，就成为信托财产，财产并不转移但须与原有其他财产分别进行保管。这种信托只有在他益信托，以委托人以外的他人为受益人的场合才能成立。宣示信托在英美等国得到广泛的承认，日本无宣示信托。

2. 个人信托和法人信托

（1）个人信托。以个人为服务对象而经办的各种信托业务分为生前信托和身后信托。生前信托是指信托机构与委托人生前订立契约而成立的一种信托关系。这种信托的信托行为，大多产生于委托人年老退休，个人不想或不会理财；或委托人远道出门，忙于其他事务，没有善于理事的可靠的亲属好友代为料理其产业，而信托于信托机构代为管理、使用或支配。这种信托所订的信托契约在委托人在世时即具有信托法律效力，这是生前信托的第一要素。生前信托必须由契约产生，并且委托人必须是个人，法人是不存在生前与身后期限划分的。身后信托是指信托机构与委托人在生前订立的信托契约，受托办理委托人去世以后的各种事务，或由死者的亲属和司法机关为委托人与信托机构订立信托契约。这种信托契约多数订立于委托人生前，但其信托效力却在委托人去世之后，这是身后信托的第一要素；同时，身后信托的受益人必为第三者。

现今信托机构举办的身后信托业务包括：执行遗嘱信托、管理遗产信托、监护信托、人寿保险信托。

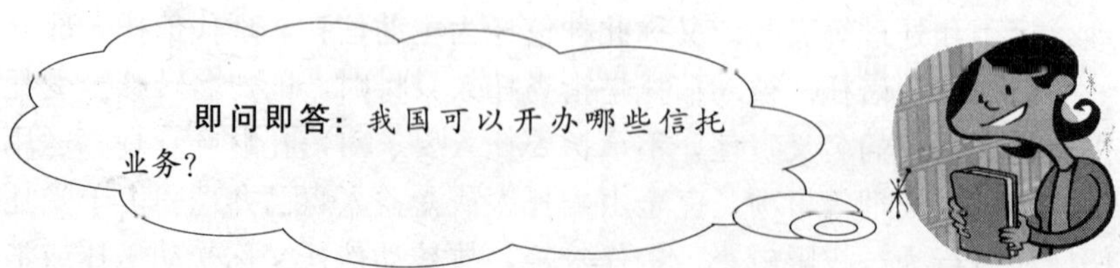

(2) 法人信托。信托机构作为受托人，以企事业单位或团体为业务对象而成立信托关系，即是法人信托，或称团体信托。在市场经济发达的西方国家，这类业务是信托机构的业务支柱，包括证券发行信托和设备信托等。

第三节 租赁

一、租赁的概念

租赁是出租人或将自己原先已有的物品，或为开展租赁业务而专门购进的物品，作为租赁物，在一定时间内，租赁给承租人使用，使承租人可通过此种租赁方式取得生产要素中的主要构成部分，再辅之以改善经营管理，从而可提高生产力和获取利润，承租人则按租赁合同规定，当取得租赁物的使用权后，须分期缴付租金，出租人则一直保有租赁物的所有权，并以收取租金的方式最终收回原有物品或专门购进物品的价款，并附加一定利润的投资活动，这是现代企业家冲破了以自有资金或筹措资金自行购买设备进行生产的传统做法，改为采用租赁设备从事生产、获得利润、缴付租金的新方法。因为他们悟出了生产资料的价值在于使用，而不在于拥有其所有权，而利润的产生在于生产资料的投入使用，无须将其归为己有，这可以说是对租赁在意识上的一大飞跃。

二、租赁的种类

租赁可从不同的角度进行分类，按租赁的性质可分为经营租赁与融资租赁；按出租人资产来源的不同可分为直接租赁、转租赁和售后回租等；按是否享有纳税优惠可分为享有税收优惠的节税租赁和不享有税收优惠的销售式租赁；按出租人对购置租赁设备的出资比例可分为单一投资租赁和杠杆租赁；等等。

(一) 融资租赁

融资租赁是设备租赁的基本形式，是指转移了与资产有关的全部风险和报酬的租赁。它以融通资金为主要目的，是出租人根据承租人的请求，向承租人指定的出卖人，按承租人同意的条件，购买承租人指定的设备，并以承租人支付租金为条件，将该设备的占有、使用和收益权转让给承租人。其特点是：(1) 不可撤销。融资租赁是一种不可解约的租赁，在基本租期内双方均无权撤销合同。(2) 完全付清。在基本租期内，设备只租给一个用户使用，承租人支付租金的累计总额为设备价款、利息及租赁公司的手续费之和。(3) 租期较长。租赁期接近设备的使用期。(4) 租赁期内由用户自行维修保养，租赁期满，设备归用户所有，或者由用户支付残值后拥有设备。出资人仅负责垫付货款，购进承租人所需的设备，按期出租，以及享有设备的期末残值。

在融资租赁中，出租人实际上已将租赁所有权所引起的成本和风险全部转让给了承租人。所有权所引起的成本主要有租赁物的维修费、保险费。所有权风险则主要包括两个方面：(1) 出售风险。企业拥有某项资产后如因某种原因须将其脱手，往往要蒙受一定的损失，以低于买进的价格在市场上脱手。(2) 技术陈旧风险。企业拥有的设备有可能因有技术更先进的同类设备出现，或因技术进步使同样设备的价格下降而贬值，从而使企业蒙受损失。

(二) 经营租赁

经营租赁是指除融资租赁以外的其他租赁，是以获得租赁物的使用权为目的。其主要特点是：(1) 可撤销性。经营租赁是一种可解约的租赁，在合理的条件下，承租人预先通知出租人即可解除租赁合同，或要求更换租赁物。(2) 经营租赁的期限一般比较短，远低于租赁物的经济寿命。(3) 不完全付清性。经营租赁的单次租金总额一般不足以弥补出租人的租赁物成本并使其获得正常收益，出租人在租赁期满时将其再出租或在市场上出售才能收回成本，因此，经营租赁不是全额清偿的租赁。(4) 出租人不仅负责提供租金信贷，而且要提供各种专门的技术设备。经营租赁中租赁物所有权引起的成本和风险全部由出租人承担。经营租赁的租金一般较融资租赁高。经营租赁的对象主要是那些技术进步快、用途较广泛或使用具有季节性的物品。

经营租赁的出租人通常是专业租赁公司或者是生产制造商兼营的租赁公司。

（三）直接租赁

直接租赁是指一项由出租人独自承担购买出租设备全部资金的租赁交易。直接租赁是融资租赁最基本的业务形式，即出租人筹措资金，按照承租人的要求向供货商购买设备并支付货款，将设备出租给承租人使用并收取租金。

在直接租赁中，只有一个出租人、一个承租人、一个出卖人、一个租赁合同和一个买卖合同。出租人以自己的信誉筹措资金并承担风险，要求出租人具有较强的资金实力。目前，这种最传统的租赁业务形式在各国租赁实践中仍占有最重要的地位。

（四）杠杆租赁

杠杆租赁是目前应用较为广泛的一种国际租赁方式，是一种利用财务杠杆原理形成的租赁形式。

杠杆租赁主要有以下几个优点：(1) 某些租赁物过于昂贵，租赁公司不愿或无力独自购买并将其出租，杠杆租赁往往是这些物品唯一可行的租赁方式。(2) 出租人仅出一小部分资金却能按租赁资产价值的100%享受折旧及其他减免税待遇，这大大降低了出租人的租赁成本。美国等资本主义国家的政府规定，出租人所购用于租赁的资产，无论是靠自有资金购入的还是靠借入资金购入的，均可按资产的全部价值享受各种减税、免税待遇。(3) 在正常条件下，杠杆租赁的出租人一般愿意将上述利益以低租金的方式转让给承租人一部分，从而使杠杆租赁的租金低于一般融资租赁的租金。(4) 在杠杆租赁中，贷款参与人对出租人无追索权，因此，它较一般信贷对出租人有利，而贷款参与人的资金也能在租赁物上得到可靠保证，比一般信贷安全。杠杆租赁的对象大多是金额巨大的物品，如民航客机等。

杠杆租赁是一个包括承租人、设备供应商、出租人和长期贷款人的比较复杂的融资租赁形式。在杠杆租赁交易中，出租人、承租人、设备供应商签订融资租赁合同的买卖协议和租赁协议，出租人只需投资设备购置款项的20%～40%，另外60%～80%的资金通过将上述协议抵押给金融机构，由金融机构提供无追索权贷款获得（即规定贷款者只能从租金和设备留置权中得到偿还，对出租人的其他资产没有追索权），出租人收回的租金存入专项账户，必须首先偿还贷款本息，出租人拥有资产所有权，享受全部投资税收抵免、加速折旧、还本付息和残值的节约税收。当一家金融机构无法承担巨额融资时，出租人还可委托信托机构通过面向多家金融机构和投资人发行信托凭证的方式来筹措资金。

由于杠杆租赁的直接目的是税收节约，因此税务部门有严格规定，如美国规定：(1) 出租人投资必须有一个最低限额，即至少占资产初始总成本的20%以上，且在租赁期内一直保留这笔投资；(2) 租赁期限不能超过租赁物经济寿命的80%；(3) 租期结束后，残值不低于租赁物原值的20%，且由出租人承担风险和收益；(4) 租期末，承租人及其关联人不能以低于市场公允价格留购，即不具有廉价购买权、续租权；(5) 承租人及其关联人不能作为本项目的贷款人和为残值提供担保；(6) 租金和预计残值总额必须超过还本付息和投资的总额；(7) 租金必须超过总的还本付息额。

（五）售后回租

售后回租是承租人将其所拥有的物品出售给出租人，同时与出租人签订一份租赁合同，将该物品再从出租人手里重新租回的租赁形式。售后回租具有较强的融资功能，在不影响承租人使用设备的前提下，能够有效改善承租人的资产负债表，提高资金流动性，可使承租人迅速回收购买物品的资金，加速资金周转，同时还能享受税收优惠，在实践中被广泛运用。售后回租的对象多为已使用的旧物品。通常，为了防止借租赁名义办理贷款业务，各国均限制假售后回租交易，规定设备买卖合同必须以市场公允价格交易，租赁合同在租赁年限、残值处理等方面必须符合相关规定。

（六）转租赁

转租赁是指租赁公司从另一家租赁公司租进物品，然后再将其转手租给用户，是以同一物品为标的物的多次融资租赁业务，是相对于只对同一标的物进行一次租赁的融资租赁而言的。转租赁业务包含至少两个出租人和两个租赁合同，上一租赁合同的承租人又是下一租赁合同的出租人，称为转租人。转租人以收取租金差为目的，对上一出租人承担支付租金的义务，租赁物品的法律所有权归第一出租人。

转租赁的基本交易程序如下：出租人 A 按照承租人的租赁要求，与出租人 B 签订一项租赁协议，由出租人 B 向供货商购买设备并租赁给出租人 A，由出租人 A 再租赁给承租人。这里包含两个出租人、两个租赁合同、一个买卖合同。由于发展中国家资金普遍短缺，转租赁常用在国际租赁业务中。有时为了充分利用发达国家的出口优惠政策，常由出租人 A 与供货商签订购买合同，再与出租人 B 签订一份租赁合同，将设备租回（即两个出租人之间实际上是售后回租交易），再租赁给最终承租人，这种形式实际上包含两个租赁合同、两个买卖合同。

（七）委托租赁

委托租赁是指出租人接受委托人的资金或租赁物品，根据委托人的指定向承租人办理的融资租赁业务。在租赁期间，租赁物品的所有权归委托人，出租人代为管理并收取佣金。在委托租赁中，增加了委托人和一份委托代理合同，可以是资金委托，也可以是委托人闲置的设备。

委托租赁常用于下列情况：一是委托人不具备出租人资格，对租赁业务不熟悉；二是委托人与受托出租人、承租人不在同一地区和国家，没有条件亲自管理，只好交给受托人。委托租赁实际上具有资产管理功能，可以帮助企业利用闲置设备，提高设备利用率。集约化的资金委托租赁实际上就是租赁信托计划。

三、租赁的业务程序

（一）租赁准备

当承租人决定进行固定资产投资，在完成新建项目或技改项目的可行性研究，并报经有关机关批准立项后，如果企业缺乏资金，决定选择租赁方式来获得企业所需设备，首先应做好两个方面的选择：

(1) 选择租赁设备是进口设备，还是国产设备；

(2) 选择合适的租赁公司（即出租人）。

一个合适的租赁公司不仅可以替承租企业购入其所需的优良设备，还可以替承租企业节约租赁成本，从而提高承租企业的经济效益。在选择租赁公司时应考虑以下几方面的情况：资本是否雄厚；筹资能力如何；资信程度如何；对国内外租赁物品的行情是否熟悉；能否提供全面的服务；是否有优惠条件等。

（二）申请租赁

承租企业选定租赁公司后，即向该租赁公司提出办理租赁业务的申请，提交租赁委托书，并提供下列文件资料：(1) 经国家规定的有关机关批准的纳入国家或地方固定资产投资项目计划的文件；(2) 项目的可行性研究报告；(3) 经国家有关机关批准允许企业进口设备的批件；(4) 允许企业分年度使用的外汇额度，用汇指标偿付租金的批准书，以及说明偿还能力和落实租金外汇来源的还款计划；(5) 由出租人认可的担保单位为承租人履行租赁合同，按期偿付租金所填具的担保函；(6) 其他资料，如证明承租人经营资格的营业证书、营业执照等。在承租人提供上述文件资料，并由出租人审核同意受理后，双方正式建立委托关系。

（三）设备选择、询价和谈判

承租人要根据自己的需要，选择信誉好、产品质量优良、售价低廉和售后服务周到的供货厂商作为购进和引进设备的对象，选定租赁设备。出租人要根据承租人的要求向供货厂商询价。为便于承租人争取到物美价廉的先进技术设备，出租人往往要向多家厂商询价，进行比较，作出最有利的选择。通过询价确定所购设备后，就要组织技术和商务谈判。通过谈判，弄清所购设备的技术问题后签订购货合同。

（四）签订合同和引进设备

办理金融租赁业务一般要签订购货和租赁两个合同。签订合同是租赁业务的中心环节。出租人与厂商签订购买技术设备的购货合同，为保证承租人对所租赁设备的确定依据，也可要求承租人在购货合同上联合签字，同时出租人与承租人要签订租赁合同。购货合同与租赁合同是租赁业务不可分割的、具有法律效力的两个主要文件。一旦合同签妥，就立即办理设备引进和付款手续。

（五）交付租金

从合同规定的起租日开始到期满为止，承租人就要按租赁合同规定，分期向出租人交付租金。

（六）租赁期满设备处置

1. 留购

承租人应在租赁期满日对租赁公司支付既定的设备留购价款，由租赁公司开具付清租金、转让设备产权的证明，原来的租赁设备即归承租企业所有。

2. 续租

承租人至少应于租赁期满前1个月，将其续租要求书面通知租赁公司。承租人可按合同已规定的续租租金和预定损失金继续承租。一般续租租金较低，续租期可长可短，视承租人不同需要，在签订租赁合同时确定。续租期满，承租人可退回租赁物品，租赁公司也可声明放弃续租期满租赁物品的残值。

3. 退租

租赁期满后，承租人自动将租赁物品退还给租赁公司，并保证租赁物品除正常损耗外，仍保持良好的状态。至此，租赁合同终止，租赁业务全部结束。

四、融资租赁的利弊

（一）对承租人的利弊

1. 有利的方面

（1）企业无须自筹大量资金，就可引进先进设备，并且手续简便，环节减少，能迅速投产使用，创造收益。这样承租人就能高效率地使用自有的有限资金，或可腾出资金用以扩大其他投资项目。

（2）承租人通过租赁引进设备，与利用出口信贷来购买设备相比，则可取得百分之百的资金融通，即全额融资，提高了资金的利用率。

（3）与利用商业银行借款购买设备相比具有优势。首先，租赁期限一般较商业银行的借款期限长，有时租赁期限可长达 15 年以上。其次，向商业银行借款，常用“抵偿结存”规定，所谓“抵偿结存”，即银行借出资金时，要求借款人将所借款的一部分留作存款，并规定最低应存数的百分比，有的会高达借款额的 20%，这必将影响筹资成本。而利用租赁方式则无这种约束。

（4）企业借款购买设备，在其资产负债表中，所购设备列入固定资产，而其借款则列为流动负债，日后若再向银行借款，银行在审查其资产负债表时，必将认为企业的资金流动比率（即流动资产与流动负债的比率）降低，而不愿进一步对其融资，削弱了该企业进一步申请贷款的能力。同时在资产负债表上有如此记载，亦会影响该企业债券或股票的发行与上市。而用租赁方式，可不受上述影响。

（5）出租人从其享受税收优惠中，将部分利益以降低租金形式转让给承租人，大型租赁公司如筹资中能取得优惠利率，则更具有在降低利率成本上的好处，亦将此利益部分转让，而使承租人受益。

（6）利用租赁引进设备，租金一般固定，便于承租人核算成本，日后如发生通货膨胀、货币贬值，不仅不受影响，而且可用贬值后的货币偿付固定租金，使成本相对降低而得到好处。

（7）俟租赁期满，承租人即可以订立新合约，更换先进设备，以防止所使用设备的陈旧老化。并且承租人在利用先进设备后所生产的产品能保持市场竞争能力，进而扩大销售市场。

（8）凡租赁设备的安装、人员培训、技术服务、维修以及设备的损坏风险，一般均由出租人承担。

（9）租赁期间，承租人可熟悉设备的性能、质量以及生产效果，或为日后是否考虑留购，或为日后作直接购买时的参考，以避免盲目购置。

知识链接

A 公司是一家中型化工企业。今年该公司计划购置一套 ERP 系统，需资金 300 万元，但 A 公司全年总投资计划只有 500 万元，仅 ERP 一项就占去了 60%。尽管从经营的角度，A公司老板很明白ERP系统对企业发展的重要性，但一下子拿出这么大一笔资金，还真有些为难。

这种情况非常普遍。企业明白购置系统的重要性，但最后往往因为现金不足而卡了壳。用贷款解决？很难。就中国目前的信用体系而言，在没有明确抵押和担保的情况下，中小企业很难从银行获得贷款。

如果供应商可以提供融资租赁服务，问题就变得简单很多。一般来说，用户只需先支付系统总投资的20%。仍以A公司ERP系统为例，该公司只需支付60万元，就可以获得该系统的使用权，其余240万元，也就是总投资的80%，是通过融物的方式获得的，且不必用厂房等固定资产做抵押，也不需寻找第三方做担保。融资租赁正是利用租赁物使用权和所有权分离的特点，规避了商业信用无法考量这一难题。而大多数租赁利息，仅仅是在银行贷款利率的基础上增收10%～20%，例如，如果银行贷款利息为5%，那么租赁利息就是5%×(1+10%)=5.5%。

---

2. 不利的方面

(1) 租赁时承租所付的租金总额高于直接购买时的价款，因租金中要包括出租人所承担的一切风险损失及出租人应得的利润。

(2) 承租人对租赁物只有使用权，而无所有权，因而未经出租人同意，不得对租赁物结构随意改造或配装其他构件。

(3) 西方国家的税法时常会有改变，若出租人因税法改变而使其出租成本增加，往往在租赁合同中订明应由承租人负担，从而将加大承租人的成本支出。

(4) 承租人如因经营不善，不能及时缴付租金，租赁设备有被出租人收回的风险。

(二) 对出租人的利弊

1. 有利的方面

(1) 出租人在金融租赁中租出机器设备或运输工具等，具有为本国推销商品、扩大出口的作用。特别是在国际经济不景气、国际市场销售条件恶化，而本国的机器设备生产过剩、开工不足的情况下，利用融资租赁扩大销售市场，是维持开工率、缓解失业和避免经济不景气的一种手段。

(2) 西方发达国家，在税法上给予出租人以投资税收减免及加速折旧等税收优惠，出租人把所得的部分好处转让给承租人，这对其发展租赁业务，增强竞争力，大有裨益。

(3) 作为出租人的外国租赁公司，大多为大型银行的附属机构、子公司或系以银行为主要股东，因而一般易于取得银行优惠利率的信贷，因此计入租赁成本中的利率会比一般利率低，从而可以收取较低租金来招揽租赁客户。

(4) 出租人通过融资租赁，还可向承租人提供租赁设备的维修、零配件的更换、培训技术人员及技术咨询等服务性业务，这亦是无形中扩大出口，赚取更多外汇的一种手段。

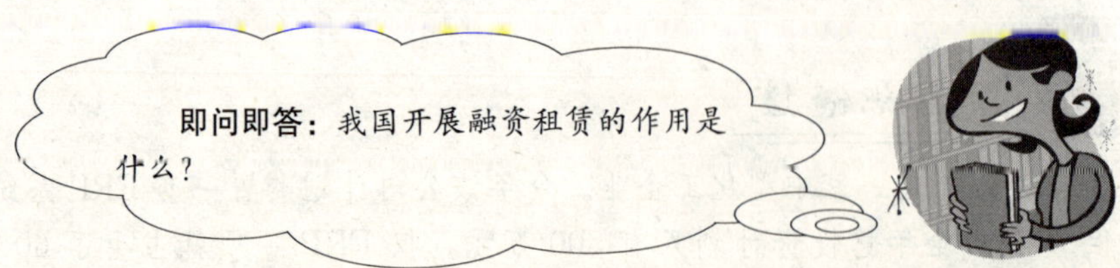

2. 不利的方面

(1) 融资租赁业务与商品销售相比，对出租人说，收回资金的周期较长，资金的周转比较缓慢。

(2) 在租赁期内，租赁物仍属出租人所有，尽管租出设备已向保险公司投保，保费由承租人负担，但还需承担一定风险，如设备变得陈旧、老化以及租不出去等。

活动设计

企业财产保险出险现场查验

1. 活动提示

将学生分为若干组，每组再分为两小组，一小组扮演保险人一方，一小组扮演被保险人一方。

保险事故发生后，被保险人一方活动要点：进行报案，提供发生的地点、时间、出险情况。保险人一方的活动要点：做好现场勘查工作。

2. 活动要求

保险人一方通过现场查勘缮制现场勘查报告。

3. 活动场所

某企业或者某道路。

本章小结

有风险才有对保险的需求。风险是指损失的不确定性。保险是风险管理最重要、最有效的一种手段。保险有广义和狭义之分。狭义的保险特指商业保险。保险可按照不同标准进行分类。保险的原则有最大诚信、保险利益、损失补偿、代位追偿和分摊。保险合同是投保人与保险人约定保险权利义务关系的协议。保险合同由保险合同的主体、客体、条款等组成。保险合同的主体包括：保险人与投保人，被保险人和受益人。保险合同的客体是保险利益。保险合同的内容包括基本条款、附加条款和保证条款。

信托是委托人将财产权转移于受托人，受托人依信托文件（或信托契约）的约定，为受益人或特定目的而管理或处分信托财产的财产管理制度。信托由信托行为、信托关系、信托目的、信托客体组成。信托的特性包括所有权与利益权相分离、信托财产的独立性、有限责任、信托管理的连续性。按照不同的分类，信托可分为任意信托、法定信托等。

租赁可从不同的角度进行分类，按租赁的性质可分为经营租赁与融资租赁；按出租人资产来源的不同可分为直接租赁、转租赁和售后回租等；按是否享有纳税优惠可分为享有税收优惠的节税租赁和不享有税收优惠的销售式租赁；按出租人对购置租赁设备的出资比例可分为单一投资租赁和杠杆租赁。租赁的业务程序包括：租赁准备、申请租赁、设备选择、询价和谈判、签订合同和引进设备、交付租金、租赁期满设备处置。

本章自测

一、单项选择题

1. 两个或两个以上的保险人共同承保同一保险责任、同一保险利益、同一保险事故的保险称为（ ）。

A. 重复保险　B. 再保险　C. 共同保险　D. 综合保险

2. 保险人将其承担的保险业务，以承保形式部分转移给其他保险人的保险行为是（ ）。

A. 再保险　B. 原保险　C. 重复保险　D. 共同保险

3. （ ）是指保险人承担赔偿或者给付保险金的最高限额。

A. 保险金额　B. 保险金

C. 保险价值　D. 保险免赔额

4. （ ）是指与保险人订立保险合同，并按照保险合同负有支付保险费义务的人。

A. 保险人　B. 投保人　C. 受益人　D. 经纪人

5. 承租人将设备卖给租赁公司后再行租用的方式，称为（ ）。

A. 现代租赁　B. 回租租赁　C. 经营租赁　D. 融资租赁

二、多项选择题

1. 下列有关保险的陈述正确的是（ ）。

A. 保险是风险处理的传统有效的措施

B. 保险是分摊意外事故损失的一种财务安排

C. 保险体现的是一种民事法律关系

D. 保险不具有商品属性

E. 保险的基本职能包括分摊损失与防灾防损

2. 关于融资租赁，下列说法正确的是（ ）。

A. 融物与融资相结合，而以融资为主要目的

B. 签订租赁与购货两个合同

C. 承租人自行选择设备，和供货商一并承担相应责任

D. 租赁期满，承租人拥有退租、续租和留购的权利

E. 出租率是租赁利润的重要影响因素

3. 关于杠杆租赁，下列说法正确的是（ ）。

A. 是一种融资性节税租赁

B. 出租人可按出资份额享受设备投资的税收优惠

C. 出租人可获得设备所有权并享受全部的设备所有权收益

D. 贷款人在提供贷款时对出租人无追索权

E. 承租人可分享出租人的税收优惠

4. 以信托关系为依据进行分类，信托可分为（ ）。

A. 公益信托　B. 私益信托　C. 他益信托　D. 自益信托

E. 宣示信托

5. 杠杆租赁的核心是（　　）。

A. 出租人　　B. 贷款人　　C. 物主受托人　　D. 承租人

三、判断题

1. 当损失概率为 0 和 1 时风险不存在。（　　）

2. 当损失概率为 0.5 时风险最大。（　　）

3. 再保险、重复保险和共同保险都是同一风险由两个以上的保险人来承担赔偿责任。（　　）

4. 保险费必须由被保险人支付。（　　）

5. 受益人只能是投保人本人。（　　）

6. 保险金与保险费是一回事。（　　）

7. 信托业务涉及三个当事人。（　　）

8. 现代租赁以融资为目的，其最基本的当事人有两个，即出租人和承租人。（　　）

9. 融资租赁是一种百分之百的融资。（　　）

10. 经营租赁的出租人可在一次租期内完全收回投资并盈利。（　　）

11. 现代租赁在租赁期满时，承租人只有退租和续租的权利。（　　）

12. 融资租赁的承租人在整个租赁期内既获得了设备的使用权，又获得了设备的所有权。（　　）

四、名词解释题

风险　　保险　　保险合同　　信托　　租赁　　融资租赁

五、问答题

1. 简述信托的构成要素。

2. 简述租赁业务的程序。

3. 简述保险的原则。

第十一章

金融监管与金融创新

通过本章的学习，理解金融监管的定义、基本特征；熟悉金融监管体系的一般构成、金融监管的目标与原则；重点掌握金融监管的内容与措施；理解金融创新的含义；掌握金融创新的内容；理解金融创新的意义；理解金融全球化和经济全球化；能够运用基本理论解决金融发展中出现的问题。

决策层昭示金融创新决心

2008年2月19日，由中国人民银行、中国银监会、中国证监会、中国保监会共同制定的《金融业发展和改革“十一五”规划》(以下简称《规划》)公开发布，《规划》阐明了“十一五”时期(2006—2010年)我国金融业发展改革的指导原则和主要目标，明确了金融业工作的重点。

一、次贷未阻金融创新

对金融发展进行辩证思量。次贷风波颠覆了许多传统守旧的金融发展理念，一些旨在分散金融风险的金融创新出人意料地起到了模糊风险甚至是放大风险的负面作用，给次贷风波中的风险定位和风险规避带来了困难；而旨在拓宽盈利空间的综合经营令人惊讶地让花旗银行等“金融航母”损失惨重，给次贷风波中的风险传播和损失扩散提供了路径。

在如此背景下，易变的部分市场主体对金融创新和混业经营产生了极端化的厌恶心理，甚至夸张地认为金融发展浪潮将出现逆流。而《规划》提出“按照先易后难、风险可控的原则，逐步建立场外市场和场内市场并重的金融衍生产品市场”，“稳步推进金融业综合经营试点”，在肯定继续发展金融创新、推进综合经营这一基本方向的同时，强调了发展的“渐进性”和“稳定性”，提示了风险控制的重要作用，用审慎辩证的姿态肯定了金融发展的理性趋势。

二、强调金融基础设施建设

从次贷风波中的政策调控和市场表现来看，金融基础建设对于宏观层次和微观层次而言都至关重要。正是凭借着多样化的政策工具和畅通的政策传导，美国货币当局才在次贷风波中挽狂澜于既倒；正是依托着有效金融市场的帮助，基本面尚好的欧美受困金融企业才不至于由于短期困难而一蹶不振。《规划》重点强调了金融基础设施建设，一方面提出“继续运用数量型调控工具，扩大价格型调控工具的使用范围，加大货币政策工具的创新力度”，另一方面表示“逐步将上海银行间同业拆放利率（SHIBOR）和国债收益率培育为我国短期和中长期金融市场的基准利率，疏通货币市场、债券市场与信贷市场的利率传导渠道”，并“完善多层次金融市场体系，优化金融结构”。

资料来源：http://www.jrj.com，2008-02-21。

第一节　金融监管

一、金融监管的定义和基本特征

（一）金融监管的定义

金融监管是金融监督与金融管理的复合称谓。金融监管有狭义和广义之分。狭义的金融监管是指金融监管当局依据国家法律法规的监督管理。广义的金融监管是除上述监管之外，还包括金融机构内部控制和稽核的自律性监管、同业组织的互律性监管、社会中介组织和舆论的社会性监管等。

（二）金融监管的基本特征

金融监管在市场经济中，具有三个基本特征，即法制性、系统性和社会性。

1. 法制性

金融监管属于国家的法定制度，市场经济国家的金融监管制度都是通过立法确定的，是一国金融体制的有机组成部分。金融监管当局是在国家授权下依法实施监管的，其法律关系的内容体现为：被监管者和监管者同时受法律约束；被监管者必须在法律许可的范围内从事金融活动并依法接受监管；监管者也只能在法定权限职责范围内依法行使监管权，包括采取命令、许可或免除、赋予或剥夺、认可或拒绝、审查或督导等基本措施行使各项基本权利时，都必须依法行事，决不允许越权滥施权威或横加干涉。因此，金融监管既非单纯的检查监督或处罚，也非纯技术性的调查或评价，而是金融监管当局在法定权限下的具体执法行为和管理行为，具有权威性、严肃性和相对确定性。

2. 系统性

金融监管是一个庞大的系统工程，它是由监管的依据——金融法律、法规体系，监管体制——金融监管主体及基本运作机制，监管客体——银行和各类金融机构，监管的目标，以及为实现目标而确定的监管内容和采取的手段方法等几大部分组成，各部分之间存在有机联系，缺一不可，共同形成一个完整的系统。

3. 社会性

由于金融业具有明显的“公共性”，其活动范围遍及社会各部门，因此，尽管狭义的金融监管是核心，但广义的金融监管更为必要。一般认为，有效的金融监管应该是一种社会性监管，需要社会各界的协调配合，即不仅要有监管者与被监管者间的纵向监管和被监管者的自律性监管，而且还要包括行业公会等组织的同业横向监管、社会各部门及公众舆论的社会性监管，从而形成一个相互联系、相互补充、相互制约的大监管体系及良好的社会监管环境。

二、金融监管的必要性

现代市场经济就是法制经济，因为在相对自由的交易市场上，面对众多分散而又自主经营的市场参与者，只有用统一、严格、公平、公开并具有相对确定性的法律才能协调各种市场关系，规范参与者行为，建立并维持有序的良性市场运行。由于金融业在市场经济中处于核心地位，其经营活动具有作用力大、影响面广、风险性高等特点，因此，依法对金融业实施有效的监管，既是市场经济良性运作的内在要求，也是由金融业本身的特殊性决定的。

（一）市场经济的内在要求

从市场经济内在要求看，金融监管的理论依据源于一般管制理论。该理论认为，在现实经济运作中，由于存在垄断、价格粘性、市场信息不对称、外部负效应等情况，竞争有效发挥作用的各种条件在现实中不能得到完全满足，从而导致经常性的市场失效。因此，完全的自由放任并不能使市场运行实现规范合理和效率最优，需要借助政府的力量，从市场外部通过法令、政策和各种措施对市场主体及其行为进行必要的管制，以纠正市场失效。由于金融业在市场经济中的特殊地位，更需要通过外部监管来克服市场缺陷。例如，为了防止金融力量过于集中而产生垄断或金融力量过小而无法实现规模经济，需要监管当局对金融机构的开业、分支行设立、合并或兼并等进行监管。又如，根据管制理论中的社会利益论，当某个机构个体利益大于社会利益并可能对社会公众利益产生损害时，往往会发生外部负效应或由于信息不对称而带来不公平的问题，这是因为单个金融机构并没有能力承担全部的风险，而应由公众、整个金融体系乃至整个社会经济体系来承担，这样社会公众的利益就会受到极大损害，金融监管的基本出发点就是要维护社会公众利益。但是由于社会公众利益分散于千家万户、各行各业，维护这种利益的职权只能由国家法律授权的特定机构行使。特别是金融机构的风险具有连带性，由于信用的连锁性，一个金融机构陷入风险或危机，往往会引起社会公众对其他金融机构丧失信任，极易在整个金融体系产生风险的连锁反应，动摇整个国家的信用基础，导致以“信用经济”为特征的现代市场经济运行陷入瘫痪。特别是由于现代金融的国际化发展导致一国的金融风险还可能连累到其他国家，可能引发世界性的金融危机。所以，为了控制金融机构的经济风险，避免发生国内外金融风险的“多米诺骨牌效应”，需要国家对金融业实施严格的金融监管，保证市场经济的稳健运行。

（二）金融业的特殊性

从金融业本身的特殊性看，金融监管的必要性主要体现在下述四点。

1. 金融业在国民经济中的特殊地位和作用

在现代市场经济中，金融业是货币流通中心、资金融通中心、社会支付结算中心。特别是在当代，由于信用的发展和金融创新的推动，使金融对经济发展的作用从最初的适应经济发展并为经济发展提供金融便利以促进经济发展，发展到现在主动推动经济发展并成为现代经济的先导，成为一国经济发展的关键因素。金融业的特殊地位和特殊作用决定了金融业的稳定和效率将直接影响到国民经济的运作与发展，甚至社会安定，由此决定了必须对金融业实施严格监管，保证金融体系的安全和有效运行。

2. 金融业的内在风险

与其他行业相比，金融业是一个特殊的高风险行业，这种特殊性决定了国家特别需要对该行业进行监管。

金融业特殊的高风险首先表现在金融业所经营对象的特殊性，金融机构经营的不是普通商品，而是货币资金，包括债券、股票、保险单等虚拟商品，它们与客户的经营关系都以信用为基础，而信用本身包含了许多不确定因素，这就决定了金融机构的经营具有内在风险，例如银行的经营必然受利率、汇率、存款总量与结构、借款人信誉和偿债能力、经济形势变化等因素的影响，从而面临着利率风险、汇率风险、流动性风险、信用风险等；此外，金融业的现代化发展还加大或带来了系统性风险、电子风险、国际风险、创新风险等，一旦风险成为现实，就会动摇社会公众对金融机构的信任，引发金融危机。

其次，金融业具有很高的负债比率，自有资本少，营运主要依靠外部资金，特别是银行采取部分准备金制度，从事短借长贷的资金运用及证券投资等高风险经营，同时必须随时满足客户提款或支付的需要，这就使银行的经营具有内在不稳定性，其生存在很大程度上依赖公众信任，一旦金融机构出现风险、动摇公众信心，极易引发“挤提”存款、抛售有价证券等金融恐慌现象，后果不堪设想。但由于在经营过程中金融机构的管理人员因涉及自身利益或能力所限，往往不能充分评估和处理经营中存在的问题和风险，因此需要金融当局从外部对其进行以风险管理为重要的监管，帮助管理者将风险控制在一定范围之内，保证金融体系的安全与稳定营运。只有金融体系安全运行，才能保持公众对金融体系的信心，从而保证国民经济的健康发展。

3. 金融业的公共性

金融业的公共性与金融业活动涉及的广泛性相关，金融业一方面面对其债权人，主要是指存款人、证券持人有、投保人等；另一方面又面对贷款户、证券发行者等债务人。在这两方面关系中，金融机构面对的都是社会公众，金融机构的经营活动及其后果都将对社会公众产生影响。但由于金融业具有相对垄断性，不是任何人都能参与的行业，金融机构有可能做出不利于债权人或债务人的安排，或向客户提供不公平的歧视性服务；同时在金融活动中存在信息不充分的现象，也有可能是有人故意隐瞒事实真相、掩盖真实信息，甚至提供虚假的信息；由于银行、证券公司、保险公司等金融机构比公众拥有更为充分的信息，它们就可能利用这个有利条件，将金融风险或损失转嫁给社会公众。所以为了防止相对垄断可能带来的不公平和信息不对称以及评价、选择及其约束困难，需要通过金融监管约束金融机构的行为，保护公众利益。

4. 维护金融秩序，保护公平竞争，提高金融效率

良好的金融秩序是保证金融安全的重要前提，公平竞争是保持金融秩序和金融效率的重要条件。为了金融业健康发展，金融机构都应该按照有关法律的规定规范经营，不能搞无序竞争和不公平竞争。这就需要金融主管当局通过金融监管实现这一目的，以保证金融运行有序、竞争公平且富有效率。

从20世纪70年代以来，金融风险明显加剧，金融危机频繁发生，影响也越来越深远。同时由于各类金融创新和大量衍生金融工具的出现，也加大了金融监管的难度。尤其是进入20世纪90年代以来，世界经济和国际金融市场发生了很大变化，无论是在金融商品交易数量方面，还是在交易地区的扩展及交易品种、交易方式等方面都堪称日新月异。但在快速发展的背后，金融风险也大大增加了。例如，1991年国际商业信贷银行的倒闭，1992年和1993年出现的欧洲金融市场动荡，1994年年底爆发的墨西哥金融危机，1995年

出现的美元汇率暴跌、英国巴林银行倒闭，以及 1997 年的东南亚金融危机等。金融业的动荡体现了世界范围内各国经济在新形势下的调整与剧变，也使金融监管的必要性更加突出。

三、金融监管体系的一般构成

当今世界各国在不同的经济和金融制度安排下，都在根据本国的实际情况来架构金融监管体系，从而导致各国的金融监管体系各具特色。但总的来说，各国金融监管体系的构成基本相同，即主要是由监管的组织体制、目标与原则、内容与措施、手段与方式等方面构成。

（一）金融监管的组织体制

金融监管的组织体制的类型有两种划分方法。按监管机构的设立划分，大致可划分为两类：一类是由中央银行独家行使金融监管职责的单一监管体制；另一类是由中央银行和其他金融监管机构共同承担监管职责的多元监管体制。按监管机构的监管范围划分，又可分为集中监管体制和分业监管体制。一般来说，实行单一监管体制的国家在监管范围上都是实行集中监管，而实行多元监管体制的国家在监管范围上大都实行分业监管。但这种对应并不是绝对的，在特殊情况下可以转化。

1. 集中监管体制

集中监管体制是指把金融业作为一个相互联系的整体统一进行监管，一般由一个金融监管机构承担监管的职责，绝大多数国家是由中央银行来承担的。这种体制有时又称为“一元化”监管体制，即同一个金融监管当局实施对整个金融业的监管。例如，英国是实行“一元化”监管体制改革的国家，由英格兰银行承担整个金融业监管的职责，这与英格兰银行在英国金融界享有崇高的威望和历史传统有关。目前，实行集中监管体制的国家还有澳大利亚、比利时、奥地利、意大利、卢森堡、荷兰、新西兰、瑞典、瑞士等国家。

2. 分业监管体制

分业监管体制是根据金融业内不同的机构主体及其业务范围的划分而分别进行监管的体制。各国的分业监管体制通常由多个金融监管机构共同承担监管责任，一般银行业由中央银行负责监管；证券业由证券监督管理委员会负责监管；保险业由保险监督管理委员会负责监管。各监管机构既分工负责，又协调配合，共同组成一个国家的金融监管组织体制。例如，美国的金融监管是由多个监管机构承担的，属于多元监管体制。从监管的业务范围看，各监管机构虽有所交叉，但都有自己的侧重点，基本上属于分业监管体制。美国的金融监管机构在联邦一级，主要有六个，虽然管理机构复杂，职能有所交叉，但其监管各有重点：（1）联邦储备体系，负责管理会员银行和一切银行持股公司；（2）货币监理局，负责对联邦注册银行的审批和检查；（3）联邦存款保险公司，主要监督参加保险的非会员银行和已参加保险的州注册的储蓄银行；（4）联邦住宅贷款银行及下设的联邦储贷保险公司，管理和监督储蓄银行和信贷协会；（5）全国信用合作社管理局，管理和监督信用合作社和协调各管理机构之间及同各州监督官员之间的关系；（6）证券交易委员会，是根据《1934 年证券交易法》设立的专门的证券管理机构，该委员会是对证券发行、交易管理的最高机构。目前，实行分业监管体制的国家还有加拿大、法国、新加坡、芬兰、西班牙、土耳其、挪威等。

以上两种金融监管组织体制各有特色，亦各有利弊，谁优谁劣没有绝对的答案。各国选择何种组织体制，应该充分考虑本国的经济、金融现状及特点、现有的管理结构和要求、未来的发展等因素。我国目前采用分业监管体制，由证券监督管理委员会负责证券业的监管；由保险监督管理委员会负责保险业的监管；由银行监督管理委员会负责商业银行的监管；中国人民银行则对货币制度和宏观经济实施监控。

（二）金融监管的目标与原则

1. 金融监管的目标

金融监管目标是实现金融有效监管的前提和监管当局采取监管行动的依据。金融监管的目标可分为一般目标和具体目标。监管的一般目标是促成建立和维护一个稳定的、健全的、高效的金融体系，保证金融机构和金融市场健康发展，从而保护金融活动各方特别是存款人的利益，推动经济和金融业稳定协调发展。由于各国历史、经济、文化背景和发展的程度不同，因此，各国的具体金融监管目标也有所差别。

我国现阶段的金融监管目标可概括为：

（1）一般目标。防范和化解金融风险，维护金融体系的稳定与安全，保护公平竞争，提高金融效率，保证中国金融业的稳健运行和货币政策的有效实施。

（2）具体目标。保证经营的安全性、竞争的公平性和政策的一致性。经营的安全性包括两个方面：保护存款人和其他债权人的合法权益；规范金融机构的行为，提高信贷资产质量。竞争的公平性是指通过金融监管机构的监管，创造一个平等合作、有序竞争的金融环境，鼓励金融机构在公平竞争的基础上，增强经营活力，提高经营效率和生存发展能力。政策的一致性，即通过监管，使金融机构的经营行为与货币政策目标责任制保持一致。通过金融监管，促进和保证整个金融业和社会主义市场经济的健康发展。

2. 金融监管的原则

由于政治、经济、法律、历史、传统乃至特定时期体制的不同，各国在金融监管的具体方面存在差异，但有些一般性原则却贯穿于各国金融监管的各个环节与整个过程之中。

（1）依法监管原则。世界各国金融监管体制和风格虽有不同，但在依法监管这一点上是共同的。依法监管有两方面的含义：一是所有金融机构都必须接受国家金融监管当局的监管，不能有例外；二是金融监管必须依法进行，以确保金融监管的权威性、严肃性、强制性和一贯性，从而确保金融监管的有效性。因此，金融法规的完善和依法监管是有效监管的基本前提，依法监管也就成为各国金融监管的首要原则。

（2）适度竞争原则。在市场经济体制下，竞争是必然规律，但竞争必须适度，才能提高效率，克服市场经济的负面效应。适度竞争原则要求中央银行金融监管的工作重心应放在创造适度竞争的环境上；放在形成和保持适度竞争的格局和程度监测上；放在避免造成金融高度垄断，失去竞争从而失去活力和生机上；放在防止出现过度竞争、破坏性竞争，从而危及金融业的安全和稳定上；要求金融监管做到“管而不死，活而不乱，限制过度竞争，而又不消灭竞争”。

（3）不干涉金融业内部管理原则。各国金融监管当局对金融业进行监管时，普遍奉行不干涉金融业内部管理的原则。按照这一原则要求，只要金融业的经营活动符合金融法律、法规规定的范围、种类和可承担的风险程度，并依法经营，中央银行就不应该做过多的干涉。

（4）综合化原则。金融监管综合化原则的提出，是着眼于管理的系统化、最优化和效能，将行政的、经济的、法律的管理手段综合配套使用，将直接的与间接的、外部的与内部的、自愿的与强制的、正式的与非正式的、报表的与现场的、事先的与事后的、国内的与国外的、经常性的与集中突出性的、专业的与非专业的、资产的与负债的等各种不同管理方式和管理技术手段结合起来，综合配套使用。

（5）社会经济效益原则。一般来说，安全、稳健是一切金融法规和金融监督管理的中心目的，但并非唯一目的或终极目的。从某种意义上讲，金融业存在发展的终极目的是满足社会经济的需要，促进社会经济的稳定发展。所以，金融法规和金融监管必须考虑严格管理同促进金融机构效益的协调关系，必须以保证社会经济效益作为终极目的。

知识链接

有效金融监管的标准

——金融业的稳定程度和竞争程度

稳定的金融是保证一国经济正常发展的必要条件之一，没有哪一个国家能在金融动荡的局势下仍保持经济的发展和增长，东南亚金融危机很能说明这一点。但稳定并不等于放弃和限制竞争，市场经济条件下的竞争是和发展、效率挂钩的，没有竞争的金融市场也将是死水一潭。因此如何使金融业的风险最小、效率最高就成为金融监管当局的任务之一，也是判别监管是否有效的重要标准。

（1）发现问题的及时性。能否及时发现被监管者在经营管理中存在的不足，特别是那些重大毁坏银行的信誉、威胁银行生存的问题，是判断监管有效与否的标准。巴林银行的巨额亏损暴露之前，一直被英格兰银行视为优秀的银行，甚至将其作为管理方面的标兵，以至在警笛鸣响后，很多业内外人士难以置信。这既反映出巴林银行本身的内部控制体系有问题，也说明英格兰银行在监管的有效性上并不像人们想象的那样尽如人意。

（2）监管成本的高低。金融监管是要耗费资源的，也就是说，金融监管的实施增加了监管者和被监管者的成本开支。因此，在制定监管目标和设立监管措施时，必须考虑监管的成本，否则，不仅使政府的预算支出增加，还加重了被监管者的成本负担，易引起反感和抱怨；而被监管者利润的减少将限制其满足客户需要的程序和行业竞争的条件，甚至有可能使被监管者采取更加冒险的行为来抵补这部分“额外”的成本。

（3）被监管者有意逃避监管的程度。被监管者对监管的逃避，要么是由于监管的条例过于宽松，被监管者很容易有机可乘；要么相反，监管的条例太严，严重地抑制了金融竞争和业务的创新，使各金融机构不得不另走捷径。有效的金融监管应建立鼓励和惩罚的双重机制，对于被监管者，必须遵循监管的条件要求，否则其逃避管制的成本要远远高于由此而得到的收益，使其得不偿失而不得不收敛其“不轨”行为。

有效的金融监管是需具备一些先决条件的，根据巴塞尔银行监管委员会颁布的《有效银行监管的核心原则》，这些条件是：稳健且可持续的宏观经济政策；完善的公共金融基础设施；有效的市场约束；高效率解决银行问题的程序；提供适当的系统性保护（公共安全网）的机制。对照这些条件，要真正实现金融业的有效监管，仍然是任重道远。

（三）金融监管的内容与措施

金融监管从对象上看，主要是对商业银行及非银行金融机构和金融市场的监管，具体监管内容主要有三个方面，即市场准入的监管、市场运作过程的监管和市场退出的监管。

1. 市场准入的监管

所有国家对银行等金融机构的监管都是从市场准入开始的。各个国家的金融监管当局一般都参与金融机构设立的审批过程。金融机构申请设立必须符合法律规定，主要包括两个方面：一是要具有素质较高的管理人员；二是要具有最低限度的认缴资本额。管理人员的条件和资本额的标准，各国都有具体规定。我国金融机构的设立申请，一般也是主要审查这两个方面。

市场准入的监管内容主要包括：（1）确定金融机构设立的程序；（2）规定金融机构设立的组织形式；（3）审查批准申请设立金融机构的可行性报告；（4）审查批准金融机构拟定的章程；（5）规定最低的资本金要求；（6）审查批准金融机构的经营方针和营业场所；（7）审查法定代表人及主要负责人的任职资格；（8）金融机构的设立采用特许制度的国家，经监管当局审查批准后，颁发给新设立金融机构法人许可证或营业许可证，凭许可证到管理部门办理登记，并领取营业执照。

2. 市场运作过程的监管

金融机构经批准开业后，监管当局要对金融机构的运作过程进行有效监管，以便更好地实现监管目标和要求。各国对金融机构市场运作过程监管的具体内容并不完全相同，但一般都将监管的重点放在以下几个方面：

（1）金融机构业务经营的合法性。即监管金融机构是否严格遵守国家和地方政府颁布的各种金融法律、法规及各项规定，是否严格执行监管当局的各种规章制度。

（2）资本充足性。资本是各种金融机构赖以生存和从事各种金融业务的基础。监管当局对金融机构资本水平和资本结构的监管，有利于金融机构在保持充足资本的条件下稳健运作，同时还可以通过规定资本与各种风险资产的比例关系来控制金融机构资产总量的扩张和风险程度的变化。

（3）资产质量。资产质量是衡量一家金融机构经营状况最重要的依据。资产质量差会直接影响到金融机构的各种业务活动、盈利能力和社会信誉，甚至导致其破产倒闭。监管当局主要通过设定相关指标来监管金融机构的资产质量。

（4）流动性。这是指金融机构偿还到期债务的能力。流动性不足往往成为导致金融机构倒闭和引发金融危机的直接原因。监管当局通过评估金融机构负债的变动情况、对借入资金的依赖程度、可随时变成现金的流动性资产数量、紧急筹资能力等，对金融机构是否保持必要的流动性进行监管。

（5）盈利能力。监管当局除了对金融机构盈利能力进行评估以外，还要对金融机构在利润分配中的行为进行监管，以使金融机构具备抵御风险和自我积累发展的必要条件，并保证金融机构的股东得到应有的回报。

（6）管理水平的内部控制能力。从根本上说，金融机构的经营失败，都是与其管理和内部控制薄弱直接或间接相关，因而这成为监管的重要内容。由于管理和内部控制水平很难用一些定量的客观数据、指标来衡量，监管时往往以金融机构内部的各种规章制度、业务政策、经营计划、管理人员的经历与经验、职工的素质等非定量因素做参考，故有一定的监管难度。

3. 市场退出的监管

金融机构市场退出的原因和方式可以分为两类：主动退出与被动退出。主动退出是指金融机构因分立、合并或者出现公司章程规定的事由需要解散而退出金融市场。其主要特点是“主动地自行要求解散”。被动退出则是指由于法定的理由，如由法院宣布破产或因严重违规、资不抵债等原因而遭关闭，监管当局将依法关闭金融机构，取消其经营金融业务的资格，金融机构因此退出市场。

各国对金融机构市场退出的监管都通过法律予以明确，并且有很细致的技术规定。一般有接管、解散、撤销、破产等几种形式。无论采用哪种形式，监管当局都要对金融机构的市场退出过程进行监管，保证其退出的合理性和平稳性。

（四）金融监管的手段与方式

金融监管主要依据法律、法规来进行。在具体监管过程中，主要运用金融稽核手段。

1. 依法实施金融监管

金融监管机构对金融业实施监管的依据是国家法律和法规，依法对金融机构及其经营活动实行外部监督、稽核、检查和对违法者进行处罚。各国金融监管体制和风格虽各有不同，但在依法管理这一点上是共同的，这是由金融业的特殊地位和对经济的重大影响所决定的。金融机构必须接受国家金融管理当局的监管，金融监管必须依法进行，这是金融监管的基本点。要保证监管的权威性、严肃性、强制性和一贯性，才能保证其有效性，而要做到这一点，金融法规的完善和依法监管是不可缺少的。市场经济就是要充分发挥各个生产要素和环节的主动性和积极性，鼓励和支持竞争，而竞争要做到规范有序，必须而且只能由法律作保障。

随着社会主义市场经济体制的逐步确立，我国也加快了金融监管法规体系的建设，已经先后颁布了《中华人民共和国中国人民银行法》、《中华人民共和国商业银行法》、《中华人民共和国票据法》、《中华人民共和国保险法》、《中华人民共和国担保法》，以及《关于惩治破坏金融秩序犯罪的决定》、《金融违法行为处罚办法》等法规，为加强金融监管、消除金融隐患、防范和化解金融风险提供了法律保证。

2. 运用金融稽核手段实施金融监管

“稽”就是审查；“核”就是认真地对照、考查、核算、核实。金融稽核，是中央银行或监管当局根据国家规定的稽核职责，对金融业务活动进行的监督和检查。它是由管辖行的稽核机构派出人员以超脱的、公正的客观地位，对辖属行、处、所或业务领导范围内的专业行处，运用专门的方法，就其真实性、合法性、正确性、完整性做出评价或建议，向派出机构及有关单位提出报告。因此，金融稽核，是做好金融宏观控制的一项重要手段，是经济监督体系中的一个重要组成部分，与纪检、监察、审计工作有着紧密的联系。

第二节 金融创新

一、金融创新的含义

金融创新的含义是非常丰富的。在这里我们引用银监会前副主席唐双宁的观点把金融创新划分为广义的金融创新和狭义的金融创新两类。广义的金融创新，是指发生在金融领域的一切创新活动，包括技术创新、产品创新、体制创新、机构创新、管理创新等。狭义的金融创新，主要是指金融产品的创新。我们所说的金融创新主要是指狭义的金融创新。我们知道，“创新”是一个相对的概念。比如，我们当前所谓的一些创新业务（例如电子银行、银行卡等）在发达国家已经比较成熟，是银行的常规业务，但对于我们来讲还是创新业务。

即问即答：你使用过商业银行的哪些创新业务？对此有哪些建议？

二、金融创新的内容

（一）金融工具创新

金融工具创新是指金融业能为各种信用形式的演变和扩展而适时地创造新的多样化的金融产品，如在支付方式、期限性、安全性、流动性、利率、收益等方面具有新特征的有价证券、汇票、金融期货等交易对象。金融工具的创新是金融创新最主要的内容，它是所有其他金融创新的基础。如金融工具创新导致在传统金融产品和一般商品期货的基础上产生了金融期货，主要有利率期货、货币期货和股票指数期货。

（二）金融市场创新

金融市场创新是指金融业通过金融工具创新而积极扩展金融业务范围，创造新的金融市场。欧洲证券市场源于20世纪70年代初期的美国证券公司，然后在世界各地设立分支机构进行国际证券交易，其他国家纷纷仿效。到了20世纪80年代，随着证券交易的国际化和技术的不断进步，金融业不仅可以从事跨越国境的股票交易和债券交易，而且也可以在其他国家发行本国的债券与股票，基本形成了一个全球性的证券市场。欧洲票据市场是在原有的欧洲银团贷款市场和欧洲债券市场的基础上形成的，把信贷和债券流动结合起来，具有短期银行信贷和流动性有价证券的双重属性。

（三）金融制度创新

金融制度创新是指在金融组织或金融机构方面所进行的制度性变革。它既指各国金融当局调整金融政策、放松金融管制所导致的金融创新活动，如建立新的组织机构、实行新的管理方法来维护金融体系的稳定，也包括金融组织在金融机构制度方面所做的改革。

知识链接

我国金融创新成果展示

截至2011年年底，我国金融创新成果包括：（1）获得衍生品交易资格：中国已经有69家中外资银行获得了衍生品的交易资格。（2）个人理财业务：有30家中外资银行开办了人民币和外币理财业务，理财产品募集量达到4 000亿元人民币，其中人民币理财产品募集量为2 200亿元，外币理财产品募集量为230亿美元。（3）代客境外理财业务：共有11家中资银行和7家外资银行取得了该资格，其中9家中资银行和5家外资银行共取得131亿美元境外代客理财投资购汇额度。（4）QDII（合格境内机构投资者）业务：11家中外资银行共推出了14款QDII产品，人民币认购额度达到25亿元，美元认购额度达到1.2

亿美元。(5) 电子银行业务：主要银行业金融机构的电子银行业务交易规模达到了122万亿元，比2005年增长了101%。(6) 银行卡业务：银行卡发卡量为11.7亿张，基本上全国人均一张；银行卡消费占社会消费品零售总额的17%。(7) 资产证券化业务：国家开发银行发行了第二期58.2亿元的信贷资产支持证券，完成了第一阶段试点工作；信达和东方资产管理公司作为发起人，在银行间市场成功发行重整资产支持证券，其中信达公司优先级证券发行量为31亿元，东方公司优先级证券发行量为7亿元。(8) 综合经营方面：经国务院批准，中国工商银行、中国建设银行、交通银行发起设立工银瑞信、建信和交银施罗德基金管理公司，3家基金公司管理的证券投资基金资产净值达600亿元。

三、金融创新的意义

（一）金融创新的积极作用

1. 提高了金融市场的运作效率

首先提高了市场价格对信息反应的灵敏度。金融创新通过提高市场组织与设备的现代化程度，使国际金融市场的价格能够对所有可得到的信息作出迅速灵敏的反应，提高了金融市场价格变动的灵敏度，使价格快速及时对所获信息作出反应，从而提高价格的合理性和价格机制的作用力。其次，增加了可供选择的金融商品种类。现代金融创新中大量新型金融工具的出现，使金融市场所能提供的金融商品种类繁多，投资者选择性增大。面对各具特色的众多金融商品，各类投资者很容易实现他们自己满意的效率组合。再次，增强了剔除个别风险的能力。金融创新通过提供大量的新型金融工具的融资方式、交易技术，增强了剔除个别风险的能力。投资者能进行多元化的资产组合，还能够及时调整其组合，在保持效率组合的过程中，投资者可以通过分散或转移法，把个别风险降到较低水平。最后，降低交易成本，使投资收益相对上升，吸引了更多的投资者和筹资者进入市场，提高交易的活跃程度。

2. 提高了金融机构的运作效率

首先，金融创新通过大量提供具有特定内涵与特性的金融工具、金融服务、交易方式或融资技术等成果，从数量和质量两方面同时提高需求者的满足程度，增加了金融商品和服务的效用，从而增强了金融机构的基本功能，提高了金融机构的运作效率。其次，提高了支付清算能力和速度。把计算机引入支付清算系统后，使金融机构的支付清算能力和效率上了一个新台阶，提高了资金周转速度和使用效率，节约了大量流通费用。最后，大幅度增加金融机构的资产和盈利率。现代金融创新涌现出来的大量新工具、新技术、新交易、新服务，使金融机构积聚资金的能力大大增强，信用创造的功能得到发挥，使金融机构拥有的资金流量的资产存量急速增长，提高了金融机构经营活动的规模报酬，降低成本，加之经营管理上的创新，金融机构的盈利能力增强。

3. 金融作用力大为加强

金融作用力主要是指金融对于整体经济运作的经济发展的作用能力，一般是通过对总体经济活动和经济总量的影响及作用程度体现出来的。首先，金融创新提高了金融资源的开发利用与再配置效率。现代金融创新使发达国家从经济货币化推进到金融化的高级阶段和大幅度提高发展中国家的经济货币化程度，导致金融总量的快速增长，扩大了金融资源的可利用程度并优化了配置资源效果。其次，社会融资和投资的满足度及便利度上升。主要表现为：一是融资成本降低，有力地促进了储蓄向投资的转化；二是金融机构和金融市场能够提供更多更灵活的投资和融资安排，从总体上满足不同的投资者和融资者的各种需求，使全社会的资金融通更为便利；三是各种投资与融资的限制逐渐被消除，金融创新后各类投资者和融资者实际上都进入市场参与活动，金融业对社会投资和融资需求的满足力大为增强。再次，金融业产值的迅速增长，直接增加了经济总量，加大了金融对经济发展的贡献度。最后，增加了货币作用效率。金融创新后用较少的货币就可以实现较多的经济总量，意味着货币作用对经济的推动力增大。

（二）金融创新的负面影响

金融创新推动经济发展和金融发展的同时，也带来了许多新的矛盾和问题，对金融和经济的发展产生诸多不良影响。

第一，金融创新使货币供求机制、总量和结构发生了深刻变化，影响了金融运作和宏观调控。

金融创新在货币需求方面引起的一个明显变化是货币需求的减弱，并由此引起货币结构改变，降低了货币需求的稳定性。在货币供给方面，金融机构创造存款货币的功能增强，增加了货币供给的主体。同时由于通货—存款比率、法定存款准备金率、超额存款准备金率下降，增强了货币供应的内生性，削弱了中央银行对货币供给的控制能力与效果，易导致货币政策失效和金融监管困难。

第二，金融风险有增无减，金融业的稳定性下降。

现代金融创新在提高金融微观和宏观效率的同时，增加了金融业的系统风险。一是金融创新加大了原有的系统风险（利率风险、市场风险、信用风险、购买力风险等），如授信范围的扩大与条件的降低无疑会增加信用风险；二是创新中产生了新的金融风险，如大规模的金融电子化创新所产生的电子风险、金融业务管理创新中出现的伙伴风险、与金融国际化相随的国际风险等。各种金融机构的业务创新和管理创新在带来高收益和高效率的同时也产生了高风险，导致了金融业的稳定性下降。20 世纪 80 年代以来，金融机构的亏损、破产、兼并、重组等事件频繁发生。

第三，金融市场出现过度投机和泡沫膨胀的不良倾向。

现代金融创新中，金融市场上出现了许多高收益和高风险并存的新型金融工具和金融交易，尤其是从虚拟资本中衍生出的新奇的种类，如股票指数期货交易、股票指数期权交易等。一些避险性金融创新本身又成了高风险的载体，如外汇掉期、利率或货币掉期等，这些金融工具和金融交易以其高利率诱导和冒险刺激，吸引了大批的投资者和大量的资金。在交易量放大的过程中，价格被推到不切实际的程度，拉大了与其真实价值的差距，表现为其市场价大大超过其净值，虚拟资本急剧膨胀，由此吹出了大量的泡沫，产生过度投机，极易发生金融危机。

第三节　金融全球化

一、经济全球化

（一）经济全球化的含义

经济全球化又称世界经济国际化，是指世界各国经济在生产、分配、交换和消费环节的全球趋同化趋势。

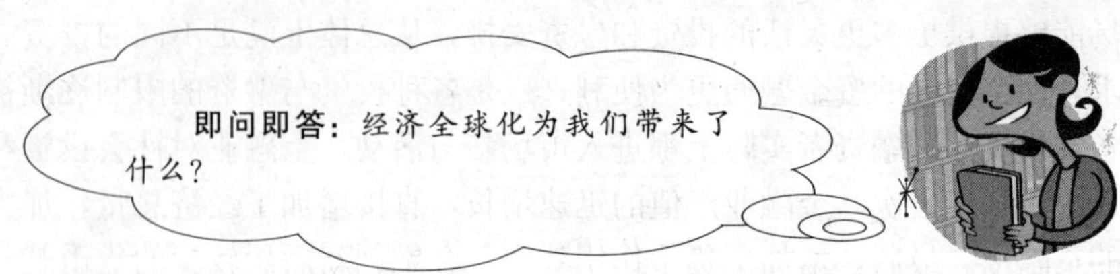

（二）经济全球化的成因

1. 国家经济体制

世界各国经济体制的趋同消除了经济全球化发展的体制障碍。在当今世界上，已经有越来越多的国家认识到，只有选择市场经济体制，才能加快本国经济发展的速度、提高本国经济的运转效率和国际竞争力。封闭经济由于缺少外部资源、信息与竞争，而呈现出经济发展的静止状态。计划经济体制则由于存在信息不完全、不充分、不对称和激励不足问题，导致了资源配置与使用的低效率。所以，不管是传统的封闭经济，还是起源于前苏联的计划经济都不约而同地走上了向市场经济转型的道路。由此而造成的各国在经济体制上的趋同，消除了商品、生产要素、资本以及技术在国家与国家之间进行流动的体制障碍，促成了经济全球化的发展。

2. 微观经济主体的趋利动机

微观经济主体的趋利动机推动了经济活动的全球化发展。众所周知，商品与要素的价格在世界的不同地区是不可能完全相等的。这种地区性差价的存在被人们称为“区位优势”，而区位优势则为企业提供了进行全球性套利的空间，于是，便产生了对外投资、技术转让，以及企业生产过程的分解与全球配置。正是企业出于套利动机的这种全球性扩张，推动了经济的全球化。

3. 信息技术进步

信息技术的进步降低了远距离控制的成本。企业的活动半径是与其所有权控制的成本负相关的。即：远距离控制成本低，企业的活动半径就大，从而经济全球化的程度就高；反之，则相反。远距离控制的成本主要是信息成本，在信息经济时代的今天，多媒体技术的发展与网络经济的诞生，使得这种成本大幅度下降，以致从理论上来讲，对于一家有能力进行全球扩张的企业来说，它的活动范围可以达到世界的任何地方。

（三）经济全球化的特征和表现

1. 生产全球化

生产全球化是指世界各国和地区的生产过程日益形成环环相扣的不可分割的链条。生产全球化基于以下方面：

（1）国际分工的细化和深化。从 19 世纪资本主义市场诞生和统一的经济体系出现之后，资本主义世界内部就形成了凭借实力大小主宰国际分工的惯例。现在是美国、欧盟、日本三分天下，商品的全球化正在逐步转变为资本的全球化。第二次世界大战之后，各国垄断资本和跨国公司的兴起进一步扩大了国际交往，深化了国际分工，广大发展中国家亦参与到全球化生产过程之中。在科技革命极大地促进了生产力发展的同时，全球联系越发频繁，协作的程度越发提高。

由同一产业部门不同行业内部不同产品之间的国际分工与国际交换，到同一行业内部不同产品之间的国际分工与国际交换，再到同一生产过程内部各种零部件之间的国际分工与国际交换，国际分工呈现出分工领域拓宽和深化，层次性十分突出。处于不同分工层次的国家被有机地组成国际生产体系中不可或缺的部分。

（2）跨国公司的全球化经营成为推动生产活动全球化的主体力量。进入20世纪90年代以来，跨国公司得到了迅猛发展。跨国公司成为“巨无霸”的原因在于获取规模经济，即企业资产扩张引起销售收入和利润更大规模的扩张。目前，近7万家跨国公司，其产值已经达到世界总产值的40%，贸易额约占世界贸易总额的60%，对外投资约占全球直接投资的90%，由于跨国公司通过市场内部化进行全球性生产经营活动，因而使“经济无国界”，从而将全球的生产连为一体，并且形成生产—研发—销售全球一体化。

（3）覆盖全球的计算机网络。现代的通讯工具以及现代化的运输工具为生产活动的全球化提供了先进的技术支持，从而使跨国公司可以控制遍布世界的生产经营活动。

2. 金融全球化

金融全球化是指全球范围内的金融自由化。其实质是要求各国放松金融管制，形成全球统一的金融市场和运行机制，保证金融资源在全球范围内自由流动和合理配置。金融全球化的核心是取消利率限制，使利率完全自由化；取消外汇管制，使汇率浮动完全自由化；放松对各类金融机构业务经营范围的限制，使金融业务经营自由化；放松对资本流动的限制，允许外国资本和金融机构更方便、更自由的进入当地市场；同时也放宽本国资本和金融机构进入外国市场的限制，实行资本流动自由化；放松和改善金融市场的管理，实现市场运作自由化。

3. 科技全球化

科学技术本身就是无国界之分的。科技的飞速发展成为经济全球化的原动力。其表现在：科技知识迅猛增长；科学技术发展面向未来；科技发展综合化；科学技术与人文科学相结合。

4. 国际投资自由化

国际投资自由化，是指消除对资本流出及流入国境的限制和歧视，实现对外国投资和投资者的公平待遇和消除扭曲。

世界贸易组织的建立，三大协议的签署，不仅标志着一个规范化、法制化的世界市场的形成，也标志着世界贸易投资自由化进程的加快，贸易投资自由化达到了一个新的发展阶段。

5. 贸易全球化

贸易全球化是通过贸易总量和贸易金额增长、贸易种类增加和贸易范围扩大以及贸易自由化进程的加快表现出来的。

6. 产业结构调整与变动

产业结构调整与变动是经济全球化的经济结构基础。经济全球化是建立在产业结构发展进入重化工业为主并开始转向服务产业的过程之中的。产业结构的升级发展是新的国际分工的体现，同时又是经济全球化深化发展的基础。

7. 世界经济增长

世界经济增长既是经济全球化的结果，又是经济全球化进一步发展的基础。世界经济增长的变动趋势反映了经济全球化的总体水平。经济增长方式的变动是世界经济发展质量和效益的标志。

21世纪经济全球化的七个趋势

趋势之一：金融业在全球经济生活中的作用举足轻重

首先，证券市场对全球资源配置所起的支配作用将得到进一步的加强。其次，金融业的全球化正在导致财富在全球的重新分配。最后，国际货币体系将走向多极化。

趋势之二：国际贸易将有力地推动经济全球化和地区经济一体化

首先，近年来，世界贸易的年均增长速度呈现出比世界GDP年均增长速度高一倍以上的趋势，在21世纪将继续延续下去。这一趋势的长期的量的积累，已使国际经济关系乃至国际政治关系发生了某种质的变化。其次，贸易和投资相互促进，共同推动国际分工和各国产业结构的调整、升级。这一趋势，将随着金融全球化而不断得到新的推动。最后，国际贸易在21世纪将推动地区经济一体化组织的发展。

趋势之三：跨国公司将持续推动企业的跨国兼并浪潮

首先，企业的跨国兼并是优化资源配置、进行产业结构调整的需要，是规模经济的需要。其次，企业的跨国兼并打破了民族国家的壁垒，模糊了民族国家的经济界线。各民族国家在经济上的相互依赖，越来越呈现出你中有我、我中有你的局面。

趋势之四：国际互联网络将极大地改变人类的生产和生活方式

首先，国际互联网络的普及提供了加强各国经济联系的新纽带。其次，国际互联网络将不断提高金融、贸易、企业全球经营的效率和质量。

趋势之五：知识将成为21世纪生产要素中的一个独立成分

首先，哪个国家能在技术创新和制度创新方面走在世界的前列，这个国家就能在21世纪的国际竞争中立于不败之地。其次，技术创新和制度创新需要受过良好教育的高素质的公民和让每一个公民的才能得以充分发挥的社会环境。

趋势之六：经济风险的全球化

经济全球化使世界各国在经济上日益相互依赖、相互渗透。这就使一个国家或地区的经济震荡可以迅速波及全球。国际互联网络的发展，加快了这种经济风险的传播速度。这就要求世界各国加强国际合作，共同防范各种可能的风险，缩小其对全球经济的破坏程度。金融风险的防范，将是21世纪国际合作的一大主题。

趋势之七：经济全球化的政治社会影响

首先，经济全球化在21世纪的不断深化，将不断加深各国经济的相互依赖、相互渗透，使各国间的共同利益不断增加，这样，必然有利于维护世界的和平，促进世界的发展。其次，经济全球化使各国领导人和政府的政策选择余地缩小，这必然有利于形成国际关系的民主与合作气氛。最后，经济全球化对民族文化产生冲击。从积极方面看，外来文化可以丰富本国的文化，带来更健康、更现代化的生活方式和伦理道德。从消极的方面看，外来文化中的颓废主义、黄色文化、利己主义甚至邪教也会在不长的时间内在一个国家里像瘟疫一样传播开来，破坏一个国家的民族凝聚力。如何在国际文化交流中趋利避害，是世界各国，特别是发展中国家必须解决的问题。

二、金融全球化

（一）金融全球化的含义

金融全球化是指金融主体所从事的金融活动在全球范围内不断扩展和深化的过程。它主要表现为这样几个特点：

第一，发达国家及跨国金融机构在金融全球化进程中处于主导地位。这主要表现在：发达国家金融资本雄厚，金融体系成熟；调控手段完备，基础服务设施完善；以发达国家为基地的跨国金融机构规模庞大，金融创新层出不穷；与之对应，全球金融规则也主要来自发达国家，这些规则总体上有利于其金融资本在全球范围内实现利益最大化。

第二，信息技术的发展，为金融全球化提供了技术通道。当代发达的电子计算机技术为全球性金融活动提供了前所未有的便利。特别是随着互联网技术的日益成熟、电子货币的普及，网络银行和网上交易将突破国界在全球展开，全球金融市场越来越被连接成为一个整体，金融市场的同质性进一步提高。

第三，金融创新层出不穷。为了适应新技术条件下竞争的需要，同时亦为规避限制性法规和风险，从 20 世纪六七十年代开始，在发达国家率先出现金融创新活动。这既包括制度的创新，又包括工具的创新，例如信用制度的创新、股权衍生工具的创新等。在金融创新的推动下，一方面融资证券化趋势大大加强，另一方面，也带来了新的金融风险和不确定性。

第四，金融资本规模不断扩大，短期游资与长期资本并存。在金融全球化进程中，随着参与全球化的金融主体越来越多，全球金融资本不断扩大。其中，既有长期投资的资本，也有短期投机的资本。目前，在全球市场中出入的国际投机资本大约有 7.2 万亿美元，相当于全球每年 GDP 总和的 20%。应该说，长期资本的投入有利于一国经济的稳定和发展，而短期游资的逐利和投机，则易引发一国的金融动荡。

（二）金融全球化的表现

进入 20 世纪 70 年代以来，世界上不同发展水平的国家都先后实行金融改革与深化，采取放松金融管制的措施。一方面，放松对金融机构的业务限制，取消银行与证券业分业经营的限制；另一方面，实行金融开放政策，放松或取消外汇管制，实施利率、汇率市场化等，使国内金融市场和国际金融市场日益融合。

1. 全球金融市场的一体化

成为国际金融市场一体化发展趋势的主要表现是银行业务全球一体化、国际证券市场一体化、金融创新市场一体化和新型国际金融中心一体化。

（1）银行业务全球一体化。所谓银行业务全球一体化，是指银行在全球范围内调度资金，经营各种业务，并无国际国内之区分，不受国界的限制。银行业务全球一体化是与跨国公司扩张活动密切联系在一起的。进入 20 世纪 70 年代中期以来，发达国家相继放松了资本流动限制和外汇管制，开放金融市场，取消了非居民购买国债和货币市场票据的限制。这些放松措施使跨国银行经营环境大为改善，跨国银行可以越来越多地参与所在国国内的金融业务，与所在国当地银行起着相同的作用，并且还通过其所在国外的分支银行办理总行所在地不能经营的证券业务，使国内业务国际化，从而使国内外市场更趋一体化。

知识链接

中国银行提供全球化电子银行服务

中国银行依托其传统的外汇外贸专业优势，紧密围绕“走出去”和“请进来”两类客户的业务需求，不断完善海外网银服务功能，拓展网银覆盖范围，在电子银行领域延续了国际化服务特色。

中国银行充分兼顾海内外客户电子银行使用习惯，提供网上银行中英文双语服务。结合自身在海外的机构优势，中国银行迅速扩展网银服务范围和产品功能。截至2010年年底，中国银行海外网银本地服务已经扩展到20个国家，企业网银跨境集团服务覆盖到境外27个国家和地区，支持企业客户在全球范围内的资金调度和现金管理，成为国内跨境网银服务覆盖范围最广、产品功能最丰富的商业银行。与此同时，中国银行密切跟进国家金融政策变化，不断加强业务创新，首家在境外分行试点推出海外人民币网银服务，还将围绕全球一体化的服务策略，研发个人客户全球财务管理、海外手机银行、海外网上直存等全新在线金融服务功能，继续引领国际化发展趋势和优势。

(2) 国际证券市场一体化。国际证券市场的发展使国内证券市场与国际证券市场日益连成一体。如今，在多数发达国家，隔离国内和国际证券交易的大量机构性障碍已经消除，从而使越来越多的股票在外国交易所报价交易。同时，在国际浮动利率与证券领域中种种利率正趋于一致。利率趋同现象进一步促使发行成本一致化，使国际债券与国内债券同质化，并促使证券市场更趋于一体化。此外，证券市场一体化还表现在投资银行和证券公司正日益走向国际，从事跨国证券交易和投资，从而使全球证券市场连为一体。

知识链接

证券交易所及证券交易国际化

世界经济一体化使资本市场一体化成为必然趋势。同时，网络化、电子化交易方式所带来的变革，对现代资本市场提出了新的挑战，它突破了传统的证券交易市场地域所形成的时空限制，使建立真正的世界一体性的证券交易市场成为可能。

在新的形势下，为了在竞争中赢得主动和确立优势，世界各国的证券交易所一方面纷纷从传统的会员制证券交易所改制为以盈利为导向的公司制商业机构，另一方面重新调整了竞争和发展战略，加快了合并重组的步伐。第一个“吃螃蟹”的是澳大利亚证券交易所，它首先改制并成功上市，之后又与新西兰证券交易所进行合并。在美国，纳斯达克的科技股在中国香港联交所正式挂牌交易，引起了国际证券市场的极大关注。不久之后，德国法兰克福交易所和英国伦敦证券交易所宣布合并，并命名为“国际交易所”。合并后的国际交易所成为欧洲最大的证券交易所，以及继华尔街后全球第二大的股票交易所，欧洲53%的股票将在这里交易。国际交易所与米兰和马德里股市相连。同时，全球著名的纽约证券交易所为了有效对抗英、德证交所合并成的国际交易所，拟与欧洲、加拿大及拉丁美洲的证交所组成联盟，并计划再与纳斯达克股票市场联手。纽约证交所主席格拉索表示，意欲与他们合作的证交所还有多伦多、墨西哥、圣地亚哥及巴西、中国香港及东京证交所。

(3) 金融创新市场一体化。金融创新市场从一开始就是一个全球性的一体化市场。20世纪80年代的四大金融创新为：货币掉换交易、取消利率限制、票据发行便利以及期权交易。金融业面对的顾客是全球性的，其交易范围也是国际性的，而创新广泛应用的结果是使银行业务和国际证券市场越来越趋于全球一体化。

(4) 新型国际金融中心一体化。金融全球一体化的趋势，还体现在一些发展中国家（地区）国际金融中心的崛起和趋于一体化上。发展中国家（地区）金融中心发展的历史不长，是从20世纪70年代至80年代才发展起来的，但是根据欧洲货币业务量、外汇交易额和黄金交易额等指标来衡量，这些区域性国际金融中心已经可以和传统的欧美国际金融中心相提并论，并与发达国家的传统国际金融中心一起，构成了全球性的金融市场网络。

2. 金融政策的开放化与自由化

20世纪80年代以来，世界各国相继实施了金融市场开放政策和金融自由化的措施，这是金融市场全球一体化的制度条件，也是金融全球化的重要特征之一。就全球范围而言：(1) 由于布雷顿森林体系崩溃后长期的汇率不稳，导致短期游资频繁冲击一国国内金融市场，推动了货币市场证券化趋势的发展。(2) 两次石油危机的冲击，加剧了西方各国国际收支和财政赤字问题，迫使各国政府更多地发行公债，并使公债利率市场化来吸引投资者，从而为其他金融工具利率管制的消除奠定了基础。(3) 国际贸易和投资迅速发展，使得与之相联系的套期保值需求猛增，客观上推动了各种掉期和期货期权交易的发展，使企业和金融机构可以较容易越过各种管理限制到该市场进行各种融资交易，从而使一国国内金融管理效果降低。

就发达国家内部环境而言，随着分工的深化，市场范围的拓宽，市场机制也在不断深化。具体表现为：竞争加剧；在金融领域，不同类型的金融机构之间展开了争夺市场份额的竞争；金融管理与实际金融发展之间的矛盾日益尖锐化。这要求调整原有的金融管理体制，使之趋于自由化。

自由主义思潮的复兴，也促使各国金融管理当局的立法机构改变以往过于僵化的管理措施，使金融机构在更自由的基础之上展开竞争，从而掀起了金融自由化的浪潮。受发达国家金融自由化的影响与推动，不少拉美以及东亚国家也在20世纪80年代末和90年代开始了金融自由化进程。绝大多数发达国家和已经实现或正进行工业化的发展中国家实施金融开放和自由化政策，为金融全球化提供了制度保证。与此同时，国际组织（如国际货币基金组织）的活动对推动金融全球化制度保障的确立起到了非常重要的作用。

3. 金融信息传递的国际化和全球化

金融信息传递的国际化与全球化既是金融全球化的表现形式，也是金融全球化的微观基础。科技革命所提供的现代化通讯手段和信息传递技术，也在客观上为金融信息的全球化提供了可能。

从国际化和全球化金融信息的需求角度而言，首先是越来越多的国际投资者，尤其是机构性投资者，正在日益广泛地在全球范围内收集信息。它们是金融信息全球化的直接推动者。其次是跨国银行和各种金融中介机构也日益在全球范围内收集和传递信息。它们不仅是金融信息全球化的重要推动者，也是重要传递者。最后是各国政府和金融管理当局，它们一方面发布金融信息，另一方面也是全球性金融信息的重要需求者。

从全球化金融信息的供应者来看，金融信息包括：国际性经济组织和区域性组织在主权国家政府配合下发布的国际经济和金融信息；各国和地区政府以各种形式获得国内金融信息和分析报告；一些跨国金融机构为其全球范围内的客户提供的调查报告以及一些大型中介机构对全球范围内金融机构、金融工具、金融市场所做的评估报告。

4. 金融相关性和传递机制增强

金融相关性是指伴随着国与国之间经济相互依存度的提高，金融活动也日益国际化，不同国家金融活动和金融市场的相互影响也日益增加和明显。金融现象的关联性日益紧密。而国际金融传递机制是指在国际金融相关性不断增强的基础上，某种金融现象在国际上传递的特征和规律。

金融相关性的发展与增强，从一个侧面反映了金融全球化的特征。

(1) 一国货币金融政策对他国的影响在增大，尤其是大国的政策，常常会通过一体化的市场传递到其他国家，产生广泛的国际影响。

(2) 金融市场价格的广泛联系性和一致性也成为一种规律，尤其是股票市场波动呈现出一致性。

(3) 由于国际资本流动量和其他金融交易量的扩大，不同市场上交易主体相互影响，从而使交易规则和交易习惯趋于一致。

(4) 不同国家之间金融结构的差异正在缩小，发达国家金融结构模式正在快速地向发展中国家转移。

在金融全球化条件下，国际金融传递的一个全新机制和现象是国际金融危机的传递，1997年亚洲金融危机是一个例证。如今，它已经成为金融全球化的一个最显著的特征。

活动设计

“广东国投”以破产方式退出市场

1. 活动资料

1999年1月10日，广东省国际信托投资公司（以下简称“广东国投”）由于严重资不抵债，向法院提出破产申请。当年1月16日，广东省高级人民法院认定，“广东国投”及其全资4家子公司因不能清偿到期境内外债务，符合法定破产条件，裁定进入破产还债程序，由法院指定的清算组接管破产企业。与此前发生的广东发展银行收购“中银信托”、海南发展银行关闭等金融机构市场退出案例不同的是，“广东国投”破产是中国首家金融机构破产案，是我国金融机构市场退出中首例通过人民法院宣布破产后进入退出程序的，它打破了我国金融机构不能破产的神话。

“广东国投”是1980年7月经广东省人民政府批准建立的企业，1983年被中国人民银行批准为非银行金融机构并享有外汇经营权，接着在1989年又被国家主管机关确定为全国对外借款窗口，并被称为广东省人民政府的“窗口公司”。20世纪80年代末期，“广东国投”的经营规模不断扩大，逐渐从单一经营信托业务，发展成为以金融和实业投资为主的企业集团，在广东的投资曾有 3 000 多项，经营规模在中国信托业中居第二位，成为广东省最大的非银行金融机构。但长期以来，“广东国投”经营管理极其混乱，存在大量高息揽存、账外经营、乱拆借、乱投资等违规经营行为，致使不能支付巨额到期债务，严重资不抵债。1998 年 10 月 6 日，中国人民银行对“广东国投”进行关闭处理，经过三个月的清算，初步查明“广东国投”的资产总额为 214.71 亿元，负债为 361.65 亿元，资产负债率高达 168.23%，资不抵债达 146.94 亿元。鉴于财务状况严重恶化，不能清偿到期债务呈连续状态，1999 年 1 月，“广东国投”及其全资深圳公司、广东国际租赁公司和广信企业发展公司等 4 家公司分别向广东省高院、深圳市中院和广州市中院提出破产申请。

广东省高级人民法院指定省政府有关部门成立破产清算组，负责对“广东国投”的破产清算工作。“广东国投”开了我国运用破产方式处置问题金融机构的先例，也给中外债权人和社会公众上了“风险教育”这一课。

2. 活动提示

将学生分为若干组进行讨论，最后各组选出代表上台发言。

3. 活动要求

通过分析资料讨论金融监管的重要性，总结从中得到的启示。

4. 活动场所

教室。

本章小结

金融监管是金融监督与金融管理的复合称谓。狭义的金融监管是指金融监管当局依据国家法律法规的监督管理。广义的金融监管是除上述监管之外，还包括金融机构内部控制和稽核的自律性监管、同业组织的互律性监管、社会中介组织和舆论的社会性监管等。

金融创新分为广义的金融创新和狭义的金融创新两类。广义的金融创新，是指发生在金融领域的一切创新活动，包括技术创新、产品创新、体制创新、机构创新、管理创新等。狭义的金融创新，主要是指金融产品的创新。

经济全球化又称世界经济国际化，是指世界各国经济在生产、分配、交换和消费环节的全球趋同化趋势。金融全球化是指金融主体所从事的金融活动在全球范围内不断扩展和深化的过程。

本章自测

一、单项选择题

1. 金融机构经批准开业后，监管当局要对金融机构的运作过程进行有效监管，以便更好地实现监管目标和要求，这种监管属于（　　）。

A. 市场准入的监管　　B. 市场运作过程的监管

C. 市场退出的监管　　D. 以上选项都不是

2. 利率期货、货币期货和股票指数期货属于（　　）创新。

A. 金融工具　　B. 金融市场　　C. 金融制度　　D. 以上选项都不是

3. 当代金融创新的（　　）特点大大刺激了创新的供给热情。

A. 高收益低成本　　B. 安全性

C. 投机性　　D. 灵活性

4. 金融创新对金融发展和经济发展的作用是（　　）。

A. 利小于弊　　B. 利弊均衡　　C. 有利无弊　　D. 利大于弊

5. 兼具储蓄与投资双重功能的金融创新业务是（　　）。

A. 大额可转让定期存单　　B. 可转让支付命令账户

C. 货币市场存款账户　　D. 自动转账服务

二、多项选择题

1. 在市场经济中，金融监管的特点包括（　　）。

A. 法制性　　B. 系统性　　C. 社会性　　D. 综合性

2. 金融监管体制按监管机构的设立划分，分为（　　）。

A. 由中央银行独家行使金融监管职责的单一监管体制

B. 由中央银行和其他金融监管机构共同承担监管职责的多元监管体制

C. 集中监管体制

D. 分业监管体制

3. 我国现阶段的金融监管目标可概括为（　　）。

A. 一般目标　　B. 具体目标

C. 依法目标　　D. 适度竞争目标

4. 当代金融业务创新的体现是（　　）。

A. 金融组织机构创新　　B. 金融制度创新

C. 金融工具不断创新　　D. 新业务和新交易大量涌现

5. 广义金融创新是指发生在金融领域的一切创新活动，具体包括（　　）。

A. 技术创新　　B. 产品创新　　C. 体制创新　　D. 机构创新

三、判断题

1. 实行单一监管体制的国家在监管范围上都是实行集中统一监管，而实行多元监管体制的国家在监管范围上大都实行分业监管。（　　）

2. 金融相关性是指伴随着国与国之间经济相互依存度的提高，金融活动也日益国际化，不同国家金融活动和金融市场的相互影响也日益增加和明显。（　　）

3. 我国目前对商业银行实施监管的是人民银行。（　　）

4. 金融在整体经济中一直居于主导地位，它可以凌驾于经济发展之上。（　　）

5. 当代金融创新在提高金融宏观、微观效率的同时，也减少了金融业的系统风险。（　　）

6. 金融制度创新是指在金融组织或金融机构方面所进行的制度性变革。（　　）

7. 金融已成为现代经济的核心，现代经济也正逐步转变为金融经济。（　　）

8. 金融监管是把“双刃剑”，它一方面可以维护银行体系的安全性和稳定性，另一方面有时也会在一定程度上束缚商业银行的手脚。（　　）

四、名词解释题

金融监管　　银行业监管　　保险监管　　证券监管　　金融创新　　经济全球化　　金融全球化

五、问答题

1. 简述进行金融监管的主要原因。
2. 简述金融与经济的关系。
3. 简述我国金融监管的目标。
4. 大额可转账定期存单与传统的银行存款相比较，有哪些创新？
5. 我国进一步开展金融创新应注意哪些问题？

参考文献

1. 江其务. 货币银行学（第二版）. 西安：陕西人民出版社，2002.
2. 高建侠. 金融基础. 北京：中国科学技术出版社，2008.
3. 魏永芬. 金融基础. 北京：中国财政经济出版社，2005.
4. 谢太峰，郑文堂. 金融学. 北京：机械工业出版社，2006.
5. 杜佳. 货币金融学. 北京：清华大学出版社，2006.
6. 戴国强. 货币金融学. 上海：上海财经大学出版社，2005.
7. 盖锐. 金融学概论. 北京：清华大学出版社，2005.
8. 张亦春. 货币银行学. 厦门：厦门大学出版社，2005.
9. 易纲，吴有昌. 货币银行学. 上海：上海人民出版社，2003.
10. 姜学军. 国际结算. 大连：东北财经大学出版社，2000.
11. 王有明，杨生斌. 现代金融概论. 西安：西北大学出版社，2003.
12. 倪信琦，吴军梅. 金融学概论. 厦门：厦门大学出版社，2006.
13. 张景顺，蔡则祥. 货币银行学. 苏州：苏州大学出版社，2002.
14. 张亦春等. 金融市场学. 北京：高等教育出版社，1999.
15. 刘连生. 保险原理. 北京：中国财政经济出版社，2005.
16. 黄达. 金融学（第二版）. 北京：中国人民大学出版社，2009.
17. 郑道平，张贵乐. 货币银行学原理（第六版）. 北京：中国金融出版社，2009.
18. 吴腾华. 货币银行学. 上海：上海财经大学出版社，2008.
19. [美] 迪恩・克罗绍. 货币银行学. 北京：中国市场出版社，2008.
20. [美] 兹维・博迪等. 金融学（第二版）. 北京：中国人民大学出版社，2010.
21. 上海财经大学现代金融研究中心，上海财经大学金融学院. 2008 中国金融发展报告. 上海：上海财经大学出版社，2008.
22. 曹龙骐. 金融学. 北京：高等教育出版社，2003.
23. 成力为. 货币银行学，北京：科学出版社，2003.
24. 韩汉君，王振富. 金融监管. 上海：上海财经大学出版社，2003.
25. http://www.baidu.com/.

图书在版编目(CIP)数据

金融基础/高建侠主编．—北京：中国人民大学出版社，2012.7
21世纪高职高专精品教材．经贸类通用系列
ISBN 978-7-300-16043-6

Ⅰ．①金… Ⅱ．①高… Ⅲ．①金融学-高等职业教育-教材 Ⅳ．①F830

中国版本图书馆CIP数据核字(2012)第135148号

21世纪高职高专精品教材·经贸类通用系列
金融基础
主　编　高建侠
副主编　陈　冬
参　编　王思佳

出版发行	中国人民大学出版社		
社　　址	北京中关村大街31号	**邮政编码**	100080
电　　话	010－62511242(总编室)		010－62511398(质管部)
	010－82501766(邮购部)		010－62514148(门市部)
	010－62515195(发行公司)		010－62515275(盗版举报)
网　　址	http://www.crup.com.cn		
	http://www.ttrnet.com (人大教研网)		
经　　销	新华书店		
印　　刷	北京东君印刷有限公司		
规　　格	185 mm×260 mm　16开本	**版　　次**	2012年8月第1版
印　　张	18.75	**印　　次**	2012年8月第1次印刷
字　　数	446 000	**定　　价**	35.00元

教师信息反馈表

为了更好地为您服务，提高教学质量，中国人民大学出版社愿意为您提供全面的教学支持，期望与您建立更广泛的合作关系。请您填好下表后以电子邮件或信件的形式反馈给我们。

<table>
<tr><td>您使用过或正在使用的我社教材名称</td><td colspan="2"></td><td>版次</td><td></td></tr>
<tr><td>您希望获得哪些相关教学资料</td><td colspan="4"></td></tr>
<tr><td>您对本书的建议（可附页）</td><td colspan="4"></td></tr>
<tr><td>您的姓名</td><td colspan="4"></td></tr>
<tr><td>您所在的学校、院系</td><td colspan="4"></td></tr>
<tr><td>您所讲授课程的名称</td><td colspan="4"></td></tr>
<tr><td>学生人数</td><td colspan="4"></td></tr>
<tr><td>您的联系地址</td><td colspan="4"></td></tr>
<tr><td>邮政编码</td><td></td><td>联系电话</td><td colspan="2"></td></tr>
<tr><td>电子邮件（必填）</td><td colspan="4"></td></tr>
<tr><td>您是否为人大社教研网会员</td><td colspan="4">□ 是，会员卡号：____________
□ 不是，现在申请</td></tr>
<tr><td>您在相关专业是否有主编或参编教材意向</td><td colspan="4">□ 是　　　　□ 否
□ 不一定</td></tr>
<tr><td>您所希望参编或主编的教材的基本情况（包括内容、框架结构、特色等，可附页）</td><td colspan="4"></td></tr>
</table>

我们的联系方式：北京市海淀区中关村大街 31 号
中国人民大学出版社教育分社
邮政编码：100080
电话：010-62515912
网址：http://www.crup.com.cn/jiaoyu/
E-mail：cruplya@126.com